Arnold Blumer

Das dokumentarische Theater der sechziger Jahre
in der Bundesrepublik Deutschland

Hochschulschriften

Literaturwissenschaft 32

Arnold Blumer

Das dokumentarische Theater
der sechziger Jahre
in der Bundesrepublik Deutschland

Verlag Anton Hain · Meisenheim am Glan
1977

CIP-Kurztitelaufnahme der Deutschen Bibliothek

Blumer, Arnold
Das dokumentarische Theater der sechziger Jahre
in der Bundesrepublik Deutschland. – 1. Aufl. –
Meisenheim: Hain, 1977.
  (Hochschulschriften: Literaturwiss.; Bd. 32)
  ISBN 3-445-01513-9

© 1977 Verlag Anton Hain Meisenheim GmbH
Alle Rechte vorbehalten
Gesamtherstellung Decker & Wilhelm, Heusenstamm
Printed in Germany
ISBN 3-445-01513-9

„Realismus ist nicht,

wie die wirklichen Dinge sind,

sondern wie die Dinge wirklich sind."

(Bertolt Brecht)

FÜR LORRAINE

INHALTSVERZEICHNIS

VORWORT

Die Vorschriften der Kapstädter Universität verlangen, daß „the text of the thesis must be prefaced bv a brief summary of its contents indicating in what way it constitutes a contribution to knowledge". Dem soll an dieser Stelle Genüge getan werden.

Als man Ende der sechziger und Anfang der siebziger Jahre daran ging, das plötzliche Erscheinen und ebenso plötzliche Verschwinden des dokumentarischen Theaters während der sechziger Jahre in der Bundesrepublik Deutschland zu untersuchen, stieß man immer wieder auf einen Widerspruch, der alsbald zum „grundsätzlichen Dilemma" dieser Spielart des Zeittheaters erklärt wurde. Nicht nur die meisten Kritiker, die die Aufführungen der dokumentarischen Theaterstücke rezensierten, sondern auch der größte Teil der wenigen Forschungsarbeiten, die sich bisher mit diesem Thema befaßten, kamen zu den Schluß, daß dieses Dilemma unlösbar sei. Im ersten Teil dieser Arbeit gehe ich ausführlich auf die Ansichten dieser Kritiker und Forscher ein, wobei ich versuche, die These von der Unlösbarkeit des erwähnten Dilemmas zu widerlegen. Das führt am Schluß des ersten Teils zu einer Neudefinition des Begriffes „dokumentarisches Theater". Dabei bin ich mir über die Unzulänglichkeit dieses Begriffes völlig im klaren, aber in Ermangelung eines besseren, soll er auch in dieser Arbeit verwendet werden.

Anhand dieser Neudefinition untersuche ich im zweiten Teil die wichtigsten der dokumentarischen Theaterstücke, die während der sechziger Jahre in Westdeutschland aufgeführt worden sind.

Es zeigt sich, daß auch die meisten der Dokumentardramatiker mit
einem, meiner Meinung nach, falschen Begriff des Dokumentarischen
operieren; ebenso aber zeigt sich, daß einige dieser Dramatiker,
zum Beispiel Weiss und Enzensberger, mit einigen ihrer Stücke
meinen Widerspruch gegen die Unlösbarkeit des „dokumentarischen
Dilemmas" unterstützen, denn in diesen Stücken taucht das vermeintliche Dilemma, das _aller_ Dokumentarliteratur eigen sein soll,
nicht auf. Damit ist praktisch nachgewiesen, daß das Dilemma
sehr wohl aufgehoben werden kann, bzw. gar nicht erst zu entstehen
braucht.

Im dritten Teil dieser Arbeit wird kurz auf die Gründe des
Entstehens und Verschwindens des dokumentarischen Theaters
hingewiesen. Dem folgt ein Resümee dessen, was ich mit dieser
Arbeit zu erreichen hoffte. Daraus ergibt sich die Schlußfolgerung,
daß das dokumentarische Theater keineswegs schon so überholt zu
sein braucht, wie viele seiner Gegner es ihm bescheinigen. Es ist
vielmehr eine durchaus brauchbare Form des politischen Theaters,
von der ich meine, daß sie eine der wenigen Spielarten des
Zeittheaters ist, mit deren Hilfe sich auf der Bühne mehr herstellen läßt als _nur_ Theater.

Zum Schluß noch einige Worte des Dankes: Herrn Professor Dr.
J.H.W. Rosteutscher bin ich für die Anregung zu dieser Arbeit
sehr dankbar; mein besonderer Dank gilt Herrn Professor Dr.
P.R.G. Horn, dessen scharfsinnige Kritik zu überaus wertvollen
Denkansätzen führte und dessen unermüdlicher Arbeitseifer mir
Vorbild war; großen Dank schulde ich meiner Frau, ohne deren Er-
munterung, Geduld und Verständnis ich diese Arbeit wohl nicht so
bald hätte abschließen können.

Kapstadt, September 1975

ERSTER TEIL

Versuch einer Begriffsbestimmung des
„Dokumentarischen Theaters"

Die Uraufführung von Rolf Hochhuths Schauspiel Der
Stellvertreter am 2o. Februar 1963 an der Berliner Volksbühne
löste eine Welle neuer Stücke aus, die Peter Weiss später mit
dem Begriff „Dokumentarisches Theater" belegte. In seinen Notizen
zum dokumentarischen Theater[1] sagte er: „Das realistische Zeittheater, das seit der Proletkultbewegung, dem Agitprop, den
Experimenten Piscators und den Lehrstücken von Brecht zahlreiche
Formen durchlaufen hat, wird heute mit verschiedenen Bezeichnungen
versehen, wie Politisches Theater, Dokumentarisches Theater,
Theater des Protests, Anti-Theater, um es unter einen gemeinsamen
Nenner zu bringen. Ausgehend von der Schwierigkeit, eine
Klassifizierung zu finden für die unterschiedlichen Ausdrucks-
weisen dieser Dramatik, wird hier der Versuch unternommen, eine
ihrer Spielarten zu behandeln, diejenige, die sich ausschließlich
mit der Dokumentation eines Stoffes befaßt, und deshalb
Dokumentarisches Theater genannt werden kann." Der Begriff
„Dokumentarisches Theater" hat seither viele verschiedene
Definitionen erfahren. Auf einige von ihnen soll später noch
näher eingegangen werden. Aber eines bleibt wohl doch unbestritten:
dokumentarisches Theater ist primär politisches Theater,

. Peter Weiss, Das Material und die Modelle. In: Theater heute
3 (1968), S.33

politisches Theater in dem Sinn, wie Siegfried Melchinger es in
seiner umfassenden Darstellung Das Politische Theater[2] versteht.
Nach Melchinger ist "das politische Theater ein Charakteristikum
des modernen Theater geworden." Er versteht politisches Theater
als Theater mit politischer Thematik. Politik in diesem Sinn
seien die Auseinandersetzungen in der o r g a n i s i e r t e n
F o r m des menschlichen Zusammenlebens, in welcher der einzelne
als zoon politikon in eine Gruppe eingegliedert sei, in Staat oder
Nation, in Oben und Unten, Reich und Arm, in einen Stand, eine
Klasse, eine Partei. Sofern bei den dargestellten Personen oder
Vorgängen dieser Aspekt im Vordergrund des Interesses stehe,
spreche er von politischem Theater.[3] Mit dieser Definition
grenzt Melchinger das politische vom unpolitischen Theater ab,
gleichzeitig stellt er aber damit auch die Beziehung her
zwischen dem modernen Theater und der gesamten europäischen
Theatergeschichte: schon Aischylos' Perser ist politisches
Theater, Shakespeare, Schiller, Büchner, Hauptmann, Brecht
haben politisches Theater geschrieben.[4] Selbstverständlich,
so führt Melchinger aus,[5] gibt es einen Unterschied zwischen
dem politischen Theater der Griechen und dem Büchners. Das
neue politische Theater beginne mit dem Woyzeck. Jetzt zum
erstenmal trete der gewöhnliche Mensch in die Position des
Helden.[6] Und heute zeige das politische Theater, was Politik
mit Menschen mache oder was sie aus Menschen mache. Unter
diesem Aspekt werde die Annahme, das Individuum sei nicht mehr

---

2. Siegfried Melchinger, Das Politische Theater. Velber:
   Friedrich Verlag 1971
3. S. Melchinger, Von Sophokles bis Brecht. In: Theater 1965, S.
4. Ebd.
5. Ebd.
6. Ebd., S.43

darstellbar, hinfällig.[7] Als Objekt oder Opfer der Politik
sei der Mensch auch heute ein Einzelner.[8]

Henning Rischbieter entgegnet der Definition Melchingers:
„Ich bin, anders als Melchinger, der Meinung, daß politisches
Theater nicht schon da gegeben ist, wo politische Thematik vor-
herrscht. Sondern ich meine, daß erst da, wo politische Vorgänge
als Prozeß dargestellt werden, der aus der Vergangenheit über
die Gegenwart in die Zukunft geht, wo Richtungen des Prozesses
nicht nur konstatiert, sondern auch unterstrichen, bejaht,
gewünscht werden, von politischem Theater gesprochen werden kann.
Wir nähern uns einem gefährlichen Gebiet: die Tendenz (was anders
bedeutet das Wort als die markante, markierte Richtung?) macht
das politische Theater."[9] Er sagt ferner, daß er, anders als
Melchinger, also dazu neige, politisches Theater nicht so sehr
thematisch zu definieren und deshalb auch nicht auf die Darstellung von „Auseinandersetzungen in der organisierten Form
des menschlichen Zusammenlebens" einzugrenzen, sondern vom Impetus,
von der Tendenz zur Veränderung, von der einbezogenen Zukunftshoffnung her zu definieren.[10] Ob Melchinger mit seiner
Definition den Begriff des politischen Theaters wirklich ein-
grenzt, will ich dahingestellt sein lassen. Rischbieter aber
disqualifiziert eine ganze Reihe von Stücken, die bei Melchinger
durchaus zum politischen Theater zählen, z.B. Hauptmanns **Weber,**
weil das Stück im Quietismus ende,[11] und Kipphardts **In der Sache**

---

7. Vergl. Diskussion um Hochhuth
8. S. Melchinger, a.a.O., S.46
9. H. Rischbieter, Theater und Politik. In: **Theater 1965,** S.47 f.
1o. Ebd., S.48
11. Ebd.

J. Robert Oppenheimer. Das Stück ende, streng genommen, in Resignation.[12]

Martin Esslin wiederum äußert sich bei einer Diskussion über politisches Theater folgendermaßen: „... erstens: Alle Kunst ist politisch, in dem Sinne, daß keine künstlerische Äußerung ohne soziale und politische Implikationen ist; je wesentlicher die künstlerische Aussage, desto weitgehender die menschlichen und damit zwangsläufig die politischen und sozialen Konsequenzen. - Zweitens aber: jede bewußt politische Ziele verfolgende Kunst läuft Gefahr, als Kunst ins Hintertreffen zu geraten. Besonders: je parteilicher, je partei-politischer die Kunst wird, desto weniger allgemeinmenschlich kann sie sein, folglich desto geringer ihre Tiefenwirkung und damit auch ihre tatsächliche politische Wirkung."[13]

Damit faßt Esslin den Begriff des politischen Theaters wohl etwas zu weit, denn, so entgegnet ihm Joachim Kaiser, wenn er den Begriff der Politik so weit fasse, dann wäre es quasi unmöglich, eine nicht politische Äußerung zu machen. Dann sei der Begriff sinnlos.[14] Aber gleichzeitig verweist Esslin mit dieser Definition auf einen weiteren Problemkreis, der bei den Diskussionen um den Begriff des dokumentarischen Theaters immer wieder auftaucht: auf die Frage nach der Ästhetik einer engagierten Kunst.[15]

Hier soll von der Definition Melchingers ausgegangen werden. Ich bin, entgegen der Ansicht Rischbieters, der Meinung, daß

---

12. Ebd.
13. Politisches Theater in Ost und West. In: Theater 1965, S.52
14. Ebd.
15. Hierauf soll ebenfalls noch später eingegangen werden, vor allem im Zusammenhang mit Peter Weiss' Stücken. Vergl. Claus-Henning Bachmann, Theater als Gegenbild. In: Literatur und Kritik 39 (1969), S.530 ff.; Joachim Kaiser, Theater-Tagebuch. In: Der Monat 206 (1965), S.52 ff.; François Bondy, Die Engagierten und die Enragierten. In: Der Monat 237 (1968), S.5 ff.

Melchingers Definition wohl „die Utopie als Antrieb des
politischen Theaters"[16] zwar nicht erwähnt, wie Rischbieter
mit Recht feststellt, aber doch impliziert und dadurch auch die
Forderung, die Rischbieter an das politische Theater stellt, es
müsse eine Zukunftshoffnung einbeziehen,[17] erfüllt. Sätze in
Melchingers Aufsatz wie „Sofern es sich ... um politisches Theater
handelt, rückt die jeweilige politische Situation oder
Konstellation in den Aspekt der Herausforderung an einen Helden,
sich zu ihr zu verhalten, so oder so"[18] und „Das Engagement des
politischen Theaters ist der Widerspruch gegen das Unrecht...",[19]
schließen den Willen zur Veränderung nicht aus. Ein Widerspruch
gegen das Unrecht setzt ja zumindest das Ideal eines Rechtsbe-
griffes voraus und zielt damit wenigstens auf die Möglichkeit
einer veränderten „politischen Situation". Zudem läßt Melchingers
Definition es zu, eins der „wichtigsten" Dokumentarstücke,
Kipphardts In der Sache J. Robert Oppenheimer mit in diese Arbeit
einzubeziehen. Auf der anderen Seite ist Melchingers Definition
nicht so weit gefaßt, daß sie, wie die Esslins, sinnlos wird.

Dokumentarisches Theater ist politisches Theater. Es ist also,
nach Melchinger, Theater mit politischer Thematik. Damit wird es
zwar abgegrenzt vom nicht-politischen Theater, nicht aber von
Schillers Maria Stuart oder von Piscators Politischer Revue.[20]
Denn auch diese Stücke sind Zeittheater, Lehrtheater, Theater mit
politischer Thematik. Beim dokumentarischen Theater kommt ein
Kriterium hinzu: es sei eine Spielart des realistischen Zeit-

16. H. Rischbieter, a.a.O., S.47
17. S.o., Seite 3
18. S. Melchinger, a.a.O., S.43
19. Ebd., S.46
20. Peter Szondi, Theorie des modernen Dramas. Frankfurt: Suhrkamp
    1967, S.109

theaters, die sich „ausschließlich mit der Dokumentation eines
Stoffes befaßt", sagt Peter Weiss.[21] Diese Spielart bezeichnet
Siegfried Melchinger als „die Darstellung einer d o k u m e n -
t i e r b a r e n R e a l i t ä t."[22] Doch dieser Begriff
kennzeichne keineswegs ein dramaturgisches Konzept, wie Taëni
meint, sondern lediglich das Bestreben gewisser Autoren, auf
der Bühne geschichtliche Tatbestände abzuhandeln, die oftmals
weitgehend unbekannt, aber dokumentarisch belegbar seien.[23] Das
Dokumentar-Drama beruhe auf dokumentarisch belegten Fakten.[24]
Das ist das grundlegende Kriterium des dokumentarischen Theaters.
Damit ist aber diese neue Spielart des Zeittheaters noch immer
nicht genügend abgegrenzt von z.B. Büchners Danton, denn auch
dort beruft sich der Autor auf Dokumente, auf „Redeprotokolle aus
Quellen zur Französischen Revolution."[25] Auch Taëni weist
darauf hin, daß schon in vergangenen Jahrhunderten sich das
Theater gern umstrittener Fakten angenommen oder Persönlichkeiten
der jüngsten Geschichte auftreten lassen habe, wie denn insbe-
sondere Maria Stuart, Königin Elisabeth, Charles I. oder auch
die Gestalten der französischen Revolution ihrer Zeit reichen
Dramenstoff geliefert hätten. In unserem Zeitalter dürfte wohl
bereits Karl Kraus' Die letzten Tage der Menschheit als ein besonders typisches Beispiel dokumentarischen Theaters gelten.
Bekanntlich habe Erwin Piscator schon in den zwanziger Jahren
mit der Methode seiner Inszenierungen ebenfalls eine Art
historischer Dokumentation angestrebt. Nicht zuletzt habe dann

---

21. Siehe oben, S.1
22. S. Melchinger, Hochhuth. Friedrichs Dramatiker des Welttheater
    Bd. 44. Velber: Friedrich Verlag 1967, S.16
23. Rainer Taëni, Drama nach Brecht. Basel: Basilius Presse 1968,
    S.123
24. Marianne Kesting, Völkermord und Ästhetik. In: Neue Deutsche
    Hefte 113 (1967), S.94
25. Walter Hinck, Von Brecht zu Handke. In: Universitas 7 (1969),
    S.698

Brecht die Piscatorschen Darstellungsmittel verwendet und
weiterentwickelt, aber auch selber etwa mit Furcht und Elend
des Dritten Reiches eine ähnliche Art von Theater geschrieben.[26]

Piscators Dokumentation bestand darin, daß er mit Hilfe der
Technik den jeweiligen Dramenstoff „dokumentierbar" machte.
Piscator fordere, schreibt Otto F. Best, daß der Dramenstoff
wissenschaftlich durchdrungen, auf die Umwelt bezogen und
solcherart ,beweiskräftig' gemacht werde. ,Das kann ich nur',
heißt es in Das Politische Theater,[27] ,wenn ich, in die Sprache
der Bühne übersetzt, den privaten Szenenausschnitt, das Nur-
Individuelle der Figuren, den zufälligen Charakter des Schicksals
überwinde. Und zwar durch die Schaffung einer Verbindung zwischen
der Bühnenhandlung und den großen historisch wirksamen Kräften.
Nicht zufällig wird bei jedem Stück der Stoff zum Haupthelden.
Aus ihm ergibt sich die Zwangsläufigkeit, die Gesetzmäßigkeit des
Lebens, aus der das private Schicksal erst seinen höheren Sinn
erhält.'[28] An einer anderen Stelle erwähne Piscator als
,Grundgedanken aller Bühnenhandlungen die Steigerung der
privaten Szenen ins Historische...ins Politische, Ökonomische,
Soziale. Durch sie setzen wir die Bühne in Verbindung mit
unserem Leben.'[29] Der Film werde für ihn zum Mittel der Ver-
klammerung von Bühne und Leben, da er erlaube, ,Daten der Politik,
Wirtschaft, Kultur, Gesellschaft, Sport, Mode', etc. in das
Bühnengeschehen einzublenden. Solche Durchsetzung des Raums mit

---

26. R. Taëni, a.a.O.
27. E. Piscator, Das Politische Theater. Reinbek: Rowohlt 1963,
    S.65
28. Ebd., S.133
29. Ebd., S.150 f.

historischen Fakten lasse das Einzelschicksal in seiner
sozialen Bedingtheit sichtbar werden, objektiviere und multi-
pliziere es. Was freilich nicht darüber hinwegtäuschen dürfe,
daß das Gefüge, in dem es erscheine, von einem epischen Ich zu
einer Revue montiert wurde. Was Bertolt Brecht dieser Methode
verdanke,sei bekannt. So finde sich der Begriff des ,dokumen-
tarischen Theaters', gebraucht in diesem Sinn, bereits 1927.bei
Brecht. Andererseits liege es auf der Hand, daß es von Piscators
wissenschaftlicher Durchdringung des Stoffes zur Radikalisierung
der Objektivierung und zum völligen Verzicht auf den ,fiktionalen'
Helden nur ein Schritt sei. Die technischen Mittel, etwa eine
Gerichtsverhandlung, einen Prozeß im Pro und Contra zu erfassen
(Tonband, Film, etc.), schafften Voraussetzungen für die
Totalisierung des Historischen.[3o)]

Rainer Taëni hat also bis zu einem gewissen Grade recht, wenn
er behauptet, daß der Begriff des dokumentarischen Theaters
weitläufig und recht vage sei. Überdies sei auch bei den Stücken,
auf die er sich zutreffend anwenden lasse, der dokumentarische
Stoff in der Regel mit beträchtlicher Freiheit dichterisch
gestaltet. Das Dokumentarische bleibe also im allgemeinen ein
Element unter anderen.[31)] Auch Siegfried Melchinger meint, daß
es falsch sei, die Stücke von Peter Weiss, Heinar Kipphardt, Rolf
Hochhuth, Günter Grass, Walter Jens, Tankred Dorst u.a. „mit dem
oberflächlichen Etikett ,Dokumentartheater' zu versehen."[32)]
Hochhuth selbst meint, das Schlagwort dokumentarisches Theater

3o. O.F.Best, Peter Weiss. Bern: Francke Verlag 1971, S.126 f.
    Vergl. auch: Peter Szondi, Theorie des modernen Dramas, S.1o9
    H. Rischbieter, Piscator und seine Zeit. In: Theater heute
    5 (1966), S.8 ff.; Jürgen Rühle, Theater und Revolution.
    München: dtv 1963, S.132 ff.
31. R. Taëni, a.a.O., S.123
32. S. Melchinger, Hochhuth, S.2o

habe „überhaupt keinen Sinn", weil „jeder Dramatiker, der einmal
historische Stücke geschrieben habe, die Dokumente studiert
haben müßte."[33]

Andererseits jedoch deutet Otto F. Best in dem oben
zitierten Abschnitt schon an, wo der Unterschied des dokumentarischen
Theaters der sechziger Jahre zu dem der zwanziger Jahre liegt:
beim Verzicht auf die Fiktion. Piscators und Brechts Dramenstoffe
gründen sich noch auf erfundene Fabeln. Beim dokumentarischen
Theater der sechziger Jahre ist das entscheidend Neue jedoch
„die Dokumentierbarkeit des Themas, der Fabel, der Figuren.
Negativ ausgedrückt: es war die Abkehr vom Fiktiven."[34]

Doch scheinbar führt diese Definition wiederum dahin, daß
eine ganze Reihe der Stücke, die unter dem Namen des dokumentarischen Theaters laufen, aus dieser Kategorie ausgeschlossen
werden müßten, weil sie Szenen enthalten, die teilweise oder
ganz reine Erfindung sind. In Hochhuths Stellvertreter gelte das
z.B. für den „Jägerkeller" im ersten Akt, die Judenszenen im
zweiten Akt, die erste Szene des Auschwitz-Aktes.[35] Das führt
dann dahin, daß Melchinger unumwunden anhand einer Besprechung
mit dem Dramatiker Hochhuth über dessen neues Stück Die Soldaten
sagt, daß Der Stellvertreter kein Dokumentarstück sei... Dokumentarisch könne nur ein Stück genannt werden, das keine solche
(erfundenen) Szenen enthalte.[36] Rainer Taëni behauptet sogar,
daß reine Dokumentation uns bei den Werken der jüngsten Zeit
strenggenommen nur in einem einzigen Falle begegne, nämlich

33. M. Esslin, Jenseits des Absurden. Wien: Europaverlag 1972, S.139
34. S. Melchinger, Hochhuth, S.17; vergl. auch: S. Melchinger,
    Erfundene oder beglaubigte Fabel. In: Theater 1966, S.80 ff.
35. S. Melchinger, Hochhuth, S.16
36. S. Melchinger, Hochhuths neue Provokation: Luftkrieg ist
    Verbrechen. In: Theater heute 2 (1967), S.8

in dem des „szenischen Oratoriums" <u>Die Ermittlung</u>.[37] Doch

Melchinger und Taëni gehen hier von dem Begriff einer „reinen

Dokumentation" aus, die selbst bei den „dokumentarischsten"

Theaterstücken nicht vorkommt. Sie übersehen dabei, daß schon das

Prinzip der Auswahl der Dokumente, ihrer Zusammenstellung, ihrer

Konzentration - konstitutive Elemente eines jeden dokumentarischen

Theaterstückes - keine „reine Dokumentation" mehr ist. Entgegen

Melchingers Ansicht bin ich der Meinung, daß auch ein Stück, das

erfundene Szenen enthält, dokumentarisches Theater sein kann,

sofern dem Zuschauer klar gemacht wird, daß diese Szenen erfunden

sind, sie also nicht dazu dienen, dem Zuschauer die Illusion

vorzugaukeln, sie seien „getreue" Abbilder der Wirklichkeit. Solch

ein dokumentarisches Theater würde sich nicht so sehr durch die

Abkehr vom Fiktiven auszeichnen, sondern vielmehr durch die

Abkehr vom Illusionären, denn viele der dokumentarischen Theater-

stücke der sechziger Jahre stellen zwar einen nicht-erfundenen

Stoff auf die Bühne, treten aber doch mit dem Anspruch auf,

dieser Stoff sei ein unmanipuliertes Abbild der reinen Wirklich-

keit. Damit schaffen sie jedoch gerade die Fiktion, von der sie

sich abwenden wollten. Das Neue am dokumentarischen Theater der

sechziger Jahre ist also nicht die Abkehr vom Fiktiven, wie

Melchinger meint, sondern die beabsichtigte Abkehr vom

Illusionären.

    Melchingers Gebrauch des Begriffes „Dokumentarisch" macht

aber immerhin deutlich, wie vage der Begriff im Grunde ist.

---

37. R. Taëni, a.a.O., S.124

Vielleicht gebraucht deshalb Peter Demetz in seinem Abschnitt
über Rolf Hochhuth den Begriff nicht ein einziges Mal.[38]

Vorerst läßt sich also sagen, daß dokumentarisches Theater
politisch ist, oder besser: ein Teilaspekt des politischen
Theaters ist, daß es sich vorwiegend auf Dokumente stützt und
daß es durch „die Dokumentierbarkeit des Themas, der Fabel, der
Figuren" dazu neigt, sich vom Illusionären abzukehren. Damit
haben wir wohl eine Begriffsbestimmung des Schlagwortes, aber
keine Definition der „Spielart des Lehrtheaters", auf die dieses
Schlagwort gemeinhin angewandt wird. Das Problem kreist also um
die Diskrepanz zwischen dem Schlagwort „Dokumentarisches Theater"
und den eigentlichen Theaterstücken, die mit diesem Schlagwort
als „Dokumentarisches Theater" bezeichnet werden. Im Folgenden
soll daher auf verschiedene Meinungen zu dem Schlagwort und zu
den damit bezeichneten Dramen eingegangen werden, in der Hoffnung,
daß sich ein gemeinsamer Nenner ergibt, auf den sich die verschiedenen „Dokumentardramen" und der Begriff „Dokumentarisches
Theater" bringen lassen, und der gleichzeitig diese Zeitstücke
der sechziger Jahre von denen anderer Epochen abhebt.

Der Kritiker Hans Schwab-Felisch betrachtet die „Welle des
‚Dokumentarischen'" mit Skepsis und meint, daß diese Skepsis noch
vertieft worden sei durch Felix Lützkendorfs Stück Dallas
22. November, in dem die Geschichte des Kennedy-Mörders Lee
Harvey Oswald „dokumentiert" wird. In einer Rezension anläßlich
der Uraufführung dieses Stückes schreibt Schwab-Felisch: „Indem
das zeitgeschichtlich bezogene ‚Dokumentar-Theater' sich als
‚machbar' erwies - nicht im Sinne des Artistischen, sondern in
dem der Konfektion - unterliegt es nun auch den Gesetzen des

---

38. P. Demetz, Die süße Anarchie. Frankfurt: Ullstein 1970, S.163 ff.

Inflatorischen und wendet sich damit gegen den Geist, in dessen
Namen es sich anbietet, gegen den Geist aufklärender Unterrichtung.
Nicht mehr wird das Protokoll in einen Zusammenhang gestellt und
damit erhoben und gedeutet. Vielmehr wird es aus dem Zusammenhang
herauspräpariert, isoliert und damit banalisiert. Nicht dem
wahrhaft zeitgeschichtlichen Theater gilt das Interesse und schon
gar nicht seiner politischen Möglichkeit, sondern dem
Sensationellen."[39]

Diese Zuspitzung auf das Sensationelle wurde durch die
bestimmte politische Situation, die sich Anfang der sechziger
Jahre in Deutschland bemerkbar machte, gefördert, zumindest aber
erleichtert. Günther Rühle meint in seinem Aufsatz „Versuche über
eine geschlossene Gesellschaft"[40] daß in einer Gesellschaft,
die so große Erfolge darin gehabt habe, das Vergangene zu vergessen oder wegzudrücken, ein Autor sich natürlich überlege, wie
er sein allzu mobiles Publikum zwinge, sich wieder zu stellen und
zu hören. Er überlege sich, wie er Belege beibringt, die eines
auf keinen Fall mehr zulassen: Ausflüchte vor dem Stoff, Belege,
die die Ausreden im Keim ersticken, das Gezeigte sei erdichtet,
unwirkliche Poesie ... So sei aus der Not der Situation, eine
Gesellschaft durch ihre eigenen Taten zu stellen, das Dokumentarstück zum neuen - oder doch zu einem sehr wesentlichen Teil des
neuen deutschen Dramas geworden.[41] Auch für Rühle ist also die
Abkehr vom Illusionären eins der Hauptmerkmale des dokumentarische
Theaters. Doch im Gegensatz zum dokumentarischen Theater der

39. H. Schwab-Felisch, Banale Dokumentation. In: Theater heute
12 (1965), S.46
4o. G. Rühle, Versuch über eine geschlossene Gesellschaft. In:
Theater heute 1o (1966), S.8 ff.
41. Ebd., S.9

zwanziger Jahre, so führt Rühle weiter aus, traktiere das
heutige dokumentarische Stück die ihre Vergangenheit vergessende
Gesellschaft mit dem Stoff, der von ihr vergessen worden sei.
Erinnerung werde zum Kampfmittel ... Die Entdeckung der Autoren
des dokumentarischen Theaters sei die, daß die Wirklichkeit
selber die ungeheuerlichsten Stoffe produziere und daß die
Gesellschaft mit dieser ihrer eigensten Produktion wieder vertraut
gemacht - anders gesagt: konfrontiert werden müsse.[42] Weil das
dokumentarische Theater auf Fakten beruhe, sagt Rühle, sei ihm
oft der Vorwurf gemacht worden, daß Faktenwahrheit nicht
identisch sei mit Kunstwahrheit,[43] aber dieser Einwand übersehe,
daß dokumentarisches Theater „schon in seinen Anfängen bewußt
gegen die Kunst-Bühne entworfen worden" sei. Doch damit widerlegt
Rühle noch nicht den Vorwurf. Er behält vielmehr die Trennung
zwischen „Faktenwahrheit" und „Kunstwahrheit" bei, wenn er meint,
dokumentarisches Theater sei bewußt _gegen_ die Kunst-Bühne entworfen worden. Die Trennung bleibt bestehen, allerdings als
bewußte Trennung, wenn Rühle ferner meint, daß „das dokumentarische
Theater...von seinem Ursprung her ein Zitieren (sei), also eine
mittelbare Form. Aus keinen dichterischen Visionen geboren, sondern
aus der Einsicht in eine Funktion. Sie heißt Beeinflußung,
Korrektur der Wirklichkeit: die Ewigkeitsneigung des Kunstdramas
ist ausgetauscht gegen eine Situationsfunktion."[44] Daraus ergibt
sich für Rühle, daß das dokumentarische Drama bewußt nicht auf
lange Haltbarkeit schiele.[45] Für Rühle liegt das Wesen des

---

42. Ebd.
43. Auf diesen Einwand soll anhand der Untersuchung zu Peter Weiss'
    Ermittlung näher eingegangen werden.
44. G. Rühle, a.a.O., S.1o
45. Ebd.

dokumentarischen Theaters also hauptsächlich in seiner Funktion:
es beeinflußt, es korrigiert die Wirklichkeit. Gleichzeitig sagt
Rühle aber auch damit, daß nur das bewußt gegen die Kunst-Bühne
entworfene Theater diese Funktion haben kann, die Kunst-Bühne
dagegen weder der Beeinflußung noch der Korrektur der Wirklichkeit
fähig ist. Mit anderen Worten: Nach Rühle kann nur ein dokumentarisches Theater, das Nicht-Kunst ist, bzw. sein will, die
Wirklichkeit beeinflußen und korrigieren. Doch Rühle übersieht
dabei, daß Kunst und „Wirklichkeit", Kunst und Dokument sich
keineswegs gegenseitig auszuschließen brauchen, daß gerade beim
dokumentarischen Theater Kunst zwar nicht durch die Wiedergabe
von Fakten entsteht, wohl aber durch den Prozeß der Auswahl von
Fakten auf ein bestimmtes Ziel hin. Dokumentarisches Theater
könnte also die Wirklichkeit beeinflußen und korrigieren, und
zwar umso effektiver, je „künstlerischer" es ist. Inwiefern es
das wirklich tut, bzw. getan hat, soll bei der Besprechung der
einzelnen Dramen erörtert werden. Gleichzeitig hat Rühle in
diesem Aufsatz kurz auf die Gründe für das Entstehen und das
Abflauen der dokumentarischen Welle hingewiesen, auf die in den
Schlußbemerkungen dieser Arbeit kurz eingegangen werden soll.

In einem Aufsatz „über das Verhältnis von Theater und
Wirklichkeit am Beispiel der Experimenta II", nimmt der Kritiker
Ernst Wendt Stellung zu dem, was Rühle den Funktionscharakter des
dokumentarischen Theaters genannt hat: Beeinflußung der Wirklich-
keit: „Der Schuß, der den Studenten Benno Ohnesorg in den
Hinterkopf traf, fiel während der ersten Stunde der Experimenta II,
das Stockholmer Scala-Theater zeigte im Theater am Turm den
Gesang vom lusitanischen Popanz von Peter Weiss. Während eine

frustrierte Stadt ein Schauspiel ihrer selbst inszenierte, ihrer
Hysterien und Verdrängungen, offenbarte sich zur gleichen Zeit
die Hilflosigkeit eines sich politisch nennenden Theaters, das
sich auf nichts anderes zu berufen weiß als auf das penetrant
selbstsichere Bewußtsein, recht zu haben. Während in Berlin
Ohnesorg starb, agitierte man auf der Bühne des Theaters am Turm
gegen die kolonialistische Ausbeutung an und machte das Pamphlet
durch eine eklektische Revuemusik, Blues und Folklore, bereits
bürgerlich gewordene Unterhaltungsformen, genießbar. Der Protest
feiert sich selbst."[46] Es wurde, so sagt Wendt weiter, „die
Übermacht der Ereignisse, die Ohnmacht der Künste, die Unerheblich-
keit puren Spiels, die Schamlosigkeit jeder bloß unreflektierten
Selbstdarstellung"[47] dem Zuschauer bewußt gemacht. Die alte Frage,
ob Theater, ob Kunst die Wirklichkeit verändern könne, wird hier
angeschnitten und von Wendt mit einem klaren Nein beantwortet.
Doch Wendt geht hier von der gleichen Voraussetzung aus, auf der
auch Rühle seine Kritik aufbaute: der Trennung von Kunst und
Wirklichkeit, als ob das zwei sich gegenseitig ausschließende,
von einander isolierte Gebiete menschlichen Handelns wären. Wegen
dieser Isolation hält Wendt eine gegenseitige Beeinflußung für
unmöglich, er spricht von der „Ohnmacht der Künste". Schon oben,
bei Rühles Kritik, ist aber darauf hingewiesen worden, daß Kunst
in einen geschichtlichen und gesellschaftlichen Gesamtzusammenhang
gehört. Die Kunst „bezieht sich auf die ihr korrespondierende
Realität etwa ergänzend, aber auch antithetisch-kritisch."[48]

---

46. E. Wendt, Die Ohnmacht der Experimente. In: **Theater heute**
    7 (1967). S.9
47. Ebd.
48. Peter Hahn, Kunst als Ideologie und Utopie. In: **Literatur-
    wissenschaft und Sozialwissenschaften 1**. Stuttgart:
    Metzler 1972, S.218

Nur weil Wendt diesen Zusammenhang nicht sehen kann oder will,
kann er dem Tod Benno Ohnesorgs die Aufführung des <u>Lusitanischen</u>
<u>Popanzes</u> abwertend gegenüberstellen, als ob beides nichts mit-
einander zu tun hätte. Nur deswegen kann er behaupten, ein sich
politisch nennendes Theater sei hilflos und könne sich auf nichts
anderes berufen „als auf das penetrant selbstsichere Bewußtsein,
recht zu haben." Außerdem scheint mir die letzte Behauptung
darauf hinzudeuten, daß Wendt zu denen gehört, die meinen, sich
und andere gegen die Kritik, die vom dokumentarischen Theater,
und besonders von Weiss, ausgeht, verteidigen zu müssen, denn
Kritik wird immer dann von den Betroffenen als Rechthaberei abgewertet, wenn sie ins Schwarze getroffen hat.

Nicht ganz so abfällig wie Wendt urteilt Wolfgang Ignée am
15. September 1967 in <u>Christ und Welt</u> über das dokumentarische
Theater: „Obwohl diese Spielart des Theaters heute schon bei den
Akten liegt, darf sie den Anspruch erheben, das Denken wieder
populär gemacht und die Auffassung durchgesetzt zu haben, daß die
Welt durch Erkenntnisse und durch die Kombination von Tatsachen
erhellt werden kann."[49] Aber, sagt Ignée auch, das auf die pure
unbehobelte Quelle gerichtete dokumentarische Spiel habe auf der
Bühne heute kaum noch eine Chance.[50] Trotzdem habe das dokumentarische Theater den Anstoß zur Politisierung gegeben. Das Neue
und Zeitgemäße am Engagement der Dokumentaristen sei „der direkte
Zugriff nach uralten humanen, moralischen Kategorien, ohne Um-
wege durch die Irrgärten der politischen Ideologien und

---

49. W. Ignée, Ist das ‚Weltdrama' da? In: <u>Christ und Welt</u> (15.9.196
S.19
5o. Ebd.

gesellschaftlichen Theorien."[51]

Was Wendt schon angedeutet hat, formuliert Martin Walser
noch schärfer: „Dokumentartheater ist Illusionstheater, täuscht
Wirklichkeit vor mit dem Material der Kunst... Diese neueste,
nicht mehr auf Kunst an sich bestehende Praxis hat, glaube ich,
den lächerlichen Unterschied zwischen Kunst und Realität nur
zum Schein überwunden. Diese Darstellungen laufen hinter der
Realität her, ohne je in ihre Nähe kommen zu können."[52]

Nach Walser halte also das dokumentarische Theater die
Trennung zwischen Kunst und Realität aufrecht. Es versuche Kunst
zu sein, die sich für Realität ausgebe. Es bleibe nichts weiter
als Nachahmung der Wirklichkeit. Walser versucht, den, wie er ganz
richtig sagt, lächerlichen Unterschied zwischen Kunst und Realität
zu überbrücken, indem er ein Theater fordert, das nicht die
Realität nachahmen will, sondern selbst Realität sein will. Das,
„was auf der Bühne gespielt wird, ist selber Wirklichkeit; eine
Wirklichkeit aber, die nur auf der Bühne vorkommt." Diesen
„Tagtraum vom Theater" nennt Walser „Bewußtseinstheater", denn das
Bewußtsein eines Menschen habe „immer einen Begriff von sich
selbst, der von der Umgebung nicht bestätigt wird. Aus der
Differenz entsteht die Notwendigkeit, sich aufzuspielen, überhaupt
zu spielen." Doch Walser setzt damit der Realität zwar nicht
die Kunst gegenüber, doch aber eine andere Realität, eine
Bühnenrealität, eine Bewußtseinsrealität. Die Trennung Realität -
Kunst ersetzt Walser durch die Trennung Realität - Bühnenrealität,

---

51. Ebd.
52. M. Walser, Tagtraum vom Theater. In: __Theater heute__ 11 (1967),
    S.22

und damit bleibt der Widerspruch, den er aufzuheben versuchte,
im Grunde bestehen. Schon Schiller befaßte sich in seinem Aufsatz
„Über naive und sentimentalische Dichtung" mit diesem Widerspruch:
„Wendet man nun den Begriff der Poesie, der kein andrer ist, als
der Menschheit ihren möglichst vollständigen Ausdruck zu geben,
auf jene beiden Zustände an, so ergibt sich, daß dort in dem
Zustand natürlicher Einfalt, wo der Mensch noch, mit allen seinen
Kräften zugleich, als harmonische Einheit wirkt, wo mithin das
Ganze seiner Natur sich in der Wirklichkeit vollständig ausdrückt,
die möglichst vollständige Nachahmung des Wirklichen - daß hingegen hier in dem Zustande der Kultur, wo jenes harmonische
Zusammenwirken seiner ganzen Natur bloß eine Idee ist, die Er-
hebung der Wirklichkeit zum Ideal oder, was auf eins hinausläuft,
die Darstellung des Ideals den Dichter machen muß."[53] Georg
Lukács weist darauf hin, daß Schiller zu Recht erkannt habe, „daß
die Nachahmung des Wirklichen - also das Prinzip der naiven
Dichtung - für jede echte Poesie unerläßlich ist, daß sie das
künstlerische Prinzip schlechthin darstellt."[54] Gerade diese
Erkenntnis verwickelt Schiller in den Widerspruch, daß er, seiner
eigenen Konzeption zufolge, „jede Naivität, jede Nachahmung des
Wirklichen, also jeden Realismus im eigentlichen Sinne aus der
Dichtung seiner eigenen Zeit"[55] ausschließen müßte, weil der
Mensch, der Dichter seiner Zeit eben nicht mehr als harmonische
Einheit wirke und demzufolge die Wirklichkeit auch nicht mehr
nachahmen könne. Eben diesen Widerspruch versucht Walser

---

53. F. Schiller, Über naive und sentimentalische Dichtung. In:
    Werke in drei Bänden, hrsgg. v. G. Fricke u. H.G. Göpfert, Bd.I
    München: Hanser Verlag 1966, S.557
54. G. Lukács, Schillers Theorie der modernen Literatur. In:
    Schriften zur Literatursoziologie. Neuwied/Berlin: Luchterhand
    Verlag 1970, S.170
55. Ebd.

aufzulösen, wenn er eine Wirklichkeit, die nur auf der Bühne
vorkommt, einer Wirklichkeit gegenüberstellt, die nicht nur auf der
Bühne vorkommt. Er kann aber diesen Widerspruch genausowenig auflösen wie Schiller, weil beide „die dichterische Erfassung des
Wesentlichen starr und ausschließend von der unmittelbar sinnlichen Erscheinungswelt (abtrennen) und sie ihr ausschließend
(gegenüberstellen)."[56]

Die gleiche Frage nach der Darstellbarkeit der Wirklichkeit
wird auch von Marianne Kesting in ihrem Aufsatz „Völkermord und
Ästhetik"[57] gestellt. Wie kann man, so fragt sie, eine Wirklichkeit darstellen wollen, die nicht mehr darstellbar sei, die so
unüberschaubar geworden sei, daß sie sich dem Zugriff des
Einzelnen entzöge? Eine Welt. wie die des Dritten Reiches, die
mit normalen humanen, moralischen und juristischen Kategorien
nicht mehr meßbar sei, könne auch nicht mehr mit traditionellen
ästhetischen Normen dargestellt werden, doch gerade das versuche
z.B. Hochhuth, der „die Opfer vor den Gasöfen in Lyrik ausbrechen
ließ... Wenn schon Adornos Diktum, es sei barbarisch, nach
Auschwitz noch Lyrik zu schreiben, als überpointiert erscheint,
so ist doch Lyrik über Auschwitz sicherlich unangemessen. Angesichts einer solchen Tötungsmaschinerie versagen nicht nur die
herkömmlichen moralischen Kategorien, sondern auch die herkömmlichen
ästhetischen. Auschwitz ist ästhetisch überhaupt nicht formulierbar,
weil es - wie ehrbar immer die Intention des Autors sein mag -
Fakten, die sich eben den humanen und ästhetischen Modi entziehen,

---

56. Ebd., S.172
57. M. Kesting. a.a.O., S.88 ff.

wieder humanisiert."[58]

Und weil die grausamen Handlungen des Dritten Reiches
ästhetisch nicht mehr formulierbar seien, kämen ihnen offensichtli
nur noch die Dokumente bei. Die Dokumente aber seien ausgewählt,
arrangiert, zu einem Kunstwerk zusammengesetzt. „Damit aber
grenzt sich notwendig ihr Dokumentarwert ein, das heißt, das
jeweilige Drama kann keineswegs mit dem Anspruch des Dokuments
vor die Öffentlichkeit treten."[59]

„Was den Dokumentar-Dramatikern an Kenntnis und Überschau
fehlte, ersetzten sie durch subjektive Sicht, zuweilen durch
schlichte Ideologie, und man wird also Adornos Vermutung nicht
ganz widerlegen können, daß derlei Fassaden-Realismus, wie er von
unseren Dramatikern zelebriert wird, der politischen Propaganda
diene. Deswegen bedienen sich die Dokumentar-Dramatiker auch
meist traditioneller und infolgedessen jedermann plausibler
Dramaturgien und simplifizieren überaus komplizierte Geschehnisse
zu einleuchtend überschaubaren. So nur läßt sich breite politische
Wirkung erzielen."[60]

Marianne Kestings Urteil ist dementsprechend vernichtend: ein
Stoff wie das KZ sei künstlerisch nicht formulierbar. Der doppelte
Anspruch von Kunstwerk und Dokument könne nicht gleichzeitig
erfüllt werden. „Darum kann nicht als Entschuldigung dienen, wenn
der Dokumentarwert herabgemindert wird aus Gründen der künstlerischen Formulierung, die künstlerische Formulierung aber herabgemindert wird, weil man dem Dokument gerecht werden oder eine

---

58. Ebd., S.93
59. Ebd., S.94
6o. Ebd., S.96

politisch-moralische Wirkung erzielen will. Letztlich wird das
jeweilige Stück <u>keiner</u> dieser Forderungen gerecht."[61] Nach
Marianne Kesting schließen sich demnach Kunst und Dokumentation
gegenseitig aus.

 Teilweise hat sie recht, insofern als Auschwitz tatsächlich
mit den <u>herkömmlichen</u> ästhetischen Normen nicht formulierbar ist.
Daß aber Auschwitz deswegen <u>überhaupt</u> nicht ästhetisch formulierbar
sei, scheint mir eine unzulässige Verallgemeinerung zu sein.
Und aus dieser Verallgemeinerung leitet Kesting das Zustandekommen
des dokumentarischen Theaters ab: weil ästhetisch nicht mehr
formuliert werden kann, deswegen gebrauche man nun Dokumente.
Kesting verweist also Dokument und Wirklichkeit, Kunst und
Ästhetik in zwei säuberlich voneinander getrennte Gebiete. Nicht
nur Kunst und Dokumentation, sondern auch Wirklichkeit und
Ästhetik schließen sich demnach gegenseitig aus. Deswegen spricht
Kesting auch von dem doppelten Anspruch von Kunstwerk und
Dokument, der nicht gleichzeitig erfüllt werden könne. Das mag
für Hochhuths <u>Stellvertreter</u> gelten, der noch mit herkömmlichen
ästhetischen Kategorien operiert, doch, wie nachzuweisen sein
wird, für Weissens <u>Ermittlung</u> gilt das schon nicht mehr. Ästhetik
beschränkt sich ja nicht ausschließlich auf Kunst, sondern ist in
dem Maße Teil der Wirklichkeit als die dialektische Einheit, in
der Kunst und Leben sich gegenseitig durchdringen, begriffen wird.

 Auch der Kritiker Urs Jenny leugnet die politische Effektivität
des dokumentarischen Theaters in seiner <u>Zeit</u>-Rezension des <u>Viet</u>

---

61. Ebd., S.97

<u>Nam Diskurs</u> von Peter Weiss, aufgeführt in den Münchner Kammer-
spielen. Allerdings bezieht er sich auf eine bestimmte szenische
Interpretation eines Theatertextes. „Die Münchner Aufführung sucht
sich nicht über ihre Ohnmacht zu täuschen, ihre Effektlosigkeit im
Politischen; sie geht von der realistischen Einsicht aus, daß
sich ein solches Stück doch nur jene ansehen, die schon halbwegs
Bescheid wissen, zumindest antiamerikanisch gestimmt sind -
ein Publikum also, das den <u>Viet Nam Diskurs</u> eigentlich nicht
‚braucht'."[62] Noch deutlicher sagt Jenny das in <u>Theater heute</u>:
„Die Aufführung erklärt den <u>Viet Nam Diskurs</u> von Peter Weiss im
wesentlichen für unnütz und illusorisch, sie bestreitet die
Tauglichkeit des Theaters als Transportunternehmen für politische
Informationen..."[63] Kein Wunder also, daß die Regisseure dieser
Aufführung, Wolfgang Schwiedrzik und Peter Stein, an die Bühnen-
rückwand haben kritzeln lassen: „Dokumentartheater ist Scheiße."

Doch Henning Rischbieter sieht in der Stuttgarter Uraufführung
von Tankred Dorsts <u>Toller</u> den Gegensatz zu diesem „uneffektiven"
dokumentarischen Theaters: „Dorst erfüllt endlich das, was als
‚dokumentarisches' Theater seit Hochhuths <u>Stellvertreter</u>,
Kipphardts <u>Oppenheimer</u> und dem <u>Marat/Sade</u> von Peter Weiss durch
die Feuilletons geistert, eine Form von Theater, die erwünscht
und umstritten war, aber nicht eigentlich existent. Denn die drei
eben genannten und noch einige andere Stücke, auch die
<u>Ermittlung</u>, der <u>Popanz</u> und der <u>Vietnam-Diskurs</u> von Peter Weiss,
weisen eins nicht auf, was Dorsts neuer Text <u>Toller</u> hat und was

---

62. U. Jenny, Fern von Weiss. In: <u>Die Zeit</u> (12.7.1968)
63. U. Jenny, Fern von Weiss. In: <u>Theater heute</u> 8 (1968), S.37

ihn als ersten Text eines nun besser zu definierenden dokumentarischen Theaters ausweist: Offenheit."[64] Diese Offenheit
charakterisiert Rischbieter als den Verzicht „auf die ‚dichterische'
Geschlossenheit, die bei Hochhuth und Weiss durch die Versform,
die ideeliche Fixierung oder die agitatorische Abgezwecktheit,
die selbst bei Kipphardts Oppenheimer durch die Stilisierung zu
Brechts Galilei hin sich - mindestens als Intention - bemerkbar
macht."[65]

Rühle, Wendt, Ignée, Walser, Kesting, Jenny und Rischbieter,
sie alle weisen mehr oder weniger deutlich auf eine Kluft zwischen
Dokumentation und Kunst hin. Joachim Kaiser faßt diesen Gegensatz
so zusammen: „Solange gespielt wird, wird nicht geschossen, nicht
überwältigt, nicht eindeutig und einstimmig verändert."[66] Mit
anderen Worten: solange Kunst auf dem Theater gemacht wird, wird
dort keine Politik gemacht. In unserem Zusammenhang hieße das:
solange dokumentarisches Theater gemacht wird, mit der Betonung
auf Theater, wird keine Politik gemacht. Der Satz könnte auch
umgekehrt werden: solange das dokumentarische Theater primär
Politik macht, ist es kein Theater, keine Kunst. Damit wären wir
bei der schon vorher angedeuteten Feststellung, daß die Begriffe
politisches Theater, dokumentarisches Theater Widersprüche in
sich selbst seien. Das alles stimmt aber nur solange, wie sich
die Trennung zwischen Kunst und Politik aufrechterhalten läßt.
Solange diese Trennung besteht, kann gar nicht geschossen werden,
wenn gespielt wird, denn diese Trennungslinie scheidet nicht nur

---

64. H. Rischbieter, Fragmente einer Revolution. In: Theater heute
    12 (1968), S.9
65. Ebd.
66. J. Kaiser, Solange gespielt wird, wird nicht geschossen. In:
    Theater heute 12 (1968), S.27 ff. Siehe auch: H.Schwab-Felisch,
    Ohne Zustand keine Veränderung. In: Theater heute 12 (1968),
    S.24; E. Wendt, Theater heute - als Medium. In: Theater
    heute 12 (1968), S.25 f.

die Bühne vom Zuschauerraum, sondern sie verläuft quer durch das
Bewußtsein von Zuschauer und Schauspieler. Sie hindert beide,
Zuschauer und Schauspieler, daran, die beiden Kategorien Spiel und
Ernst, Kunst und Politik zusammenzudenken. Erst mit dem Wegfall
dieser Trennung kann aus Spiel Ernst werden, kann, um Kaisers
Bild zu gebrauchen, spielerisch geschossen werden, erst dann kann
Kunst zur politischen Willensbildung werden, d.h. Politik machen,
Daß das dokumentarische Theater ein Ansatz zur Aufhebung dieser
Trennung war, ist kaum erkannt worden. Es blieb allerdings beim
Ansatz, denn in der bundesrepublikanischen Gesellschaft, in der
das dokumentarische Theater entstand, war ein Zusammendenken von
Kunst und Politik unmöglich.

Die Begriffe politisches Theater und dokumentarisches Theater
brauchen also keineswegs in sich widersprüchlich zu sein, sollten
es nicht sein, sondern müßten als dialektische Einheiten, in denen
sich die Begriffe Kunst und Politik gegenseitig beeinflußen, begriffen werden. Doch leider ist das noch nicht der Fall. Die
meisten Kritiker sehen in dem Begriff politisches Theater noch
einen Widerspruch in sich. Siegfried Melchinger erkennt zwar in
seinem Aufsatz „Theater und Revolte: Antithesen", daß Politik
und Kunst sich nicht gegenseitig auszuschließen brauchen, versucht
auch, den Widerspruch aufzulösen, verwischt ihn aber nur, weil er
im Grunde noch an der Trennung zwischen Kunst und Politik festhält: „Wer Theater macht, hat eine Vorentscheidung getroffen, -
seine Profession ist primär das Theater, und nicht primär die

Politik."[67] Und weiter: „Warum ist, wie allgemein gesagt wird,
Marat ein besseres Stück als der Viet Nam Diskurs? Weil Marat
primär Theater war und der Viet Nam Diskurs primär Politik machen
will. Der Fall Peter Weiss ist aufschlußreich: da sein Talent
primär das Schreiben ist, macht er schlechten Gebrauch davon,
wenn er primär Politik machen will. Und die Politik wird auch
nicht besser... Politik ist ein Thema des Theaters, nicht seine
Funktion."[68] Und noch einmal am Schluß des Aufsatzes: „Theater
ist primär Theater, auch wenn es politisches Theater ist. Diese
Vorentscheidung bleibt keinem erspart, der bewußt Theater macht
oder ins Theater geht."[69] Sicher ist Theater in erster Linie
Theater, das schließt aber nicht aus, daß es auch noch eine Aufgabe hat, ohne die es nur Theater bliebe, die Aufgabe, im obigen
Sinne Politik zu machen. Melchingers These vom Theater, das primär
Theater zu sein hat, wäre umzukehren: Wo Wirklichkeit ohne
Deutung abgebildet wird, dort wird nur Theater gemacht; nur dort,
wo Theater politisch im obigen Sinne[70] ist, ist es wirklich
Theater, Melchingers Behauptung „Theater ist primär Theater, auch
wenn es politisches Theater ist" müßte geringfügig verändert
werden zu „Theater ist primär Theater, gerade wenn es politisches
Theater ist." Denn die Funktion des Theaters, der Kunst, liegt
nicht darin, daß die Wirklichkeit realistisch abgeschildert wird.
Fast alle Kritiker des dokumentarischen Theaters scheinen hiervon
auszugehen: Diese Spielart des Theaters versuche den Gegensatz
zwischen Kunst und Wirklichkeit dadurch zu überbrücken, daß es

---

67. S. Melchinger, Theater und Revolte: Antithesen. In: Theater 1968,
    S.34
68. Ebd., S.36
69. Ebd., S.37
7o. Siehe oben, S.2 f.

möglichst nahe an die Wirklichkeit heranrücke, die Wirklichkeit auf die Bühne zu ziehen versuche, indem es Dokumente auf die Bühne stelle. Bei manchen Dokumentar-Dramatikern ist in der Tat dieser Ausgangspunkt vorhanden, der auf der naiven Realitätsauffassung beruht, daß schon das reine „Abphotografieren" zur Darstellung von Wirklichkeit und damit zur Kunst wird. Andere Dramatiker hingegen, z.B. Weiss, ahmen nicht die Wirklichkeit nach, sondern versuchen sie mittels des Kunstwerks erst zu erschaffen. Doch das ist kaum erkannt worden. Auch Weissens Stücke wurden mit dem Maßstab der Wirklichkeitsnachahmung gemessen.

Die Schwierigkeit bei der Begriffsbestimmung eines dokumentarischen Theaters liegt nun darin, daß es diese zwei Arten dieses Theaters gibt, die jeweils eine andere Funktion haben und das führt dazu, daß es im Grunde zwei verschiedene Meinungen darüber gibt, was das dokumentarische Theater denn nun eigentlich sei. Hinzu kommt, daß die Diskussionen, Mißverständnisse und einander sich widersprechenden Ansichten im Zusammenhang mit dem Begriff dokumentarisches Theater zum großen Teil auch zurückzuführen sind auf ein mangelndes Unterscheidungsvermögen zwischen dem, was auf den Bühnen als Theateraufführung zu sehen ist, dem, was der Autor geschrieben hat und dem, was der Regisseur beziehungsweise der Autor mit dem Stück beabsichtigten. Daher müßte man, geht man von der obigen Forderung aus, daß Kunst die Wirklichkeit erst erschaffe, die oben geringfügig geänderte Behauptung Melchingers in Bezug auf eine Begriffsbestimmung des dokumentarischen Theaters in den Konjunktiv setzen: Dokumentarisches Theater sollte primär Theater sein, gerade weil es politisches Theater ist.

Das wird auch von den beiden Regieassistenten der Uraufführun

des Toller erkannt. Ihnen zufolge fordere das politische Theater
den Vergleich zwischen zwei verschiedenen Realitätsebenen heraus,
indem es versuche, historische Wirklichkeit mit theatralischen
Mitteln abzubilden und zu analysieren. Denn die Verwechslung von
historischem Ereignis und Bühnengeschehen trete gerade dort ein, wo
außertheatralische Wirklichkeit nicht vollkommen in Spiel umgesetzt werde. Weiter sagen sie in ihrem Bericht über die
Publikumsreaktionen zu der Toller-Aufführung, daß die Diskutanten,
die die ästhetische Abbildung historischer Ergebnisse an ihrer
Sicht von Geschichte messen, auf den scheinbaren Gegensatz
Politik - Ästhetik hinweisen. Dieser Gegensatz aber bleibe so
lange unauflösbar, wie das Theater versuche, geschichtliches
Geschehen genau abzubilden und sich so einer Kritik aussetze,
die nicht primär den theatralischen Vorgang im Auge habe.[71]
Auflösbar wird dieser Gegensatz also erst, wenn das Theater in
erster Linie Theater macht, aus geschichtlichem Geschehen Kunst
macht, Geschichte ästhetisiert. Andererseits kann dieser Gegensatz
in Richtung Politik aufgelöst werden, dann wird aber aus dem
Theaterstück ein politisches Pamphlet. Dann gehöre es eigentlich
auch nicht mehr ins Theater, wie Peter Weiss es im Spiegel-
Gespräch vom März 1968 für den Vietnam-Diskurs einräumt, sondern
„auf einen öffentlichen Platz."[72] Diese Form des politischen
Engagements wurde mit dem Namen „Straßentheater" belegt. Allerdings
wurde in Frage gestellt, ob das denn noch Theater sei und nicht
vielmehr eine verwässerte Form politischer Demonstration, die

71. B. Hitz/H. Postel, Studenten fordern Toller heraus. In:
    Theater 1969, S.38; siehe auch: S. Melchinger, Revision. In:
    Theater 1969, S.83 ff.
72. Der Spiegel Nr. 12 (18.3.1968), S.182

ihre Intentionen mit einem theatralischen Mäntelchen verbrämt.
Max Frisch sagte schon in seiner Rede zur Eröffnung der Drama-
turgentagung in Frankfurt 1964, es wäre eine Selbsttäuschung, zu
meinen, der Schriftsteller mache Politik, indem er sich ausspreche
zur Politik.[73]

Peter Handke dagegen setzt sich für das Straßentheater als
Form der politischen Demonstration ein. Für ihn ist „ein Sprech-
chor, der nicht auf der Straße, sondern auf dem Theater wirken
will, Kitsch und Manier." Das Theater als gesellschaftliche Einrichtung scheine ihm unbrauchbar für eine Änderung gesellschaftlicher Einrichtungen.[74] Ähnlich scheint auch Peter Weiss zu
denken, wenn er seine politisch engagierten Dokumentarstücke
lieber auf der Straße als in einem Theater sieht, denn nur dort,
auf der Straße, so meint er, können sie politisch effektiv werden.
Doch dann mache Weiss, wie Melchinger sagt, Politik und kein
Theater mehr. Selbst Weiss scheint hier den Begriff der politischen
Effektivität einzuengen auf ein aktives politisches Handeln außerhalb des Theaters. Dann allerdings hätte Melchinger recht mit
seiner Behauptung, daß Weiss in diesem Falle Politik und kein
Theater mehr betreiben würde. Weiss scheint sich da in Widersprüche
zu verwickeln, denn er läßt seine Stücke trotzdem noch in
Stadttheatern aufführen, er bleibt trotzdem Stückeschreiber und
wird nicht zum Stadt-Guerilla, dessen politische Aktivität unge-
mein effektiver wäre als jedes Theaterstück. Dieser Widerspruch
läßt sich nur auflösen, wenn man politische Effektivität auch

---

73. M. Frisch, Der Autor und das Theater. In: Öffentlichkeit als
Partner. Frankfurt: Suhrkamp 1967, S.82
74. P. Handke, Straßentheater und Theatertheater. In: Prosa Gedichte
Theaterstücke Hörspiele Aufsätze. Frankfurt: Suhrkamp 1969,
S.3o5

innerhalb eines Stadttheaters für möglich hält und aus Weissens
Stücken geht unzweifelhaft hervor, daß er politische Effektivität
nicht auf die Straße beschränkt wissen will. Politisch effektiv
kann auch ein Stück sein, das zur politischen Willensbildung
beiträgt, das zum Beispiel ein Publikum polarisiert.

Wird jedoch der Begriff der politischen Effektivität zu eng
gefaßt, dann entsteht ein Dilemma, das „Dilemma des politischen
Theaters", wie Walter Hinck meint, aus dem es vorerst keinen
Ausweg zu geben scheint. Am Schluß seines Aufsatzes über die
deutsche Dramatik des sechziger Jahre deutet Hinck jedoch vorsichtig eine neue Möglichkeit an, wenn er meint, daß vielleicht
einmal ein zweiter Brecht vonnöten sein werde, der einem neuen
politischen Engagement eine neue Ästhetik des Theaters liefere.[75]

Auch der Kritiker Kurt Lothar Tank sieht dieses Dilemma des
politischen, in unserem Falle, des dokumentarischen Theaters:
„...politisches Theater unserer Tage (ist) entweder deswegen zum
Tode verurteilt oder, was dasselbe ist, zur Wirkungslosigkeit
verdammt, weil es langweilig ist und darum vom Publikum gemieden
wird, oder weil es effektvoll-kulinarisch ist und darum zwar
starken Zulauf, aber gar keine politisch-revolutionäre Wirkung
hat."[76] Aber auch bei Tank gibt es einen Ausweg, nämlich den
einer Reform, die sich entweder von innen her im Theater vollzieht
oder von außen mittels einer Revolution dem Theater auferlegt
wird.

Wie dem auch sei, ob sich das Theater durch eine innere Reform

---

75. W. Hinck, a.a.O., S.700 f.
76. K.L. Tank, Politisches Theater Heute. In: Sonntagsblatt
    (24.5.1970), S.24

erneuert, oder durch eine Revolution von außen, in jedem Falle
hat diese Erneuerung sich mit den Mitteln des Theaters zu vollziehen, wenn wir weiter vom Theater reden wollen. Ganz abgesehen
davon, politische Reform und ästhetische Erneuerung schließen sich
ja nicht ohne weiteres gegenseitig aus, wie manche zu einseitig
denkende Theatermacher behaupteten. Botho Strauß versucht daher,
„ästhetische und politische Ereignisse zusammenzudenken" und kommt
zu der Ansicht, daß die politische Linke nicht notwendigerweise
zu den unattraktivsten Mitteln greifen muß, wenn sie sich für
ihre Zwecke des Theaters bedienen will. Genausowenig aber ist das
bürgerliche Theater schon deshalb bereits tot, weil es ab und zu
„nur" ein paar attraktive ästhetische Innovationen hervorbringt.[77]
Das, was Strauß hier mit vorsichtiger Ironie sagt, drückt Günther
Rühle am Schluß seiner Besprechung von Melchingers Buch Das
politische Theater unumwundener aus: „So erinnert das Buch
(Melchingers), daß politisches Theater und Dichtung nicht unvereinbar sind. Daß das eine nicht ist ohne das andere."[78)]

Zusammenfassend könnte soweit gesagt werden, daß der Begriff
dokumentarisches Theater versucht, die Spielart des Zeittheaters
mit einem gemeinsamen Namen zu belegen, die vorwiegend politische
Themen anhand von Dokumenten als dokumentierbare Realität darstellen will, dabei nach einer Abkehr vom Illusionären strebt und
dadurch die Wirklichkeit zu beeinflußen versucht. Der Begriff hat
ferner zum Inhalt, daß die so bezeichnete Spielart des Zeittheaters offen sein sollte im Sinne von Volker Klotz' Definition
des offenen Dramas,[79)] aber gleichzeitig immer auch versuchen

77. B. Strauß, Versuch, ästhetische und politische Ereignisse
    zusammenzudenken. In: Theater heute 1o (197o), S.68
78. G. Rühle, Beginn der Zusammenfassung. In: Theater heute 12
    (1971), S.12
79. V. Klotz, Geschlossene und offene Form im Drama. München:
    Hanser 1969

sollte, primär Theater zu sein, nicht indem sie Wirklichkeit
mit theatralischen Mitteln nachzuahmen versucht, sondern indem
sie mit theatralischen Mitteln Wirklichkeit schafft.

Otto F. Best nennt in seinem Buch über Peter Weiss diese
Dramaform „Dokumentationstheater". Dabei geht er davon aus, daß
ein Dokument ein Beweis sei. „Dokumentieren heißt mithin beweisen,
genau, d.h. objektiv zeigen."[80] Somit gelangt er zu der Ansicht,
daß „Dokumentationstheater" objektiv zu sein habe, und wo es das
nicht ist, da sei es eben kein „Dokumentationstheater" mehr.
Unter diesem Gesichtspunkt kritisiert Best die Dramen von Weiss
und, weil diese denkbar unobjektiv seien, spricht er ihnen die
Bezeichnung „Dokumentationstheater" ab. Er geht sogar soweit,
es als fatal zu bezeichnen, daß Peter Weiss, sich auf die
mystische Objektivität des historischen Materialismus berufend,
allen Ernstes glaube, dokumentarisches Theater könne parteilich
und zugleich objektiv sein.[81] Doch nicht Peter Weiss, sondern
Otto F. Best stellt die Forderung der Objektivität an das
„Dokumentationstheater". Mit gutem Grund hat Weiss ja sein Theater
dokumentarisches Theater und nicht Dokumentationstheater genannt.
In Wahrigs Deutschem Wörterbuch heißt ‚dokumentarisch' = „auf
Grund von, mit Hilfe von Dokumenten, durch Dokumente belegbar,
urkundlich", ‚Dokumentation' heißt aber „Beweisführung durch
Dokumente."[82] Best aber setzt die beiden Begriffe „dokumentarisch"
und „Dokumentation" gleich. Damit kann er dann auch behaupten, und
das mit Recht, daß Peter Weiss die „Beweisführung durch Dokumente"

---

80. O.F. Best, a.a.O., S.127
81. Ebd., S.176 f.
82. G. Wahrig, Deutsches Wörterbuch. Gütersloh: Bertelsmann Lexikon-
    Verlag 1968, Spalte 919

nicht gelungen sei. Denn Weiss will gar nicht beweisen, sondern
seine subjektive Sicht „durch Dokumente belegbar" machen; er
nimmt also bewußt Partei für oder gegen etwas und belegt diese
Stellungnahme, diese Parteilichkeit mit Dokumenten. Nach Best
schließen sich aber Parteilichkeit und Objektivität gegenseitig
aus, von der Ansicht ausgehend, daß es sowas wie eine dokumentarische Objektivität gebe. Er übersieht dabei, daß jede dokumentarische Darstellung, jedes Dokument subjektive Elemente enthält.
Eine noch so dokumentarische, nach Best: objektive, Darstellung
wie zum Beispiel die Tagesschau im Fernsehen beruht auf subjektiver
Methoden der Auswahl der zu zeigenden Ereignisse, der Schnitte,
der Einstellungen, usw. Dokumentarisch darstellen heißt also
keineswegs objektiv darstellen, sondern, ob man sich dessen bewußt
ist oder nicht, parteilich darstellen. Gerade die Parteilichkeit,
die sich ihres Standpunkts bewußt ist, ist die Voraussetzung zur
Objektivität. Allerdings hat diese Objetivität wenig gemein mit
Bests Begriff der Objektivität, der einen außerhalb der mensch-
lichen Gesellschaft liegenden, von ihr isolierten, „überparteilich
Standpunkt bezeichnet, der schon deswegen nicht eingenommen
werden kann, weil er im Grunde auf einer Fiktion beruht, der
Fiktion nämlich, daß man von außerhalb seines geschichtlichen
Mensch-Seins her urteilen könne. Die Parteilichkeit voraussetzende
Objektivität dagegen, die dialektische Objektivität ist sich
dessen bewußt, daß der Mensch nur von innerhalb seines Mensch-
Seins her, d.h. subjektiv urteilen kann, diese Subjektivität aber
dann zur Objektivität wird, wenn das Subjekt als ein historisches
gesehen wird, d.h. wenn es in seinem Verhalten und mit seinen
Urteilen als ein in den Gesamtprozeß der historischen Entwicklung

Eingeordnetes gesehen wird.

Ernst Walberg deutet in seinem Artikel Das Dokumentar-Theater
einen anderen möglichen Grund an, weshalb Best Weiss den Vorwurf
der Unobjektivität gemacht haben könnte. Walberg sagt, es gebe
zwei Argumente, die immer dann ins Feld geführt würden, wenn das
dokumentarische Theater mit seiner Kritik und seiner psycho-
logischen Schockwirkung dem gutbürgerlichen Publikum zu unbequem
werde: einseitige Auswahl der Dokumente und Kunstlosigkeit. Er
meint ferner, daß der erste Vorwurf im Westen vor allem gegen
Peter Weiss vorgebracht wurde, dessen Ermittlung einst fast
uneingeschränkt anerkannt worden war. Doch Weiss' persönliche
Hinwendung zum „antikapitalistischen Lager" und die Aufnahme der
literarisch-marxistischen Ästhetik in den Gesang vom lusitanischen
Popanz oder den Vietnam-Diskurs wollte man nicht mehr billigen.[83]
Und Otto F. Best ist einer von denen, die Weiss' „marxistische
Nicht-Objektivität" nicht billigen, wenn er sagt: „Das krampfhafte
Bemühen, die Schuld an der Existenz der Vernichtungslager nicht
Nazideutschland allein, sondern dem kapitalistischen System
überhaupt anzulasten, muß deshalb als Intention des Autors gedeutet
werden, der Faschismus und Kapitalismus unter einem Nenner sieht."[84]
Ähnlich sagt Marianne Kesting, daß Weiss als einzig einleuchtende
Erklärung für die Greuel von Auschwitz die Auswüchse des Kapitalismus
hinstellt und damit nicht Hitlers Rassenwahn, sondern die
wirtschaftliche Profitgier für die Errichtung der Vernichtungslager verantwortlich macht.[85] Man könnte also fast vermuten, daß

---

83. E. Walberg, Das Dokumentar-Theater: Vom Ende eines Zwischen-
    spiels. In: Kulturbrief 1o (1971), S.4
84. O.F. Best, a.a.O., S.142
85. M. Kesting, Panorama des zeitgenössischen Theaters. München:
    Piper Verlag 1969, S.337; hiernach als Panorama angeführt.

z.B. Best nicht so sehr durch Weiss' angeblich fehlende
„Objektivität", sondern vielmehr durch seine „linken" Ansichten
zur Kritik herausgefordert wurde. Doch das ist ein zweischneidiges
Schwert. Eine Kritik, die einen Dramatiker und sein Werk mit dem
allzu leicht zu verteilenden Etikett „tendenziös" beurteilt, gerät schnell selbst in den Ruf, tendenziös zu sein. Denn als
„tendenziös" wird grundsätzlich das verurteilt, was der herrschend
Richtung entgegenstrebt. Nur die gegnerische Richtung ist also
„Tendenz", die eigene Richtung ist keine „Tendenz".

Auch J. Zipes bestreitet die „Objektivität" des dokumentarischen Theaters, wenn er sagt: „The documentary dramatist
selects an incident...and writes what he considers a truthful,
dramatic rendition of this event. From choice of material to
final product: subjectivity plays a dominant role. Documentary,
then denotes the mode of portrayal, not the quality. It reports
facts, but only certain facts - investigates, but only those
issues which interest it."[86] Doch gerade diese Definition dessen,
was dokumentarisches Theater ist, führt zu dem obigen Begriff der
Objektivität, die auf Parteilichkeit beruht.

Dem Vorwurf, daß das dokumentarische Theater nicht objektiv
sei, hält Erika Salloch in der bisher wohl ausführlichsten Analyse
des dokumentarischen Theaters entgegen, daß die Dokumente ja
gerade ihrer Widersprüche halber zitiert werden, damit der Zuschau
sie kritisch vergleichen kann und dadurch zum Zweifel, zur Skepsis
und letzten Endes zur Ratio anstelle des Glaubens geführt wird.

---

86. J. Zipes, Documentary Drama in Germany: Mending the Circuit.
    In: Germanic Review 42 (1966), S.5o

Denn die Dialektik der sich widersprechenden Dokumente biete
keine Antwort, sagt Erika Salloch. Und deswegen neige das dokumentarische Theater zur offenen Form.[87] Im Anschluß an das erste
Kapitel, in dem Erika Salloch das Zeitstück der zwanziger Jahre
mit dem dokumentarischen Theater vergleicht, stellt sie eine
Tabelle auf, in der sie mit Stichworten die wichtigsten Merkmale
des dokumentarischen Theaters und des Zeitstückes festhält.[88]
Nur einige wenige Kennzeichen des dokumentarischen Theaters sollen
hier zitiert werden: Beim dokumentarischen Theater sei „Politik
ohne Kunst nicht möglich", „Dokumente seien die Basis des Stücks",
es gehe „vom Allgemeinen zum Modell", die „Dokumente beweisen,
daß Menschen die Dokumente produziert haben", es zeige „Tendenzen",
„Relativität", „Widersprüchlichkeit" und es diene der „Beschuldigung".

Damit schließt sich Erika Salloch Peter Weiss an, der in
seinen Notizen zum Dokumentarischen Theater[89] Ähnliches, nur
ausführlicher,sagt. Nach Weiss sei das dokumentarische Theater
ein Theater der Berichterstattung. Es enthalte sich jeder Erfindung, es übernehme authentisches Material und gebe dies, im
Inhalt unverändert, in der Form bearbeitet, von der Bühne aus
wieder. Es übe Kritik an der Verschleierung, an Wirklichkeitsfälschung, an Lügen. Es stelle eine Reaktion dar auf gegenwärtige
Zustände, mit der Forderung, diese zu klären. Dabei darf es aber
nicht die Ästhetik vernachlässigen, denn ein dokumentarisches
Theater, das in erster Linie ein politisches Forum sein wolle

---

87. E. Salloch, Peter Weiss' Die Ermittlung. Frankfurt: Athenäum
    Verlag 1972, S.31 f.
88. Ebd., S.41
89. P. Weiss, Das Material und die Modelle, a.a.O.. S.33 f.

und auf künstlerische Leistung verzichte, stelle sich selbst
in Frage. Weiter sagt Weiss, daß die Stärke des dokumentarischen
Theaters darin liege, daß es aus den Fragmenten der Wirklichkeit
ein verwendbares Muster, ein Modell der aktuellen Vorgänge, zusammenzustellen vermöge. Es befände sich nicht im Zentrum des
Ereignisses, sondern nehme die Stellung des Beobachtenden und
Analysierenden ein. Es lege Fakten zur Begutachtung vor. Nicht
individuelle Konflikte würden dargestellt, sondern sozio-ökonomisch
bedingte Verhaltensweisen. Dabei arbeite es nicht mir Bühnencharakteren und Milieuzeichnungen, sondern mir Gruppen, Kraftfeldern, Tendenzen. Außerdem sei das dokumentarische Theater
parteilich. Für ein solches Theater sei Objektivität unter Umständen ein Begriff, der einer Machtgruppe zur Entschuldigung
ihrer Taten diene. Wenn Otto F. Best nun behauptet,[90] daß Weiss
sich widerspreche, wenn er einerseits Kritik an Verschleierung,
an Wirklichkeitsfälschung, an Lügen fordere, andererseits aber
Parteilichkeit fordere, dann hat er eine andere Auffassung von
dem Begriff der Objektivität als Weiss, nämlich gerade die, die
Weiss anprangert als einen Objektivismus, der „einer Machtgruppe
zur Entschuldigung ihrer Taten dient"; denn solch ein Objektivismus beruht nur scheinbar auf einer streng wissenschaftlichen
oder dokumentarischen Basis, in Wirklichkeit ist er extrem
subjektiv, da er seine unbewußten Vorurteile gar nicht in die
Reflexion mit einbezieht.

Weiterhin sagt Weiss, daß das dokumentarische Theater durch

---

90. O.F. Best, a.a.O., S.132

den Abstand, den es von den Ereignissen, die es darstelle, gewonnen habe, die Auseinandersetzung von Gesichtspunkten her, die
sich anfangs nicht ergaben, nachvollziehen könne. Dabei gingen
wohl die Überraschungsmomente, das Lokalkolorit, das Sensationelle
verloren, gewonnen würde aber das Allgemeingültige. Zum Schluß
sagt Weiss, das dokumentarische Theater wende sich gegen die
Dramatik, die ihre eigene Verzweiflung und Wut zum Hauptthema
habe und festhalte an der Konzeption einer ausweglosen und
absurden Welt. Das dokumentarische Theater trete ein für die
Alternative, daß die Wirklichkeit, so undurchschaubar sie sich
auch mache, in jeder Einzelheit erklärt werden könne.

Diese „Notizen" sind nach Erika Sallochs Meinung die einzige
Theoretische Schrift zum dokumentarischen Theater. In ihrem
eigenen Vergleich von Zeitstück und dokumentarischem Theater
stützt sie sich auf diese „normative Ästhetik", deren Thesen von
der Theorie zur Praxis gingen. Es wäre aber auch möglich, so sagt
Erika Salloch weiter, „daß Weiss seine Theorie des dokumentarischen
Theaters aus seiner eigenen Praxis" abgeleitet habe, denn der
Vietnam-Diskurs, der dieser Theorie am genauesten entspreche, sei
schon im Jahre 1967 fertiggestellt worden, die „Notizen" aber
wurden erst im März 1968 veröffentlicht. Wenn dem so wäre, dann
wäre der Vietnam-Diskurs das Paradigma der Spielart des Zeittheaters, die sich dokumentarisches Theater nennt.[91)]

Aus den oben zitierten Meinungen und Gegenmeinungen läßt sich
folgende Definition des Begriffes „Dokumentarisches Theater"

---

91. E. Salloch, a.a.O., S.3 f.

zusammenstellen: Mit diesem Begriff wird ein Theater bezeichnet, das politisch ist in dem Sinne, daß es politische Willensbildung anstrebt, ein Theater, das auf Dokumenten basiert und dabei die Tendenz hat, sich vom Illusionären abzukehren. Durch Kritik an Verschleierung, Wirklichkeitsfälschung und Lügen will es die Wirklichkeit beeinflußen, kann das aber nur, wenn es offen bleibt. Dabei wird es durchaus parteilich, braucht deswegen aber nicht „unobjektiv" zu sein. Vor allem aber sollte es sich immer dessen bewußt sein, daß es mit künstlerischen Mitteln zu arbeiten hat, d.h. daß es als Kunst erst Wirklichkeit herstellt und somit nicht nur Theater bleibt, sondern zum politischen Theater wird.

Inwiefern diese Definition auf einige der existierenden sogenannten Dokumentarstücke zutrifft und inwieweit diese Stücke von dieser Definition abweichen, soll im anschließenden zweiten Teil dieser Arbeit untersucht werden.

ROLF HOCHHUTH
Der Stellvertreter

Hochhuths erstes Stück stieß anfangs auf Schwierigkeiten. Der
Verlag Rütten und Loening, der das Buch-Drama herausgeben wollte,
ließ den Satz herstellen. Doch als die ersten Abzüge schon erschienen waren, verbot die Leitung des Bertelsmann-Konzerns, dem
der Verlag Rütten und Loening gehört, das Erscheinen des Buches.
Der Satz wurde vernichtet. Doch der Rowohlt Verlag bekam einen
der Abzüge zu sehen. Mit beiden Händen griff er zu; Erwin Piscator,
der im Frühjahr 1962 zum künstlerischen Leiter der Freien Volksbühne in Berlin gewählt worden war, wurde benachrichtigt, und im
Februar 1963 fand dann die Uraufführung in Berlin statt.[1] Hitzige
Debatten folgten, doch trotzdem wagten sich zunächst nur wenige
Bühnen an das Stück. An Ingmar Bergmans Dramatischem Theater in
Stockholm fand am 7. September 1963 die nächste Aufführung statt.
Am 23. September folgte Basel, doch dort mußte die Premiere von
2oo Polizisten gegen Demonstranten geschützt werden. Weil aber
alle folgenden Aufführungen gestört wurden, sah sich die Intendanz
veranlaßt, das Stück schon nach der siebzehnten Aufführung abzu-
setzen. Im Dezember 1963 erschien es dann in Paris in der Inszenierung des englischen Regisseurs Peter Brook. Der Erfolg war
so groß, daß in Paris mehr Aufführungen stattfanden als in der
ganzen Bundesrepublik. Damit kam die Lawine ins Rollen. Das Stück
wurde in 17 Sprachen übersetzt, in 25 Ländern aufgeführt, unter

---

1. S. Melchinger, Hochhuth, S.8 ff.

anderem in Warschau, Moskau, Tokio und Buenos Aires, wo es
übrigens auch, nach einer turbulenten Premiere, verboten wurde.
Von vielen wurden Stück und Autor gelobt, u.a. von Karl Jaspers
und Golo Mann, von ebensovielen aber wurden Hochhuth und sein
Erstlings-Drama scharf kritisiert. Selbst der Vatikan griff in
die Diskussion ein und wies Hochhuths Angriff auf Papst Pius XII.
zurück. Doch eins kann dem Stück nicht abgestritten werden: es hat
die Gemüter erregt, Günter Grass meinte sogar, es habe den Beweis
erbracht, daß das politische Leben vom Theater beeinflußt werden
könne: es sei auf den Stellvertreter zurückzuführen, wenn sich
Papst Paul VI. in einer Enzyklika zum Krieg in Vietnam „in einer
zuvor kaum von der katholischen Kirche zu erwartenden Art" geäußert habe.[2]

Ein knappes halbes Jahr nach der Uraufführung hat Friedrich
Luft die Auswirkungen, die das Stück hatte, folgendermaßen zu-
sammengefaßt: „...das Stück erschien - ein Sturm brach los. Eine
Mauer des achtungsvollen Desinteresses, sonst unsere fleißigen
Bildungstheater umgebend, brach ein. Theater war plötzlich wieder
heiß, provozierend, gefährlich, schockhaltig, teilte Zeit und
Erregung mit, erfuhr Protest, Vorbehalt oder eifernde Bejahung.
Ein Theaterstück wurde in engagiertem Pro und Contra in jeder
kleinen Provinzzeitung diskutiert. Die Illustriertenkolumnisten
wetzten an ihm ihre Federn. Von Kanzeln wurde darüber gepredigt. I
Parlament gab es von hoher Regierungsbank auf eine Anfrage, das
Stück betreffend, die zu erwartende, unqualifizierte Regierungs-

---

2. Ebd., S.14

antwort. Der Stücktext ist nun schon seit fast einem Jahr der
permanente beste Bestseller. Das Interesse ebbt nicht ab. Dergleichen
gab es in Deutschland seit - gelinde gerechnet - dreißig Jahren
nicht. Und kein Buch hat's vermocht, keine Musik, keine Wissen-
schaftserkundung, kein darstellendes Kunstwerk - das Theater hat's
geschafft... Fazit: das Theater ist wohl doch noch viel vitaler
und zeitgemäßer, als der Anschein uns meist glauben machen möchte."[3]

Um was ging es? Was hat an dem Stück die Öffentlichkeit so
erregt? In erster Linie Hochhuths Behauptung, Papst Pius XII., der
vor seinem Pontifikat als Nuntius Eugenio Pacelli den Vatikan lange
Jahre diplomatisch in Deutschland vertrat, hätte mit einer
offenen Stellungnahme gegen die nazistischen Judenverfolgungen und
ihre „Endlösung" Millionen von unschuldigen Menschen vor dem
Tode retten können.

Diesem sensationellen Thema einerseits und der traditionellen,
epigonal klassischen Form des Dramas andererseits verdanke dieses
Stück seinen überraschenden Erfolg, meint Marianne Kesting.[4]
Und gerade hier liegt der wunde Punkt, der die Kritiker zum
Widerspruch reizt: die Form sei dem Inhalt nicht angemessen. Im
Vorwort zu der Buchausgabe des Stellvertreters nennt Erwin Piscator
dieses Stück ein Geschichts-Drama im Schillerschen Sinn. „Es
sieht, wie das Drama Schillers, den Menschen als Handelnden, der
im Handeln ‚Stellvertreter' einer Idee ist: frei in der Erfüllung
dieser Idee, frei in der Einsicht in die Notwendigkeit ‚kategorischen‚
das heißt: sittlichen, menschenwürdigen Handelns. Von dieser

---

3. F. Luft in Theater 1963, S.15
4. M. Kesting, Panorama, S.324

Freiheit. die jeder besitzt, die jeder besaß auch unter dem
Nazi-Regime, müssen wir ausgehen, wenn wir unsere Vergangenheit
bewältigen wollen. Diese Freiheit leugnen, hieße auch: die
Schuld leugnen, die jeder auf sich genommen hat, der seine Frei-
heit nicht dazu benutzte, sich _gegen_ die Unmenschlichkeit zu
entscheiden."[5] Doch weder zu Schillers, noch zu Piscators und
Hochhuths Zeiten gab es ein frei handelndes Individuum. Schiller
und Hochhuth scheinen sich dessen wohl bewußt zu sein, denn beide
Dramatiker protestieren mit ihren Stücken gegen die von der
Gesellschaft dem Individuum aufgezwungene Unfreiheit, indem sie
die Helden ihrer Stücke einer dieser Unfreiheit entgegengesetzten
Freiheit nachstreben, aber an eben dieser Unfreiheit zugrunde
gehen lassen. Insofern hat also Piscator recht, wenn er Hochhuths
Stück ein Geschichts-Drama im Schillerschen Sinn nennt. Aber diese
Freiheit ist nur eine vermeintliche Freiheit, eine von der
Wirklichkeit abstrahierte und daher rein idealistische Freiheit,
die nie verwirklicht werden kann, gerade weil sie außerhalb der
menschlichen Gesellschaft liegt. Piscators Behauptung, daß, wer
diese Freiheit leugne, auch die Schuld leugne, die jeder auf sich
genommen habe, ist demnach unrichtig, weil sie auf der verkehrten
Alternative beruht, die der unter dem Nazi-Regime herrschenden
Unfreiheit eine im Idealen angesiedelte Freiheit gegenüberstellt.
Die einzig mögliche, d.h. dem Menschen erreichbare Alternative
wäre eine an die Gesellschaft gebundene, innerhalb der Gesellschaft
konkret zu verwirklichende Freiheit, die ein Ableugnen der

---

5. R. Hochhuth, _Der Stellvertreter_. Reinbek: Rowohlt 1964, S.7

Schuld genausowenig zuließe wie eine bloße Entscheidung gegen
die Unmenschlichkeit, die aber dagegen zur aktiven Veränderung
einer solchen Gesellschaft zwänge, in der Unmenschlichkeit und
Unfreiheit entsteht.

Auch nach Marianne Kestings Auffassung gibt es das frei
handelnde Individuum gar nicht mehr. Gerade die jüngste Geschichte,
die Hochhuths Stück behandelt, gebe illustre Beispiele dafür ab,
daß der nationalsozialistische Staatsapparat, dessen Funktionieren
dem Einzelnen vielfach undurchschaubar war, eine verselbständigte
Gewalt entwickelte und das Individuum in solchem Maße über-
ideologisierte, daß seine moralischen Maßstäbe völlig pervertiert
werden konnten.[6] Hochhuths kantisch-schillersche Charakter-
auffassung, seine „anachrönistische Schiller-Attitüde" führt zu
unzulässig vereinfachter Darstellung einer komplexen Wirklichkeit.
„Da gibt es einwandfrei gute und böse Handlungen, da gibt es
Zyniker, Märtyrer, Satane, Heilige und unschuldige Opfer der
Situation. Es ist zweifellos beruhigend für ein Publikum, auf der
Bühne zu sehen, daß ein so entsetzliches, sinnloses und uferlos
komplexes und kompliziertes Geschehen, wie es die Liquidation
von Millionen von Juden darstellte, im Grunde von Eichmann oder
vom Papst Pius XII. hätte verhindert werden können. Unbegreifliche
Vorgänge werden wieder begreiflich."[7] Marianne Kesting geht davon
aus, daß die Wirklichkeit zu komplex sei, als das man sie begreifen könne, und daher könne man ihr auch nicht mit einer
realistischen Darstellung beikommen. Doch mit einer solchen

---

6. M. Kesting, Völkermord und Ästhetik, a.a.O., S.91 f.
7. Ebd., S.92

Behauptung wird die Wirklichkeit der menschlichen Beeinflußung
entzogen, sie wird zu einer mythischen Instanz umfunktioniert, die
von vornherein dem Menschen sämtliche Entscheidungen abnimmt.
Natürlich simplifiziert Hochhuths bürgerlich-naturalistische
Darstellungsweise die Vorgänge, doch dadurch werden die scheinbar
unbegreiflichen Vorgänge auf keinen Fall wieder begreiflich, wie
Marianne Kesting meint. Das heißt aber noch lange nicht, daß
diese Vorgänge überhaupt nicht begreiflich zu machen sind. Nicht
daß Papst Pius XII. die Ermordung von Millionen von Juden hätte
verhindern können, hätte gezeigt werden müssen, sondern daß er
diese Ermordung eben nicht hat verhindern können, weil eine
Gesellschaftsordnung, die Papst und Kirche mit aufbauen halfen
und die noch von ihnen gestützt wird, dem Papst ein aktives Handeln
unmöglich machte. Damit hätte Hochhuth auch die gesellschaftliche,
politische und ökonomische Bedingtheit und Bezogenheit dessen
aufzeigen können, was von Marianne Kesting als „entsetzliches,
sinnloses und uferlos komplexes und kompliziertes Geschehen"
bezeichnet wird. Erst dann würden sogenannte unbegreifliche
Geschehen begreiflich und somit möglicherweise veränderbar.

Ähnliches schreibt auch Ernst Wendt in einem Aufsatz: Über
all den Diskussionen um das Stück scheine man zu vergessen, daß
Hochhuth recht eigentlich ein schlechtes Theaterstück geschrieben
habe. Daß er bienenfleißig Dokumente zu einer Enthüllungsgeschichte
zusammengepuzzelt habe, zu einer „Spiegel"-Story gleichsam, die
verwickelte historische Zusammenhänge versimpelt und verfälscht,
indem sie sie in einer einzigen Person reflektiert und schließlich
alle Schuld auf dieses eine Haupt häuft. Hochhuth beschränke sich
ja nicht auf die szenische Demonstration historisch belegter

Fakten - geschweige denn, daß er's verstünde, sie zu entschlacken, zur Parabel zu verdichten und historische und gesellschaftliche Positionen in exemplarischem Spiel sinnlich zu verifizieren. Er führe vielmehr den Helden wieder ins Drama ein, den sittlich Verantwortlichen, sein Ausgangspunkt sei ein schwärmerischer, kein realistischer: er erwecke den Anschein als machten einzelne Geschichte, er reduziere politische Wirklichkeit auf moralische Entscheidungen einzelner, statt zu zeigen, wie deren Wirken von historischen Vorgängen und gesellschaftlichen Konstellationen mit bestimmt ist. Hochhuth konnte einen historischen Vorgang, den der Judenvernichtung, nicht objektivieren; er hat ihn an Personen fixiert und dadurch Einsichten versperrt.[8]

Doch Hochhuth tut keineswegs so, als ob einzelne Geschichte machten. Für ihn sind es einzelne, die Geschichte machen. Damit stellt er sich geradewegs gegen Dürrenmatts Behauptung, daß es in der Wurstelei unseres Jahrhunderts, in diesem Kehraus der weißen Rasse, keine Schuldigen und keine Verantwortlichen mehr gebe.[9] Als Hochhuth von Martin Esslin gefragt wurde, welche ideologische Position er denn nun selbst einnehme, antwortete Hochhuth: „Ich bin Humanist. Mit anderen Worten, ich glaube immer noch an die Autonomie des Individuums und daran, daß das Individuum eine Wirkung auf die Welt ausübt. Ich wiederhole: mein Glauben an die Macht des Individuums ist gering. Aber das heißt nicht, daß man keine Stücke schreiben sollte über Leute, die den Beweis für das Gegenteil darstellen - ohne daß ich dabei zum Heuchler werden

---

8. E. Wendt, Tendenzen im Drama - ein Überblick. In: Theater 1963, S.75
9. F. Dürrenmatt, Theaterschriften und Reden. Zürich: Arche Verlag 1966, S.122

muß, das hoffe ich doch. Ich bin nicht der Meinung von Dramatikern
wie Dürrenmatt etwa, die das Ende der Tragödie voraussagen, mit der
Begründung, die Zeit der Einzelpersönlichkeit sei für immer dahin,
keiner könne mehr etwas tun, keiner sei mehr verantwortlich. Diese
Leute vergessen eines: die Anzahl der einzelnen, die wirklich etwas
geleistet haben, war in der Geschichte immer sehr klein."[10] An
anderer Stelle antwortet Hochhuth auf die Frage, ob das Theater
die heutige Welt darstellen soll, mit ja, es solle den heutigen
Menschen darstellen und solle damit, ohne diese Zielsetzung als
grob verpflichtendes Engagement mißzuverstehen, ankämpfen gegen die
bis zum Gähnen wiederholten Redensarten vom „Untergang des
Individuums, als einer Kategorie der bürgerlichen Ära, in der
durchorganisierten Industriegesellschaft", wie Adorno diesen
Gedanken formuliert. Das Theater wäre am Ende, wenn es je zugäbe,
daß der Mensch in der Masse kein Individuum mehr sei. Und weiter
sagt Hochhuth, daß der Mensch sich nicht von Grund auf ändere.
Eine Epoche, die das behaupte, nehme sich zu ernst. Und heute
werde das täglich behauptet. Es sei doch eine der wesentlichen
Aufgaben des Dramas, darauf zu bestehen, so unpopulär das momentan
auch klinge, daß der Mensch ein verantwortliches Wesen sei. Und
letztlich: Ein Drama, das den Menschen als Individuum achte,
brauche über diese Achtung hinaus kein weiteres „Engagement". Es
leiste damit schon mehr, als ihm die augenblickliche Mode
erlauben will.[11]

Dem antwortet Adorno in einem offenen Brief an Hochhuth,

---

10. M. Esslin, *Jenseits des Absurden*, S.140
11. R. Hochhuth, Das Absurde ist die Geschichte. In: *Theater 1963*,
S.73

den Ernst Wendt als „einen der wohl wesentlichsten Beiträge zu einer Dramaturgie unserer Zeit" bezeichnet,[12] daß es abscheulich sei, daß die Menschen nach den Produktionsmethoden gemodelt werden, aber daß das so lange der Weltlauf sei, wie sie im Bann der gesellschaftlichen Produktion stehen, anstatt über diese zu gebieten. Überall werde personalisiert, um anonyme Zusammenhänge, die dem theoretisch nicht Gewitzigten nicht länger durchschaubar sind und deren Höllenkälte das verängstigte Bewußtsein nicht mehr ertragen kann, lebendigen Menschen zuzurechnen und dadurch etwas von spontaner Erfahrung zu retten; auch er, Hochhuth, sei nicht anders verfahren. „Der Glaube an die Unveränderlichkeit der Menschennatur ist aber, wie ein Blick auf die Vulgärsoziologie und -pädagogik von heutzutage Ihnen bestätigen würde, mittlerweile zu einem Stück eben der Ideologie geworden, gegen die Ihre Dramatik angeht. Auf Ihren Vorwurf, eine Epoche nähme sich zu ernst, welche eine ‚Veränderung von Grund auf' annimmt, entgegne ich, daß ein Ethos, daß solcher Veränderung sich sperrt, nicht ernst genug ist."[13]

Auch Peter Demetz meint, Hochhuths historisches Argument, daß der Protest des Papstes politisch von hoher Wirksamkeit gewesen wäre und das Leben vieler Menschen hätte retten können, scheine eine rückwärts gerichtete Prophetie zu artikulieren, die unter anderem voraussetzt, Hitlers Reich wäre ein monolithisches System einheitlicher und berechenbarer politischer Reaktionen.gewesen.[14] Diese und ähnliche Argumente sind nie ernsthaft widerlegt worden.

---

12. E. Wendt, Ist der Mensch noch zu retten? In: Theater 1967, S.143
13. Th.W. Adorno, Offener Brief an Rolf Hochhuth. In: Theater heute 7 (1967), S.1 f.
14. P. Demetz, a.a.O., S.166

Was die Form des hochhuthschen Dramas betrifft, versucht
Siegfried Melchinger in seiner Hochhuth-Biografie, die Wahl der
Drama-Form aufzuwerten: obwohl es aussehe, als ob der Autor sich
nicht um die Errungenschaften des Dramas in diesem Jahrhundert
gekümmert habe, habe er sich doch mit ihnen auseinandergesetzt.
Er habe bewußt eine Auswahl aus traditionellen Formen vorgenommen
und dadurch bekäme diese Form-Wahl einen oppositionellen Charakter,
den man nicht übersehen dürfe.[15] Mit der Wahl der traditionellen
Form habe Hochhuth auch die Rückkehr des Individuums auf die Bühne
ermöglicht. Ein Stück, das nicht mehr den Anspruch erhebe, die
Welt und den Menschen, Gegenwart und Zukunft der Welt und des
Menschen, darzustellen, könne Figuren zeigen, die vielleicht nicht
so sind, wie sie faktisch waren, aber doch so, wie sie, nach dem
Studium der Dokumente, historisch gesehen werden könnten. Die
viel-berufene „Entfremdung" des modernen Menschen könne dabei
unberücksichtigt bleiben, weil nicht die Problematik der Existenz
überhaupt entschlüsselt werden soll, sondern nur die Beteiligung
dieses oder jenes konkreten Individuums an dieser oder jener
dokumentierten Begebenheit.[16] Weiter sagt Melchinger, daß
Hochhuth die unbestreitbare Tatsache in Erinnerung gebracht habe,
daß Intelligenz und Moral an Individualitäten gebunden sind.
Ebenso weise Hochhuth mit der simplen Feststellung, daß von
ungewöhnlichen wie von gewöhnlichen Figuren Entscheidungen getroffe
werden können und müssen, die für die Mitmenschen diese oder jene
Folgen haben, auf völlig vernachlässigte dramatische Möglichkeiten

---

15. S. Melchinger, Hochhuth, S.15
16. Ebd., S.20 f.

hin.[17] Hochhuth richte also die Schuldfrage, die Frage nach
„Gut oder Böse" nicht an die Menschheit, sondern exemplifiziere
sie an einem jener „Oberen", die in einem konkreten Fall eine
ähnliche Verantwortung auf sich geladen haben wie sie diejenigen
haben werden, die möglicherweise in naher Zukunft den Befehl geben,
auf den Knopf zu drücken.[18]

Doch die Entscheidungen, die von den einzelnen getroffen
werden, sieht Hochhuth als autonome Entscheidungen der betreffenden
Individuen. Es scheint sich aber nicht darüber im klaren zu sein,
daß freie Entscheidungen damals genauso unmöglich waren wie sie
es heute sind. Auch Melchinger scheint das nicht zu sehen.
Natürlich sind Intelligenz und Moral an Individualitäten gebunden,
natürlich treffen einzelne Figuren Entscheidungen, die für die
Mitmenschen diese oder jene Folgen haben, doch Moral und Intelligenz
sind in ihrer konkreten Ausformung genauso gesellschaftsbedingt
wie die scheinbar freien Entscheidungen, weil das Individuum
unabtrennbarer Teil der Gesellschaft ist. Daß Hochhuth das nicht
klarer herausgearbeitet hat, muß ihm vorgeworfen werden. Deswegen
hat die Anklage, die wohl gegen den Papst gerichtet war, aber alle
treffen sollte, die, wie dieser, geschwiegen haben, nicht getroffen.
Es gab wohl weltweite Diskussionen über das Stück, doch indem
diese Diskussionen auf das individualistische Entscheidungsmodell
beschränkt blieben, und die das Individuum in seinen Entscheidungen
beeinflussenden gesellschaftlichen Bedingungen aus der Diskussion
ausgeschlossen wurden, kam es statt zu einer grundsätzlichen

---

17. Ebd., S.22
18. Ebd., S.37

Diskussion dieser gesellschaftlichen Voraussetzungen der individuellen politischen Entscheidungen nur zu einer abstrakten Diskussion von „Möglichkeiten", die sich immer wieder als „Unmöglichkeiten" herausstellten. Statt aus der Geschichte die Rahmenbedingungen einer zukünftig möglichen besseren Entscheidung zu lernen, resignierte man so notwendigerweise angesichts der nicht mehr veränderbaren Vergangenheit im Wenn und Als-Ob individualistischer Verantwortung.

Doch selbst wann man behauptet, wie viele das getan haben, daß Hochhuth seinen Erfolg nur dem sensationellen Thema verdanke, muß man wie Marcel Reich-Ranicki in der _Zeit_ zugeben, daß Hochhuth sich den Stoff mühevoll erarbeitet hat, daß er als erster den Mut hatte, das Thema aufzugreifen.[19]

Figuren

Die Figuren in Hochhuths erstem Stück sind teils erfunden, teils sind sie historische Figuren. Wie Schiller, der diese Methode vor allem im _Wallenstein_ erprobt hat, versucht Hochhuth, die erfundenen Figuren zu psychologisieren und die historischen zu stilisieren, um beide auf eine Spielebene bringen zu können. Das Neue an Hochhuths Figuren (und an seinem Stoff) ist jedoch, daß sie nicht nur der Vergangenheit angehören, sondern noch Teil der Zeitgeschichte sind, möglicherweise sogar noch leben. Walter Hinck hat das folgendermaßen ausgedrückt: „Die dramatischen Sujets des klassischen Schiller waren geschichtliche im vollen Sinne

---

19. Ebd., S.35

des Wortes: Stoffe einer von der Gegenwart definitiv getrennten
Vergangenheit (Stoffe also, die geeignet waren, den individuellen
Fall ins Allgemeine zu heben). Hochhuths Schauspiele dagegen
holen eine Vergangenheit zurück, in welche die Erinnerungen von
Generationen der Lebenden noch hineinreichen und deren unmittelbare Wirkungen noch Gegenstand täglicher Erfahrungen sind."[20]
Deshalb ist Hochhuths Freiheit bei der Zeichnung seiner nichterfundenen Charaktere auch drastisch eingeengt, denn der „Wahrheitsgehalt" der auf der Bühne erscheinenden Gestalten ist vom Zuschauer kontrollierbar. Zwar hat Hochhuth im Stellvertreter gesagt,
daß es bei der Wiederbelebung historischer Figuren nicht mehr
auf Porträtähnlichkeit ankäme,[21] aber er hat doch „sämtliche
nichterfundenen Figuren mit penibelster Gewissenhaftigkeit aus
dokumentierbaren Zügen zusammengesetzt."[22] Das bezeugen die
ausführlichen Anmerkungen Hochhuths zu den Figuren des Stückes.
Doch je größer die Genauigkeit, desto enger der Raum um die Figur,
in den sich der jeweilige Schauspieler einspielen muß, um die
Figur zu beleben. Dieser Spiel-Raum, das „Gestisch-Mimische, das
zwischen den Zeilen lebt," sagt Melchinger, fehle den Figuren
Hochhuths, das sei aber der Preis, den er zahlen müsse, wenn er
Figuren wählt, die dem Zeitbewußtsein noch so nahe sind wie die
des Papstes.[23]

   Dieser Mangel macht sich allerdings nur bei den Hauptfiguren
des Stückes bemerkbar. Die Richtigkeit der weniger bekannten
oder erfundenen Figuren ist vom Zuschauer aus kaum oder gar nicht

---

20. W. Hinck, a.a.O., S.697
21. R. Hochhuth, Der Stellvertreter, S.15
22. S. Melchinger, Hochhuth, S.40
23. Ebd., S.41

kontrollierbar. Deshalb kann der Dramatiker sich damit begnügen,
diese Figuren mit einigen leicht bestimmbaren Zügen zu charak-
terisieren. Bei erfundenen Figuren genügt das, aber bei historisch
kann es problematisch werden, wenn die Geschichte dem Dramatiker
nicht genügend interessanten Stoff liefert. Diese Figuren laufen
dann Gefahr uninteressant zu werden. Andererseits kann die Geschic
aber auch Figuren liefern wie sie kein Autor besser hätte erfinde
können. Eine solche Figur ist Kurt Gerstein, der in einer
SS-Uniform steckende heimliche Widerstandskämpfer mit der „erstau
lichsten Mission des zweiten Weltkrieges", eine Gestalt, sagt
Hochhuth, so unheimlich, so zwiespältig und abgründig, daß man si
eher bedichten als beschreiben kann.

Hochhuth hat also die Figuren seines Stückes zum Teil frei
erfunden, zum Teil hat er aber auch historische Figuren zum Vorbild genommen. Diese Figuren sind teils naturalistisch, teils
idealistisch gezeichnet. Das heißt aber keineswegs, daß alle erfundenen Figuren idealistisch und alle historischen Figuren
naturalistisch dargestellt wären. Denn eine ganze Reihe der erfundenen Figuren sind höchst naturalistisch gezeichnet, z.B. ein
Teil der Nazibonzen, die sich im „Jägerkeller" treffen oder jene
jüdische Familie, die „unter den Fenstern des Vatikans" von den
Nazis abgeholt wird. Aber auch historische Figuren, die ideali-
siert worden sind, gibt es. Riccardo Fontana ist in einem gewisse
Sinn solch eine Figur. Der Name ist zwar eine Erfindung, aber
sein „Einsatz für die Verfolgten und sein Opfergang für die Kirch
sind freie Übertragungen der Taten und Ziele des Berliner Dom-
propstes Bernhard Lichtenberg, der öffentlich für die Juden
betete, zu Gefängnis verurteilt wurde und den Schergen Hitlers

die Bitte vortrug, im Osten das Schicksal der Juden teilen zu
dürfen."[24] Diesem Propst und dem Pater Maximilian Kolbe hat
Hochhuth übrigens das Stück gewidmet.

Das charakteristischste Merkmal der hochhuthschen Dramatik ist
jedoch die Konfrontation der historisch-realistischen Zentralfigur
mit erfundenen idealistischen Figuren, wie Melchinger sagt.[25] Vor
allem der Basler Germanist Walter Muschg hat auf diese Parallele zu
Schillers Don Carlos hingewiesen. Doch auch Heinz Klunker weist
darauf hin, wenn er sagt, Hochhuth habe einen idealistischen
Helden Riccardo entworfen, der schließlich nicht nur den Judenstern
auf der Brust, sondern auch des Schicksals Sterne in der Brust
trägt - Don Carlos im KZ.[26] Hochhuth selbst beruft sich im Anhang zu seinem Stück auf Schiller: „Wer die von Leichen und
Trümmern bedeckten Rollbahnen geschichtlicher Ereignisse zurück-
verfolgt; wer die widerspruchsvollen, die selbstgefälligen oder
verstörten Aussagen der Sieger und Opfer abwägt, der erfährt bei
jedem noch so bescheidenen Versuch, durch den Schutt und die Zufälligkeiten der sogenannten historischen Tatsachen zur Wahrheit,
zum Symbol vorzustoßen, daß der Dramatiker ,kein einziges Element
aus der Wirklichkeit brauchen kann, wie er es findet, daß sein
Werk in allen seinen Teilen ideell sein muß, wenn es als Ganzes
Realität haben soll'. Wer diese Forderung Schillers ignoriert;
wer nicht ,dem Naturalism in der Kunst offen und ehrlich den Krieg'
erklärt, der muß heute vor jeder Wochenschau kapitulieren, schon
deshalb, weil sie uns ,den rohen Stoff der Welt' viel drastischer

24. R. Hochhuth, Der Stellvertreter, S.16
25. S. Melchinger, Hochhuth, S.43
26. H. Klunker, Zeitstücke Zeitgenossen. Hannover: Fackelträger-
    Verlag 1972, S.171

und vollzähliger vorstellen kann als die Bühne, die nur wahr
bleibt, wenn sie - was nicht erst der Verfremdungstheoretiker
Brecht entdeckte - ,die Täuschung, die sie schafft, aufrichtig
selbst zerstört' (Wallenstein)."[27]

Um des „Ideellen" willen also hat Hochhuth die Figur des
Riccardo erfunden, um mit ihr die „Wahrheit" zum „Symbol" erheben
zu können. Ich habe oben Riccardo eine historische Figur genannt.
Historisch ist sie insofern als es ein historisches Vorbild für si
gab: den Dompropst Lichtenberg. Dessen Taten und Ziele hat
Hochhuth aber „frei übertragen".[28] Diese freie Übertragung ist
der erfundene Aspekt der Figur: im Stück wird Riccardo nach
Auschwitz transportiert und dort erschossen, während „Lichtenberg
dann nicht nach Osten in ein Getto gebracht, sondern nach Dachau
abgeschoben wurde. Er starb unterwegs, 1943, vermutlich eines
natürlichen Todes."[29] Pater Riccardo wird also zum idealistische
Helden erhöht und damit verkörpere er die in der Geschichte
fehlende Idee, sagt Melchinger, zugleich sei diese Idee aber auch
die verkörperte Humanität. So sei der Heilige nicht nur als
menschenwürdig, sondern auch als menschenmöglich gezeichnet.[30]
Peter Demetz sieht in Riccardo sogar einen standhaften Märtyrer,
dessen Erfahrung des absolut Bösen die notwendige Existenz Gottes
bestätigt und dessen Glauben daher die grausamsten Prüfungen
überlebt.[31]

Dieser radikal-guten Figur stellt Hochhuth die radikal-böse
in der erfundenen Gestalt des „Doktors" entgegen, des personifi-

---

27. R. Hochhuth, Der Stellvertreter, S.229
28. Siehe oben, S.52
29. R. Hochhuth, Der Stellvertreter, S.16
3o. S. Melchinger, Hochhuth, S.43
31. P. Demetz, a.a.O., S.167

zierten Satanismus. Doch hier liegt offenbar die moralische
Problematik des Stückes. Martin Esslin sagt dazu: „In der im
fünften Akt stattfindenden Debatte zwischen dem Vernichtungsarzt,
so diabolisch er auch dargestellt ist, und dem Jesuitenpater wird
der Standpunkt der mephistophelischen Dämonenfigur zu einer
negativen Theodizee, wird der SS-Doktor zu einem Äquivalent von
Miltons Satan oder Goethes Mephistopheles - und damit zu einer
durchaus annehmbaren, ja dramatisch außerordentlich sympathischen
Gestalt erhöht (wie ja immer der Bösewicht im Drama interessanter -
und damit letzten Endes höher geschätzt - wird als die Vertreter
des Guten). Dazu kommt, daß die Vertreter der Politik, die zu
Auschwitz führte, intellektuell gar nicht in der Lage waren, mit
so wohlformulierten, dialektisch geschliffenen Argumenten zu
operieren; dazu waren sie geistig und menschlich zu subaltern; die
Einführung einer symbolisch-dämonischen Figur heroisiert und verfälscht also ihre wahre Natur."[32]

Auch Marianne Kesting sieht die Problematik ähnlich, wenn sie
sagt, daß nicht etwa geleugnet werden solle, daß es in Hitlers
Deutschland Sadisten, Verbrecher und Märtyrer gegeben habe. Sie
seien aber im Gesamtprozeß der Geschichte die Ausnahme von der
Regel gewesen, der Regel, daß gute Familienväter und brave Spießer
ohne große Skrupel die Tötungsmaschinerie und ihre Verwaltung
bedienten.[33] Diese Einwände sind Hochhuth selber gekommen, wenn
er z.B. sagt, daß bestimmte Personengruppen von den gleichen Dar-
stellern gespielt werden sollten, gemäß der Erfahrung, daß es im

---

32. M. Esslin, _Jenseits des Absurden_, S.145 f.
33. M. Kesting, _Panorama_, S.325

Zeitalter der allgemeinen Wehrpflicht nicht unbedingt Verdienst
oder Schuld oder auch nur eine Frage des Charakters ist, ob
einer in dieser oder jener Uniform steckt und ob er auf Seiten
der Henker oder der Opfer steht,[34] oder wenn er sagt, daß keine
Phantasie ausreiche, um Auschwitz oder die Vernichtung Dresdens
oder Hiroshimas vor Augen zu führen. Der Mensch könne nicht mehr
erfassen, was er fertigbringt. Daher habe die Frage, ob und wie
Auschwitz in diesem Stück sichtbar gemacht werden soll, ihn lange
beschäftigt. Dokumentarischer Naturalismus sei kein Stilprinzip
mehr. Eine so überhöhte Figur wie der Doktor, der keinen bürgerlichen Namen trage, die Monologe und anderes mehr machten deutlic
daß Nachahmung der Wirklichkeit nicht angestrebt wurde. Denn selb
die Tatsache, daß Auschwitz heute besichtigt werden kann wie das
Kolosseum, könne uns kaum davon überzeugen, daß vor siebzehn
Jahren in unserer realen Welt diese riesige Fabrikanlage mit
geregeltem Bahnverkehr eigens errichtet wurde, um durch normale
Menschen, die jetzt etwa als Briefträger, Amtsrichter, Jugend-
pfleger, Handelsvertreter, Pensionäre, Staatssekretäre oder
Gynäkologen ihr Brot verdienten, andere Menschen zu töten.[35]

Doch, und das sieht Marianne Kesting ganz deutlich, diese
Erwägungen stehen bei Hochhuth nur in den Anmerkungen. Ästhetisch
habe er aus seinen Überlegungen keine Konsequenzen gezogen.
Seinem Realismus der puren äußeren Abschilderung suche er allenfa
durch klassizistische Überhöhung der Fakten beizukommen: durch
Lyrik, durch Verse.[36] Eben diese Abschilderung der einfachen

---

34. R. Hochhuth, <u>Der Stellvertreter</u>, S.14
35. Ebd., S.178 f.
36. M. Kesting, <u>Panorama</u>, S.326

Tatsachenwirklichkeit reicht aber nicht aus, um aus dem Stück
mehr zu machen als nur Theater, d.h. es bleibt ein Konsumartikel
der bürgerlichen Gesellschaft, der genauso wie alle anderen
Verbrauchsartikel von ihr „verbraucht" wird, ohne daß sich dadurch über eine rein äußerliche Erregung hinaus eine nennenswerte
Bewußtseinsänderung der Verbraucher, sprich Zuschauer, ergäbe.

Auch Melchinger sieht, daß z.B. im letzten Akt etwas nicht
ganz aufgeht: Daß sich der „Teufel" den Märtyrer als „Hauskaplan"
halten und ihm beweisen will,daß es keinen Gott geben kann, wenn
der zu Auschwitz schweigt, sei eine psychologische Begründung des
Teuflischen. Trotz der beabsichtigten Überhöhung werde also noch
immer Kausalität bemüht und das verkleinerte die Wirkung ebenso
wie die sexualpathologischen Details der Beziehungen des Doktors
zu der Nachrichtenhelferin. Und schließlich zeigten sich die
Grenzen der Konfiguration in dem großen Dialog (2.Szene) selbst,
in dem Valéry- und Stendhal-Zitate ersetzten, was der Dialektik
an Übermenschlichkeit und Metaphysik nicht abzugewinnen war.[37)]

Um der Realität von Auschwitz aber beizukommen, sagt Marianne
Kesting, bedürfe es der Einsicht in die gesellschaftlichen und
technischen Zusammenhänge, die propagandistischen, die glaubens-
mäßigen und ideologischen Voraussetzungen, des Einblicks in das
politisch-moralische System, innerhalb dessen da gehandelt wurde,
auch in die Wirksamkeit des einzelnen Protestes - kurzum in das,
was eben die Nahperspektive und der Fassadenrealismus nicht mehr
hergibt. Die Hintergründe des politischen Geschehens, seine

---

37. S. Melchinger, Hochhuth, S.44

Apparaturen, müßten sichtbar gemacht werden, wenn man solch ein
Thema behandeln wolle. Hochhuth gäbe, trotz klassischer Jamben,
nur ihren reißerischen Oberflächenaspekt, er kolportiere, was er
in seinen komplizierten Zusammenhängen ästhetisch nicht darzustellen vermag.[38] Dem stimme ich zu. Die Realität von Auschwitz
kann nicht mit reiner Wirklichkeitsnachahmung erfaßt werden,
sondern nur indem man die Gesamtzusammenhänge sichtbar macht.
Marianne Kesting scheint sich aber mit dieser Forderung selbst zu
widersprechen, denn weiter oben ging sie von dem Standpunkt aus,
daß eben diese Gesamtzusammenhänge zu komplex seien, als daß sie
noch durchschaubar wären. Nun aber hält sie Hochhuth vor, keine
Einsicht in diese Komplexität vermittelt zu haben und folgert zu
recht, daß Hochhuth deswegen nicht über eine Kolportage hinausgekommen sei.

Sprache

Der <u>Stellvertreter</u> ist in Versen geschrieben, in freien
Rhythmen, doch manchmal zeigt sich auch die Tendenz zum jambischen
Blankvers. Hochhuth ist deswegen oft kritisiert worden. Marianne
Kesting z.B. beruft sich auf Adorno, wenn sie sagt, daß Lyrik
über Auschwitz unangemessen sei, weil dadurch inhumane Fakten
wieder humanisiert würden.[39] Die humanistische Würde, die dem
Geschehen durch die klassizistische Einkleidung verliehen würde,
ginge aber eben diesem inhumanen Geschehen ab.[40] Auch Peter
Demetz kritisiert die Sprache: Hochhuth habe freie Verse geschrieb

---

38. M. Kesting, <u>Panorama</u>, S.326
39. M. Kesting, siehe oben, S.19
40. M. Kesting, Völkermord und Ästhetik, a.a.O., S.93

welche den Gedanken leichter Ordnung und Gestalt geben, aber
seine Sprache habe selten Vitalität, Strenge, Profil.[41] Die
härteste Kritik stammt von Ernst Wendt: „Hochhuth faßt papiernen
Jargon, ungenau abgelauschten Dialekt und sprachliche Ticks unver-
goren, unverwandelt in rhythmisch gegliederte Satzreihen. Aber
er gebietet - obwohl er ihn in Blankvers einbringt - gleichwohl
nicht souverän über diesen Sprachmüll und die Banalitäten
soldatischen Jargons und taktierender Diplomatenrede."[42] Warum
hat sich Hochhuth nun der gebundenen Sprache bedient? Er selbst
weist einerseits darauf hin, daß es gefährlich sei, im Drama zu
verfahren wie etwa Celan in seinem meisterhaften Poem „Todesfuge",
das die Vergasung der Juden völlig in Metaphern übersetzt hat,
denn die Metaphern versteckten nun einmal den höllischen Zynismus
dieser Realität, die in sich ja schon maßlos übersteigerte
Wirklichkeit sei.[43] Diese Behauptung mag wohl auf die „Todesfuge"
zutreffen, weil dort „die Metapher auf das schlechthin Unbegreifliche (deutet), sie veranschaulicht, daß das Vertraute un-
vertraut und das Normale abnormal geworden ist", wie Peter Horn
in seiner Dissertation über Rhythmus und Struktur in der Lyrik
Paul Celans sagt.[44] Horn verteidigt zwar die „Todesfuge" gegen
den Vorwurf, daß ein so grauenhaftes Geschehen wie der Massenmord
in Auschwitz in einem Gedicht nicht mehr faßbar sei, mit dem
Hinweis, daß es schon immer ein Vorrecht der Dichtung gewesen
sei, den Tod eines einzelnen oder den Tod vieler „mit den Mitteln
der Dichtung faßbar, erfahrbar zu machen",[45] aber auch er geht

---

41. P. Demetz, a.a.O., S.173
42. E. Wendt, Tendenzen im Drama - ein Überblick, a.a.O., S.75
43. R. Hochhuth, Der Stellvertreter, S.178 f.
44. P. Horn, Rhythmus und Struktur in der Lyrik Paul Celans.
    Johannesburg 1970, S.305
45. Ebd., S.314

nicht darauf ein, daß das Unbegreifliche gar nicht unbegreiflich
ist, sondern sehr wohl begriffen werden kann, sobald die Zusammenhänge aufgedeckt werden, innerhalb deren dieses scheinbar Unbegreifliche geschah. Bleibt das Unbegreifliche, der Massenmord in
Auschwitz, jedoch weiterhin unbegreiflich, dann hätte Hochhuth
recht mit seiner Behauptung, daß „Metaphern nun einmal den
höllischen Zynismus dieser Realität versteckten". Doch diese
Verallgemeinerung ist in dem Moment nicht mehr stichhaltig, in dem
Metaphern Hintergründe und Zusammenhänge einer Realität aufdecken,
der mit reiner Wirklichkeitsnachahmung nicht beizukommen ist.

Andererseits möchte Hochhuth aber auch nicht den Eindruck
erwecken als habe er eine Reportage geschrieben, einen Abklatsch
der Wirklichkeit, denn der müßte „vor jeder Wochenschau kapitulieren."[46] Die Ereignisse seien ja nicht wie eine Reportage
dem geschichtlichen Ablauf nachgeschrieben, sondern zu einem
Spiel verdichtet.[47] Diese Verdichtung zum Spiel, zur Kunst,
zeigt sich im Vers, der dazu gebraucht wird, die Distanz zum
Faktischen, zur Wirklichkeit herzustellen. Einerseits will Hochhuth
nicht das Faktische mit schönen Metaphern vernebeln, andererseits
will er aber auch eine gewisse Distanz zum Faktischen einhalten.
Er setzt sich also gewissermaßen zwischen zwei Stühle, wenn er
den Mittelweg einzuschlagen versucht, indem er seine Figuren
zwar sprechen läßt, wie sie gesprochen haben oder gesprochen haben
könnten, ihre Sprache aber aus Dokumenten und überlieferten
Sprechweisen destilliert und dieses Destillat dann noch zu

---

46. Siehe oben, S.53
47. R. Hochhuth, Der Stellvertreter, S.229

freirhythmischen Versen überhöht. Dadurch verdeckt er aber nur,
daß es sich im Grunde doch um nichts anderes als eine ziemlich
oberflächliche Abschilderung einer vermeintlichen Wirklichkeit
handelt. Hochhuth selbst sagt zum Gebrauch der Sprache in seinem
Stück, er habe sich jahrelang damit geplagt, aus Diplomaten-
Rotwelsch und Tagesbefehlen, aus medizinischen Folterprotokollen
und aus den Selbstgesprächen der Hoffnungslosen selber eine
Sprache, einen Rhythmus herauszumendeln, Dialoge, die stellenweise
dem stumpfsinnigen Vokabular der Fakten bewußt verhaftet bleiben
und es ökonomisch einsetzen, ebenso wie das anheimelnde Platt
im Munde eines Genickschuß-Spezialisten oder wie alttestamen-
tarisches Pathos im Monolog eines Geschändeten.[48]

Doch gerade hier bei den Dialekten erweist es sich, daß
Hochhuths Resultat nicht immer der oben zitierten Methode ent-
spricht. Wenn zum Beispiel der Mönch am Schluß der ersten Szene
sagt: „Mei, dös san G'schichten, Mar! ond Joseph. Wann's a Jud'
san -", so wirkt die saloppe Beiläufigkeit des bayrischen Dialekts
hier genauso fatal wie die schwäbelnde „Gemütlichkeit" des
SS-Wissenschaftlers Professor Hirt, dessen Spezialität es war,
Schädel zu sammeln. Ähnlich wirkt auch die „Gemütlichkeit", die
Hochhuth dem SS-Schergen, der die römische Judenfamilie zur
Deportation abholt, mitgegeben hat: „Er spricht keinen bestimmten
Dialekt, nur gänzlich verwahrlostes Deutsch. Je lauter er wird, um
so mehr gerät er in einen trägen Kasselaner Tonfall."[49] Das
gleiche gilt für das Sächsische des Oberingenieurs in Auschwitz.

---

48. R. Hochhuth, Das Absurde ist die Geschichte, a.a.O., S.74
49. R. Hochhuth, Der Stellvertreter, S.1o7

Für Hochhuth ist die Sprechweise dieser Figuren ein Charakterisierungsmittel, mit dessen Hilfe er die Individualitäten dieser
Verbrecher herausstellt, aber weil Hochhuth ihren jeweiligen
Dialekt nicht stilisiert hat, weil er in ihrem Falle kein Destilla
der Sprache hergestellt hat, werden diese Figuren zu naturalistischen Typen verflacht, und gerade diesem Naturalismus wollte
er entgehen.

Auch an der Figur des Papstes zeigt sich, daß Hochhuth dem
Naturalismus nicht entgangen ist, obwohl man auf den ersten Blick
meinen könnte, daß gerade hier der stilistische Mittelweg des
Sprachdestillats durchaus den Intentionen des Autors entspreche,
nämlich einerseits den Abstand zum Naturalismus zu bewahren,
andererseits aber nicht in verblümende Metaphern zu verfallen.
Hochhuth selbst charakterisiert Pius XII. so: „Der Schauspieler,
der Pacelli gibt, soll bedenken, daß Seine Heiligkeit viel
weniger Person als Institution ist: Große Gesten, ein lebendiges
Spiel seiner außerordentlich schönen Hände und lächelnde aris-
tokratische Kälte genügen, dazu hinter goldener Brille die eisige
Glut seiner Augen, das übrige sollte weitgehend der unalltäglichen
getragenen Sprache des Pontifex Papa überlassen bleiben."[50]
Melchinger hat Hochhuths „erfolgreiche" Behandlung der Sprache
des Papstes treffend beschrieben: „Dieser Papst spricht in der
Tat eine Sprache, die sich ständig veröffentlicht weiß und daher
noch in der spontanen Regung die vorgeschriebene oder vorgefaßte
Würde nicht preisgeben kann. Das gibt dem Schluß der Szene -

---

50. Ebd., S.155

mag man über die Auffassung der historischen Figur denken, wie
man will - eine Dimension, in der sich das sprachliche Verfahren,
meisterhaft behandelt, als dramatisch und bühnenhaft schlechthin
beweist. Während Pius XII. den nichtssagenden Aufruf diktiert,
also die sich stets veröffentlichende Redeweise nun zum Stil der
Veröffentlichung steigert, nimmt die Sprache jenen Grad von Pose
an, in dem sie sich zu Eis sublimiert, während die unmittelbar
darauf folgende Betroffenheit keiner Worte mächtig ist."[51] Damit
bestätigt Melchinger die obige Kritik: Sicher ist die Sprache
dramatisch und bühnenhaft, sie ist aber hier ein genauso bürgerlich-
naturalistisches Charakterisierungsmittel wie der sächsische
Dialekt des Oberingenieurs. Mit der „zu Eis sublimierten" Sprache
des Papstes charakterisiert Hochhuth „die eisige Glut seiner
Augen". Nur hier wird der Naturalismus hinter der zur Pose gewordenen Sprache des Papstes, der „viel weniger Person als
Institution ist", versteckt, und deswegen kommt er weniger auf-
fällig zum Vorschein, als z.B. bei der schwäbelnden Gemütlichkeit
des Professors Hirt.

Wenn Melchinger aber zusammenfassend über die Sprache
Hochhuths schreibt, sie sei dünn, spitz und stichele und sie
wolle sich nicht verdichten,[52] dann widerspricht er sich selbst.
Denn vorher hat er ja gerade Hochhuths Sprachdestillat als Verdichtung gekennzeichnet: „Die Geronnenheit des Destillats drückt
sich im Vers als Verdichtung aus."[53] Und dieser Verdichtung wegen
ist Hochhuth kritisiert worden, wenn er zum Beispiel die Opfer

---

51. S. Melchinger, Hochhuth, S.48 f.
52. Ebd., S.51
53. Ebd., S.46

vor den Gasöfen „in Lyrik ausbrechen" läßt, wie Marianne Kesting
das formuliert. Andererseits aber, sagt Melchinger, gelinge
Hochhuth in exponierten Stellen aus der Sache heraus eine ge-
steigerte Erregung, ein unverwechselbares Pathos, in dem es keine
Leere gibt, indem auch der sprachliche Ausdruck aus dem Destillat
ins Dichterische umschlägt. Als Beispiel dafür könne man die
Monologe in der ersten Szene des Auschwitz-Aktes nennen.[54]

Struktur

Als Hochhuth auf den Gerstein-Stoff stieß, wollte er ihn
vorerst für eine Prosa-Arbeit benutzen. Doch dann entdeckte er in
dem Einbruch Gersteins in die Apostolische Nuntiatur Berlin das
„Muster einer klassischen Exposition". „So war es nicht das Drama,
das ihm der Stoff aufzwang, sondern der Stoff, der ihn zum
Drama führte", sagt Melchinger.[55] Diese klassische Exposition
stellte Hochhuth dann an den Anfang des Stückes. Klassisch wurde
auch der Aufbau des gesamten Dramas mit seinen fünf Akten. Dabei
bediente sich Hochhuth einer Struktur, die Spannung erzeugt,
vorwiegend mit Hilfe der folgenden drei Mittel: 1. der sinnlichen
Mittel, also der optischen, akustischen, atmosphärischen und
dynamischen; 2. der dramatischen Mittel, also Aktion und Handlung;
3. der dialektischen Mittel, also Zusammenstöße antithetischer
Auffassungen, Ideologien und Moralprinzipien.[56]

Der erste Akt des Dramas hat drei Szenen. Die erste, die
Expositionsszene, spielt in der Apostolischen Nuntiatur in Berlin.

---

54. Ebd.,   S.51
55. Ebd.,   S.25
56. Ebd.,   S.53

Die zweite Szene zeigt den „Jägerkeller", einen als gemütliche
Kegelbahn eingerichteten Bombenkeller, in dem sich die SS-Prominenz
trifft, ebenfalls in Berlin. Die dritte Szene spielt sich in
der frisch zerbombten Wohnung Gersteins ab, in der er den Juden
Jacobson versteckt hält. Damit hat Hochhuth gleichzeitig die
drei Ebenen, auf denen das Stück spielt, repräsentiert: die der
Kirche, die der Nazis und die der Juden. Die Handlung entwickelt
sich also von den Neutralen zu den Tätern und schließlich zum
Opfer, wobei die Spannung jeder Szene sich auf die folgende richtet,
jede Szene aber auch „aus der vorhergehenden die Voraussetzungen
der Spannung auswertet".[57]

Der zweite Akt besteht aus nur einer Szene, die sich in Rom
abspielt. Riccardo ist nach Rom zurückgekehrt und setzt sich mit
seinem Vater und dem Kardinal über die Motive der kirchlichen
Nichteinmischungspolitik auseinander. Damit wird die Papst-Szene
des vierten Aktes vorbereitet, in der es zu der Auseinandersetzung
mit dem Papst selber kommt.

Der dritte Akt hat, wie der erste, drei Szenen. In der
ersten wird eine jüdische Familie von der SS aus ihrer Wohnung
geholt. In der zweiten treffen sich der Kardinal und Riccardo,
der diesmal von Gerstein begleitet wird, in einem großen römischen
Kloster, in dem jüdische Flüchtlinge versteckt sind. Die dritte
Szene spielt im römischen Hauptquartier des Gestapo, in dem die
in der Nacht verhafteten Juden verhört werden. Die drei Szenen
finden diesmal auf einer Ebene statt, aber an drei verschiedenen

---

57. Ebd., S.54

Schauplätzen, die zeigen wie die Kirche durch das Vorgehen der
Nazis gegen die Juden zum Handeln aufgefordert wird.

Wie der zweite Akt, so besteht der vierte auch nur aus einer
Szene, überschrieben mit „Il gran rifiuto", Die große Zurück-
weisung. In ihr klagt Hochhuth das päpstliche Schweigen an. Damit
soll nicht die Person des Papstes angegriffen werden, sondern
alle, die wie er geschwiegen haben. Der Papst steht hier für die
Institution des Christentums, das durch seine Lehre vor allen
anderen zum Protest verpflichtet gewesen wäre. Mit der demonstrativen Handlung Riccardos, der sich den Judenstern an die
Soutane heftet, schließt dieser Akt.

Der fünfte Akt hat wieder drei Szenen. Die Einheit dieser
drei Szenen fällt jedoch auseinander, weil „die Dialektik der
beiden Symbolfiguren, Riccardo und Doktor, nicht zu der Größe
gelangt, die der Vision der Monologe standhalten würde"[58] und
die Rettungsaktion der dritten Szene zum naturalistischen Spannung
drama verflacht. Es ist daher nicht verwunderlich, daß in fast
keiner der bisherigen Aufführungen des <u>Stellvertreters</u> der
fünfte Akt so gespielt worden ist, wie Hochhuth ihn geschrieben
hat. Meistens wurde er bis auf die dritte Szene zusammengestricher
Hochhuth selbst hat für die Baseler Aufführung im September 1963
eine Variante zum fünften Akt geschrieben, in der die dritte
Szene des dritten Aktes umgearbeitet und an den Schluß des Stückes
gestellt wurde. Diese Szene, in der Riccardo in den Gestapokeller
in Rom eingeliefert wird, ersetzt den fünften Akt und bildet

---

58. Ebd., S.55

somit den Schluß. Damit hat Hochhuth aber auch die Symmetrie der
Struktur (erster, dritter und fünfter Akt jeweils drei Bilder,
zweiter und vierter Akt jeweils ein Bild) zerstört.

Trotz des strukturmäßig etwas schwachen fünften Aktes habe
Hochhuth die elf Bilder des Stückes durch eine Architektur von
klassischer Strenge zu einem geschlossenen Gebilde zusammengefügt.[59]
Mit dieser Behauptung tritt Melchinger Peter Demetz entgegen, der
meint, Hochhuth habe im ersten und letzten Akt einen metaphysischen
Rahmen gezimmert, in dem er sich mit ontologischen Fragen über
Menschheit und Geschichte, Gut und Böse beschäftige und in die
Mitte (2.-4.Akt) habe er ein historisches Stück gesetzt, das bei
Gelegenheit ins billige Melodrama kindlicher Räuber- und Gendarm-
Spiele abgleite.[60] Demetz gebraucht den Begriff „historisch"
hier so, wie auch Hochhuth ihn versteht: er bezeichnet die
naturalistische Wiedergabe von historischen Tatsachen. Dabei wird
Historie, Geschichte als eine in der Vergangenheit abgeschlossene
Reihe von Ereignissen gesehen. Diese Auffassung der Geschichte
als ein in sich geschlossenes Gebilde spiegelt sich in dem geschlossenen Gebilde der Struktur „von klassischer Strenge". Nicht
zuletzt daran scheitert das Stück Hochhuths. Ein naturalistisches
Geschichtsbild, das kommentarlos „durch eine Architektur von
klassischer Strenge zu einem geschlossenen Gebilde zusammengefügt"
wird, kann dem heutigen Zuschauer nicht mehr sagen als: „Ach,
so ist das gewesen". Und dabei bleibt es. Durch die den Inhalt
widerspiegelnde Struktur wird dem Zuschauer bestätigt, daß er

---

59. Ebd.
60. P. Demetz, a.a.O., S.165

an dem Geschehen ja doch nichts mehr ändern könne, und gleichzeitig wird ihm durch diesen wohl unbewußten Verschleierungs-
prozeß suggeriert, daß auch heute nichts zu ändern ist, daß
Geschichte eine vom Menschen unveränderliche, ihn überrollende
Instanz sei, daß der Mensch selbst noch immer so sei, wie er
schon damals war, also ebenfalls unveränderlich sei. Damit geht
das Stück hinter Brechts Postulat zurück, daß der Mensch als
veränderlicher und verändernder zu zeigen sei, eben zurück zu
der heute nicht mehr zu verteidigenden Schillerschen Realitätsauffassung.

Mit welchem Recht kann man nun den <u>Stellvertreter</u> ein
dokumentarisches Theaterstück nennen? Melchinger meint, das Stück
gehöre nicht zum dokumentarischen Theater, weil es Szenen enthalt
die erfunden seien.[61] Auch Martin Esslin sieht das Stück nicht
als dokumentarisches Drama: „Hochhuth ist eher das Gegenteil
eines Autors von Dokumentarstücken. Vielmehr ist er ein eindrucks
voller, traditionsgebundener historischer Dramatiker."[62] Ähnlich
sagt auch Peter Demetz, daß Hochhuth Geschichte schreibe.[63] Dami
unterstützen Esslin und Demetz die These von Monica de Vries, in
der F. Sengles Behauptung, daß die Sonderentwicklung des deutsche
Geschichtsdramas mit dem ersten Weltkrieg abgeschlossen sei,
widerlegt wird. Das Geschichtsdrama habe sich im Gegenteil weiter
entwickelt und fortgesetzt.[64] Doch Esslin und Demetz scheinen
davon auszugehen, daß Geschichtsdrama und dokumentarisches

---

61. Siehe oben, S.9
62. M. Esslin, <u>Jenseits des Absurden</u>, S.143
63. P. Demetz, a.a.O., S.17o
64. M. de Vries, <u>Das Historische Drama in Deutschland 1918-1933</u>.
    Kapstadt 1969, S.XVII;
    F. Sengle, <u>Das deutsche Geschichtsdrama</u>. Stuttgart: Metzler
    S.189

Theater sich gegenseitig ausschließen. Das geschieht aber nur
dann, wenn das Geschichtsdrama so aufgefaßt wird, wie Hochhuth
das anhand des vorliegenden Stückes demonstriert, also als
politisch effektloses Theater, und dokumentarisches Theater, im
Gegensatz dazu, als politisch effektvolles Theater. Dann hätten
Esslin und Demetz recht, denn Hochhuth hat kein politisch effektvolles Theaterstück geschrieben. Doch hier zeigt sich meiner
Meinung nach die Unzulänglichkeit des Begriffes „dokumentarisches
Theater". Denn man kann Geschichtsdrama auch als ein Theater
auffassen, in dem mit Hilfe von Dokumenten die Geschichte durchleuchtet und in den Zusammenhang von Gegenwart und Zukunft gestellt wird. Dann schließen sich die beiden Dramaformen nicht
mehr gegenseitig aus, sondern sind aufeinander angewiesen, bedingen
einander; dann ergäbe sich eine politisch effektvolle Dramaform,
auf die der Begriff „dokumentarisches Theater" angewandt werden
könnte und angewandt worden ist, z.B. auf die Stücke von Peter
Weiss. Der Stellvertreter ist gewiß kein solches Stück.

Hochhuth selbst hat mehrere Male darauf hingewiesen, daß er
kein Historiker, kein Geschichtsschreiber sei, sondern Kunst zu
machen versuche. Aber auch Dokumente und Kunst brauchen sich nicht
gegenseitig auszuschließen, wie Piscator im Vorwort zum Stellvertreter ganz richtig bemerkt: „Hochhuth breitet wissenschaftlich
erarbeitetes Material künstlerisch formuliert aus." „Dokumentarisches und Künstlerisches sind untrennbar ineinander überge-
gangen."[65] Allerdings sehen sowohl Hochhuth in seinem Stück, als

65. R. Hochhuth, Der Stellvertreter, S.9 f.

auch Piscator in dieser Bemerkung Kunst als ein außerhalb der
Wissenschaftlichkeit, außerhalb der Wirklichkeit liegendes Sach-
gebiet, in das die Wirklichkeit erst integriert werden muß, um
ein „realistisches" Kunstwerk herstellen zu können. Das heißt,
daß die Wirklichkeit aus ihren Zusammenhängen, den historischen,
gesellschaftlichen und politischen, erst herausgelöst und dann
künstlerisch umfunktioniert werden muß, bevor ein Kunstwerk entsteht. Damit wird die Wirklichkeit zum Rohstofflieferanten der
Kunstproduktion herabgewürdigt, das Kunstwerk selbst verliert
jede Möglichkeit der Wirklichkeitsbeeinflußung. Von daher erklärt
sich zum größten Teil die politische Effektlosigkeit des
Stellvertreters.

Paul Rassinier dagegen streitet Hochhuth sowohl die Wissenschaftlichkeit als auch das Künstlerische ab, aber sein Angriff
ist selbst so unwissenschaftlich, daß man nicht näher auf ihn
einzugehen braucht.[66] Obwohl Hochhuth selbst sein Stück nicht
als dokumentarisches Theater bezeichnet wissen möchte, weil er
meint, daß damit dem Stück seine künstlerischen Qualitäten
abgesprochen würden, will ich es doch dazurechnen, obwohl es dem
oben aufgestellten Versuch einer Definition[67] nur in groben
Zügen entspricht. Es versucht politisch zu sein, doch dieser
Versuch konnte nicht gelingen, weil Hochhuths Einstellung im
Grunde eine unpolitische ist. Diese unpolitische Haltung, die
in einem gewissen Sinne, als Abstinenz von Politik, auch wieder
eine politische Einstellung ist, mag für die allerdings kurzlebige

---

66. P. Rassinier, Operation Stellvertreter. München: Damm Verlag
    1966
67. Siehe oben, S.38

Aufregung über das Stück verantwortlich sein. Denn diese unpolitische Haltung äußert sich darin, daß Hochhuth es nicht
vermochte, die Zusammenhänge zwischen seiner Anklage gegen
einen verstorbenen Papst, der vor dreißig Jahren dieses oder
jenes hätte tun sollen, und der heutigen bundesrepublikanischen
Gesellschaft aufzuzeigen. Das Publikum der Aufführungen des
Stückes teilte sich dann in jene, die sich fragten: „Was soll's?
Der Papst ist tot, und wir können doch nichts mehr ändern" und
solche, die sich ausrechneten, was alles anders hätte verlaufen
können, wenn der Papst dieses oder jenes getan hätte. Nur ver-
einzelt gab es Leute, die versuchten eine Beziehung zwischen sich
und der Haltung des angeklagten Papstes herzustellen, aber auch
sie vermochten nicht, konkrete Folgen aus dieser Fragestellung
zu ziehen, weil Hochhuth in seinem Stück ihnen den Blick auf die
Hintergründe einer solchen Haltung kaum ermöglichte.

Das Stück basiert auf Dokumenten, wie der rund vierzig
Seiten starke Anhang beweist, aber leider dienen auch diese
Dokumente zu nichts anderem als der Bestätigung, daß es damals
so und nicht anders gewesen ist. Warum es aber so und nicht anders
gewesen ist, wird dadurch kaum deutlich gemacht. Durch Kritik an
Verschleierung, Wirklichkeitsfälschung und Lügen meint Hochhuth
die Wirklichkeit beeinflußt zu haben. Aber weil diese Kritik an
der Oberfläche steckenblieb, weil die Verschleierung nur zum Teil
aufgedeckt wurde, bestand die Beeinflußung der Wirklichkeit nur
aus einer ziemlich schnell vorübergehenden Polarisierung des
Publikums, ohne daß daraus irgendwelche tiefergehenden Folgen
für die Gesellschaft, in der das Stück aufgeführt wurde, erstanden
wären. Und es ist „trotz" der benutzten Dokumente Theater, Kunst

geblieben, Kunst im Sinne Hochhuths als ein außerhalb der Wirklichkeit angesiedeltes ästhetisches Erlebnis; es ist also gerade wegen der in dieser Form benutzten Dokumente nur Theater geblieben.

Trotz allem wird man aber mit Esslin überlegen müssen, ob Hochhuths Leistung nicht dennoch sehr beachtlich bleibt. Er hat mit seinem Stück eine umfassendere Breitenwirkung erzielt als irgendein anderer zeitgenössischer Dramatiker. Damit allein hat er dem Theater als Institution wie als Kunstgattung einen unschätzbaren Dienst erwiesen. Denn er hat den Nachweis erbracht, daß das Theater, auch im Zeitalter der Massenmedien, weiter ein Forum ist, auf dem moralische Probleme zur Sprache kommen und intensive politische und soziale Diskussionen stattfinden können.[6] Das möchte ich nur geringfügig modifizieren: nicht den Nachweis hat Hochhuth erbracht, sondern er hat auf die Möglichkeit hingewiesen, daß ein Theaterstück solche Diskussionen auslösen könnte. Die Diskussionen um den Stellvertreter waren aber eher hitzig als intensiv und deswegen auch zu kurzlebig, als daß sich aus ihnen irgendwelche nennenswerten konkreten Folgen ergeben hätten. Aber schon allein, daß Hochhuths Stück auf die Möglichkeit einer wirklichkeitsbeeinflußenden Kunst hingewiesen hat, wenn auch gerade dieses Stück nicht zu dieser Kunst gehört, ist ihm als Verdienst anzurechnen. Allein um dieses Verdienstes willen soll Der Stellvertreter zum dokumentarischen Theater im Sinne des obigen Versuchs einer Definition gerechnet werden. Selbst in

---

68. M. Esslin, Jenseits des Absurden, S.142

seinem Scheitern hat das Stück darauf hingewiesen, daß dokumentarisches Theater im Sinne dieser Definition möglich sein
müßte. Man könnte es als unmittelbaren Vorläufer des dokumentarischen Theaters einstufen.

Soldaten

Nekrolog auf Genf

Tragödie

Auch Hochhuths zweites Stück löste erregte Diskussionen aus,
diesmal allerdings schon vor der mißlungenen Premiere in Berlin,
die am 9. Oktober 1967 ebenfalls auf der „Volksbühne" stattfand in
der Regie von Hans Schweikart (Piscator starb 1966). Hochhuth
hatte sein Stück dem englischen „National Theatre" zur Uraufführung
angeboten. Der künstlerische Leiter des Theaters, Sir Laurence
Olivier, und sein Chefdramaturg, Kenneth Tynan, nahmen das Angebot
an, doch der Vorsitzende des Aufsichtsrats, Lord Chandos, verbot
die Aufführung, weil Hochhuths Vorwurf, Churchill sei nicht ganz
unschuldig am Tode des polnischen Generals Sikorski, eine bös-
artige Verleumdung sei.[69] Lord Chandos war als Oliver Lyttleton
Minister in Churchills Kriegskabinett gewesen. Man konnte es ihm
deshalb nicht übelnehmen, wenn er gegen ein Stück auftrat, das
ihn geradezu der Beihilfe zum Mord bezichtigte. Auf das Aufführung
verbot hin drohten Sir Laurence Olivier und Kenneth Tynan mit
ihrem Rücktritt, denn es sei nicht Aufgabe des Aufsichtsrats zu
bestimmen, welche Stücke wann aufgeführt werden sollten. Außerdem,
so sagte Tynan, sei das Stück das beste neue Manuskript, das er
je gelesen habe.[70] Olivier und Tynan zogen später ihre Rück-

---

69. Karl-Heinz Wocker, Szenischer Angriff auf einen Mythos. In:
    Die Zeit (5.5.1967)
70. S. Melchinger, Aspekte der Hochhuth-Affäre. In: Theater heute
    6 (1967), S.3o

trittsandrohung zurück mit dem Hinweis, daß das Stück nun als
privates Unternehmen an einem Westend-Theater herauskommen solle.
Es ging also nicht darum, daß die Aufführung überhaupt verboten
wurde, sondern darum, daß sie nicht am „National Theatre" stattfinden solle, denn sonst würde es, nach Ansicht von Lord Chandos,
einer Lüge die Autorität seiner offiziellen Stellung verleihen.[71]
Der Streit, ob Hochhuths Vorwurf eine Lüge sei oder nicht, hätte
rasch beigelegt werden können, wenn Hochhuth genügend Beweis-
material gebracht hätte. Aber gerade das hatte er nicht getan.
Er berief sich auf einen Zeugen, den er auf keinen Fall nennen
wollte und auf Dokumente, die fünfzig Jahre lang in einem
Schweizer Banktresor verschlossen bleiben sollen. Und weil
Hochhuth sich weigerte, eindeutige Beweise beizubringen, wurde er
vor ein englisches Gericht zitiert. Der tschechische Pilot des
Flugzeugs, mit dem Sikorski abstürzte, Edward Prchal, und auch
der damalige Kommandant der Royal Air Force Station Gibraltar
bestritten die Richtigkeit der Darstellung des Todes von Sikorski
in Hochhuths Stück. Nicht eine „offiziell gutgeheißene" Sabotage
sei die Ursache des Flugzeugabsturzes gewesen, sondern das Versagen des Höhenruders, bzw. ein Irrtum des Piloten.[72]
    Der Mangel an Beweisen führte auch dazu, daß Hochhuth wegen
Verleumdung 2ooo Pfund Sterling an den englischen Historiker
Hugh Trevor-Rope bezahlen mußte. Hochhuth hatte dem Historiker
in einem offenen Brief an The Observer vorgeworfen, er habe
Churchills Mitschuld am Tode Sikorskis vertuscht.[73] In einer

71. M. Esslin, Schauspielertheater? In: Theater heute 9 (1967), S.18
72. Carl Brinitzer, „Soldaten" im Vorgeplänkel. In: Christ und Welt
    (12.5.1967); siehe auch: Karl-Heinz Janßen, Die „Soldaten" im
    Sperrfeuer. In: Die Zeit Nr.2 (1o.1.1969), S.7
73. Evelyn Ford, Theatrefacts. In: Theatre Quarterly 5 (1972), S.1o8

anderen „Verleumdungsklage gegen...Rolf Hochhuth hat ein Londoner
Gericht entschieden, daß dem früheren britischen Geheimagenten
Oberst Bickham Sweet-Escott Schadenersatz in erheblicher Höhe
im Zusammenhang mit einem Artikel des deutschen Schriftstellers
in einer Spiegel-Ausgabe vom Oktober 1967 zustehe. In diesem
Artikel waren Anspielungen enthalten, denen zufolge der heute 66
Jahre alte Sweet-Escott im Zweiten Weltkrieg den Mord an dem
polnischen Ministerpräsidenten Wladyslaw Sikorski organisiert
haben soll."[74]

Worum geht es in den Soldaten? Das Stück besteht aus zwei
Teilen, einer Rahmenhandlung und einem Spiel im Spiel. Die Rahmenhandlung, der Hochhuth den Titel „Everyman" gegeben hat, spielt
im Jahre 1964 vor der Ruine der von den Deutschen zerbombten
Kathedrale von Coventry. Vor diesem Ruinen-Hintergrund soll die
Generalprobe zu einem Stück stattfinden, das anläßlich der Jahrhundertfeier des Roten Kreuzes aufgeführt wird. Das Stück tritt
dafür ein, daß die 1864 entstandene Genfer Konvention, die die
Zivilisten im Land- und im Seekrieg beschützt, durch ein Luftkriegsrecht erweitert werden solle, das nicht nur die Bomberpiloten, sondern auch die Zivilisten in Schutz nimmt. Solch ein
Abkommen gibt es nämlich noch nicht. Auf der Weltkonferenz des
Roten Kreuzes 1957 in Neu Delhi stimmten zwar die Vertreter von
85 Nationen einstimmig dem Entwurf eines solchen Gesetzes zu, aber
als Hochhuth 1963 sein zweites Stück zu schreiben anfing, lag noch
immer kein Gesetz vor; der Entwurf verstaubte zwischen den Akten.

---

74. Zitiert nach: Theater heute 1 (1974), S.49

Ein Jahr später schrieb Rolf Hochhuth dann dem damaligen
Präsidenten der Bundesrepublik Deutschland, Heinrich Lübke, in
dessen Eigenschaft als Schirmherr des Deutschen Roten Kreuzes
einen offenen Brief, in dem er ihn bat, sich dafür einzusetzen,
„daß endlich das längst fällige Gesetz zum Schutz der Zivilisten
(und Piloten) im Bombenkrieg auf internationaler Ebene verab-
schiedet wird... Ich beschwöre Sie, verehrter Herr Bundespräsident,
tun Sie einen ersten Schritt zur Humanisierung des militärischen
Denkens, indem Sie den Entwurf von Neu Delhi der Ministerial-
Bürokratie wegnehmen und seine Bearbeitung im Parlament durchsetzen."[75] Auf diesen Brief bekam Hochhuth keine Antwort. Hochhuth
selbst schreibt: „Lübke hat so reagiert wie einst der Berliner
Nuntius Pius' XII., der, direkt um Hilfe zur Rettung der Juden
angegangen, sich für unzuständig erklärt hat. Mein Brief war eine
Flaschenpost."[76] Den Appell für ein internationales Luftkriegsrecht soll nun das Stück im Stück übernehmen. „Und so wird –
vielleicht – diese Inszenierung Dorlands anläßlich der Jahrhundertfeier des Roten Kreuzes zum R e q u i e m auf Genf."[77] So kam
es zum Untertitel: Nekrolog auf Genf. Doch gerade diese Forderung
nach politischen Konsequenzen, nämlich der Appell für ein internationales Luftkriegsrecht in Verbindung mit dem Anspruch auf
eine nicht nachprüfbare Wahrhaftigkeit läßt für dieses Stück
das gleiche, für das dokumentarische Theater überhaupt, typische
Dilemma entstehen, dem auch der Stellvertreter nicht entgangen
war: der Wahrheitsanspruch gründet sich auf Dokumente, die nach

---

75. R. Hochhuth, Für eine Luftkriegskonvention. In: Theater heute
    2 (1967), S.9 ff.
76. S. Melchinger, Hochhuth, S.31
77. R. Hochhuth, Soldaten, S.12

einem Prinzip ausgewählt worden sind, das genausowenig zur Durch-
leuchtung der politischen Hintergründe beiträgt, wie die offiziell
Geschichtsschreibung, deren Manipulationsverfahren gerade durch
diese Dokumente enthüllt werden sollten. Gerade bei den Soldaten
wird das besonders evident, weil wichtige Dokumente überhaupt
nicht einsehbar sind. Ein auf solch unsicherem Boden stehender
Wahrheitsanspruch kann gar keine politischen Konsequenzen hervor-
rufen, höchstens einen ganz normalen Theaterskandal. Hochhuth
verfällt daher einem illusorischen Wunschdenken, wenn er glaubt
er könne mit seinem Stück mehr erreichen als mit seinem Brief an
Lübke.

Peter Dorland ist im Vorspiel der Autor und Regisseur des
aufzuführenden Stückes. Er ist übrigens auch der Jedermann, auf
den sich Hochhuth in der Überschrift dieses Vorspiels bezieht.
Dorland, so hieß auch der niederländische Autor eines der
ältesten Jedermannspiele, und bewußt möchte Hochhuth dann auch
„die Assoziation zum Morality Play aufrechterhalten". Dorland war
im Krieg Bomberpilot gewesen, der über Dresden aussteigen mußte
wegen Vereisung der Motoren. Die Dresdner hatten ihn dann, nachdem
sie ihn aus seinem Fallschirm befreit hatten, gezwungen, „zwei
Wochen lang mit bloßen Händen / die verschmorten, schnell
faulenden Kadaver / aus Kellern, Parks und Wohnungen / und von den
weichgekochten Asphaltstraßen / zu den fünf Scheiterhaufen / des
Altmarkts hinzuschleppen."[78] Er hat also am eigenen Leibe erlebt,
was er mitangerichtet hatte. Dieses Erlebnis hat ihn zum Autor

---

78. Ebd., S.21

werden lassen, der im Auftrag eines Steinmetzen, der vor der
Kathedrale an einer Plastik, dem „Engel von Coventry", arbeitet,
ein Stück über den Bombenkrieg schrieb. Das Erlebnis hat Dorland
auch zum Jedermann werden lassen, den Hochhuth im Vorspiel sagen
läßt: „Piloten töten Wehrlose, / als gäbe es kein Rotes Kreuz. /
Doch nur Minuten später, / wenn sie abgeschossen, selber wehrlos /
denen in die Hände fallen, die sie bombten: / dann soll es gelten,
das Rote Kreuz - für sie."[79] Hochhuth konfrontiert Dorland auch
mit dessen Sohn, der als RAF-Mitglied einem NATO-Planungsstab
angehört: „SOHN: Vater, es ist nicht Sache der Soldaten, / die
Kriegstechnik zu diskutieren. DORLAND: Nein? - Und: ‚Soldaten'! /
Vorsicht, Soldat ist, wer Soldaten bekämpft, / Kampfflieger, die
Panzer anzielen, Brücken, / Industrien, Staudämme. / Du bist
keiner - sowenig ich über Dresden einer war. / SOHN: Was bin ich
sonst als Planungsassistent? / DORLAND: Ein Berufsverbrecher. Ein
potentieller Berufsverbrecher."[80] Wie im <u>Stellvertreter</u> greift
Hochhuth auch hier nicht nur einen einzelnen an, sondern alle, die
am Luftkrieg beteiligt waren, auch alle, die an der Planung von
Luftkriegen mitwirken. Deshalb gibt er dem Stück auch den Titel:
<u>Soldaten</u>.

Doch Hochhuths Angriff hier bleibt genauso folgenlos wie
seine Anklage im <u>Stellvertreter</u>. Jan Berg hat in einem Aufsatz
über den „Geschichts- und Wissenschaftsbegriff bei Rolf Hochhuth"
darauf hingewiesen, daß es für den als Ankläger auftretenden
Helden kennzeichnend sei, daß er zunächst erst einmal selbst

---

79. Ebd., S.31
80. Ebd., S.3o

schuldig geworden sein muß, daß erst diese Schuld ihm erlaubt,
sühnend für das gute Prinzip einzutreten. Die Erkenntnis der
Schuld ist aber überhaupt nur möglich durch die unmittelbare
Anschauung dessen, was den Helden schuldig werden ließ. „Dem
Bomberpiloten Dorland wurde Einsicht zuteil, weil er seine Opfer
hatte sehen und anfassen müssen. Solche Unmittelbarkeit aber ist
nicht nur der Gewissenserforschung conditio sine qua non, sondern
jeglicher Erkenntnis; wissenschaftliche etwa...wird durch den
Gegenstand selbst unmittelbar garantiert."[81] Die Schuldtat ist
also nicht nur Voraussetzung zur Erkenntnis, sondern gleich auch
ihre eigene Begründung, sie macht den Helden nicht nur zum Ankläger, sondern erklärt auch gleichzeitig, weshalb der Held
schuldig werden **mußte**, um nämlich das Böse, den Faschismus bekämpfen zu können. Damit werden die von Dorland verübten Morde
an den Dresdnern als Sinn der Geschichte sanktioniert. Geschichte
ist für Hochhuth ein ewiges Scheitern, ein Krieg wird für ihn
zur Notwendigkeit. Geschichte wird also bei Hochhuth zu einer
irrationalen, vom Menschen unbegreifbaren und somit auch unbeeinflußbaren Kette von Ereignissen. Deshalb **kann** ein Angriff auf
alle, die am Luftkrieg beteiligt waren, auch keine Folgen haben,
weil alle ökonomischen, sozialen und politischen Gründe, die den
Faschismus rational hätten durchleuchten können, durch eine
Überhöhung des Bösen zu einem unerklärlichen Mysterium verschleier
werden. Dem entspricht, daß Hochhuth bewußt die Assoziation zum
mittelalterlichen Mysterienspiel aufrechterhalten will, daß

---

81. J.Berg, Geschichts- und Wissenschaftsbegriff bei Rolf Hochhuth
    In: H.L.Arnold/S.Reinhardt (Hrsg.): <u>Dokumentarliteratur</u>, S.61

Dorland zum Jedermann wird

Außer Dorland, dessen Sohn und dem Steinmetzen, dessen
„Dialoge mit Dorland Zwiegespräche über Meditationen sind, die
in der expressionistischen Ich-Figur des Helden selbst vor sich
gegangen sind",[82] treten im Vorspiel die internationalen Gäste,
Politiker und Militärs auf, die zur Jahrhundertfeier angereist
sind und sich nun über die Bühne zu den Festbanketts begeben.
Zwischen die Gespräche sind Erinnerungen und Erlebnisse Dorlands
eingeblendet, z.B. das Referat des deutschen Fliegerobersten auf
der NATO-Konferenz (mit Zitaten aus einem Aufsatz von Reinhard
Baumgart) oder das den Schluß des Vorspiels bildende imaginäre
Gespräch mit dem „Traumpartner", der sich als das Gespenst des
englischen Bombermarschalls Arthur Harris, des obersten Befehls-
habers der Bomber von Dresden, identifiziert.[83]

Das kurze Nachspiel führt wieder zur Realitätsebene des
Vorspiels zurück. Das Spiel Dorlands hat den Sohn gekränkt. Der
Angriff auf Churchill und die Royal Air Force hätte ihn (und er ist
ja schließlich Mitglied der RAF) vor seinen Vorgesetzten unmöglich
gemacht. Dorland verteidigt Churchill: der hätte ja getan, was
notwendig gewesen war, und schließlich hat er ja auch den Krieg
gewonnen. Am Schluß wird ein Telegramm gebracht. Dorland öffnet
es und sagt gelassen: „Nur eine Nachricht - kein Ereignis: /
Dem National-Theater wurde die Aufführung verboten."[84] Mit diesem
Schlußsatz verweist Hochhuth auf den oben beschriebenen Streit
um das Stück in England.

---

82. S. Melchinger, Hochhuth, S.79
83. Ebd., S.8o
84. R. Hochhuth, Soldaten, S.192

Das Kernstück von Hochhuths „Tragödie", das Spiel im Spiel,
heißt „Das Londoner Kleine Welttheater". Im ersten der drei Akte,
mit dem Titel „Das Schiff", ordnet Churchill ausdrücklich die
Bombardierung der deutschen Städte an, obwohl ihm erklärt worden
ist, daß die Tötung von Zivilisten wahrscheinlich keine Auswirkung
auf den Verlauf des Krieges haben wird. Im zweiten Teil des
ersten Aktes findet die Unterredung zwischen Churchill und Sikorski
statt. Hans Mayer hat in seiner Besprechung des Stückes den
historischen Hintergrund zu dieser Unterredung skizziert: „Im
Frühjahr 1943 steht fest, daß die von Churchill so mühsam ge-
festigte Allianz mit Stalin und Roosevelt auseinanderzubrechen
droht. Damit ist nicht nur der siegreiche Ausgang des Krieges
gefährdet, sondern die Existenz Großbritanniens selbst, als dessen
erster Minister Churchill amtiert. Nach wie vor trägt die Sowjetunion die Hauptlast des Landkrieges gegen Hitler; die alliierten
Aktionen in Nordafrika haben die deutsche Wehrmacht nicht dazu
veranlaßt, starke Kräfte aus dem Osten abzuziehen; die von Stalin
geforderte zweite Front kann ihm nicht bindend von Churchill
zugesagt werden: aus klaren militärischen und einigermaßen
zwielichtigen (von Moskau her gesehen) politischen Gründen. Damit
droht, von dieser Hypothese geht Hochhuth aus, die Gefahr des
Separatfriedens, zwischen Hitler und Stalin, den man in London,
nach den Erfahrungen mit dem deutsch-sowjetischen Pakt von 1939,
als denkbar betrachten muß. Andererseits hat England den Weltkrieg begonnen als Verteidiger der polnischen Unabhängigkeit,
jedoch nicht, wie Churchill seinen polnischen Alliierten im Exil
klarzumachen sucht, als Garant der polnischen Grenzen von 1939.
Evidente Gegensätze zwischen der polnischen Exilregierung unter

Sikorski und Stalin. Lemberg gehört seit 1939 zum Territorium der Sowjetunion. Nun wird bekannt, daß Tausende polnischer Offiziere, die im Feldzug von 1939 nach Osten versprengt worden waren, in Massengräbern zu Katyn verscharrt wurden. Genickschuß. General Sikorski macht den gemeinsamen Alliierten Stalin verantwortlich. Rossevelt muß die Polen unterstützen mit Rücksicht auf Millionen polnischer Staatsbürger (und Wähler) in den USA. Sikorski interveniert beim Roten Kreuz in Genf und verlangt Klärung des Falles Katyn. Stalin bricht die Beziehung zur polnischen Exilregierung ab."[85]

Diese historischen Ereignisse liegen der Unterredung zwischen Churchill und Sikorski zugrunde. Stalins Abbruch der Beziehungen zur polnischen Exilregierung belastet das Verhältnis der Alliierten zur Sowjetunion aufs äußerste. Da Polen nun für das Bündnis eine akute Gefahr geworden ist, sieht Hochhuth Churchill in dem Dilemma, wählen zu müssen zwischen der Aufrechterhaltung des alliierten Bündnisses und der einseitigen Unterstützung Polens. Churchill entscheidet sich dafür, Polen fallen zu lassen. Er muß sich dafür entscheiden, wenn er nicht den siegreichen Ausgang des Krieges in Frage stellen will. Hierin, genauso wie in der Entscheidung für die Notwendigkeit des Flächenbombardements, sieht Hochhuth die Tragik Churchills. Deswegen hat er sein zweites Stück eine Tragödie genannt. Daß diese Tragik aber nur eine vermeintliche Tragik ist, soll weiter unten dargelegt werden.

Im zweiten Akt, „Das Bett", zeigt Hochhuth wie Churchill den

---

85. H. Mayer, Jedermann und Churchill. In: Die Zeit Nr.41 (13.1o.1967), S.16

Krieg vom Bett aus dirigiert. Vergeblich versucht die Sekretärin.

Helen, den Premierminister zum Aufstehen zu bewegen. Im Bett

sieht er sich die Fotos vom zerstörten Hamburg an, im Bett nimmt

er Nachrichten und Meldungen entgegen, wie die, daß die Russen di

diplomatischen Beziehungen abgebrochen haben, oder die, daß die

Deutschen Raketen haben, die bereits fliegen. Im Bett hört er sic

auch widerspruchslos die Vorschläge Cherwells zur Beseitigung

Sikorskis an. Als er dann doch aufsteht, geht er ins Bad und von

dort prescht er „nackt und naß wie Neptun und so sturmschnell

auch, wie der über die Wellen fährt"[86] quer durchs Zimmer, währe

er „brüllt wie ein tonnenschwerer Brecher, der sich auf den

Strand wirft",[87] als der russische Botschafter anruft. Im Verlau

dieses Telefongesprächs, das den Höhepunkt des zweiten Aktes bild

fällt dann die Entscheidung: Sikorski soll während eines Fluges

von Gibraltar „verunglücken".

Auch diese Tatsache, daß nämlich der zentrale Akt des Stücke

„Das Bett" heißt - Hochhuth selbst meint dazu, daß das Bett und

das Schlachtfeld die zwei wesentlichen Aktionszentren vitaler

Entladung seien -, deutet auf Hochhuths pessimistische Geschichts

auffassung: die zwei Aktionszentren vitaler Entladung werden

zusammengelegt, Bett und Schlachtfeld werden eins und von hier

aus wird triebhaft und blind Geschichte gemacht und damit wird de

Menschen jede Möglichkeit angesprochen, Geschichte rational zu

beeinflußen.

Der Stoff, den Hochhuth in seinem zweiten Stück behandelt,

---

86. R. Hochhuth, Soldaten,   S.126
87. Ebd..

ist mindestens ebenso „erregend" wie der des <u>Stellvertreters</u>. Davon
zeugen die vielen zum größten Teil negativen Kritiken nach der
Berliner Uraufführung. Einige Kritiker bezweifelten den Wahrheitsgehalt der Behauptungen Hochhuths. So schrieb Karl-Heinz Janßen,
daß es sich mit Geheimdokumenten, die keiner kennt, trefflich
argumentieren lasse. Ein Drama, das aber auf falschen Fakten
aufgebaut sei, könne keine innere Wahrscheinlichkeit für sich
beanspruchen und werde damit unglaubwürdig. Außerdem wisse Rolf
Hochhuth nicht, was er wolle. Einesteils versichere er mit un-
schuldigem Augenaufschlag, sein Theater über Churchills „Soldaten"
wolle gar nicht erst versuchen, was Film und Fernsehen viel besser
könnten; photographische Genauigkeit im Nachbilden historischer
Figuren und Ereignisse sei seine Sache nicht. Andererseits klaube
er aus der Memoirenliteratur eine Unmenge Details zusammen und
packe sie in die Regieanweisungen, damit kein Regisseur oder
Schauspieler auf den Gedanken käme, vom historischen Vorbild der
Rollen zu abstrahieren.[88]

    Janßen weist hier auf den Punkt, der schon beim <u>Stellvertreter</u>
besprochen wurde, nämlich daß Hochhuth eine realistische Detail-
schilderung gebraucht, um den Wahrheitsanspruch seines Stückes
zu untermauern, hinzufügt, daß er selbst kein Historiker sein
wolle, auch keine photographische Genauigkeit beabsichtige, und
dann meint, daß diese Beteuerungen genügten, um darüber hinwegzutäuschen, daß seine Stücke nichts weiter als einen ganz platten
Naturalismus im Sinne einer ungedeuteten reinen Nachahmung der

---

88. K.-H. Janßen, Hochhuth als Historiker. In: <u>Die Zeit</u> Nr. 43
    (27.1o.1967), S.16

Tatsachenwirklichkeit aufweisen.

Zu Recht meinte Hans Mayer daher, man müsse sich davor hüten Hochhuth als Historiker zu sehen. Man habe es hier mit einem literarischen Text, einer episch-dramatisch-dokumentarischen Sondergattung zu tun. Auf sie müsse sich die Theater- und Literaturkritik beschränken.[89] Es gehe also nicht um den wirklichen Winston Churchill, sondern um den dramatisch möglichen Ähnliches sagt auch Martin Esslin: „Die Frage lautet nicht, ob die in dem Stück dargestellten Fakten stimmen, sondern ob sie in dem Stück überzeugend dargestellt sind."[90] Diesem Argument könn man mit der Frage entgegnen: Warum hat Hochhuth sich dann überhau die Mühe gemacht, seinem Stück Fakten zugrundezulegen? Hans Mayer ist sich deshalb in seiner Kritik dessen bewußt, daß Hochhuth nicl nur als Dramatiker beurteilt werden kann, doch als _Dramatiker_ ist er ernst zu nehmen, nicht aber als Polemiker und Politiker.[91] An diesem Punkt jedoch wird man Mayer entgegenhalten müssen, daß Hochhuth selbst es den Kritikern unmöglich gemacht habe, ihn als Dramatiker, aber nicht als Politiker ernst zu nehmen, indem er mit seinem Stück direkt in die Politik eingreifen wollte - was ist der Appell für ein erweitertes Luftkriegsrecht denn anders al Politik? Wenn man daher Hochhuth als Politiker nicht ernst nehmen kann, und aus dem oben Gesagten geht hervor, daß man das beim besten Willen nicht kann, dann wird er auch als Dramatiker nicht ernst genommen werden können.

Doch selbst wenn man Hochhuth trotzdem als Dramatiker ernst

---

89. H. Mayer, a.a.O.
9o. M. Esslin, _Jenseits des Absurden_, S.142
91. H. Mayer, a.a.O.

nimmt, ergeben sich Ansatzpunkte zur Kritik. Zu Recht weist Karl-Heinz Janßen darauf hin, daß Hochhuth naiv gutgläubig sei, wenn er glaube, er könne mit seinem Stück so etwas wie Ritterlichkeit in die Kriegführung zurückbringen. Nicht Beschränkung, sondern Verbot des Bomben-Krieges wäre konsequent.[92] Diese Kritik wird auch von Rudolf Augstein im Spiegel vom 9. Oktober 1967 geäußert.[93] Deshalb meint Henning Rischbieter, daß „im schwefligen Licht des Vietnam-Krieges das Ausgangsthema der Soldaten seltsam verfehlt und irrelevant ist."[94] Außerdem erniedrige Hochhuth sein Stück zur politischen Kolportage, er mache sich - indem er Unbewiesenes als faktisch verkauft - selbst zum Gefangenen seines gußeisernen, historischen Realismus.[95] Auch Stanley Kauffmann schreibt in seiner Kritik zur New Yorker Aufführung, daß es bei der moralischen Verfassung unserer Zeit fragwürdig scheine, ein Stück über die Verfeinerung des Krieges zu schreiben statt darüber, daß der Krieg abzuschaffen sei.[96] Hier scheint mir die Irrelevanz der hochhuthschen Geschichtsauffassung besonders deutlich zu werden. Er kann gar nicht ein Stück über die Abschaffung des Krieges schreiben, da nach seiner an Spengler orientierten Auffassung Krieg eine unvermeidliche Notwendigkeit des vom Menschen unbeeinflußbaren geschichtlichen Ablaufes ist, und dieses „zum ewigen Gesetz hypostasierte Scheitern von Geschichte ihm nun erlaubt, faschistische Verhaltensweisen direkt zu sanktionieren als Sinn der Geschichte."[97]

Andere Kritiker lehnen das Stück überhaupt ganz ab, wie z.B.

---

92. K.-H. Janßen, a.a.O.
93. Auszugsweise abgedruckt in: Theater heute 11 (1967), S.1
94. H. Rischbieter, Realität, Poesie, Politik. In: Theater heute 11 (1967), S.16
95. Ebd.
96. S. Kauffmann, Rolf Hochhuths Soldaten. In: Die Zeit Nr. 21 (24.5.1968), S.17
97. J. Berg, a.a.O., S.63

Joachim Kaiser, der sagt, es sei ein kindisch primitives Römer-
Drama über einen Feldherrn, der lieber liegt als sitzt und lieber
sitzt als steht. Er sähe das Stück als ein auf den Zweiten Weltkrieg gestülptes Römerdrama eines edeldenkenden und aufgeregt
fleißigen Studienrats.[98] Einige Kritiker sehen aber auch
Positives in diesem Stück, u.a. Günther Rühle, wenn er schreibt,
daß Hochhuth im Kern der sicherste Autor sei, der sich auf unserem
politischen Theater zeige. Solange es niemanden gäbe, der einen
solchen Stoff sicherer und klarer macht, sei hier doch ein
Äußerstes erreicht und das rechtfertige weitere Bemühungen um das
Stück.[99] Es muß hier allerdings eingewendet werden, daß die
Klarheit des Hochhuthschen Stoffes nur für diejenigen einsehbar is
die, wie er, an den Krieg als eine unabwendbare Notwendigkeit
der Geschichte glauben. Sobald man aber meint, daß Krieg von
Menschen gemacht und deswegen auch von Menschen verhindert werden
kann, sobald man glaubt, daß „das ‚unerklärbar Vorauszusetzende'
des Hochhuthschen Geschichts- und Gesellschaftsbildes als
geschichtlich-politische Voraussetzung verdeutlicht"[100] werden
kann, wird Hochhuths Behandlung des Stoffes nicht nur unklar,
sondern   scheint geradezu der Verschleierung eben dieser geschich
lich-politischen Voraussetzungen zu dienen.

Doch trotz aller sich einander widersprechenden Kritik hat
Hochhuth wenigstens eins erreicht: er hat die Gesellschaft, für di
er schreibt, auf einen Stoff aufmerksam gemacht, der von ihr
verdrängt oder vergessen worden ist.[101] Und das kann ihm als

---

98. J. Kaiser, Bewährungsproben. In: Der Monat 232 (1968), S.52 ff
99. G. Rühle, Revision für Hochhuth. In: Theater heute 11 (1967),
   S.3
1oo. J. Berg, a.a.O., S.65
1o1. Siehe oben, S.13

Verdienst angerechnet werden.

Figuren

Wie im <u>Stellvertreter</u>, sind auch hier die Figuren teilweise erfunden und teilweise aus der jüngsten Vergangenheit übernommen. Doch, anders als im <u>Stellvertreter</u>, hat Hochhuth die erfundenen und die historischen Figuren voneinander getrennt. Die erfundenen Figuren treten im Vorspiel auf, die historischen im Hauptteil des Stückes. Es mag durchaus stimmen, was Melchinger sagt, nämlich daß es für Hochhuth offenbar nicht mehr möglich war, durch erfundene Figuren das Engagement in die Geschichte selbst hineinzutragen.[102] Doch das bezieht sich nur auf die Figuren des Spiels im Spiel, denn der eigentliche Appell, die Anklage geht von einer erfundenen Figur aus, denn es ist ja der erfundene, idealistische Held Dorland, der sich gegen den Bombenkrieg zur Wehr setzt, weil er ihn mit- gemacht hat und nun, von Stimmen und Gesichtern geplagt, ein Stück gegen diesen Bombenkrieg geschrieben hat. „Dorland ist eine erfundene Figur mit einer realistischen Geschichte, die durch ihr Gewissen zu einer idealistischen Demonstration gezwungen wird."[103] Damit wird Dorland, ähnlich wie Pater Riccardo im <u>Stellvertreter</u>, zu einem idealistischen Helden im Schillerschen Sinn. Schon im ersten Teil dieser Arbeit ist auf die Problematik eines Idealismus hingewiesen worden, der sich als Naturalismus ausgibt. Nicht nur wegen des „präfaschistischen Geschichtsbildes" bei Hochhuth, wie es Jan Berg untersucht hat, sondern auch wegen des

102. S. Melchinger, <u>Hochhuth</u>, S.32
103. Ebd., S.45

idealistischen Engagements bleibt Hochhuths Anklage folgenlos,
ist sein Stück politisches Theater ohne politische Wirkung.

Die historisch realistischen Figuren treten erst in Dorlands
idealistischer Demonstration auf, z.B. Churchill und dessen
„dialektischer Partner", Bischof Bell. Aber auch die anderen
Figuren im Hauptteil sind historisch. Jedoch als Charaktere haben
sie auf der Bühne kaum ein Eigenleben. Selbst die Figur des
Bischofs wirkt blaß, weil sie, wie alle anderen, nur von der
überragenden Größe der Gestalt Churchills her ihr Leben bezieht.
Am 9. Oktober 1967 sagte Sebastian Haffner in einer Sendung des
Westdeutschen Fernsehens: „...und dann hat (Hochhuth) sich mit
Churchill beschäftigt, und der Mann ist ihm so groß geraten, ist
ihm so gewaltig geworden unter den Händen, daß am Ende in dem
Stück Churchill der Sieger ist nicht nur über seine bescheidenen
Gegenfiguren, sondern über den Autor, über Hochhuth. Und gerade
darin, finde ich, liegt das Großartige des Stücks. Ich halt's
für ein viel besseres Stück als den <u>Stellvertreter</u>, eben deswegen,
weil Churchill kein Popanz ist, sondern ein wirklicher, tragischer
Held... Ich glaube auch, daß das Churchill-Bild, das Hochhuth hat,
vollkommen dem Original entspricht."[104] Auch Peter Demetz sieht
in Hochhuths Churchill, dem „Mann der Macht", eine tragische
Gestalt. Hochhuth zeichne seinen Churchill als festen, lebendigen,
mächtigen Charakter; im Gegensatz zu der polemischen Vereinfachung
der Gestalt Papst Pius' XII. strahle Hochhuths Churchill Größe,
Zorn, Selbstgefälligkeit, Mut, Trauer und Spannung aus.[105]

1o4. Abgedruckt in: <u>Theater heute</u> 11 (1967), S.1
1o5. P. Demetz, a.a.O., S.17o

„Wenn aber", sagt Melchinger, „Churchill ein tragischer Held
geworden ist und wenn, wie Sebastian Haffner versichert, dieses
Churchill-Bild ‚vollkommen dem Original entspricht', dann verlieren auch die Verbrechen, die ihm angelastet werden, jene
empörende Simplizität, an der sich die Geister scheiden. Und das
establishment, das diese Verbrechen angeblich vertuscht hat und
weiter zu vertuschen sucht, vollstreckt am Ende nur das Urteil der
historischen Gerechtigkeit."[106] Indem Hochhuth also einerseits
Churchill als Kriegsverbrecher anklagt, andererseits aber auch
behauptet, daß Churchill diese Verbrechen, die ihm zur Last gelegt
werden, begehen **mußte**, um den Krieg zu gewinnen, zeigt er ihn als
tragische Gestalt, vergleichbar dem Wallenstein Schiller. Doch
ob mit dieser ambivalenten Darstellung der Churchill-Figur die
Verbrechen, die Hochhuth ihr anlastet, ihre „empörende Simplizität"
verlieren, wie Melchinger meint, ist fraglich. Der Mord an Sikorski
und die Flächenbombardements der deutschen Städte verlieren ja
nichts von ihrer Grausamkeit, wenn gezeigt wird, daß sie ein
notwendiges Mittel waren, den Krieg zu gewinnen. Es tauchten aber
Argumente auf, die die Notwendigkeit der von Churchill angewandten
Mittel, um den Krieg zu gewinnen, in Frage stellten. Hochhuth
selbst hat in seinem Stück immer wieder darauf hingewiesen, daß
Churchill die Verbrechen unnötigerweise begangen habe, daß die
Bombardierungen der Arbeiterwohnviertel, daß der Mord an Sikorski
nicht zur Verkürzung des Krieges und auch nicht zum Sieg beigetragen haben. Wenn Hochhuth also einerseits behauptet, Churchill

---

106. S. Melchinger, Hochhuth, S.34

habe Verbrechen begehen _müssen_, andererseits aber eben dieses _müssen_ bezweifelt, dann verwickelt er sich in einen Widerspruch, der der Tragik in seinem Churchill-Bild abträglich ist.

Doch auch dann, wenn Hochhuth selbst an der Notwendigkeit der begangenen Verbrechen nicht gezweifelt hätte, bliebe die Tragik Churchills nur eine vermeintliche Tragik. Denn Hochhuths Geschichtspessimismus läßt seinem Churchill gar keine andere Wahl als das Verbrechen Krieg zu begehen. Eine Diskussion über die Frage, ob Churchill den Krieg mit oder ohne Flächenbombardements gewonnen hätte, verschleiert nur die Tatsache, daß der Krieg selbst ein Verbrechen ist und daß Hochhuth diesem Verbrechen keine Alternative gegenüberstellen kann oder will. Man mag einwenden, daß es in Hochhuths Stück gar nicht um die Frage geht, ob ein Krieg hätte verhindert werden können oder nicht, sondern darum, ob in einem gegebenen Faktum, dem Krieg, menschlicher hätte gehandelt werden können oder nicht. Abgesehen von dem Zynismus, daß ein Krieg „menschlicher" hätte geführt werden können, bestätigt gerade dieses Argument die politische Effektlosigkeit von Hochhuths Stück denn es geht aus von dem „zum ewigen Gesetz hypostasierten Scheitern der Geschichte", auf deren Lauf der Mensch keinen Einfluß hat. Schon die Voraussetzung einer wirklichen Tragik, nämlich die Möglichkeit einer Wahl, fehlt bei Hochhuth. Churchill hat keine Wahl zwischen einem Krieg und dessen Verhinderung oder zwischen zu begehenden Verbrechen und deren Unterlassung. Nach Hochhuth _muß_ er Krieg führen, _muß_ er Verbrechen begehen.

Sprache

Auch diesmal gebraucht Hochhuth wieder den freien Vers,
allerdings verzichtet er auf die Jamben. Er selbst sagt: „Die
Prosa, wie sie rhythmisiert ist, soll auch dort, wo sie zum fast
gezählten Vers wird - prosaisch gesagt werden: sie sucht nur Halt
im Vers, der vor Überschwemmung schützt, gerade dort, wo das
Gefühl - oft unvermeidlich im Drama - in Katarakte gerät. Die
kälteste Definition, typischerweise von einem Romantiker gesucht,
soll Maßstab sein: ,Der Vers ist die optische Form des
Gedankens' (Hugo)."[107] Der Vers dient also auch hier wieder,
wie im Stellvertreter, zur Distanzierung von der Realität. Aber
gerade im Hauptteil des Stückes versucht Hochhuth, so realistisch
wie möglich zu sein. Er versucht sogar, den Vers als realistisches
Charakterisierungsmittel einzusetzen. Churchill spricht in freien
Rhythmen, denn „wie könnte man die barocke Figur dieses Mannes
anders zur Sprache bringen? Hat er nicht selbst eine Prosa geschrieben, von der kaum jemand denken würde, daß sie im Anbruch
des Atomzeitalters entstanden ist?"[108] Aber ein Churchill oder
ein Cherwell, die sich in Versen über die Resultate von Flächen-
bombardierungen auslassen, wirken genauso unangemessen wie die
„Opfer, die vor den Gasöfen in Lyrik ausbrechen". Dadurch entsteht ein ähnliches Dilemma wie im Stellvertreter. Einerseits
dient die Sprache zur Distanzierung von der Realität, andererseits
wird sie als realistisches Charakterisierungsmittel eingesetzt.
Nur wird hier durch den Wegfall der Jamben noch deutlicher gemacht,

---

107. R. Hochhuth, Soldaten, S.13
108. S. Melchinger, Hochhuths neue Provokation: Luftkrieg ist
     Verbrechen, a.a.O., S.9

daß die Versifizierung der Sprache eigentlich zwecklos ist, denn
Hochhuth erreicht damit nicht das, was er wollte, nämlich den
Eindruck vermeiden, als habe er einen Abklatsch der Wirklichkeit
geschrieben; im Gegenteil: die Versifizierung der Sprache macht
seinen Abklatsch der Wirklichkeit geradezu peinlich. Es ist daher
kaum erstaunlich, daß in vielen Aufführungen versucht wurde, den
Vers in Prosa umzusetzen, so wie Hochhuth das in seiner Regieanweisung fordert. Doch gerade diesem prosaisierten Vers fehlt
es an der Kraft, die Figuren auf der Bühne zum Leben zu bringen.
Hans Mayer sagt dazu: „Die Sprache möchte zum Versschwung ansetzen, wird aber gleichzeitig als Mittel der Personencharakterist
eingesetzt, was meistens nicht glückt. Am überzeugendsten ist
Hochhuth dort, wo er, ohne Achtung auf Sprachglanz und Sprach-
charakteristik, die Exponierung geistiger Auseinandersetzung in
einem Hochstil vornimmt, der durch innere Intensität ersetzt, was
an eigentlicher Sprachkraft fehlt."[109]

Hochhuths Charakterisierung der Personen ist dort am
treffendsten, wo er reine Prosa schreibt: in den umfangreichen
Anmerkungen und Regieanweisungen, die den Text durchziehen. „In
Prosa", schreibt Günther Rühle, „ist alles eingegangen, was
menschlich interessant ist an den Personen: in den Rollen tauchen
die Personen nur auf als Funktion, besser: als Funktionäre in
einem großen Prozeß."[110] Ferner sagt Rühle, daß die Schwierigkeiten mit Hochhuths Stück darin beständen, daß Hochhuth auch
alle Ablenkungen, denen er unterlag, mitgedichtet habe. Wie groß

---

109. H. Mayer, a.a.O.
110. G. Rühle, a.a.O.

das Maß der Ablenkung sei, sähe man sowohl an den Prosakommentaren wie an seinen literarischen Zitaten und Anspielungen im dramatisierten Text. Überall kämen Nebenthemen auf, literarisch anders bestimmbare Gattungen wollten sich durchsetzen.[111]

Es ist daher nicht verwunderlich, wenn einige Kritiker behaupteten, man könne diesem Stück am besten auf der Bühne gerecht werden, wenn man es zu einer Collage umschreibe oder wenn man die Prosakommentare mit in den Stücktext einbeziehe. Doch selbst dann dürften die Schauspieler manchmal Schwierigkeiten haben, die Regieanweisungen zu befolgen. Wenn Hochhuth z.B. vom Darsteller der Churchill-Figur verlangt, er solle „einen Seufzer wie ein Walfisch ausatmen",[112] oder dem Schauspieler, der Dorland darstellt, vorschreibt, er habe „so empfindungslos wie Narbenhaut"[113] zu sein, dann mögen die betreffenden Schauspieler sich zu Recht fragen, wie man das macht.

Neben diesen sprachlichen Mängeln, die also auch in dem zweiten Stück vorkommen, gibt es ebenfalls, wie im Stellvertreter, exponierte Stellen, wo der „sprachliche Ausdruck aus dem Destillat ins Dichterische umschlägt",[114] wie z.B. in Dorlands Dresden-Vision. Schon allein dieser Stellen wegen sollte man das Stück nicht einfach abschreiben, wie manche Kritiker das tun wollen. Man könne es nach dem Mißerfolg in Berlin noch nicht aufgeben, sagt Günther Rühle.[115]

---

111. Ebd.
112. R. Hochhuth, Soldaten, S.1o5
113. Ebd., S.149
114. S. Melchinger, Hochhuth, S.51
115. G. Rühle, a.a.O.

Struktur

Die Struktur der <u>Soldaten</u> ist scheinbar nicht mehr die eines
traditionellen in Akte eingeteilten Stückes wie noch der <u>Stellver-</u>
<u>treter</u>. Das Rahmenspiel täuscht nur unvollkommen darüber hinweg,
daß der Hauptteil des Stückes, das Spiel im Spiel, auch nichts
weiter ist als ein traditionelles, in Akte eingeteiltes Stück,
das allerdings aus drei und nicht aus fünf Akten besteht. Hochhuth
gebraucht die antiillusionistische Form eines Spiels im Spiel, um
die Illusion, man sehe nicht Theater, sondern Realität, zu verhindern. Doch er hat versäumt, hieraus die formalen Konsequenzen
zu ziehen.

Auf den ersten Blick erscheint die klare Struktur geschlossen
als die des <u>Stellvertreters</u>: „Jemand, der sich als Jedermann zum
Sprecher der Menschheit macht, führt einem Publikum (d.i.uns) drei
Akte aus der Geschichte vor, die wir erlebt haben."[116] Jedoch
täuscht die klare Struktur Geschlossenheit nur vor. „Die Bühnen-
logik fordert, daß ein Spiel im Spiel auf zwei verschiedenen
Ebenen stattfindet. Wird also die erste, die des Spiels, realistis
angelegt - in der als Realität verwendeten Ruine der Kathedrale
von Coventry soll eine Aufführung stattfinden, die ein ebenso
realistisch auftretender Regisseur inszenieren soll, - dann müßte
die zweite, die des Spiels im Spiel, auf einer nicht realistischen
Ebene stattfinden, das heißt, die Szenen der vorgeführten Geschich
müßten diesen demonstrativen Stil bis ins letzte Detail durchge-
führt zeigen."[117] Eben das geschieht nicht in den <u>Soldaten</u>.

---

116. S. Melchinger, <u>Hochhuth</u>, S.56
117. Ebd.

Hochhuth schreibt zwar in den Regieanweisungen zum ersten Akt
des Spiels im Spiel: „Empfohlen sei ein Licht-Horizont, ausge-
strahlt aus dem Innern des Bühnenhauses, der im ersten Moment die
Spieler vor der stechend eiweißlichgrünen Helle, wie sie ins
Parkett flutet, zu kleinen Schattenrissen entpersönlicht - gleichsam
zu Puppen in den Händen des unsichtbaren Regisseurs. Das stimmt
zum Vorsatz dieses altmodischen Versuchs, die Bretter als Podium
des Welttheaters auszugeben. Erst dann wird die Lichtfülle so
weit zurückgenommen wie nötig, um auch das Individuelle der
Figuren, ihre Mimik und Gesten deutlich anschaubar zu machen."[118]
Aber die Konsequenzen hat Hochhuth hieraus nicht gezogen: die
gespielte Geschichte hätte sich nicht ganz in Realität umsetzen
dürfen. Der bühnentechnischen Anweisung zufolge hätten die Figuren
des Spiels im Spiel „gleichsam Puppen in den Händen des unsichtbaren Regisseurs" bleiben sollen. Doch das ist nicht geschehen.
Vom ersten Akt an sind die Figuren und deren Handlungen vollkommen
naturalistisch gezeichnet. Am allerwenigsten ist dabei die
Churchill-Figur „gleichsam eine Puppe in den Händen des unsichtbaren Regisseurs"geblieben. Im Gegenteil, sie ist so naturalistisch
gezeichnet, daß sie „vollkommen dem Original entspricht". Damit
verfällt das Stück dem gleichen platten Naturalismus, der gleichen
puren Wirklichkeitsabschilderung, über die schon der Stellvertreter nicht hinauskam. Hochhuths Vorsatz aber, „die Bretter als
Podium des Welttheaters auszugeben", des „Londoner Kleinen Welttheaters", wie er das Spiel im Spiel nennt, passt nicht zu diesem

---

118. R. Hochhuth, Soldaten, S.5o

Naturalismus. Er wählte ja gerade die Form des Spiels im Spiel,
die antiillusionistische Form, um dem Zuschauer die Illusion zu
nehmen, er sehe hier Realität, er sehe hier eine naturalistische
Darstellung der historischen Tatsachen. Aber das, was der Struktur
nach nicht sein sollte, nämlich die naturalistische Darstellung,
führt Hochhuth dem Zuschauer dann doch vor, indem er seine
Figuren naturalistisch zeichnet. Wegen dieser Inkonsequenz ist
die Struktur von Hochhuths zweitem Stück weniger gelungen als die
seines ersten.

Peter Demetz stimmt dem nicht zu. Er sagt, er glaube eher, daß
die Doppelstruktur Peter Dorlands seelische Unruhe wirkungsvoll
akzentuiere und den dramatischen Impetus aus Dorlands chaotisch
drängenden Gedanken langsam auf eine intensive und scharf umrissene
Begegnung mit dem Mann der Macht hinlenke; Dorlands Vision müsse
sich notwendig in ihrem Modus der Realität von Churchills massiver
politischer Welt unterscheiden.[119] Doch Demetz übersieht dabei,
daß sich Dorlands Vision eben nicht in ihrem Modus der Realität
von Churchills massiver politischer Welt unterscheidet. Schon die
Sprache, die im Vorspiel gesprochen wird, unterscheidet sich nicht
wesentlich von der des Spiels im Spiel. Das Vor- und das Nachspiel
hätten als symbolistisch ausgeführter Rahmen um ein naturalistisches Spiel im Spiel gelegt werden müssen. Doch gerade das
hat Hochhuth nicht getan. Das Spiel im Spiel ist zwar naturalistisch
doch das Vor- und Nachspiel sind keineswegs symbolisch, sondern
ebenfalls naturalistisch angelegt, und zwar genauso vordergründig

---

119. P. Demetz, a.a.O., S.169

naturalistisch, so reine Wirklichkeitsnachahmung plakatierend,
wie das Spiel im Spiel. Die Figuren im Vorspiel sind zwar erfunden, manche von ihnen sind sogar als nicht-naturalistische
Karikaturen gezeichnet, z.B. die NATO-Experten, aber gerade die
Hauptfiguren, ganz besonders Dorland, sind höchst naturalistisch
charakterisiert. Selbst Dorlands Dresden-Vision wird so beschrieben
als hätte das in dieser Vision beschriebene Geschehen sich so
oder ähnlich in der geschichtlichen Realität zugetragen.

Wegen dieser verfehlten Struktur ist daher von einigen
Kritikern empfohlen worden, daß Vor- und Nachspiel gestrichen
werden. Schon bei der Berliner Uraufführung wurde das Nachspiel
nicht gespielt. Hätte man auch das Vorspiel weggelassen, wäre
die Aufführung wahrscheinlich „erfolgreicher" gewesen. Denn Vor-
und Nachspiel enthalten „nur Hochhuths Zweifel an sich selbst,
an seiner Kraft, sie zeigen seine Unsicherheit."[120]

Nach Günther Rühle gehört auch Hochhuths zweites Stück zum
dokumentarischen Theater: es beeinflußte die Wirklichkeit, es versuchte, die Ansichten der Zeitgenossen über die Wirklichkeit zu
korrigieren. Doch die Wirklichkeitsbeeinflußung ist, wei beim
Stellvertreter, nicht über eine oberflächliche Erregung der
Gemüter des normalen Stadttheaterpublikums hinausgekommen und
zwar aus ähnlichen Gründen wie bei seinem ersten Stück: Hochhuth
ist es nicht gelungen, seine Abschilderung der Tatsachenwirklichkeit so zu durchleuchten, daß die historischen, sozialen und

---

120. G. Rühle, a.a.O.

politischen Hintergründe und Zusammenhänge sichtbar und damit
einsichtbar geworden wären. Deshalb bleibt auch dieses Stück für
den Zuschauer ein von der Wirklichkeit isoliertes ästhetisches
Erlebnis, das nichts zur Bewußtseinsveränderung des Zuschauers
und daher schon gar nichts zu einer konkreten Beeinflußung der
Wirklichkeit beiträgt. Hinzu kommt noch die zwar nicht ausschlag-
gebende, doch die politische Effektivität des Stückes stark be-
einträchtigende Tatsache, daß Hochhuth wichtige Dokumente, auf
denen seine Anklage basiert, auf fünfzig Jahre hat wegschließen
lassen.

Die von dem obigen Versuch einer Definition[121] geforderte
Tendenz zur Abkehr vom Illusionären zeigt sich nicht so sehr im
Vor- und Nachspiel als im Hauptteil des Stückes, obwohl Hochhuth
gerade für diesen Teil eine Form wählte, die das Illusionäre, das
Nicht-Realistische zum Ausdruck bringen sollte. Doch die naturalistische Darstellung der Figuren und Handlungen des „Londoner
Kleinen Welttheaters" überspielte das Illusionäre, das durch die
Struktur hätte aufgezeigt werden sollen. Dadurch wird auch diese
Abkehr vom Illusionären nur zu einer vermeintlichen Abkehr. Die
von Hochhuth ausgewählten Dokumente belegen wohl, daß die geschilderte Wirklichkeit auf historischen Tatsachen beruht, doch
die Art und Weise, in der diese Dokumente benutzt werden, dient
zur Untermauerung einer fiktiven Geschichtsauffassung, der zufolg
Geschichte eine vom Menschen nicht beeinflußbare, ihn überrollend
Macht ist.

---

121. Siehe oben, S.38

Eine weitere Forderung der obigen Definition, der Verzicht auf die dichterische Geschlossenheit, wird von den Soldaten ebenfalls nicht erfüllt. Im Gegenteil, Hochhuth versucht bewußt, sowohl in der Struktur als auch in der Sprache des Stückes eine dichterische Geschlossenheit zu erreichen. Dieser Versuch mißlingt zwar, doch damit ist noch nicht gesagt, daß Hochhuth auf die dichterische Geschlossenheit verzichtet habe. Ebensowenig verzichtet Hochhuth in diesem Stück auf ein eindeutiges Ergebnis seiner Untersuchung der Schuld Churchills. Für ihn ist Churchill schuldig, und zwar tragisch schuldig. Es mag teilweise auch an der Eindeutigkeit dieses Ergebnisses liegen, daß dieses Stück weniger Erfolg als Der Stellvertreter hatte. Dort hatte Hochhuth noch die Frage nach der Schuld des Papstes an das Publikum weitergereicht. Er hatte die Frage zwar aufgeworfen, sie aber nicht eindeutig selbst beantwortet. Dagegen wird in den Soldaten das Publikum nicht mehr mit Fragen konfrontiert, die es sich zum Teil selbst zu beantworten hat, sondern ihm werden eindeutige Antworten präsentiert.

Es darf aber nicht übersehen werden, daß Churchills Tragik nur eine vermeintliche Tragik ist und daher Hochhuths über Churchill gefällter Schuldspruch Eindeutigkeit nur vortäuscht. Der geringere Publikumserfolg, verglichen mit dem Stellvertreter, läßt sich auf ein gelungenes Täuschungsmanöver zurückführen. Die Offenheit am Schluß des ersten Stückes war genauso vorgetäuscht wie die Eindeutigkeit im zweiten. Das Publikum beim Stellvertreter meinte ernsthaft, Hochhuth habe es wirklich aufgefordert, mitzubestimmen über die Schuld oder Unschuld des Papstes. Das Publikum, bisher zum einflußlosen Konsumenten verurteilt, fühlte sich durch

dergleichen Mitbestimmungsrecht geehrt, und ließ sich täuschen.
Hochhuth hatte die Frage nach der Schuld des Papstes schon längst
beantwortet. Beim zweiten Stück ließ sich das Publikum abermals
täuschen: es sei nicht mehr um seine Meinung gefragt, der Autor
habe die Schuldfrage ja schon beantwortet. Dem entzogenen „Mitbestimmungsrecht" folgte die Publikumsreaktion: das Stück fand
weniger Anklang.

Doch trotz der inzwischen üblich gewordenen Verrisse von
Hochhuths Stücken, werden sie immer wieder aufgeführt. Anläßlich
der Uraufführung von Hochhuths neuestem Stück <u>Lysistrate und die</u>
<u>NATO</u> geht Benjamin Henrichs in seiner Rezension den Gründen der
„offensichtlich unzerstörbaren Liebesbeziehung zwischen Hochhuth
und dem deutschen Stadttheater" nach. Dabei deckt er auch gleichzeitig auf, weswegen Hochhuths Täuschungsmanöver gelangen: „Erster
Hochhuth macht die Welt wieder durchschaubar, teilt sie auf
zwischen Schurken und Helden. Nicht mehr komplizierte politische
Institutionen machen Politik und Geschichte, sondern Einzel-
kämpfer. Heldensehnsucht und antipolitischer Affekt: ein wahrhaft
deutscher Dichter und Denker. Zweitens: nichts liebt das deutsche
Theaterpublikum so sehr wie den Klassiker und die Klamotte... Und
drittens: In Hochhuths Stücken artikuliert sich zaghaft das
Unterbewußtsein des Kleinbürgertums - seine physische Not und
seine dionysischen Sehnsüchte... (Hochhuths) Freiheitstraum ist
eine Spießerutopie."[122]

Obwohl Hochhuths zweites Stück ebenfalls nur in groben Zügen

---

122. B. Henrichs, Spießbürgers Satyrspiel. In: <u>Die Zeit</u> Nr. 1o
     (1.3.1974), S.24

dem obigen Versuch einer Definition des dokumentarischen Theaters
entspricht, soll es gleichfalls dieser Spielart des Zeittheaters
zugerechnet werden und zwar aus ähnlichen Gründen wie beim
Stellvertreter: es stellte zwar ein hochpolitisches Thema auf
die Bühne, doch Hochhuths Anwendung der künstlerischen Mittel,
überhaupt seine Einstellung der Kunst und seinem Thema gegenüber,
ließen aus dem Stück nicht mehr werden als nur Theater; es blieb
politisch folgenlos. Doch auch mit diesem Stück hat Hochhuth auf
die Möglichkeit einer wirklichkeitsbeeinflußenden Kunst, eines
dokumentarischen Theaters im Sinne der obigen Definition hingewiesen. Das ist sein Verdienst.

PETER   WEISS

Die Verfolgung und Ermordung Jean
Paul Marats dargestellt durch die
Schauspielgruppe des Hospizes zu
Charenton unter Anleitung des
Herrn de Sade

Dieses Stück mit dem langen Titel, der inzwischen allgemein
zu Marat/Sade abgekürzt worden ist, beruft sich zwar auf historische Gegebenheiten, es hat auch einen politischen Kern, doch
die Fabel ist eine Fiktion von Weiss: in der Irrenanstalt zu
Charenton läßt de Sade im Jahre 18o8 ein Stück von den Irren
aufführen, das er selbst geschrieben hat. Das Stück hat die Verfolgung und den am 13. Juli 1793 verübten Mord an Jean Paul Marat
zum Inhalt. Die Verschachtelung von Zeit, Ort und Handlung wird
dadurch noch weiter kompliziert, daß wir das Stück heute sehen.
Doch hinter diesem großartigen „Theater"-Einfall versteckt sich
ein Geschichtspessimismus, wie er auch bei Hochhuth vorkommt:
Geschichte ist ein ewiger Kreislauf, in dem Politik nur noch
als verbale Aktivität auf der Bühne eines Irrenhauses möglich ist.
Daher kann Reinhard Baumgart sagen: „So mußte sich ein Bewußtsein
formulieren, dem die Weltgeschichte zum Welttheater geworden war,
zerfallen in Schreckbilder und Deklamationen, in ästhetische
Vision und ideologische Arien, ein Bewußtsein also, dem die

praktische wie theoretische Dimension von Politik, Aktion wie
Analyse, gleich fremd geblieben war."[1] Vor allem diesem Bewußtsein hat das Stück seinen Erfolg zu verdanken, denn das kommt
der bürgerlich-fatalistischen Bewußtseinslage des bundesdeutschen
Zuschauers entgegen, derzufolge Geschichte ein über ihn hinweg-
rollendes, absurdes und deswegen unbegreifliches und somit auch
unbeeinflußbares Geschehen ist.

Weiss selbst hat den in seinem Werk steckenden Geschichtspessimismus erkannt und hat aus dieser Erkenntnis die Folgerungen
gezogen. Das Stück soll deswegen hier kurz besprochen werden,
weil es im dramatischen Schaffen von Peter Weiss den Wendepunkt
hin zum politisch engagierten dokumentarischen Theater darstellt.

Im Mittelpunkt des Stückes steht der Disput zwischen dem
Individualisten de Sade und dem Revolutionär Marat. Marat befürwortet eine gewaltsame Änderung der Gesellschaft, doch de Sade
stellt sich dem entgegen. In einem im Frühjahr 1964 geführten
Gespräch mit Dieter Stér sagte Weiss zur Figur de Sades: „Sade
als Vorkämpfer der absolut freien Menschen befürwortet auf der
einen Seite die soziale Änderung (die Marat fordert), doch sieht
er auf der anderen Seite die Gefahren, die bei einem entarteten
Sozialismus in einem totalitären Staat entstehen können. Er weiß
nicht, auf welche Weise die Änderungen zu verwirklichen sind. Er
befürchtet, daß der ideale sozialistische Staat, wie Marat ihn
sich vorstellt, nicht erreicht werden kann. Wie ein moderner
Vertreter des dritten Standpunkts befindet er sich zwischen dem

---

1. R. Baumgart, In die Moral entwischt? In: Text und Kritik 37
   (1973), S.1o f.

sozialistischen und individualistischen Lager."[2] Der Disput
bleibt also offen, es wird keine Lösung angeboten, Peter Weiss
entscheidet sich in seinem Stück nicht für einen der beiden sich
einander widersprechenden Standpunkte.

Doch dann fand am 26. März 1965 eine Aufführung des Stückes
in Rostock statt, in der sich der Regisseur Hanns-Anselm Perten
eindeutig für die Figur des Marat entschied: er ließ im Disput
Marat über de Sade siegen. Dazu erklärte Peter Weiss im Frühjahr
1965: „Eine Inszenierung meines Stückes, in der am Ende nicht
Marat als der moralische Sieger erscheint, wäre verfehlt."[3] Dami
glaubte Weiss den dritten Standpunkt des unbeteiligten Außen-
stehenden aufgegeben und sich dem sozialistischen Lager zugewandt
zu haben. Doch „wenn sich Peter Weiss als Interpret seines Schauspiels nachträglich und vorbehaltlos für Marat entscheidet, wird
sein Schauspiel sinnlos",[4] weil er damit die Offenheit der
Fragestellung, das Gegeneinanderstellen von Antithesen, wodurch
erst die Zweifel erhellt und Einsichten möglich gemacht werden,
zugunsten einer Gewißheit preisgibt, die keine ist. Denn „die
Parteinahme...für Marat, ohne viel Aufhebens von dem zu machen,
was der Gegenspieler vorzubringen hat, bedeutet Rückkehr aus
der produktiven Offenheit in die dogmatische Verstockung."[5] Pete
Weiss jedoch gab in seinen „Zehn Arbeitspunkten eines Autors in
der geteilten Welt" die Gründe für seine Wahl zwischen den zwei
Standpunkten an. Er fragte sich: „Kann ich den bequemen dritten
Standpunkt aufgeben, der mir immer eine Hintertür offen ließ,

2. D. Stér, Gespräch mit Peter Weiss, Frühjahr 1964. In: K.Braun
(Hrsg.): Materialien zu Peter Weiss' „Marat/Sade". Frankfurt:
Suhrkamp 1967, S.94; hiernach als Materialien angeführt.
3. Ebd., S.1o1
4. H. Mayer, Berlinische Dramaturgie von Gerhart Hauptmann bis
Peter Weiss. In: Theater heute 12 (1965), S.7
5. R. Baumgart, a.a.O.

durch die ich in das Niemandsland bloßer Imagination entweichen
durfte?"[6] Als Antwort auf diese Frage sagte er, „daß das Ver-
harren im Außenstehn zu einer immer größer werdenden Nichtig-
keit führt."[7] Daher wählte er einen Standpunkt, den sozialistischen, wie er meint, und die Wahl begründete er folgendermaßen: „Zwischen den beiden Wahlmöglichkeiten, die mir heute
bleiben, sehe ich nur in der sozialistischen Gesellschaftsordnung
die Möglichkeit zur Beseitigung der bestehenden Mißverhältnisse
in der Welt... Ich habe lange geglaubt, daß mir die künstlerische
Arbeit eine Unabhängigkeit verschaffen könnte, die mir die Welt
öffnete. Heute sehe ich aber, daß eine solche Bindungslosigkeit
der Kunst eine Vermessenheit ist, angesichts der Tatsache, daß
die Gefängnisse derjenigen Länder, in denen Rassenunterschiede
und Klassengegensätze mit Gewalt aufrechterhalten werden, ange-
füllt sind mit den tortierten Vorkämpfern der Erneuerung. Jedes
meiner in vermeintlicher Freiheit gewonnenen Arbeitsresultate
hebt sich ab von der Notlage, die für den größten Teil der Welt
noch gegeben ist. Ich sage deshalb: meine Arbeit kann erst
fruchtbar werden, wenn sie in direkter Beziehung steht zu den
Kräften, die für mich die positiven Kräfte dieser Welt bedeuten."[8]

Diese Stellungnahme Weiss' wurde aber zu Recht skeptisch
betrachtet. Schon die oben zitierte Einstellung zu der Rostocker
Aufführung des <u>Marat/Sade</u> schwächte Weiss später ab: „In der
Rostocker Aufführung war Marat von Anfang an als der positive
Held gezeichnet. Es schien dies, da das Stück starke Schwierig-

---

6. P. Weiss, Zehn Arbeitspunkte eines Autors in der geteilten Welt.
   In: <u>Materialien</u>, S.116
7. Ebd., S.117
8. Ebd., S.119

keiten hatte, in der DDR überhaupt zur Aufführung zu kommen, der
einzige Weg zur bühnenmäßigen Verwirklichung."[9] Aus dieser und
anderen Bemerkungen folgerte Manfred Jäger in einem scharfsinnigen
Essay, daß Weiss kein Marxist sei: „Aus der Analyse des politischen
Klartexts aus der Feder von Peter Weiss und aus der Betrachtung
ihrer kritischen Aufnahme in der DDR ergibt sich: Ungeachtet
seiner Präferenz für Sozialismus (der bestimmte Artikel verbietet
sich eigentlich wegen des Fehlens näherer Bestimmungen) ist Weiss
kein Marxist. Er ordnet sich weder organisatorisch einer Partei-
disziplin unter noch hat er sich die marxistisch-leninistische
Theorie oder eine ihrer häretischen Spielarten zueigen gemacht...
Der Maßstab für seine Zustimmungs- und Protesterklärungen und für
seine kritischen Vorbehalte besteht einzig aus seiner subjektiven
nach bestem Wissen und Gewissen geäußerten Überzeugung und der
Meinung, andere könnten zu gleichen Auffassungen gelangt sein. Er
spricht als linksbürgerlicher Einzelgänger. Seine Wendung zur
Politik stellte allenfalls den Übertritt eines heimatlosen
Individualisten in die heimatlose Linke dar... Er nimmt sich die
Freiheit einer unabhängigen Kritik gegenüber Ost und West. Damit
hält er ungeachtet seiner prinzipiellen ‚Wahl' des oder eines
Sozialismus an einem sogenannten dritten Standpunkt fest."[10]
Trotzdem muß Weiss' politischer Standpunkt, den er während und
nach der Bearbeitung des Marat/Sade-Stoffes eingenommen hatte, bei
der Besprechung seiner folgenden Stücke in Betracht gezogen werden

---

9. Ebd., S.112 f.
1o. M. Jäger, Eine Entdeckung der Gesellschaft. In: <u>Text und Kritik</u>
    37 (1973), S.38 f.

Die Ermittlung
Oratorium in 11 Gesängen

Mitte Mai 1965 gab der Suhrkamp Verlag das neue Drama von
Peter Weiss „jedem deutschsprachigen Theater" ohne Prioritäts-
klauseln zur Uraufführung am 19. Oktober frei, „wegen der
möglichen Bedeutung des Themas und wegen der möglichen Wirkung",
wie es in der Zeit vom 2. November 1965 hieß. Doch schon vor
der „Uraufführungsorgie"[11] zeigte sich, wie bei Hochhuths
Stellvertreter und den Soldaten, die Wirkung des aufzuführenden
Stückes. Der Spiegel schrieb: „Tatsächlich war kein Bühnenwerk
seit Hochhuths Stellvertreter schon vor der Uraufführung so
umstritten wie Weissens Ermittlung."[12] Dann kamen die verschiedenen
gleichzeitigen Uraufführungen, unter anderem auch in der DDR. „In
Ost-Berlin wird Die Ermittlung Dienstag abend von ‚Persönlichkeiten'
rezitiert, ‚deren antifaschistische Vergangenheit höchste Legiti-
mation bietet' (so Regisseur Lothar Bellag): es sind unter anderen
Brecht-Witwe Helene Weigel, Brecht-Sänger Ernst Busch, Schrift-
stellerin Anna Seghers, Lyriker Stephan Hermlin, Regisseur Wolfgang
Langhoff, Bildhauer Fritz Cremer und der stellvertretende DDR-
Ministerpräsident Alexander Abusch."[13] Als Abusch dann dargelegt
hatte, „wie DDR-Theater und DDR-Zuschauer das Stück zu sehen
haben", nämlich: „Seine eigentliche Fabel ist, wie Westdeutschlands
Klassenjustiz sich bemüht, die Schuldigen des Systems von
Auschwitz um so mehr zu schützen, je höher heute ihr gesellschaft-

---

11. J. Kaiser, Plädoyer gegen das Theater-Auschwitz. In: Süd-
    deutsche Zeitung (4.9.1965)
12. Gesang von der Schaukel. In: Der Spiegel Nr.43 (2o.1o.1965),
    S.155
13. Ebd., S.152

licher Rang ist",[14] und als Weissens oben zitierte Stellungnahme dem Sozialismus gegenüber allgemein bekannt geworden war,
kam es zu einer heftigen, teilweise fast verleumderischen Reaktion
der Kritik gegenüber Weiss. Erika Salloch hat im Anhang ihres
Buches über Die Ermittlung zwar keine vollständige, aber doch
eine repräsentative Übersicht dieser Kritiken gegeben.[15] Hier
soll jedoch nur auf einige Kritiken eingegangen werden, die zum
größten Teil nicht von Salloch erwähnt werden.

In der Welt schrieb der Journalist und DDR-Flüchtling Hans-
Dietrich Sander, daß der zum Kommunismus konvertierte Peter Weiss
sein Auschwitz-Stück nicht in erster Linie zur Bewältigung der
Vergangenheit verfaßt habe, sondern „um, synchron mit der perma-
nenten Propagandakampagne des Ostblocks, die Bundesrepublik an-
zugreifen."[16] Ähnlich schrieb Werner Merl im Bayreuther Tageblatt
vom 8. März 1966, „daß hier der agitatorische Versuch unternommen
wird, die Toten von Auschwitz zu kommunistischer Propaganda zu
mißbrauchen."[17] Den gleichen Ton schlug Hans Ulrich Kersten an:
„Gerade einem Berliner ist nicht wohl dabei, wenn Deutschen ein
Spiegel von einem Manne vorgehalten wird, der ungeachtet seiner
dichterischen Potenz jetzt doch eindeutig mit jenen sympathisiert,
die neue Lager bauen und ihre Bevölkerung hinter Stacheldraht
und Mauern hermetisch von der Welt abschließen."[18] Viele der
von Erika Salloch angeführten Kritiker brachten ähnliche Meinungen
vor, mit denen nicht das Stück, sondern der Autor angegriffen
wurde.

---

14. Ebd., S.165
15. E. Salloch, a.a.O., S.142 ff.
16. Zitiert nach: Der Spiegel, a.a.O., S.155
17. Zitiert nach: E. Salloch, a.a.O., S.146
18. H.U. Kersten, Protokoll des Grauens. In: Bremer Nachrichten
    Nr.246 (21.1o.1965), S.14

Jedoch war Peter Weiss selbst nicht ganz schuldlos daran,
daß solche Argumente gebraucht wurden. In einem Interview mit
der Stockholmer Zeitung <u>Stockholms-Tidningen</u> hatte er gesagt:
„Ein Großteil davon behandelt die Rolle der deutschen Großindustrie
bei der Judenausrottung. Ich will den Kapitalismus brandmarken,
der sich sogar für Geschäfte mit Gaskammern hergibt."[19] Es ist
daher nicht verwunderlich, daß eine so angesehene Kritikerin wie
Marianne Kesting dem Autor vorwirft, er habe in seinem Stück die
wirtschaftliche Profitgier des Kapitalismus für die Errichtung
der Konzentrationslager verantwortlich gemacht.[20] Doch so wie
Kesting den Vorwurf formuliert, stimmt er nicht, denn Weiss hat
nirgendwo „in seinem Stück die wirtschaftliche Profitgier des
Kapitalismus für die Errichtung der Konzentrationslager verantwortlich gemacht". Auch Otto F. Best interpretiert <u>Die Ermittlung</u>
als eine pro-kommunistische Kampfschrift gegen den Kapitalismus,
denn der Autor trete für ein System ein, dem die „Einweisung miß-
liebiger Autoren in Irrenhäuser, elektrisch geladener Stacheldraht, Mord und Entmenschung ähnlich vertraut sind wie jenen, für
die Auschwitz ein Symbol ist."[21] Schon die Überschrift des
Kapitels über <u>Die Ermittlung</u> in Bests Buch weist darauf hin, in
welchem Licht er das Stück sieht: „Bewußtmachung des (kapitalistischen) Inferno als Bedingung des (sozialistischen) Paradiso."[22]

Ernst Wendt dagegen meint, daß Weissens vulgärmarxistische
„Behauptung, das kapitalistische System berge die Konzentrationslager als seine letzte Verwirklichung in sich, ja nicht nur

19. Zitiert nach: <u>Der Spiegel</u>, a.a.O., S.155
20. Siehe oben, S.33
21. O.F. Best, a.a.O., S.141
22. Ebd., S.134

absurd und historisch nicht haltbar (ist). Indem er (Weiss) sein
Argument mit dem Nachsatz verknüpft, ,daß die Nachfolger dieser
Konzerne heute / zu glanzvollen Abschlüssen kommen / und daß sie
sich, wie es heißt / in einer neuen Expansionsphase befinden' will
Weiss wohl sogar auf ein wiederholbares Auschwitz verweisen.
Aber er verdeckt damit eigentlich nur, wo ein potentielles neues
Lager sich wirklich vorbereiten könnte: Der ,Verwaltungsmassenmord
ist gewiß möglich und wiederholbar in jedem gesellschaftlichen
System, welches es nur zustande bringt, latente ,asoziale' Dispositionen in uns zu mobilisieren."[23] Doch nicht Weiss verdeckt
etwas, sondern Wendt verschleiert hier, daß gerade das angeblich
von Weiss für die Errichtung der Konzentrationslager verantwortlich gemachte kapitalistische System solch ein gesellschaftliches
System ist, das „latente ,asoziale' Dispositionen in uns mobili-
siert". Damit scheint Wendt zum Apologeten einer Gesellschaftsordnung zu werden, in der z.B. Richter, die in dem System, in
dem die Konzentrationslager entstanden, ,Recht' sprachen, wieder
ungehindert ihren Beruf ausüben können. Davon jedoch ganz abgesehen: nirgendwo in Weissens Stück steht, daß „das kapitalistische
System die Konzentrationslager als seine letzte Verwirklichung
in sich berge". Wendt, wie auch Marianne Kesting, lesen etwas in
das Stück hinein, was gar nicht in ihm enthalten ist, sondern
was man auf Grund einer Äußerung Weissens in einer schwedischen
Zeitung hin dem Stück erst unterschieben mußte.[24]

Deswegen wird das Stück gegen seinen Autor und dessen Kritike

---

23. E. Wendt, Was wird ermittelt? In: _Theater heute_ 12 (1965), S.1
24. Siehe Anm. 19

in Schutz genommen werden müssen. Weiss hat in dem Stück wohl
darauf hingewiesen welche Rolle einige Industrielle des Dritten
Reiches im Zusammenhang mit Auschwitz spielten. Doch ganz zu
Recht sagt Erika Salloch, daß Weiss das Problem der Arbeiteraus-
beutung durch die Industrie nur andeutungsweise gestaltet habe.[25]
Man kann unmöglich aus dem Stück folgern, daß Weiss der kapitalistischen Gesellschaft die Schuld an Auschwitz gibt. Noch weniger
dürfte es demnach erlaubt sein, aus dem Stück herauszulesen, daß
Weiss für ein System eintritt, das demjenigen ähnlich sein soll,
in dem Auschwitz entstand. Denn, sagt Reinhard Baumgart, „gerade
das Auschwitz-Oratorium Die Ermittlung ist weder nach den Richtlinien des Sozialismus noch nach marxistischen Erkenntnissen
organisiert. In einigen Zeugenaussagen werden zwar auch marxistische Interpretationen der faschistischen Lager laut, doch nur
als Kommentar und Stimme im Stimmengewirr, ohne Einfluß auf die
Struktur des ganzen Textes."[26]

Die Ermittlung forderte jedoch nicht nur Kritik an Weiss'
politischer Einstellung heraus, sondern warf auch erneut die Frage
auf, ob Auschwitz auf der Bühne überhaupt darstellbar sei. Viele
Kritiker verneinten das. Marianne Kesting ist in diesem Zusammenhang schon zitiert worden.[27] An einer anderen Stelle schrieb sie:
„Gegenüber den grauenhaften Fakten von Auschwitz erwies sich die
künstlerische Formulierung überhaupt als unzulänglich. Freie
Verse, Musik, die Einteilung des Ganzen in Gesänge und die Dreier-
gruppierung der Akteure (frei nach Dantes Göttlicher Komödie),

---

25. E. Salloch, a.a.O., S.125
26. R. Baumgart, a.a.O., S.12
27. Siehe oben, S.19 ff.

überhaupt alle künstlerischen Maßnahmen wurden, gemessen an dem,
was sie mitzuteilen hatten, zu Hohn."[28] Andere Kritiker, wie
z.B. Melchinger,[29] der Züricher Regisseur Werner Düggelin[30] und
Claus-Henning Bachmann[31] fragten sich, ob Die Ermittlung überhaupt noch ein Theaterstück sei. Ian Hilton zitierte in seinem Buc
über Peter Weiss eine Zusammenfassung dieser Kritiken, die in
der Times Literary Supplement vom 1o. Februar 1966 erschien: „The
Investigation is not a good play. It would be an obscenity if it
was."[32] Deshalb schlug Wolfgang Drews vor, die Akten des
Prozesses schlechtweg ohne künstlerische Ansprüche vorzutragen.[33]

Doch diese Kritiker übersahen eins: Peter Weiss wollte mit
der Ermittlung weder Auschwitz noch den Frankfurter Auschwitz-
Prozeß auf die Bühne stellen. Weiss selbst sagt in den Anmerkungen
zu dem Stück: „Bei der Aufführung dieses Dramas soll nicht der
Versuch unternommen werden, den Gerichtshof, vor dem die Verhandlungen über das Lager geführt wurden, zu rekonstruieren. Eine
solche Rekonstruktion erscheint dem Schreiber des Dramas ebenso
unmöglich, wie es die Darstellung des Lagers auf der Bühne wäre."[3]
Zu Recht schrieb Erika Salloch dann auch, „daß das Theaterstück
weder Auschwitz auf der Bühne noch eine Rekonstruktion des Prozesses in Frankfurt ist. Es ist Verdichtung dieser Ereignisse,
gefiltert durch das Bewußtsein des Schriftstellers Peter Weiss."[35]
Damit wird sowohl Joachim Kaisers Ansicht widerlegt, daß die
Wahrheit der Ermittlung keine Kunstwahrheit, sondern Faktenwahr-

---

28. M. Kesting, Panorama, S.338
29. S. Melchinger, Auschwitz auf dem Theater. In: Stuttgarter Zeitung (11.9.1965)
3o. Abgedruckt in: Züricher Woche (26.11.1965)
31. C.-H. Bachmann, a.a.O., S.545
32. I. Hilton, Peter Weiss. London: Oswald Wolff Publishers 197o, S.47
33. W. Drews, Prozeßbericht in Gesängen. In: Münchner Merkur (21.1o.1965)
34. P. Weiss, Die Ermittlung. In: Theater 1965, S.58
35. E. Salloch, a.a.O., S.139

heit sei, als auch Günther Rühles Einspruch gegen diese Ansicht, daß das dokumentarische Theater schon in seinen Anfängen bewußt gegen die Kunstbühne entworfen worden sei. Denn gerade durch die Ver-Dichtung der Ereignisse, durch das Konzentrat aus den Fakten wird das dokumentarische Material zu einem Kunstprodukt. Weiss hat also sein Stück weder bewußt gegen die Kunstbühne entworfen, noch enthält es nur Faktenwahrheit. Damit erfüllt er eine der Forderungen, die er in seinen „Notizen zum dokumentarischen Theater" an diese Form des Dramas stellte: „Selbst wenn das dokumentarische Theater versucht, sich von dem Rahmen zu befreien, der es als künstlerisches Medium festlegt, selbst wenn es sich lossagt von ästhetischen Kategorien, wenn es nichts Fertiges sein will, sondern nur Stellungnahme und Kampfhandlung, wenn es sich den Anschein gibt, im Augenblick zu entstehen und unvorbereitet zu handeln, so wird es doch zu einem Kunstprodukt, und es muß zum Kunstprodukt werden, wenn es Berechtigung haben will. Denn ein dokumentarisches Theater, das in erster Hand ein politisches Forum sein will und auf künstlerische Leistung verzichtet, stellt sich selbst in Frage."[36] Schon deswegen ist es nicht gerechtfertigt zu behaupten, Die Ermittlung sei kein Theaterstück, kein Kunstwerk. Ausdrücklich sagte dann auch Martin Esslin, daß Weiss mit der Ermittlung eine gültige künstlerische Bewältigung des Auschwitz-Komplexes gelungen sei.[37]

Doch damit ist Marianne Kestings Behauptung, daß den grausamen Fakten von Auschwitz mit künstlerischen Mitteln nicht

---

36. P. Weiss, Das Material und die Modelle, a.a.O., S.33
37. M. Esslin, Jenseits des Absurden, S.146

beizukommen sei, noch keineswegs widerlegt. Denn nach Kesting
würde gerade eine künstlerische Bewältigung der Fakten ihnen die
Unmenschlichkeit nehmen, sie würden vermenschlicht, vereinfacht
und somit begreifbar gemacht werden und das sei eine Verfälschung
der Tatsachen. Gerade beim Thema Auschwitz sei das nicht zulässig.
Wir hätten mit der Unbegreiflichkeit der Verbrechen zu leben. Was
mit der Vereinfachung der Tatsachen gemeint ist, zeigte Joachim
Kaiser an einem Beispiel: Die Bühne, sagte er, habe kein Verhältnis zur Zahl. Wenn Richard III. zum Beispiel halb England
in den Tower befähle, würde man im Parkett schmunzeln. Bei zwei
Opfern schmunzele man nicht. Die Auschwitz-Größenmaße aber gehörten zur Sache.[38)]

Der Meinung Kestings steht die Esslins und auch Weissens
eigener Standpunkt gegenüber, daß nämlich Ereignisse wie Auschwitz bewältigt werden müssen und daß das nur geschehen kann, wenn
sie begreifbar gemacht werden. Begreifbar aber können sie nur
mit künstlerischen Mitteln gemacht werden. Dieser Meinung schließt
sich der Regisseur der Berliner Uraufführung der Ermittlung,
Erwin Piscator, an: „Die Ermittlung ist die Konzentration des
Prozesses, der die Ereignisse filtert... Walter Jens nannte Die
Ermittlung ,eine von hohem Kunstverstand exakt ausgeklügelte
Bilderabfolge', die sich zudem als ,wohl gegliedert und bedachtsam
nuanciert' erweise; er wies hin auf das Wechselspiel von Klimax
und Antiklimax in den Gesängen... Theater ist zwar darstellende
Kunst, aber ihre literarische Vorlage verlangt ebenso Kunst-

---

38. J. Kaiser, Theater-Tagebuch. In: Der Monat 2o6 (1965), S.55

charakter; da mit Ausnahme des lockeren Verses und einiger Passagen
der Text seinem Gehalt nach - wenn auch nicht in seiner Konzen-
trierung, Differenzierung und Anordnung - authentisch ist, also
Dokumentation, erfolgt notwendig eine Akzentverschiebung innerhalb des Kunstcharakters des Werkes: die Form macht ihn aus. In
eben diesem Vorgang legitimiert sich das Vorgehen von Peter Weiss,
eine Dokumentation ,Oratorium' zu nennen, es in ,Gesänge' zu
gliedern, sich an das Dantesche Vorbild anzulehnen."[39]

Piscator führt hier ausführlich an, weswegen er Die Ermittlung
als Kunstwerk sieht. Doch damit widerlegt auch er nicht die
Ansicht Kestings. Diese Ansicht wird solange unwiderlegbar sein,
wie man mit Wolfgang Kuttenkeuler meint, „daß aller Kunstaufwand,
der der zeitgeschichtlichen Realität gilt, ein im ursprünglichen
Wortsinn fragwürdiger sein und bleiben muß, weil er...permanent
unter der Gefahr steht, das Unsägliche beredt zu machen, den
Schrecken zur Ordnung zu rufen, ihn einzuzirkeln, zu befrieden."[40]
Denn solche Kunst „hat zu gewärtigen, daß sich ihre Leistung in
der eines ,effektvollen, wirkungslosen Verbalwiderstands, des
zahnlosen Lippenfletschens' erschöpft, und das insofern, als sie
zumindest das Risiko eingeht, daß sich - dank eben ihrer künstlerischen Darstellungsweise - die Mißstände, die sie anprangert
und die eigentlich den allgemeinen Protest und den reformerischen
Willen wachrufen sollten, ,schön bös' (Martin Walser) ausnehmen
und damit akzeptabel und goutierbar erscheinen."[41] Diese Meinung,
wie auch die Kestings, beruht auf der schon im ersten Teil dieser

---

39. E. Piscator, Politisches Theater heute. In: Die Zeit
    (26.11.1965), S.17 f.
40. W. Kuttenkeuler (Hrsg.), Poesie und Politik, S.8
41. Ebd.

Arbeit widersprochenen Auffassung, daß Kunst und Leben zwei getrennte Bereiche seien.[42] Kunst ist dieser Meinung zufolge ein außerhalb der gesellschaftlichen Wirklichkeit liegendes ästhetisches Erlebnis. „Dieses Erlebnis kann aber, zum Prinzip erhoben, nur gefälscht sein. Alles, was gedacht, wahrgenommen, erfahren wird, wird in einen fiktiven Erlebniszusammenhang gestellt, der der ästhetisch-ideologische Ersatz für die gesellschaftliche Basis ist, auf der gedacht, erlebt, erfahren wird."[43] Dokumentarische Kunst dagegen wird als die Alternative zur Erlebnis Kunst gesehen. Damit macht man aber „aus ihr eine ästhetisch-ideologische Konstruktion, die nur als Ersatz für die alte Konstruktion dient."[44] Denn „was da an Dokumentation herauskommt, ist die ausgewogen arrangierte Wirklichkeit, die die gesellschaftliche Funktion der gezeigten Dinge unterschlägt, es ist, literatur theoretisch gesprochen, die Wirklichkeit des bürgerlichen Realismus; jenes Realismus, der im vorigen Jahrhundert fortschrittlich war, in diesem Jahrhundert reaktionär ist."[45] Dokumentarisches Theater wäre demnach eine Theaterform, die nichts will als dokumen tieren, deren Ziel eine möglichst authentische einfache Wiedergabe der Realität ist. Trefflich läßt sich mit diesen Argumenten und Definitionen beweisen, daß Die Ermittlung „den grausamen Fakten von Auschwitz mit künstlerischen Mitteln nicht beizukommen"vermag. Unter „beikommen" wird hier die Vermittlung eines Erlebnisses verstanden; dem Zuschauer soll die Möglichkeit geboten werden, das auf der Bühne Dargestellte miterlebend nachzuvollziehen.

---

42. Siehe oben, S.21
43. Michael Scharang, Zur Technik der Dokumentation. In: Dokumentarliteratur, S.38
44. Ebd.
45. Ebd., S.47

Dieses Erlebnis wird durch die Kunst von Weiss in der Tat nicht
vermittelt, mit diesen „künstlerischen" Mitteln ist den grausamen
Fakten von Auschwitz wirklich nicht beizukommen. Ebenso trefflich
läßt sich behaupten, daß Die Ermittlung kein dokumentarisches
Theaterstück ist, denn es ist nicht authentisch im Sinne der
reinen Reproduktion historischer Wahrheit. Doch schon Brecht
hatte erkannt, „daß weniger denn je eine einfache ‚Wiedergabe der
Realität' etwas über die Realität aussagt."[46] Denn „für alles
Geschriebene gilt: einzig Deutung macht die Wirklichkeit wirklich."[47] Für Brecht wie für Weiss hat Kunst also eine ganz andere
Bedeutung als für Marianne Kesting, nämlich die, daß Kunst erst
Wirklichkeit schafft. Kunst ist nötig, „aber nicht, um Kunst zu
machen."[48] Weiss greift in das Material ästhetisch ein, macht
„dabei aber aus dem Material kein ästhetisches Material... Bei
den ästhetischen Eingriffen geht es nicht um den ästhetischen
Wert, sondern um den Gebrauchswert. Durch sie bekommt das Material
erst einen allgemeinen Gebrauchswert."[49] Das Material wird
zur Deutung der Wirklichkeit gebraucht, um zu zeigen, daß sie
veränderbar ist, daß sie verändert werden muß.

Wenn Weiss weder Auschwitz selbst, noch den Auschwitz-Prozeß
auf die Bühne stellt, sondern in das dokumentarische Material des
Auschwitz-Prozesses ästhetisch eingreift, dann will er keineswegs
die grausamen Fakten „künstlerisch" bewältigen, wodurch er ihnen
dann allerdings ihre Unmenschlichkeit nähme, wie Kesting behauptet. Er will vielmehr ermitteln, die Wirklichkeit deuten, um

---

46. Ebd., S.36
47. Heinz Schlaffer, Denkbilder. In: Poesie und Politik, S.147
48. M. Scharang, a.a.O., S.4o
49. Ebd.

sie somit erst wirklich und dadurch veränderbar zu machen. Es
taucht nun die Frage auf, wie Weiss die Wirklichkeit deutet, was
genau er in der <u>Ermittlung</u> ermittelt. Auch Ernst Wendt stellt
sich diese Frage: „Was wird denn eigentlich ermittelt? Bogers
Auschwitz oder unser Auschwitz?...Wird die Verantwortung Einzelner
wird die Gemeinschaft von Veranlassern und Ausführenden und
Opfern, wird die logische und letzte Konsequenz eines gesellschaftlichen, eines wirtschaftlichen Systems ermittelt?"[50] Wie
schwierig die Beantwortung dieser Fragen ist, geht daraus hervor,
daß Wendt nur eine vorläufige - und negative - Antwort findet,
eine Aussage „darüber, was Peter Weissens Stück <u>nicht</u> ermitteln
konnte: es konnte keine Geschichts-Bewältigung und keine Geschichts-
Darstellung unternehmen, es hat keine Analyse eines historischen
Zusammenhangs und keine Ergründung jener gesellschaftlichen
Konstitution leisten können, die Auschwitz hervorgebracht hat."[51]

Wendts Fragen und die negative Antwort beziehen sich allerdings auf zwei Aufführungen des Stückes, die Stuttgarter und die
Berliner Inszenierung. Erika Salloch stellt die gleiche Frage,
richtet sie aber nicht an eine aufgeführte, d.h. interpretierte,
Version des Textes, sondern an den Text selbst und kommt folglich
zu einer weit positiveren Antwort: „Was ermittelt wird, ist
nicht die Schuld der Angeklagten - das hat der Frankfurter Prozeß
getan, und Peter Weiss sagt im Vorwort ausdrücklich, daß ,die
Träger dieser Namen nicht noch einmal angeklagt werden (sollen)'.
<u>Die Ermittlung</u> zeigt das Funktionieren eines Konzentrationslagers

---

5o. E. Wendt, Was wird ermittelt? a.a.O., S.17
51. Ebd.

auf und ist somit für alle Lager gültig."[52] Diese Antwort
jedoch ist vielleicht etwas zu eindeutig. Denn gerade der Text
läßt die Frage nach dem, was genau ermittelt werden sollte, offen.
Zu Recht sagt Wendt dann auch, daß der Text, der sich als ein so
strenges Konzentrat aus Fakten anbiete, vielleicht - gleichviel
was Weiss ermitteln wollte - ebenso „offen" sei wie der Marat-
Text, denn er gestatte extreme, auseinanderklaffende Interpretationen auf dem Theater.[53] Erika Salloch selbst nimmt die Eindeutigkeit ihrer obigen Antwort zurück, wenn sie sagt: „Titel und
Untertitel (des Stückes) sind...nicht als Inhaltsangabe, sondern
als These und Antithese zu verstehen. Sie verweisen auf die
Distanzierung vom Stoff und die Widersprüchlichkeit des
dokumentarischen Theaters."[54]

Was Weiss ermitteln wollte, läßt sich also nicht so ohne
weiteres aus dem Stücktext ersehen. Doch vor der Ermittlung
entstanden drei kürzere Arbeiten, die näheren Aufschluß über
Weissens Intentionen mit der Ermittlung geben könnten. Da ist
einmal der Bericht über eine Besichtigung des Lagers Auschwitz
im Jahre 1964 mit dem Titel Meine Ortschaft. Dieser Bericht
schließt mit den Worten: „Ein Lebender ist gekommen, und vor
diesem Lebenden verschließt sich, was hier geschah. Der Lebende,
der hierherkommt, aus einer anderen Welt, besitzt nichts als
seine Kenntnisse von Ziffern, von niedergeschriebenen Berichten,
von Zeugenaussagen, sie sind Teil seines Lebens, er trägt daran,
doch fassen kann er nur, was ihm selbst widerfährt. Nur wenn er

---

52. E. Salloch, a.a.O., S.43
53. E. Wendt, Was wird ermittelt? a.a.O., S.18
54. E. Salloch, a.a.O., S.45 f.

selbst von seinem Tisch gestoßen und gefesselt wird, wenn er
getreten und gepeitscht wird, weiß er, was dies ist. Nur wenn es
neben ihm geschieht, daß man sie zusammentreibt, niederschlägt,
in Fuhren lädt, weiß er, wie dies ist. Jetzt steht er nur in
einer untergegangenen Welt. Hier kann er nichts mehr tun. Eine
Weile herrscht die äußerste Stille. Dann weiß er, es ist noch
nicht zuende."[55]

Es geht vor allem um den letzten Satz: Was ist noch nicht
zuende? Wie und worin äußert sich das Noch-nicht-zuende-sein?
Im Jahre 1965 plante Weiss eine dramatische Arbeit, die <u>Divina
Commedia</u>, nach Motiven Dantes. Das Drama sollte aus drei Teilen
bestehen, doch nur ein Teil wurde fertiggestellt und aufgeführt,
<u>Die Ermittlung</u>. In der in <u>Rapporte</u> abgedruckten „Vorübung zum
dreiteiligen Drama divina commedia" berichtet Weiss in freien
Versen, was ihn bei der Planung dieses Dramas beschäftigte. In
dieser „Vorübung" unternimmt Dante seine Wanderung nicht mit Vergi
sondern mit Giotto. Weiss zeigt den Dichter und den Maler im
Gespräch, dabei aber „ständig / ausgehend von meiner Zeit, fest-
haltend was dieser heutigen Zeit / ähnlich war, Dante und Giotto
umkreisend stieß ich auf dieses Gewirr / von weltpolitischen
Plänen, ökonomischen Interessen, ich verfolgte / Giotto auf seine
Weg zwischen hohen Gönnern, von Bankhäusern gestützt / oder von
Monarchen, und Dante sah ich, nach Einfluß und Würden strebend, /
verwickelt in den Streit der Parteien, verurteilt, in Armut
lebend, / bei mühsamen Handlangerdiensten, dann wieder angeworben

55. P. Weiss, Meine Ortschaft. In: <u>Rapporte</u>, S.124

von Kurie / und Königen, zu neuem Ruhm gelangend. Bei gründlicher
Forschung / wäre viel Material aufzutreiben gewesen, als Hintergrund zum Gespräch / zwischen Dante und Giotto, vor mehr als
sechseinhalb Jahrhunderten, / und bei genügend Geduld wäre es
möglich gewesen, die Aktualität / dieses Gesprächs, und die
Aktualität der sie umgebenden Welt / festzuhalten...doch alles was
sie aussprachen, / und was geäußert wurde über sie, sollte sich
beziehn auf die Zeit, / in der ich lebte und in der ich wieder-
erkannte, was Dante / und Giotto begegnet war."[56]

Dies ist Weissens Ausgangspunkt: die Suche nach dem, was
sich auch auf seine eigene Zeit bezieht, nach dem, was noch
nicht zuende ist. Dabei taucht das Problem auf, daß Dantes Be-
griffswelt dem heutigen Autor nur wenig zu sagen hat. „Was konnten
mir Dantes Begriffe geben, / diese Einteilungen in Aufenthaltsorte
für Büßende, Erlöste / und selig Belohnte? Dies alles war meiner
eigenen Welt / entgegengesetzt... Was / sollten mir diese Be-
schreibungen von Peinigungen, die in der Ewigkeit / von Übeltätern
erlitten wurden, wenn es für mich nur / Peinigungen gab, die hier
erlitten wurden, jetzt, zeit meines Lebens, / und nicht von jenen,
die die Peinigung erteilten. Was nützten mir / Gefilde, wo Unschuldige ruhen konnten, nach allen Qualen, wenn ich doch wußte, /
sie hatten nichts als diese Qualen, die nie mehr, da sie mit ihnen
starben, / von ihnen abzulösen wären. Und Reinigung, was war dies,
sollte es noch / möglich sein, in der Verwirrung in der wir lebten,
uns freizukaufen / von dem Verflochtensein mit dem was andre hier

---

56. P. Weiss, Vorübung zum dreiteiligen Drama divina commedia. In:
    <u>Rapporte</u>, S.129 f.; hiernach als „Vorübung" angeführt.

begingen, Abbitte zu leisten / für Worte, Taten, riesige Ordnungen
die wir gebilligt hatten?"[57] Was Weiss dann, im Gegensatz zu
Dante, erlebt hat, nämlich den Auschwitz-Prozeß, wird folgendermaßen beschrieben: „Zu dieser Zeit sah ich Gepeinigte vor ihren
Peinigern stehn, letzte / Überlebende vor denen, die sie zur
Tötung bestimmt hatten, und nicht mehr / Giganten waren es, nicht
mehr Geister großer Dimensionen, nicht mehr / Gewalttäter, wie
sie in Sagen, Märchen, Historien erscheinen, nicht mehr / ge-
fürchtete Priester, Stadtherren und Heerführer, und ihnen gegenüber / nicht mehr Heilige, Fromme, Gerechte, sondern nur /
Namenlose auf beiden Seiten, nur Übriggebliebene / aus einer
umfassenden Entwertung, nur Stammelnde, Verständnislose, / vor
einem Gerichtshof, der trübe zerfließende Grausamkeiten er-
mittelte, / Grausamkeiten einförmig, tausendfach wiederkehrend,
verschüttet, / ohne Farbe, verborgen und weit abgeschoben, obglei
vor kurzem erst begangen, zu unseren Lebzeiten."[58] Dante habe
noch Worte gehabt, fährt Weiss fort, um seinen Gesichten Form
geben zu können. Er, Weiss, habe sie nicht mehr, er habe auch
keine Gesichte gehabt, nur Fakten, stockende Aussagen, belichtete
Filme, Dokumente. Deshalb müßte „Dante, sollte er seine Wanderung
noch einmal antreten, nach anderen Mitteln suchen, seine Zeit /
zu vergegenwärtigen, grundlegend müßte er den Sinn revidieren, de
er / den Ortschaften Inferno, Purgatorio und Paradiso beigemessen
hatte."[59]

Das tut Weiss dann auch. Er definiert Inferno, Purgatorio

---

57. Ebd., S.132 f.
58. Ebd., S.133 f.
59. Ebd., S.136

und Paradiso neu: „Inferno / beherbergt alle die, die nach des
früheren Dante Ansicht / zur unendlichen Strafe verurteilt wurden,
die heute aber / hier weilen, zwischen uns, den Lebendigen, und
unbestraft / ihre Taten weiterführen, und zufrieden leben / mit
ihren Taten, unbescholten, von vielen bewundert."[60] Erika Salloch
sagt dazu, daß Inferno bei Weiss der Ort sei, wo die Gesellschaft
die Verbrecher schützt.[61] „Purgatorio dann / ist die Gegend
des Zweifelns, des Irrens, der mißglückten / Bemühungen, die
Gegend des Wankelmuts und des ewigen Zwiespalts, doch immerhin /
gibt es hier die Bewegung, es gibt den Gedanken an eine Veränderung
der Lage."[62] Und Paradiso ist schließlich die Landschaft, „wo
jene zuhause sind, denen Dante einmal Glückseligkeit zusprach.
Heute, / da von Belohnung nicht mehr die Rede ist, und allein /
das bestandene Leiden gewertet wird, bleibt dem Wanderer / nichts
andres übrig, als mitzuteilen, was er erfahren hat / von diesem
Leiden. Und er wird die völlige Verödung / vorfinden, die
himmlischen Räumlichkeiten werden nichts sein / als Leere, und
nichts kann dargestellt werden in dieser Leere, denn / der
Alighieri von heute müßte das Spiel mit Illusionen aufgeben,
keinen Toten / kann er erwecken, er besitzt nichts als die Wirklichkeit / von Worten, die jetzt noch aussprechbar sind, und es
ist seine Aufgabe, / diese Worte zu finden, und sie leben zu
lassen, in der absoluten Leere. Doch / auf welche Weise? Nur als
Stimmen, im Dunkel, oder / im blendenden Licht, ohne Münder, ohne
Gesichter, körperlos, doch / wäre nicht auch dies schon wieder

---

60. Ebd., S.137
61. E. Salloch, a.a.O., S.49
62. P. Weiss, Vorübung, a.a.O., S.137

Illusion? Gesprochen vielleicht / von Zeugen, so wie ich sie sah,
vorm Gerichtshof, vortretend einzeln, / im Gedächtnis suchend
nach Spuren aus der Zeit in der sie auserwählt worden waren /
zum paradiesischen Dasein, als letzte, denen es noch gewährt
war, / zu sprechen, und nach denen es nur noch das endgültige
Schweigen / geben würde? Nur wenige waren es, fast verschwanden
sie / vor der Übermacht derer, denen sie entkommen waren und die
breit / über ihnen thronten und jedes ihrer Worte in Frage stellte
und gegen sie / drehten, als seien immer noch sie es, die Wenigen,
die verurteilt werden sollten."[63] Das, was also noch nicht
zuende ist, sind die Taten derer, die im „Inferno beherbergt"
sind, die „unbestraft ihre Taten weiterführen", Taten, die zu
einer Konfrontation der Wenigen mit den Vielen führen, auf eine
Weise, „als seien immer noch sie es, die Wenigen, die verurteilt
werden sollten". Das Inferno enthält nach Weiss die noch immer
andauernden Ursachen, die zu dem Zustand der absoluten Leere des
Paradiso führen. Seine, Weissens, Aufgabe sei es, Worte zu finden,
die diese Leere beschreiben, bewußt machen können. Weissens Er-
zählhaltung wolle „Einsicht durch das Wort vermitteln", sagt
Erika Salloch.[64]

In diesem Zusammenhang erhebt sich die Frage, welchem Teil
der ursprünglich dreiteilig geplanten Divina Commedia Die Ermittlung entspricht, dem Inferno- oder dem Paradiso-Teil. Der
oben zitierten Paradiso-Beschreibung nach ist Die Ermittlung der
Versuch, die Leere zu beschreiben mit Worten „gesprochen vielleic

---

63. Ebd., S.138 f.
64. E. Salloch, a.a.O., S.61

von Zeugen, so wie ich sie sah, vorm Gerichtshof". Das meint
auch Karlheinz Braun in seinen „Überlegungen zum Theater des
Peter Weiss": „Das Auschwitz-Oratorium in 11 Gesängen, Die
Ermittlung, ursprünglich als Paradiso-Teil der Divina Commedia-
Trilogie geplant, ist inzwischen als selbständiges Drama aufgeführt worden."[65] Erika Salloch stimmt dem nicht zu: „Andererseits
weist die Darstellung der Wirtschaftswunderwelt in der Ermittlung,
die so schnell und glatt nach der Katastrophe zu funktionieren
begann, die katatonische Starre der Angeklagten, die sich an
nichts erinnern wollen und können, doch stärker auf die Inferno-
Definition, wenn zwischen beiden Teilen überhaupt eine Grenze
bei Weiss gezogen werden kann. In einer Unterhaltung mit Hans
Mayer in New York (April, 1969) stimmte er meiner Meinung bei,
daß es sich hier doch wohl um Inferno handle."[66] Gleichzeitig
weist Salloch aber auch darauf hin, daß eine klare Parallele
weder zu dem Inferno- noch zu dem Paradiso-Teil zu ziehen ist. Das
Drama sei vielmehr eine Mischung von dialektischem Fortschreiten -
von den Ursachen zu den Folgen -, eine Mischung von einer Kreisstruktur, deren Stichwort am Anfang des Inferno und am Ende des
Paradiso „verurteilt" heiße.[67]

In der dritten der in Rapporte abgedruckten Vorarbeiten, dem
„Gespräch über Dante", drückt Weiss am deutlichsten aus, was er
mit der geplanten Divina Commedia und somit auch mit der Ermittlung
im Sinn hatte. Auf die Frage des fiktiven Dialogpartners B, weswegen er sich Dantes Göttliche Komödie zum Vorbild für eine

65. K. Braun, Schaubude - Irrenhaus - Auschwitz. In: Materialien,
    S.141
66. E. Salloch, a.a.O., S.53
67. Ebd.

dramatische Arbeit gewählt habe, antwortet der Schriftsteller A,
daß er nach einer Möglichkeit gesucht habe, den Stoff eines
geplanten Welttheaters zu konzentrieren.[68] Dabei habe er der
Divina Commedia aber nur das entnommen, was sich in ein irdisches
Dasein versetzen lasse.[69] Das läßt B fragen, weswegen A sich über
haupt eine Dichtung vornehme, in der Anschauungen und Begriffe
zum Ausdruck kommen, zu denen er keine Beziehung habe, worauf A
antwortet, daß das von Dante geschilderte Weltbild für ihn sehr
entlegen sei. Es sei ein heiles Weltbild und daher bestehe dort
keine Gefahr vor dem Zerfall der Werte. In allen Lagen bewahrten
die Menschen dieser Welt ihr Gesicht.[70] Dante z.B. könne unan-
getastet durch die Hölle wandern, er behalte stets den Abstand
und die Fähigkeit, weiterzuschreiten. Obwohl er, der Schriftsteller, diese Unantastbarkeit, diese Harmonie verspotte, diene
sie ihm doch als Spiegel: „Allein die Tatsache, daß einer sich
äußert, daß einer die Kraft aufbringt, diese Gegenden zu beschreiben, setzt ein Abstandnehmen voraus, und ein Stück fiktiven
Bodens, von dem aus die Aussage vorgenommen werden kann. Dieser
fiktive Boden ist das künstlerische Mittel. Ließe er (Dante) sich
selbst von den Geschehnissen überwältigen, könnte er ja nicht
mehr sprechen.“[71] Auch einer, der heute den Mut habe, in diese
Gegenden einzudringen und darüber zu berichten, nehme etwas von
Dantes Haltung an. „Wenn ein Überlebender heute über die Todes-
lager schreibt oder über die Vernichtung unserer Städte, oder
auch nur über einzelne Menschen, die in tiefster Misere ausharren,

---

68. P. Weiss, Gespräch über Dante. In: Rapporte, S.142
69. Ebd., S.143
7o. Ebd., S.144
71. Ebd., S.145

dann stellt er sich mit seiner Tätigkeit doch außerhalb dieser
Dinge. Mit der Herstellung seiner Mitteilung, sei es in der
Schrift, im Bild oder in der Musik, spricht er sich selbst frei.
Er sitzt in einem warmen Zimmer, an einem festen Tisch, und
schildert die Not anderer. Seine eigene Freiheit ist die Voraussetzung zur Möglichkeit dieser Schilderung."[72] A sagt ferner, daß
heute oft eine Ausweglosigkeit dargestellt werde „und die un-
möglichen Bemühungen, aus der Ausweglosigkeit herauszukommen. In
Ermangelung von danteschen Lösungen werden nur Handlungen gefunden, die absurd erscheinen. Dante suchte nach dem Sinnvollen.
Für uns ist das Sinnvolle die Ergründung jedes Zustands und die
darauf folgende Weiterbewegung, die zu einer Veränderung des
Zustands führt. Das ist der Freispruch von der eigenen Ver-
schuldung."[73]

Das ist für den Schriftsteller A der Zweck der geplanten
Divina Commedia, das ist auch für den Dramatiker Weiss der Zweck
der **Ermittlung**: die Ergründung, die Ermittlung jedes Zustands und
die darauf folgende Weiterbewegung. Immer wieder kommt Weiss in
dem „Gespräch über Dante" auf dieses Hauptanliegen zurück: „Für
mich ist das Aufzeigen dieses Zustands, in dem immer wieder das
Gleiche abrollt, eine Herausforderung der Notwendigkeit, endlich
Einsicht zu erlangen."[74] „650 Jahre später würde (Dante) auch
dazu kommen, daß es keinen himmlischen Lohn für einmal Erlittenes
gibt, und daß die Anlässe des Leidens hier, zeitlebens, beseitigt
werden müssen."[75] Und dann ganz am Schluß meint er, ein heutiger

---

72. Ebd., S.147
73. Ebd., S.148
74. Ebd., S.150
75. Ebd., S.154

„Dante könnte untersuchen, wer da alles in den Kerkern unserer
Gefängnisse sitzt, er könnte in die Hinterhöfe der Städte gehen
und durch die Länder und Erdteile streifen, die von Diktatoren
und Kolonisatoren regiert werden, er könnte das Netz der ökonomischen Interessen aufdecken, unter dem Bevölkerungen erwürgt
werden, er könnte die ihrer Rasse wegen Verurteilten zeigen, er
könnte die Fabriken aufsuchen und den Lohnkämpfen der Arbeiter
zuhören. So wie er im Inferno-Teil die Mächtigen dieser Welt
in ihren Hochburgen darstellt und dabei deutlich macht, daß ihre
Herrschaft noch ungebrochen ist, führt er uns im Paradiso die
Seligen vor, die immer noch auf ihre Befreiung warten. Und er
wird heute wissen, daß es diese Befreiung für sie nur hier und
zu ihren Lebzeiten geben kann, und daß ihnen eine Befreiung nichts
nützt, wenn sie tot sind. Was immer er auch beschreibt, und wie
unzulänglich und unbekannt es auch ist, er muß es mit Worten beschreiben, die einen Standort auf der Erde deutlich machen."[76]

Aus dem Vergleich zwischen der „Vorübung", dem „Gespräch" und
der Ermittlung selbst leitet Erika Salloch ab, „daß Weiss die
Divina Commedia einerseits als Modell benutzt, andererseits aber
Die Ermittlung als Gegenentwurf dazu konzipiert hat."[77] Die
Themen der Divina Commedia und der Ermittlung seien insofern
ähnlich, „daß beide Male die Welt als eine aus Unterdrückern und
Unterdrückten bestehend gezeigt wird",[78] doch im Gegensatz zu
der Vorlage „verneint das Lehrstück Die Ermittlung die Möglichkeit der Metaphysik. Statt der zur Hölle verdammten individuellen

76. Ebd., S.168 f.
77. E. Salloch, a.a.O., S.71
78. Ebd., S.72

Sünder profitiert hier die Gesellschaft von ihren Sünden."[79]

Ähnlich wie Erika Salloch sieht Karlheinz Braun Die Ermittlung:
In dem Stück werden Vorgänge ermittelt, „die nicht nur der ge-
schichtlichen Vergangenheit entstammen, sondern auch gegenwärtige
Möglichkeiten aufzeigen. Die Ermittlung über die konkrete Sache
Auschwitz wird zur Ermittlung über unsere Sache: über eine Gesellschaft, die diese Fakten zugelassen hat."[80] Weiss habe sich
bei seiner Arbeit an dem Auschwitz-Oratorium die Fragen nach den
Gründen von Auschwitz stellen müssen und die Fragen hätten ihn
weitergeführt zu den Problemen von Ausgebeuteten und Ausbeutern.
Braun weist darauf hin, daß im Marat-Drama die Kontroverse mit
der Demonstration der Ausbeutung aufhöre, in der Ermittlung beginne
sie damit; daß im Marat-Drama die Ausgebeuteten die Ausbeuter
überleben, in der Ermittlung aber die Ausgebeuteten nicht mehr
überleben. „Und es ist nur mehr schwer auszumachen, wer die Ausbeuter und wer die Ausgebeuteten sind: ‚Wenn wir mit Menschen /
die nicht im Lager gewesen sind / heute über unsere Erfahrungen
sprechen / ergibt sich für diese Menschen / immer etwas Unvor-
stellbares / Und doch sind es die gleichen Menschen / wie sie
dort Häftling und Bewacher waren / Indem wir in solch großer
Anzahl / in das Lager kamen / und indem uns andere in großer
Anzahl / dorthin brachten / müßte der Vorgang auch heute noch /
begreifbar sein / Viele von denen die dazu bestimmt wurden /
Häftlinge darzustellen / waren aufgewachsen unter denselben
Begriffen / wie diejenigen / die in die Rolle der Bewacher

---

79. Ebd.
80. K. Braun, a.a.O., S.151

gerieten / Sie hatten sich eingesetzt für die gleiche Nation /
für den gleichen Aufschwung und Gewinn / und wären sie nicht zum
Häftling ernannt worden / hätten sie auch einen Bewacher abgeben
können / Wir müssen die erhabene Haltung fallenlassen / daß uns
diese Lagerwelt unverständlich ist / Wir kannten alle die Gesellschaft / aus der das Regime hervorgegangen war / das solche Lager
erzeugen konnte.'[81] Das ist das Thema der _Ermittlung_. Es ist
die Ermittlung eines Systems... Die Gesellschaftsordnung, so
sieht es Weiss, ist auf seiten der Angeklagten. Nicht der Vergangenheit, aus der sie ihr ,unbewältigtes' Material holt, sondern
der sich verschließenden Gegenwart gilt _Die Ermittlung_. Daß Weiss
sich auf die Seite derer stellt, die wenigstens der Theorie nach
eine Veränderung der Verhältnisse postulieren, wen kann es
wundern?"[82]

Wie schon oben gesagt, Weiss ist trotzdem kein Marxist.[83]
Weiss „sympathisiert nur" mit dem Marxismus, wie Manfred Jäger
sagt. Aufzeigen, ermitteln will er zwar die seit uralten Zeiten
bestehende und noch immer existente Konstellation Ausbeuter -
Ausgebeutete, doch das macht ihn noch nicht zum Marxisten, am
allerwenigsten macht das aus der _Ermittlung_ ein „kommunistisches
Propagandastück". Denn das, worauf es Peter Weiss ankommt, nämlich
daß die Richtlinien des Sozialismus für ihn die gültige Wahrheit
enthalten,[84] wird nur andeutungsweise in der _Ermittlung_ selbst
dargestellt. Das, was Weiss also ermitteln will, läßt sich kaum
aus dem Stück ersehen, sondern nur anhand anderer Veröffentlichun-

---

81. P. Weiss, _Die Ermittlung_, S.7o
82. K. Braun, a.a.O., S.154 f.
83. Siehe oben, S.1o8
84. P. Weiss, 1o Arbeitspunkte eines Autors in der geteilten Welt
    a.a.O., S.118

von Weiss feststellen. Das Stück aber ermittelt anderes, nämlich
„Vorgänge, die auch gegenwärtige Möglichkeiten aufzeigen", z.B.,
daß der Verwaltungsmassenmord möglich und wiederholbar ist in
jedem gesellschaftlichen System, welches es nur zustande bringt,
latente ,asoziale' Dispositionen in uns zu mobilisieren, wie
Wendt sagt.[85] Doch Weiss' politische Stellungnahmen verdecken
diese Aussage der <u>Ermittlung</u>. Noch mehr wird diese Aussage dadurch verwischt, daß das Stück „keine Ergründung jener gesellschaftlichen Konstitution (hat) leisten können, die Auschwitz
hervorgebracht hat."[86] Ähnliches sagt Otto F. Best: In dem Stück
von Weiss werden „Zusammenhänge zwischen Auschwitz und dem
nationalsozialistischen Ideologienkonglomerat nicht sichtbar, die
historischen Bezüge fehlen."[87] Weshalb fehlen diese Bezüge in
der <u>Ermittlung</u>? Eine Antwort läßt sich nur vermuten.

Im Frühsommer 1964 besuchte Weiss den Frankfurter Auschwitz-
Prozeß, der am 2o. Dezember 1963 angefangen hatte und am 19.
August 1965 beendet wurde. Weiss wird es so ergangen sein wie dem
Journalisten Horst Krüger, der über einen Besuch beim Prozeß
schrieb, „daß hier niemand Zuschauer bleiben kann."[88] Daß Weiss
sich in das Prozeß-Geschehen in Frankfurt hineinziehen ließ, läßt
sich an den Notizen nachweisen, die er während des Prozesses
anfertigte. Diese „Frankfurter Auszüge" stecken noch voller
„emotionaler Kräfte". Auch andere Berichte über den Auschwitz-
Prozeß, z.B. Bernd Naumanns Buch,[89] dessen Materialsammlung
besonders großen Wert für Weiss' Arbeit hatte, sind subjektive

---

85. Siehe oben, S.112
86. Siehe oben, S.12o
87. O.F. Best, a.a.O., S.143
88. H. Krüger, Im Labyrinth der Schuld. In: <u>Der Monat</u> 188 (1964),
    S.24
89. B. Naumann, <u>Auschwitz: Bericht über die Strafsache gegen
    Mulka u.a. vor dem Schwurgericht Frankfurt</u>. Frankfurt 1965

Nacherzählungen des Frankfurter Prozesses. Weiss hat wohl während
der Arbeit an der Ermittlung versucht, das Material zu objektivieren, doch der Stoff selbst, die Sache, über die in Frankfurt
verhandelt wurde, ist so dominierend, daß andere Erwägungen, z.B.
die Frage nach den Gründen für Auschwitz, gar nicht erst in Betracht gezogen wurden. Weiss selbst sagt in einem Gespräch: „Das
Lager Auschwitz auf der Bühne darzustellen, ist eine Unmöglichkei
Ja, eine Vermessenheit, es überhaupt zu versuchen. Man kann diese
Gedankenkomplex nur von heute aus im Rückblick beobachten und
versuchen, zu analysieren, was (meine Hervorhebung) da vorgegangen ist. In dem Stück wird ständig von unserer Gegenwart aus
der Blick geworfen auf diese Vergangenheit... Die Maschinerie
des Lagers, diese Todesfabrik wird ganz genau aufgezeichnet wie
bei einer Planzeichnung."[90] Es geht Weiss also um das Was des
Lagers Auschwitz und nicht so sehr um das Warum. Deswegen kann
der Herausgeber der „Frankfurter Auszüge" sagen: „Die Ermittlung
handelt also von drei Vorgängen: dem, was in Auschwitz, dem was
in Frankfurt, und dem, was in einem Manne vorgegangen ist, der
in Frankfurt war."[91] Karlheinz Braun schließt seine eigenen
Überlegungen diesem Zitat an: „Drei Vorgänge, die sich aus dem
Blick aus drei verschiedenen Perspektiven ergeben: der aus der
Summe der Aussagen sich ergebende objektivierte Blick auf die
Fakten von Auschwitz; der aus der Subjektivität der einzelnen
Zeugen bedingte Blick auf die Fakten von Auschwitz; und der Blick
des Schriftstellers heute, der in seiner Subjektivität Inhalt und

---

90. Zitiert nach: E. Salloch, a.a.O., S.9o
91. Zitiert nach: K. Braun, a.a.O., S.142

Form sämtlicher Aussagen über die Fakten von Auschwitz und deren
Bezug auf die Gegenwart verbindet."[92] Immer wieder wird von den
Fakten gesprochen, die Gründe für die Fakten werden aber nicht
erwähnt. Man kann nun vermuten, daß diese überwältigende Dominanz
der Fakten und die durch sie bestimmte dreischichtige Zeitperspek-
tive Weiss den Blick auf die Hintergründe des Auschwitz-Komplexes
verstellt haben, falls er nicht von vornherein bewußt auf eine Ergründung der Vorgänge verzichtete. Dem Zuschauer einer Aufführung
des Stückes wird zudem eine weitere Perspektivenschichtung ent-
gegengehalten. Er sieht heute ein Stück „über einen Prozeß aus
den Jahren 1964/65 über ein Lager, dessen Krematorien zwanzig
Jahre vor dem Prozeß in die Luft gesprengt worden waren, dessen
Funktionäre vor dieser Lagerzeit, während dieser Lagerzeit und
nach dieser Lagerzeit ‚funktionieren'."[93] Der Zuschauer sieht
und hört also einen Schauspieler, der einen Zeugen spielt, der
berichtet, wie ein verhungernder Häftling „da drinnen brüllte".[94]
Kein Wunder, daß sich Ernst Wendt der Verdacht aufdrängt, „Weiss
sei letzten Endes am meisten fixiert - vielleicht unbewußt - an
die Faszination des Grausamen und der blutigen Scheußlichkeiten."[95]
Vielleicht ist Weiss deswegen - bewußt oder unbewußt - nicht auf
die Gründe für Auschwitz eingegangen.

Figuren

   In seinem Aufsatz „Das Material und die Modelle" sagt Weiss
über die Figuren im dokumentarischen Theater: „Nicht individuelle

---

92. Ebd.
93. E. Salloch, a.a.O., S.9o
94. Ebd.
95. E. Wendt, Was wird ermittelt? a.a.O., S.18

Konflikte werden dargestellt, sondern sozial-ökonomisch bedingte
Verhaltensweisen. Das dokumentarische Theater, dem es, im Gegen-
satz zur schnell verbrauchten äußeren Konstellation, um das
Beispielhafte geht, arbeitet nicht mit Bühnencharakteren und
Milieuzeichnungen, sondern mit Gruppen, Kraftfeldern, Tendenzen."
Dementsprechend stehen sich in der Ermittlung zwei Gruppen gegen-
über: die 18 Angeklagten, die „authentische Personen" darstellen
und die 9 Zeugen, die „abwechselnd die verschiedenen anonymen
Zeugen" darstellen. Zwischen diesen beiden Gruppen steht eine
dritte: die Vertreter der Justiz, der Richter, der Ankläger und
der Verteidiger. Im Marat/Sade werden die beiden gegensätzlichen
Standpunkte noch durch individuell benannte Personen vertreten.
In der Ermittlung aber tragen nur noch die achtzehn Angeklagten
Namen. Im Vorwort zum Stück sagt Weiss: „Die achtzehn Angeklagten
dagegen stellen jeder eine bestimmte Figur dar. Sie tragen Namen,
die aus dem wirklichen Prozeß übernommen sind. Daß sie ihre
eigenen Namen haben, ist bedeutungsvoll, da sie ja auch während
der Zeit, die zur Verhandlung steht, ihre Namen trugen."[97] Die
Häftlinge aber sind namenlos, weil sie „ihre Namen verloren
hatten."[98] Weiss kennzeichnet sie nur mit den Nummern 1 bis 9.
„Die persönlichen Erlebnisse und Konfrontationen müssen einer
Anonymität weichen. Indem die Zeugen im Drama ihre Namen verliere
werden sie zu bloßen Sprachrohren. Die neun Zeugen referieren nur
was hunderte ausdrückten."[99]

Damit folgt Weiss einer Tendenz, die schon für das

96. P. Weiss, Das Material und die Modelle, a.a.O., S.34
97. P. Weiss, Die Ermittlung, S.58
98. Ebd.
99. Ebd.

expressionistische Drama charakteristisch war, die aber auch
gerade während der sechziger Jahre kennzeichnend zu sein schien
für das gesamte Drama, nämlich das Verschwinden des individuellen
Charakters von der Bühne und damit auch das Verschwinden des
Einzelschicksals. Günther Rühle weist in seinem Aufsatz „Versuche
über eine geschlossene Gesellschaft" folgendermaßen auf diese
Tendenz hin: „Die Austauschbarkeit der Figuren, der Rollen und
Schicksale ist ein Aspekt, der sich bei der Betrachtung der
Stücke immer mehr aufdrängt. Statt Charaktere: Schicksale und
Namen, und Namen, um an einzelnen Gestalten Typisches sichtbar
zu machen... Die Diskussion um den Helden als zentrale Figur der
Bühne hat sich anscheinend erledigt. Das Drama selber hat ihn,
scheints, aufgegeben, wie einen verlorenen oder vermißten Sohn.
Denn wo, so ist die Frage, kann heute noch einer das tun, was
einen Helden konstituiert: nämlich: durch seine Tat verbindlich
entscheiden?"[100] Ähnliches sagt auch Ernst Schumacher in einem
Gespräch mit Peter Weiss: „...wir alle wissen, daß die Menschen,
die heute Kollektive repräsentieren, eben doch in einem sehr
starken Maß aufgehört haben, ihre Individualität zur Geltung zu
bringen. Sie sind im Grunde doch sehr stark funktionalisiert,
und das schafft, glaube ich, auch ganz neue Probleme der Darstellung."[101] Hochhuth hat sich bewußt dieser Tendenz zur
Entpersonalisierung der Bühnenfigur entgegengestellt. Bei Weiss
dagegen, sagt Manfred Karnick, verschwindet die Bühnenperson
von Stück zu Stück immer mehr: „Das Ich - in den frühen Stücken

100. G. Rühle, a.a.O., S.10
101. E. Schumacher, Gespräch mit Peter Weiss, August 1965. In:
    Materialien, S.111

der Schauplatz namenloser Übermächte - erscheint jetzt als
Träger kollektiver Kräfte. Die anonymen Übermächte sind damit
benannt; sie heißen Gesellschaft und Klasse. Die Person aber
büßt ihren Namen endgültig ein. Sie agiert nur noch als Ziffer,
als Demonstrationsobjekt für gesellschaftliche Auseinandersetzunge
in wechselnden Rollen."[102] Auch Erika Salloch weist auf das zu-
nehmende Verschwinden der „Person" in Weiss' Stücken hin.[103]
Schließlich sagt Ian Hilton: „He (Peter Weiss) makes no attempt
to interpret character, indeed anonymity is sought. His figures
do not really come alive or have separate independant existences.[1

Die neun Zeugen in der <u>Ermittlung</u> referieren also keine
persönlichen Erlebnisse. Sie „sollten für das Leid nicht nur der
rund dreihundert Zeugen aussagen, die in Frankfurt Zeugnis gaben,
sondern für das von Millionen, die nichts mehr aussagen können."[1
Es scheint übrigens unklar zu sein, genau wieviel Zeugen in Frankfurt aussagten. Wendt spricht von „rund dreihundert", Karlheinz
Braun von „mehr als dreihundert",[106] Ian Hilton nennt „359
actual witnesses",[107] Otto F. Best spricht von „400 Zeugen",[108]
und <u>Der Spiegel</u> nennt gar „409 reale Zeugen".[109] Wie dem auch
sei, wichtig ist, daß die Aussagen der Frankfurter Zeugen in
der <u>Ermittlung</u> auf eine namenlose Folge von Stimmen verteilt
sind. Dabei behandelt Weiss aber die neun Zeugen keineswegs als
eine undifferenzierte Masse von Figuren. Er teilt bestimmten
Zeugen ganz bestimmte Aussagen zu. Zeuge 1 und 2 z.B. „sind

102. M. Karnick, Peter Weiss' dramatische Collagen, a.a.O., S.142
103. E. Salloch, a.a.O., S.16
104. I. Hilton, a.a.O., S.50
105. E. Wendt, Was wird ermittelt? a.a.O., S.16
106. K. Braun, a.a.O., S.150
107. I. Hilton, a.a.O., S.52
108. O.F.Best, a.a.O., S.138
109. <u>Der Spiegel</u> Nr.43 (20.10.1965), S.162

Zeugen, die auf Seiten der Lagerverwaltung standen", sagt Weiss
in der Vorbemerkung zum Stück. Erika Salloch meint sogar, daß
diese beiden Zeugen als sehr differenzierte Mitläufer dargestellt
werden: „Sie treten im Drama oft als sich gegenseitig ergänzende
Doppelgänger auf, so im ersten, zweiten, fünften und den beiden
letzten Gesängen. Nur im achten Gesang tritt der Zeuge 2 allein
auf."[110] Im ersten Gesang ist Zeuge 1 „Vorstand des Bahnhofs /
in dem die Transporte einliefen" und Zeuge 2 war „für die Güter-
abfertigung / verantwortlich".[111] Sie sind also „Handlanger der
Fabrik", wie Erika Salloch sagt. Die Behauptung Wendts jedoch,
daß Weiss diesen beiden Zeugen „weitaus größeren Raum gibt, als
solche Ermittlungen in der Verhandlung tatsächlich hatten", nur
um „die Gleichgültigkeit und fragenlose Selbstverständlichkeit
des bürokratischen Apparats"[112] darzustellen, diese Behauptung
sei falsch, meint Salloch. „In Wirklichkeit hat Weiss die Aussagen
des Zeugen Hilse stark gekürzt."[113] Was Weiss aber nach Salloch
wohl getan habe, ist, daß er die Aussagen des Zeugen Hilse im
Drama auf zwei Zeugen verteilt habe.

Im zweiten Gesang ist Zeuge 1 ein Arzt, der „zur Seuchen-
bekämpfung angefordert worden" war,[114] und Zeuge 2 war „damals
verantwortlich / für die äußere und innere Postenkette / sowie
für die Wachmannschaften / der Arbeitskommandos."[115] Im fünften
Gesang sind beide Zeugen als Vertreter der Industrien dargestellt,
bei denen die Häftlinge „als Arbeitskräfte einkalkuliert waren",[116]
im zehnten und elften Gesang sind beide Zeugen mitverantwortlich

11o. E. Salloch, a.a.O., S.97
111. P. Weiss, Die Ermittlung, S.58
112. E. Wendt, a.a.O., S.17
113. E. Salloch, a.a.O., S.97
114. P. Weiss, Die Ermittlung, S.64
115. Ebd.
116. Ebd., S.71

für den Transport der Häftlinge zu den Gaskammern, Zeuge 1 als
„Werkstattleiter / der Fahrbereitschaft des Lagers" und Zeuge 2
„als Traktorführer...und als Fahrer von Sanitätswagen."[117] Im
zweiten Teil des achten Gesanges ist Zeuge 2 als einer „der
ehemaligen / befehlsführenden Lagerärzte"[118] dargestellt, und
im zweiten Teil des elften Gesangs spielt Zeuge 1 die Rolle eines
Untersuchungsrichters, der angefordert wurde, „weil ausgehende
Pakete / die kiloweise Gold enthielten / beschlagnahmt worden
waren."[119]

Weiss läßt also die Zeugen 1 und 2 verschiedene Rollen
spielen. Doch ihre Aussagen beruhen auf dem, was im Frankfurter
Prozeß ausgesagt wurde. Allerdings „verteilt" Weiss die Frankfurter Aussagen. Das, was in Frankfurt von _einem_ Zeugen gesagt
wurde, wird im Drama von _beiden_ Zeugen ausgesprochen und das,
was in Frankfurt von _mehreren_ Zeugen ausgesagt wurde, wird im
Drama von _einem_ der beiden Zeugen ausgesprochen.

Auch die Zeugen 3 bis 9, die früheren Häftlinge, sind
kombinierte Figuren; jede von ihnen sagt aus, was in Frankfurt
von vielen verschiedenen Personen ausgesagt wurde. Doch im
Gegensatz zu dem, was die Zeugen 1 und 2 sagen, beruhen die
Aussagen der Zeugen 3 bis 9 nicht nur auf dem Prozeß. Ihre Worte
stammen teils auch aus anderen Quellen, teils aber auch vom Autor
selbst. „Im Text des Zeugen 3 z.B. hat sich, laut Weiss-Wort,
‚auch Material aus theoretischer Literatur, aus Hannah Arendt,
aus dem Gutachten von Broszat zum Beispiel' niedergeschlagen."[120]

---

117. Ebd., S.84
118. Ebd., S.79
119. Ebd., S.86
12o. Zitiert nach: _Der Spiegel_ Nr.43 (2o.1o.1965), S.164

Der Zeuge 3 spielt darüberhinaus noch eine Sonderrolle, „weil er allein Worte spricht, die nicht in eben dieser Form im Prozeß oder in anderen Dokumenten enthalten sind."[121] In seiner Rede, sagt Salloch, bringe Weiss die Kontroverse zur Sprache, die wohl der bitteren Pressedebatte über das Stück zu Grunde liege: zwischen denen, die Auschwitz vergessen wollen, und denen, die verlangen, daß man sich ständig daran erinnere.[122] Der Zeuge 3 versucht zu erklären, was in Auschwitz geschah. „Vom namenlosen Zeugen wird er dadurch zum Befürworter einer Theorie, deren Praxis im Drama nicht gestaltet ist."[123]

Von den 22 Angeklagten im Frankfurter Prozeß (Otto F. Best meint, es wären 23 gewesen,[124] Ernst Wendt spricht von 20[125]) zitiert Weiss in der Ermittlung 18. Sie alle tragen ihre eigenen Namen. „Doch sollen im Drama die Träger dieser Namen nicht noch einmal angeklagt werden. Sie leihen dem Schreiber des Dramas nur ihre Namen, die hier als Symbole stehen."[126] Als Symbole wofür denn aber, fragt sich Ernst Wendt. „Diese Angeklagten tragen Namen, mit denen sich ganz bestimmte Grausamkeiten verbinden, des einen Name bezeichnet sogar ein ausgeklügeltes Folterinstrument. Die Zeugen sind namenlos - sie stehen für alle Opfer. Die Angeklagten dagegen werden benannt - sie stehen also wohl mit Absicht nicht für uns alle? Bleiben nun die Taten von Auschwitz ihre eigene, von uns nicht zu verantwortende Sache - oder sind sie die ersetzbaren ‚Stellvertreter', die Agenten innerhalb eines von uns mitbewirkten Mechanismus?"[127] Wendt gibt sich keine Antwort

121. E. Salloch, a.a.O., S.1o3
122. Ebd., S.1o4
123. Ebd., S.1o6
124. O.F. Best, a.a.O., S.138
125. E. Wendt, a.a.O., S.18
126. P. Weiss, Die Ermittlung, S.58
127. E. Wendt, a.a.O., S.18

auf diese Frage. Für Ian Hilton jedoch ist die Antwort eindeutig:
[13]
„...the accused are all named, and hence do not stand for us all."
Erika Sallochs Antwort ist differenzierter: „Obwohl die achtzehn
Angeklagten jeder ‚eine bestimmte Figur' darstellen, treten sie
nicht als individuelle Gestalten auf, sondern ‚stehen nur als
Handlanger ganz am Ende' der Gesellschaft, die sie repräsentieren
Selbst ihre Namen werden eigentlich nur ‚zitiert'... Wenn Weiss
sagt, daß sie eine Figur darstellen, so ist daraus ersichtlich,
daß der Angeklagte 1 im Stück nicht Mulka ist, sondern daß die
dramatische Kunstfigur des Angeklagten 1 eine Rolle hat, in der
sie Worte des Angeklagten Mulka aus dem Prozeß zitiert."[129] Weiss
entindividualisiert also auch diese Figuren. Er geht weder auf
die Psychologie, noch auf irgendwelche anderen charakterlichen
Besonderheiten der Figuren ein. Denn, so sagt Salloch, sie „müssen
für das ganze System symbolisch sein und dürfen daher nie als
‚Sonderlinge' abgebildet werden. Auf das Besondere wird verzichtet
um das Typische zu zeigen, da das dokumentarische Theater nicht
vom Individuum zum Allgemeinen aufbaut, sondern vom Allgemeinen
zum Modell konzentriert."[130]

Doch hätte Weiss im Zuge dieser Entindividualisierung nicht
konsequenter sein und den Angeklagten entweder überhaupt keine
Namen geben sollen oder in einer Regieanweisung fordern müssen,
daß die Angeklagten und die Zeugen abwechselnd von den gleichen
Schauspielern dargestellt werden? So nämlich hat Peter Palitzsch
das Stück in Stuttgart inszeniert. Dazu sagt Ernst Wendt: „Daß

---

128. I. Hilton, a.a.O., S.52
129. E. Salloch, a.a.O., S.92
130. Ebd., S.95

dieselben Schauspieler abwechselnd Angeklagte und Zeugen darstellen, bewirkt ja nicht nur eine größere ‚Gesichtslosigkeit',
Ablösung von jedwedem Einzelschicksal, sondern es verweist nach-
drücklich vor allem auf den grausigen ‚Witz' einer Maschinerie,
welche die Opfer und die Henker miteinander gemein macht und
austauschbar. Die Verstrickung aller, einer ganzen Gesellschaft
in das von ihr ausgedachte System wird schrecklich offenbar."[131]
Warum hat Weiss trotzdem an den Namen der Angeklagten festgehalten
und zwar gerade an den Namen derer, die die grausamsten Scheußlichkeiten begangen haben? Denn die Namen derer, die „vielleicht am
wenigsten den unmittelbaren Tötungen" nahestanden, habe Weiss
weggelassen, behauptet Wendt. Vielleicht, so vermutet Wendt
wiederum, weil Weiss vom Grausamen fasziniert sei? Die Stich-
haltigkeit dieser Vermutung könnte bezweifelt werden, denn Erika
Salloch zitiert drei weitere Namen, die Weiss weggelassen habe
„aus rein kompositorischen Gründen, da die Zahl 18 in seine
dreigeteilte Struktur paßt."[132]

Auch die dritte Personengruppe in der Ermittlung hat Weiss
entpersonalisiert. In dem einen „Vertreter der Verteidigung"
hat er die 24 Frankfurter Verteidiger zusammengefaßt und der
eine „Vertreter der Anklage" verkörpert alle Frankfurter Staats-
anwälte und Nebenkläger. Nur der Richter repräsentiert eine
einzige Person, den Frankfurter Richter, doch auch er wird nicht
als individueller Charakter gezeichnet. Er spielt zwar die
„Hauptrolle", wie Salloch feststellt, d.h. er spricht bei weitem

131. E. Wendt, a.a.O., S.16
132. E. Salloch, a.a.O., S.91

die meisten Verse, doch „keine seiner Zeilen ist...an sich be-
merkenswert."[133] Er ist im Stück lediglich Bezugspunkt der
Aussagen von Angeklagten und Zeugen. Auf seine Fragen hin kommen
die Aussagen und Antworten der Zeugen und Angeklagten zustande.
Dabei ist seine Aufgabe im Stück nicht, „die Wahrheit" zu finden,
um dann ein Urteil fällen zu können. Weiss läßt im Stück überhaup
kein Urteil sprechen, der Stückschluß bleibt offen. Zudem hat
er Die Ermittlung ja schon vor der Urteilsverkündung in Frankfurt fertiggestellt. Auch das weist darauf hin, wie wenig Weiss
an einem Urteil gelegen ist. Den Richter könnte man als einen
Katalisator bezeichnen, der die Konfrontation zwischen den
Angeklagten und den Zeugen erst möglich macht.

Während Weiss die Rolle des Richters neutral hält, läßt er
den Ankläger einen ganz bestimmten Standpunkt vertreten. In
seinen Worten, sagt Weiss, „steckt auch manches von Kaul" - von
dem Ostberliner Star-Anwalt Friedrich Karl Kaul, der in Frankfurt
für Hinterbliebene von Auschwitz-Opfern aus der DDR als Neben-
kläger auftrat.[134] Daß aber der „DDR-Anwalt Kaul...zum eigentlic|
Vertreter der Anklage" gemacht wird, wie Otto F. Best behauptet,[1?
nur weil in den Worten des Anklägers im Stück „auch manches von
Kaul" steckt, stimmt nicht. Zu Recht sagt Salloch dann auch: „Daß
Weiss den Ankläger aus der DDR zu seinem Hauptankläger gemacht
habe, stimmt nach meiner Berechnung der Rolle nicht."[136] Von
Best wird ebenfalls behauptet, daß „der Verteidiger...in dem
Stück zum Vertreter der ‚westlichen Welt' schwillt. Seine Fragen,

---

133. E. Salloch, a.a.0., S.108
134. Der Spiegel Nr.43 (20.10.1965), S.162
135. O.F. Best, a.a.0., S.142
136. E. Salloch, a.a.0., S.110

um Verharmlosung wie Diffamierung bemüht, stehen für die Geistes-
verfassung einer unverbesserlichen, verstockten Gesellschaft."[137]
Von anderer Seite wird Weiss vorgeworfen, "er habe den Verteidiger
als ,Rechtsstaatsbarbar' verzeichnet, der mit seinen nationalis-
tischen Phrasen so weit ginge, daß er nicht wahrheitsgetreu sei -
so Walther Karsch vom Berliner Tagesspiegel. Hierauf antwortete
Generalstaatsanwalt Bauer, der bereits an der Voruntersuchung zum
Auschwitz-Prozeß beteiligt gewesen war: ,Hier täuschen Sie sich -
der ist sicher idealtypisch'."[138] Doch weil Weiss, wie er selbst
sagt, zwar keinen eigenen Senf hinzugegeben, wohl aber eine
Tendenz bewußt gelenkt hat, [139] wird folgendes von Best ge-
folgert: "So sehen dann die Fronten aus: Kaul - Ankläger -
Ostdeutschland - Wahrheitsfindung; Verteidiger - Angeklagte -
Westdeutschland - deren Verhinderung; Sozialisten gegen Kapitalisten,
Moral gegen Unmoral, das Gute gegen das Böse."[140] Und dann fragt
sich Best, "ob die Dinge wirklich so einfach liegen."[141] Nicht
Weiss, sondern Best vereinfacht hier. Weder vertritt der Ankläger
in dem Stück den Anwalt Kaul oder Ostdeutschland oder gar die
Wahrheitsfindung, denn es geht Weiss gar nicht um die Wahrheitsfindung. Noch hat in dem Stück der Vertreter der Verteidigung
etwas mit Westdeutschland, der Verhinderung der Wahrheitsfindung,
der Unmoral oder gar dem Bösen zu tun.

Weiss versucht mit der Entpersonalisierung seiner Figuren
darzustellen, daß der Mensch sich "im soziologischen und ökonomischen Netz seiner Zeit, in der programmierten Mordfabrik, die

---

137. O.F. Best, a.a.O., S.142
138. E. Salloch, a.a.O., S.11o
139. Zitiert nach: Der Spiegel Nr.43 (2o.1o.1965), S.164
14o. O.F. Best, a.a.O., S.143
141. Ebd.

ihn weder als Individuum leben noch als Individuum sterben läßt",
verfängt. „Der Mensch wird verdinglicht und, belanglos schmutzig,
nicht einmal mehr für nennenswert befunden."[142] Er gilt nur noch
als funktionierender Bestandteil des Apparats.

Sprache

Auch die Sprache in der Ermittlung wird entindividualisiert.
Sie dient nicht zur Charakterisierung einzelner Figuren, sondern
dokumentiert eine bestimmte Geisteshaltung einer bestimmten
Gesellschaft. Wie diese Sprache aussieht, haben Sternberger,
Storz und Süßkind in ihrem Aus dem Wörterbuch des Unmenschen und
vor allem auch Lutz Winckler in seiner Studie zur gesellschaftlichen Funktion faschistischer Sprache dargelegt. Charakteristisch
für diese Sprache ist, daß verhaßte Dinge mit „neutralen" Wörtern
umbenannt werden, um sie annehmbar zu machen. In Auschwitz
wurden z.B. nicht „Menschen ermordet", sondern „anfallendes
Material" wurde „aufgearbeitet". Horst Krüger weist in seinem
oben zitierten Aufsatz darauf hin, daß diese Sprache auch während
des Prozesses in Frankfurt gesprochen wurde: „Diese Sprache ist
noch lebendig, sie gibt es noch, hier in Frankfurt wird sie
wieder laut."[143]

Wenn also die Angeklagten in der Ermittlung sich dieser
Sprache bedienen, dann dokumentiert Weiss damit die NS-Sprache.
„Der Gesang vom Unmenschen wird mit den Wörtern des Unmenschen
gesungen."[144] Doch Weiss verändert auch des öfteren die Zitate

---

142. E. Salloch, a.a.O., S.18
143. H. Krüger, a.a.O., S.29
144. E. Salloch, a.a.O., S.13o

aus den Dokumenten. Erika Salloch hat ausführlich auf diese
Veränderungen hingewiesen. Hier sollen nur einige Beispiele genannt werden. Zum Beispiel den „Frankfurter Auszügen" gegenüber
bestehen die Veränderungen in der Ermittlung hauptsächlich aus
Auslassungen. Was irgendwie charakteristisch für den Sprecher
sein könnte, läßt Weiss weg, z.B. unfreiwillige Kalauer der
Angeklagten. Andere Veränderungen den Dokumenten gegenüber bestehen daraus, daß Weiss eine gewundene Aussage zum besseren Verständnis des Hörers vereinfacht, daß er besonders gefühlsge-
ladene Reden nüchterner wiedergibt und besonders grausige
Schilderungen abschwächt. Als ein Beispiel von vielen zitiert
Salloch die folgenden Angaben eines Zeugen aus den„Frankfurter
Auszügen": „Ich führte die Totenlisten / Mit größter Genauigkeit
mußten Personalien / Todestag und Todesursache eingetragen
werden...und so stand in Schönschrift / Herzschlag und Herzschwäche /
wenn es heißen sollte erhängt vergast / auf der Flucht erschossen."[145] Demgegenüber sagt die Zeugin 5 in der Ermittlung:
„Wir hatten die Totenlisten zu führen / Das wurde Absetzen genannt / Wir mußten die Personalien / den Todestag und die Todesursache eintragen... Zum Beispiel durften wir nicht schreiben /
Auf der Flucht erschossen / sondern Herzschlag."[146] Zu diesen
beiden Texten sagt Salloch: „Das ‚ich führte' der ersten Fassung
stimmt natürlich nicht. Kein Häftling ‚führte' irgendetwas, sondern,
wie Weiss so richtig ändert: sie hatten zu führen. Die nächste
Änderung ist eine Hinzufügung: ‚das wurde Absetzen genannt'. Die

---

145. Zitiert nach: E. Salloch, a.a.O., S.83
146. P. Weiss, Die Ermittlung, S.65

Erweiterung ist ein treffendes Beispiel aus der ,Sprache des Unmenschen'. Absetzen, d.h. jemand seines Amtes entsetzen, ist
erstens Euphemismus für Töten. Außerdem ist das Wort falsch gebraucht, wenn damit Führen von Listen gemeint ist; denn das
Wörterbuch sagt, daß ,absetzen' gerade das Gegenteil bedeutet,
nämlich ,von der Liste streichen'! Weiss demonstriert Euphemismus,
Verdinglichung der Person und Mißbrauch der Sprache durch diese
einzeilige Veränderung. Die dritte Änderung in diesem Ausschnitt
ist, daß ,wenn es heißen sollte', der Zeugenkommentar, in der
endgültigen Fassung gestrichen ist. Er ist emotionell und würde
dem Zuschauer das Denken abnehmen, das er leisten soll."[147]

In der im obigen Abschnitt aufgezeigten Umdeutung der
Wörter sieht Salloch eine Parallelerscheinung zu der in der
nationalsozialistischen Gesellschaft gängigen Umwertung aller
Werte.[148] Diese Umwertung zeigt sich auch in der Kluft, die
zwischen der Lagersprache und der „normalen" Sprache besteht.
Im achten Gesang sagt Zeuge 8: „Den Sanitätsdienstgrad Klehr /
beschuldige ich der tausendfachen / eigenmächtigen Tötung /
durch Phenolinjektionen ins Herz." Darauf antwortet der Angeklagt
9: „Das ist Verleumdung / Nur in einigen Fällen / hatte ich
Abspritzungen zu überwachen."[149] Der eine spricht von Ermordung
durch Phenolinjektionen, der andere von zu überwachenden Abspritzungen. Beide beziehen sich auf denselben Tatbestand, aber
eine Verständigung zwischen ihnen ist ausgeschlossen, eben wegen
der Umdeutung der Wörter. Deshalb gibt es in der Ermittlung

---

147. E. Salloch, a.a.O., S.83 f.
148. Ebd., S.129
149. P. Weiss, Die Ermittlung, S.78

keinen Dialog. Doch nicht nur die Wörter sind verschieden, auch
die Verbformen der Sätze unterscheiden sich. Die Zeugen berichten
meist in der Passivform: „Wir wurden aufgestellt",[150] „Als wir
im Aufnahmeraum / auf die Tische gelegt wurden",[150] „Es war
normal / daß zu allen Seiten gestorben wurde".[150] Dagegen
schwächen die Angeklagten ihr Tun mit Hilfe eines Infinitivs ab:
„Ich hatte für Ruhe und Ordnung zu sorgen",[151] „Ich hatte mit
diesen Transporten / nur Auftragsmäßiges zu tun",[151] „Ich hatte
die eigenen Leute zu bewachen".[151] Zu diesem Sprachgebrauch sagt
Salloch: „‚Ich hatte zu...' impliziert immer den Hintermann, den
anderen in der Kette, der diesem Angeklagten den Befehl gegeben
hatte. Im ‚ich hatte zu' ist der Befehlsnotstand enthalten."[152]

Die einschneidenste sprachliche Veränderung dem größten Teil
der Dokumente gegenüber sind die freien Rhythmen der Ermittlung.
Oft sind die Verse dieses Stückes „leicht rhythmisierte Prosa"
genannt worden. Im Spiegel zum Beispiel wird gesagt, daß „die
Sprache der Prozeßteilnehmer sanft behobelt und dezent rhythmisiert"[153]
ist. Vielen scheint die Versform der Ermittlung sinn- und zwecklos
zu sein. Doch Melchinger meint, daß der Vers hier, wie bei Hochhuth,
„einer Art Distanzierung vom Faktischen" diene. Allerdings erfolge die Distanzierung „bei Weiss horizontal - sie schiebt die
Vorgänge vom Zuschauer weg, indem sie die Personen neutralisiert."[154]
Auch Erika Salloch weist an Hand eines Vergleichs zwischen der
Prosa des zugrunde liegenden Dokuments und den entsprechenden
Versen der Ermittlung nach, daß die freien Rhythmen wohl Sinn

---

150. Ebd., S.59, S.62, S.62
151. Ebd., S.59, S.74, S.82
152. E. Salloch, a.a.O., S.131
153. Der Spiegel Nr.43 (2o.1o.1965), S.162
154. S. Melchinger, Hochhuth, S.46

und Zweck haben. „Kein Zweifel: die Verse ordnen das Chaos. Sie
schneiden es in Stücke, wir erkennen den Ausschnitt. Gleichzeitig legt gerade diese Ordnung eine Distanz ein zwischen dem
Hörer und dem Geschehen."[155] „Was die gesprochenen Verse für
den Hörer leisten: die notwendigen Pausen, die Beschleunigung
bzw. Retardierung, wird für den Leser durch die ausgelassene
Interpunktion erreicht. Dieser kann nicht über die Pausen hinweg-
lesen, er muß sich das Ende eines Satzes suchen. Andererseits
wird er nicht durch die Fragezeichen, die hinter fast allen
Richterreden stehen müßten, abgelenkt. Ohne Punkt und Komma,
ohne Ausrufezeichen und Anführungsstriche trägt das Druckbild
zur Entpersönlichung bei und preßt das Ganze zusammen."[156]

Die freien Verse dienen also auch in diesem Stück zur Verfremdung des dokumentar-realistischen Inhalts. Sie sollen dem
Leser und Hörer das Abstandnehmen vom Gesagten erleichtern. Und
Abstand nehmen muß er, wenn er überhaupt begreifen will, wenn er
Einsicht erlangen will in das, was Weiss mitzuteilen hat. Wenn
schon der Autor selbst sich auf ein „Stück fiktiven Bodens"
begeben muß, nur um überhaupt beschreiben zu können, was da vor
sich ging, wie viel mehr muß sich der Zuschauer erst distanzieren
um nicht von den Geschehnissen überwältigt zu werden. Besonders
in diesem Stück ist die Distanzierung so wichtig, weil ja alles
Geschehen in den Worten liegt. Handlung gibt es nicht in der
Ermittlung. „Dieses Stück baut nur auf der Dimension der Sprache
auf", sagt Weiss, und deshalb ist die Sprache auch die alleinige

---

155. E. Salloch, a.a.O., S.135
156. Ebd.

Vermittlerin dessen, was Weiss zu sagen hat. Handlungsabläufe
können in diesem Stück das Vermittelte weder akzentuieren noch
dämpfen. Die Sprache selbst hat Akzente oder Dämpfer zu setzen,
sie muß selbst eine Distanz herstellen zu dem, was sie vermittelt. Dazu dient der Vers.

Struktur

Wie schon oben erwähnt gebraucht Weiss als Vorbild für die
Struktur der Ermittlung den Aufbau der Divina Commedia Dantes.
Dantes Werk besteht aus drei Teilen zu je 33 Gesängen. Weiss
teilt seine Ermittlung in elf Gesänge ein, deren jeder aus drei
Teilen besteht, sodaß das Stück also insgesamt 33 Bilder hat.
Auch die Figuren sind in drei Gruppen verteilt: 3 Vertreter des
Gerichts, 9 Zeugen und 18 Angeklagte, wobei die Zahl der Personen
in jeder Gruppe wiederum durch drei teilbar ist. Die elf Gesänge
sind außerdem nicht nur der Zahl ihrer Bilder nach, sondern auch
ihrem Inhalt nach einer Dreiteilung unterworfen: der erste Teil
beschreibt den Aufbau des Lagers, der zweite die Verbrechen
einzelner und der dritte die perfekte Maschine der Vernichtung.
Ernst Wendt und Karlheinz Braun sehen in der Reihenfolge dieser
Teile sogar eine Steigerung, „keine qualitative", sagt Braun,
„(wie könnte der Gesang vom Bunkerblock eine Steigerung sein
gegenüber dem Gesang von der Schaukel?), aber eine quantitative."[157]
Ernst Wendt meint, daß die Aussagen sich steigern „von den
‚Formalitäten', den Selektionen, über die Folterungen von Einzelnen

---

157. K. Braun, a.a.O., S.151

und über die organisierte, aber noch nicht mechanisierte Tötung
von vielen bis hin zur Darstellung des Mordes mit der Maschine,
der perfekten, keine Spuren zurücklassenden Vernichtung von
Tausenden in Gaskammern und Feueröfen."[158]

Erika Salloch dagegen sieht keine Steigerung, keine lineare
Struktur in der Ermittlung, sondern eine kreisförmige Struktur,
die schon in Weiss' Prosa-Arbeit „Meine Ortschaft" vorweggenommen
wird: „Die ‚Stationen' der Ermittlung sind in ‚Meiner Ortschaft'
bereits klar umrissen: die Collagefetzen von der Schaukel, von
der schwarzen Wand, dem Bunkerblock, dem Phenol und dem
Zyklon B."[159] Dementsprechend lauten die Überschriften der
Gesänge: 1 Gesang von der Rampe, 2 Gesang vom Lager, 3 Gesang
von der Schaukel, 4 Gesang von der Möglichkeit des Überlebens,
5 Gesang vom Ende der Lili Tofler, 6 Gesang vom Unterscharführer
Stark, 7 Gesang von der Schwarzen Wand, 8 Gesang vom Phenol,
9 Gesang vom Bunkerblock, 1o Gesang vom Zyklon B, 11 Gesang von
den Feueröfen. „Beide Schriften haben die gleiche Kreisstruktur,
die vom Lager bereits auf die Krematorien verweist, und am Ende
der ‚Feueröfen' zu den einlaufenden Schienen und Zügen zurück-
führt."[160] Dem Kreislauf der Stationen entspricht, nach Salloch
der Kreislauf der Aussagen, die immer wieder auf das gleiche
hinweisen: auf die „Kontinuität der Bürokratie vor, während und
nach der Lagerzeit."[161] „Der Kreislauf der Ermittlung ist die
ewige Wiederkehr der immergleichen Unterdrücker."[162] Der ewige
Kreislauf der immer wiederkehrenden gleichen gesellschaftlichen

---

158. E. Wendt, a.a.O., S.17
159. E. Salloch, a.a.O., S.75
16o. Ebd.
161. Ebd., S.118
162. Ebd., S.12o

Konstellation spiegelt sich auch in der offenen Form des Dramas.
Die Ermittlung beginnt mitten an einem Prozeßtag, mitten in einem
Untersuchungsabschnitt.[163] Ebenso offen ist der Schluß des
Dramas mit einer der wenigen Regieanweisungen von Weiss: „Laute
Zustimmung von Seiten der Angeklagten."[164] Dieser offene Schluß
ist „die dramatisierte Form der Prosaendung von ‚Meine Ortschaft':
‚denn es ist noch nicht zu Ende.'"[165] Kreisstruktur und offene
Form schließen sich in diesem Drama keineswegs gegenseitig aus.
Das, was Erika Salloch Kreisstruktur nennt, ist in diesem Drama
nicht ein in sich geschlossenes Gebilde, sondern Teil einer
Kette von Kreisen. Durch die offene Form ist der Kreis zur
Spirale zerdehnt worden. Die Ermittlung ist ein Segment dieser
Spirale. Man spricht also besser hier von einer Spiralstruktur
als von einer Kreisstruktur.

Es ist Weiss des öfteren vorgeworfen worden, daß er zu dem
Stoff nicht genügend Distanz gewonnen habe. So sagt zum Beispiel
Karlheinz Braun: „In dem Oratorium in 11 Gesängen, Die Ermittlung,
bleiben Peter Weiss wenig Möglichkeiten, aus der Distanz zum
Stoff jene künstlerische Freiheit zu gewinnen, die ihn auch
formal über die reine Darstellung des Stoffes gelangen lassen
könnte."[166] Doch gerade die oben erwähnte Spiralstruktur macht
deutlich, daß Die Ermittlung nicht nur „reine Darstellung des
Stoffes" ist. Auch andere Formelemente deuten auf die „künstlerisc]
Bewältigung" des Stoffes, zum Beispiel die ebenfalls oben erwähnte Einteilung der Gesänge. „Diese mathematische Aufteilung

163. Ebd., S.117
164. P. Weiss, Die Ermittlung, S.87
165. E. Salloch, a.a.O., S.139
166. K. Braun, a.a.O., S.149

(ist) ein Hilfsmittel zur Bewältigung des undurchsichtigen,
schlüpfrigen und massenhaften Materials. Sie gibt Weiss die
Distanz zum Stoff, die es ihm erlaubt, denselben künstlerisch
zu verarbeiten."[167] Titel und Untertitel dienen, wie Salloch
ausführlich nachweist, ebenfalls der Verfremdung, der Distanzge-
winnung.

Weiss gebraucht also die künstlerischen Mittel nicht, um den
Zuschauer „nachempfinden" zu lassen, wie es damals in Auschwitz
war. Das tut Hochhuth im fünften Akt des <u>Stellvertreters</u> und er
scheitert daran, weil kein Mensch heute das wieder erleben kann,
was damals war. Weiss dagegen sieht in den Kunstmitteln eine
Möglichkeit, mehr als nur Kunst zu schaffen, nämlich eine reale
Wirklichkeit, innerhalb deren dem Zuschauer erst jetzt bewußt
wird, daß er Teil dieser Wirklichkeit ist, daß er in sie eingreifen, sie verändern und damit auch sich selbst verändern kann.
Die Kunstmittel werden also nicht zum Hohn angesichts der grausamen Fakten von Auschwitz, wie Marianne Kesting meint, sondern
sie bekommen einen realen und realisierbaren Gebrauchswert. Es
muß allerdings hier die Einschränkung gemacht werden, daß dieser
Gebrauchswert nur bei der Lektüre des Stückes klar erkennbar ist.
Denn in den bisher erfolgten Aufführungen sind die Kunstmittel
noch immer dazu gebraucht worden, Erlebnis-Kunst herzustellen,
wodurch den Zuschauern verwehrt wurde, die nötige Distanz zu den
überwältigenden Fakten zu gewinnen und somit ihnen auch die Einsicht verwehrt wurde, die Weiss vermitteln wollte.

---

167. E. Salloch, a.a.O., S.71

Mit der Ermittlung hat Weiss ein Stück geschrieben, das
politisch viel effektiver ist als Hochhuths beide Stücke, weil
Weiss die vergangene und die heutige Wirklichkeit als eine ver-
änderbare darstellt, während Hochhuth bei einem „So ist es gewesen" stehenbleibt. Weiss hat damit aber auch gleichzeitig den
Schritt hin zur Parteilichkeit in die Praxis des Stückeschreibens
umgesetzt, der im Marat/Sade noch nicht getan wurde. Dieses
Schrittes wegen wurde ihm der Vorwurf gemacht, „unobjektiv" zu
sein. Weissens sogenannte „Unobjektivität" ist aber viel objektiver als die angebliche „Objektivität" Hochhuths, weil Weiss
den Menschen in einen Gesamtzusammenhang hineinstellt, in dem
politische, soziale und wirtschaftliche Faktoren den Menschen
beeinflußen und der so beeinflußte Mensch wiederum diese Faktoren
beeinflußt. Objektiv kann nur sein, wer diese dauernd sich fort-
bewegende Wechselwirkung erkennt, gleichzeitig aber auch erkennt,
daß er selber nicht zum Objekt in diesem Gesamtzusammenhang
werden kann, sondern immer Subjekt bleibt und daher nur subjektiv
urteilen kann. Objektivität ist kein Zustand, wie bei Hochhuth,
sondern ein geschichtlicher Prozeß.

Leider ist Weiss in der Ermittlung noch zu wenig auf die
geschichtlichen und gesellschaftlichen Zusammenhänge, die die
Errichtung eines Auschwitz möglich machten, eingegangen. Das mag
mit dafür ein Grund sein, daß in den Inszenierungen des Stückes
immer wieder die Fakten in den Vordergrund traten, die Zuschauer
sich immer wieder fasziniert und wollüstig an den Grausamkeiten
berauschten, das Dargebotene für sie zur Erlebnis-Kunst wurde -
eine Parallele zu Frankenstein-Filmen, nur diesmal dokumentarisch
belegt - und daß dadurch ein Erkennen der eigenen Wirklichkeit

als Fortsetzung der Wirklichkeit, in der Auschwitz entstand, gar nicht möglich war. Doch Die Ermittlung kommt dem im ersten Teil dieser Arbeit aufgestellten Versuch einer Begriffsbestimmung des dokumentarischen Theaters viel näher als Hochhuths Stücke.

Gesang vom lusitanischen Popanz
Stück mit Musik in 2 Akten

Im August 1965 führte Ernst Schumacher ein Gespräch mit
Peter Weiss, unter anderem über die Frage, wie man große weltgeschichtliche Prozesse, die uns alle angehen, überhaupt auf dem
Theater darstellen könne. „SCHUMACHER: Wie kann man solche ge-
waltigen, für alle bedeutsamen, jeden berührenden Stoffe, die
die Geschichte aufgeworfen hat, in eine Form bringen, die Komplexität ausdrückt und gleichzeitig den Menschen etwas besagt,
auch vom Theatralischen her?... Wie kann man heute diese weltgeschichtlichen Prozesse auf dem Theater noch gestalten? WEISS:
Für mich ist das eigentlich das einzige, was Wert hat, auf der
Bühne - übrigens auch in der Prosa - dargestellt zu werden. Ich
meine das nicht im beschränkten Sinne, daß man jetzt nur noch
über den Konflikt Ost-West schreiben soll, sondern daß man in
allem diesen Konflikt sehen muß... Ein Thema, das nur einen
internen Konflikt hergibt, interessiert mich also überhaupt nicht...
Was heute wesentlich ist, das ist der Versuch, sich zurechtzufinden in dieser Masse von gegensätzlichen Strömungen. Man muß
da irgendwo eine Spur finden, auf der man weitergehen kann, und
man muß wissen, wohin man gehen will. SCHUMACHER: Aber es scheint
schwierig zu sein, Fabeln zu finden, die diesen großen Aspekt,
diesen großen Horizont aufweisen. Das Schicksal der Bühne besteht
nun einmal darin, daß dort in sehr starkem Maß das Individuum
die Szene beherrscht. Wir wissen aber andererseits, daß das Individuum immer weniger die weltgeschichtliche Szene beherrscht, sondern
dort eher große Kollektive, also ‚kollektive Helden', in letzter

Instanz entscheidend sind. Und hier eine Form zu finden, die der
Bühne gerecht wird und gleichzeitig diese neue Dimension zur
Anschauung bringt, das scheint den Dramatikern eine große
Schwierigkeit zu bereiten."[168] Doch Weiss meint, er verstehe
nicht recht, was Schumacher mit „Fabel" meine. Ein Geschehen
auf der Bühne brauche für ihn keine Fabel haben, sondern könne
auch ein Zustand sein, ein Ausschnitt aus einem riesenhaften
Gebilde, „und innerhalb dieses Zustands befasse ich mich mit
bestimmten Auseinandersetzungen, mit Figuren; es brauchen auch
gar keine individuell ausgeformten zu sein, sondern sie können
Sprachrohre sein für bestimmte Anschauungen."[169] Er könne sich
aber auch ein Drama denken, in dem nur Ideen zur Sprache kommen
und nur Kräfte gegeneinander stehen als Gruppen und Chöre. Am
Schluß des Gespräches sagt Schumacher dann, er dürfe vielleicht
zusammenfassend folgern, „daß zur Darstellung geschichtlicher
Prozesse, die für uns von Bedeutung sind oder sein sollten,
starke dramaturgische Verkürzungen nötig sind."[170]

Weiss hat schon mit der <u>Ermittlung</u> versucht, „ein Welttheate
zu machen im Sinne des umfassenden Blicks, indem man versucht,
diese großen Bestrebungen auf die Bühne zu bringen, die heute
aktuell sind, diese heutige Auseinandersetzung aufzugreifen und
sich darin zurechtzufinden."[171] Allerdings ist ihm das nur teilweise gelungen. Doch nun, mit dem <u>Popanz</u>, hat er eine Form gefunden, „um diese Massen auf der Welt darzustellen, diese
enormen Schübe, die von allen Seiten aufeinander eindringen."[172]

---

168. E. Schumacher, a.a.O., S.1o7 ff.
169. Ebd., S.11o
17o. Ebd., S.111
171. Ebd., S.11o
172. Ebd.

Mit diesem Stück hat Weiss den Gedanken an ein Drama, „in dem
nur Ideen zur Sprache kommen und nur Kräfte gegeneinander stehen
als Gruppen und Chöre", ausgeführt.

Der Gesang vom lusitanischen Popanz wurde am Stockholmer
Scala-Theater uraufgeführt, weil keine bundesrepublikanische
Bühne sich bereitgefunden hatte, die Erstaufführung zu übernehmen.
Über das Datum der schwedischen Aufführung, an deren Zustandekommen
Weiss selbst beteiligt war, scheint Unklarheit zu bestehen. Im
Juni-Heft 1967 der Zeitschrift Theater heute, in dem das Stück
abgedruckt ist, steht: „Die Uraufführung war am 2o. Januar 1967."[173]
Henning Rischbieter nennt in seiner Besprechung des Stückes den
26. Januar 1967 als Uraufführungsdatum.[174] Dasselbe Datum nennt
auch Ian Hilton.[175] Und in der Buchausgabe der Dramen Weiss'
steht der 2o. Februar 1967 als Premierendatum angegeben.[176]

Widerspruchsvoll sind auch die Kritiken über das Stück. Weiss
hat einen polemischen Text über das Regime Salazars in Lusitanien
(das ist der alte römische Name für Portugal) und in dessen Kolonien Angola und Mozambique geschrieben. In elf revue-artig zusammen-
gestellten Bildern verurteilt er die Politik der Ausbeutung, die
vom Popanz betrieben wird. Dabei stellt sich Weiss auf die Seite
der Ausgebeuteten. Doch gerade diese „einseitige Parteilichkeit"
ist ihm zum Vorwurf gemacht worden. So fragt sich ein Kritiker
mit den Initialen V.O. in Christ und Welt: „Warum aber diese
fanatische Einseitigkeit, die Simplifizierung des Diktaturproblems
auf den kleinsten gemeinsamen Nenner der westlichen Ausbeuter,

---

173. Theater heute 6 (1967), S.49
174. H. Rischbieter, Gesang vom lusitanischen Popanz. In: Theater
     heute 3 (1967), S.9
175. I. Hilton, a.a.O., S.54
176. P. Weiss, Dramen 2, S.463

ohne Seitenblick auf die Parallelen jenseits der demokratischen
Wasserscheide zwischen Ost und West?"[177] Per Erik Wahlund wendet
sich in der schwedischen Zeitung Svenska Dagbladet gegen die
„fanatische Einseitigkeit der Textunterlage."[178] Marianne Kesting
schreibt: „Während die Form sich verkompliziert, vereinfacht sich
die Interpretation des Politischen zur Eindeutigkeit. Unter Anklage stehen die grellen sozialen Ungerechtigkeiten in den
portugiesischen Kolonien. Peter Weiss arbeitet mit Schwarz-Weiß-
Effekten."[179] Reinhard Baumgart meint: „Der Text ist einseitig,
parteilich, in jeder Zeile, jeder Geste offen agitatorisch: er
(Weiss) hat sich engagiert, gegen die portugiesische Kolonial-
herrschaft, für die von ihr Ausgebeuteten und Unterdrückten."[18o]
Ganze sieben Zeilen widmet Johannes Jacobi der Berliner Aufführun
des Stückes im Juni 1967: „Peter Weiss schrieb Agitprop-Theater.
Die Bühne wird zur politischen Agitation verwendet, Kunst ist
nicht beabsichtigt, sondern Propaganda."[181]

Dagegen schreibt Gunter Schäble anläßlich der Ulmer Aufführung des Stückes, „es wäre unsinnig, zu verlangen, eine
‚Gegenseite' hätte zu Wort kommen sollen, wenn es nach Meinung
des Autors keine Gegenseite, kein stichhaltiges Argument für das
Fortbestehen des portugiesischen Kolonialbetriebs gibt."[182] Weiss
referiert zwar die wenig überzeugenden Argumente der Gegenseite,
doch das ist weniger „ein zu Wort kommen" der Gegenseite als eine
Selbstentlarvung: die Präsenz des lusitanischen Popanz in Afrika
wird mit ideologisch verschleiernden Sprüchen verteidigt: wir,

177. V.O., Angola-Revue. In: Christ und Welt Nr.6 (1o.2.1967), S.
178. Zitiert nach: Theater heute 3 (1967), S.11
179. M. Kesting, Panorama, S.338
18o. R. Baumgart, a.a.O., S.13
181. J. Jacobi, Berlin fand sich selbst. In: Die Zeit (2o.1o.1967
S.23
182. G. Schäble, Kein Stück für Rezensenten. In: Theater heute 1
(1968), S.38

die Portugiesen, zivilisieren die Barbaren, ohne uns wären sie
gar nicht lebensfähig. Doch dahinter steckt reines Profitdenken,
das darauf aus ist, möglichst hohe Gewinne aus den reichen Roh-
stoffvorkommen in den portugiesischen Kolonien zu erzielen. Das
hat sich erst kürzlich wieder mit aller Deutlichkeit erwiesen, als
nach dem Sturz von Caetanos Regime die Reformvorschläge des
Generals Spinola vor allem bei den Konzernherren auf heftigen
Widerstand stießen. Ganz bewußt ist Weiss also „einseitig" geblieben, denn für ihn sind die Argumente der anderen Seite unhaltbar, der Kolonialismus kann heute nicht mehr verteidigt
werden, ganz bewußt hat er die Problematik des Stückes ver-
gröbert und vereinfacht, denn nur so, durch die „dramaturgischen
Verkürzungen", konnte er geschichtliche Prozesse darstellen.

Doch den dargestellten geschichtlichen Prozeß beschränkt Weiss
keineswegs auf Portugal und Angola. Er sieht ihn im Zusammenhang
mit dem weltgeschichtlichen Ost-West Konflikt, in dem er schon
früher Stellung bezogen hatte. Aber gerade diese Stellungnahme,
Weiss' Sympathie dem Sozialismus gegenüber, verführte manche
Kritiker dazu, schon in der Ermittlung ein „kommunistisches
Propagandastück" zu sehen. Noch viel mehr kommunistische Propaganda bietet für diese Kritiker der Popanz, schon allein weil
in diesem Stück der Ost-West Konflikt im Mittelpunkt steht und
nicht nur eine Randerscheinung ist wie in der Ermittlung. Wenn
Weiss also im siebten Bild des Popanz sagen läßt: „CHOR: 24.000
Mann schürfen euch Diamanten / in den Gruben von Luanda und Lunda /
für einen Jahreslohn von 2oo Dollar... 5: Für die Lobito Fuel
Oil Company / Für die Petrofina / für die Royal Dutch Shell /
Für die Burnay Bank / Für die First National City Bank...

7: Eisenerz / 5: Für die Companhia Mineira do Lobito / Für die

Firma Krupp / Für Bethlehem Steel / Für die Westminster Bank",[183]

dann beschuldigt er nicht nur Portugal der Ausbeutung in Angola,

sondern in den stellvertretend genannten amerikanischen und euro-

päischen Konzernen die gesamte westliche Welt, d.h. auch uns.

Rischbieter sagt dazu: „Weiss möchte, indem er auf die Portugiesen

zielt, die Europäer, die weiße Welt insgesamt treffen. Er weist

plakativ auf das Nato-Bündnissystem hin, dem auch Portugal ange-

hört, auf die wirtschaftlichen Hilfeleistungen der Bundesrepu-

blik,[184)] auf die militärischen Gegendienste der Portugiesen

durch die Überlassung von Übungsflugplätzen. Er zählt die Namen

der amerikanischen und europäischen Konzerne auf, die sich in

den afrikanischen Gebieten Portugals engagiert haben - in Weissens

Sicht: die an der kolonialistischen Ausbeutung dieser Gebiete

---

183. P. Weiss, Gesang vom lusitanischen Popanz. In: Theater heute
6 (1967), S.56; hiernach als „Popanz" angeführt.
184. Hinzu kommen auch militärische Hilfeleistungen der Bundesrepublik. Unter der Überschrift „Bonns Waffen für Portugal" ver
öffentlichte das Zeitmagazin vom 5. April 1974 auf Seite 8
die folgenden Angaben: „1961/1962: Acht Patrouillenboote der
Bayrischen Schiffbaugesellschaft; 1961: Mehr als 5o Leicht-
flugzeuge DO 27 A-4; seit 1964: Herstellung von G-3-Gewehren
in westdeutscher Lizenz in der Fabrik Braco de Prate. Ebenfal
seit 1964 werden in Portugal HK-21-Maschinengewehre (Heckler
Koch) in deutscher Lizenz hergestellt. Beide Gewehr-Typen
werden nachweislich in den Kolonialkriegen eingesetzt; 1965:
6o Düsenjäger vom Typ Sabre F-86, die vorher von Kanada gekau
worden waren; 1965: Die Firma Fritz Werner liefert Maschinen
die Produktion von Leuchtspurgeschossen, Kaliber 7,65, an die
portugiesische Fabrica Nacional de Municiones; 1966: 4o Kampf
flugzeuge vom Typ Fiat G-91, die später in Guinea-Bissao und
Mocambique eingesetzt werden; 1968: 12 „Noratlas"-Transport-
flugzeuge und 11o Dornier DO-27; 1969/197o: 3o Do-27; 197o/19
Drei Korvetten, speziell für den Einsatz in tropischen Küster
gewässern; 1972: Eine Noratlas; 1972: Die Bundesregierung erteilt einer Kölner Firma die Genehmigung, Anlagen zur Produktion von 81-mm-Granaten, 1o5-mm-Geschossen und 5oo-kg-Bomben
bei Lissabon zu errichten.
Daneben behandelt die Bundeswehr in ihrem Lazarett in
Hamburg-Wandsbek seit Jahren in den Kolonialkriegen verletzte
portugiesische Soldaten."

teilhaben. Wir sind an der Unterdrückung der Leute von Angola
und Mozambique mitbeteiligt, nur notdürftig kann man diese Beteiligung indirekt nennen."[185] Diese Beschuldigungen waren für
manche Kritiker Grund genug, das Stück als kommunistische Propa-
ganda abzulehnen. Es kam selbst zu politischen Verwicklungen. „AP
meldet am 4. Februar: das portugiesische Außenministerium hat den
__Popanz__ als ,unverantwortlich' bezeichnet, die regierungsfreundliche
Lissaboner Zeitung __Diario de Noticias__...wirft nicht nur Peter
Weiss, sondern gleich den Schweden in der Gesamtheit ,politische
Unwissenheit, Unhöflichkeit und mangelnde Stärke gegenüber dem
Kommunismus' vor. Das Stück sei ein ,Brechmittel'. Auf Weissens
Kritik an der blutigen Unterdrückung des Aufstandes in Angola 1961
erwidert die Zeitung: ,Portugal kann Angola nicht den Russen und
Chinesen überlassen'."[186] Die Vermutung drängt sich auf, daß
die bundesrepublikanischen Bühnen aus politischen Gründen, aus
Furcht vor weiteren politischen Verwicklungen sich nicht zur
Uraufführung des Stückes entschließen konnten.

Im Mai 1969 wurde das Stück in London aufgeführt. „As a
result of the London production a request was made for the
Director of Public Prosecutions to look into an M.P.'s demand for
investigation with a view to the prosecution of Peter Weiss for
incitement to racial hatred against the white people of Great
Britain. It should be added that insufficient grounds were found
for pursuing the matter."[187]

Nach der schwedischen Uraufführung schrieb Friedrich Luft

---

185. H. Rischbieter, a.a.O., S.9
186. Ebd.
187. I. Hilton, a.a.O., S.54

in der Welt: „So nimmt man diese Agitproperette, dieses Marx-Musical, was ihren Inhalt angeht, mit Mißlichkeit entgegen."[188] Die ausführlichste, aber auch die unhaltbarste der Kritiken diese Art wurde von Otto F. Best in seinem Buch über Peter Weiss verfaßt. Da schreibt Best, daß Weiss in den „1o Arbeitspunkten eines Autors in der geteilten Welt" gesagt habe, daß „die Richtlinien des Sozialismus" für ihn „die gültige Wahrheit"enthielten. Daraus folgert Best: „Mit anderen Worten: die ‚sozialistischen Kräfte' sind identisch mit der ‚Wahrheit'."[189] Mit dieser falschen Gleichstellung läßt sich Best genau das zuschulden kommen, was er Weiss zwei Seiten später vorwirft: „Die Vergröberung und Vereinfachung, mit welcher der Autor zu Werk geht, ist peinlich."[190] Nicht Weissens Vereinfachungen sind peinlich, denn sie sind bewuß eingesetzte dramaturgische Mittel, sondern Bests falsche Schlüsse sind peinlich: Aus der obigen Gleichsetzung von „sozialistischen Kräften" mit „Wahrheit" folgert Best weiter: Da Sozialismus und Marxismus gleich seien, der Marxismus aber „Objektivität, gerade weil sie Neutralität, Wertfreiheit voraussetzt, ablehnt",[191] deswegen könne die obige Gleichung nicht stimmen, denn Wahrheit setze Objektivität voraus. Weil Weissens Stück marxistisch ist, Marxismus und Wahrheit sich aber gegenseitig ausschließen, deswegen könne das Stück auch nicht objektiv sein, es könne nichts beweisen, es könne nicht der Wahrheitsfindung dienen. Daraus wiederum leitet Best ab, „daß die Methode des dokumentarischen Theaters grundsätzlich versagen muß, wenn es sich darum handelt,

---

188. Zitiert nach: Theater heute 3 (1967), S.1o
189. O.F. Best, a.a.O., S.148
19o. Ebd., S.15o
191. Ebd., S.157

(kollektive) historische Abläufe, lebendige Sozialkörper oder
‚sozial-ökonomische Verhaltensweisen' zu fassen und auf der Bühne
zur Diskussion, zum Nachdenken zu stellen."[192]

Doch schon im ersten Teil dieser Arbeit ist darauf hingewiesen
worden, daß Weiss unter Objektivität etwas anderes versteht als
Best.[193] Weiss will nicht im Sinne Bests „objektiv", also ohne
Standpunkt sein, sondern bewußt eine ganz bestimmte Stellung
einnehmen. In diesem Zusammenhang sagt Lukács über die Parteilichkeit der Literatur, daß diese Parteilichkeit „nicht - wie ‚Tendenz',
wie ‚tendenziöse' Darstellung - im Widerspruch zur Objektivität"
stehe. Sie sei „im Gegenteil die Voraussetzung zur wahren -
dialektischen - Objektivität." Diese Objektivität habe nichts mit
irgendeiner „Überparteilichkeit" zu tun, „die eine unbewußte
und darum fast immer verlogene Stellungnahme beinhaltet." Sie sei
vielmehr eine Stellungnahme, „die die Erkenntnis und die Gestaltung des Gesamtprozesses als zusammengefaßte Totalität seiner
wahren treibenden Kräfte, als ständige, erhöhte Reproduktion der
ihm zugrunde liegenden dialektischen Widersprüche möglich macht.
Diese Objektivität beruht aber auf der richtigen - dialektischen -
Bestimmung des Verhältnisses der Subjektivität zur Objektivität,
des subjektiven Faktors zur objektiven Entwicklung; auf der dialektischen Einheit von Theorie und Praxis."[194] Bests „Objektivität"
kann dagegen mit dem verglichen werden, was Lukács im hier zitierten Abschnitt als „Überparteilichkeit" bezeichnet. Der Vorwurf Bests, daß diese „Objektivität" bei Weiss fehle, ist dann

---

192. Ebd.
193. Siehe oben, S.32
194. G. Lukács, Tendenz oder Parteilichkeit? In: <u>Schriften zur
Literatursoziologie</u>, S.119

gar kein Vorwurf mehr, sondern eher ein Vorzug des Stückes, denn
gerade dieser „Objektivität" hat Weiss bescheinigt, daß sie unter
Umständen ein Begriff sei, der einer Machtgruppe zur Entschuldigu
ihrer Taten diene.[195)]

Was aber will Weiss mit seinem Stück erreichen? „Er will
uns - wie heißt doch der Ausdruck in der DDR? - agitieren, durch
Agitation gewinnen."[196)] Er will uns durch Information, auch wenn
sie einseitig ist, nicht für den Marxismus, sondern gegen die
Ausbeutung, gegen die Unmenschlichkeit gewinnen. Zu Recht betont
Rischbieter, daß Weissens Werk keiner nationalen Literatur ange-
höre. „Er steht in keiner partiellen Verpflichtung. Er unternimmt
es...universale Verantwortlichkeit zu praktizieren. Angola ist
ihm so nahe wie die Berliner Mauer - und vielleicht sogar näher,
weil Schuld und Leid dort in Afrika eindeutiger verteilt sind."[19]
Doch gerade in diesem Zusammenhang erhebt sich die Frage, ob es
denn wirklich so unsinnig ist, zu verlangen, daß eine Gegenseite
zu Wort hätte kommen sollen. Für Weiss mag es keine stichhaltigen
Gegenargumente geben, aber das soll nicht heißen, daß es sie für
den Zuschauer auch nicht geben darf. „Darin, daß der politische
Gegner lediglich als ,Popanz' erscheint", sieht Manfred Karnick
eine zentrale dramatische Schwäche des Stückes. „Wenn man den
Standpunkt der einen Seite keinen Augenblick lang als vertretbare
Position ernstnehmen kann, fehlt der Agitation jeder Gegenhalt
und jede Gespanntheit. Dann ist uns die Möglichkeit genommen, aus
eigener Überzeugung Stellung zu beziehen. Dann zwingt uns nichts

---

195. Siehe oben, S.36
196. H. Rischbieter, a.a.O., S.9
197. Ebd.

zur Parteinahme. Das Stück nimmt sie uns ja bereits ab! Wenn wir
den Standpunkt des Autors teilen, fühlen wir uns bestätigt. Wenn
wir entgegengesetzter Meinung oder unentschieden sind, sagt uns
das Stück weniger als die historische Quellenschrift, der
aktuelle Zeitungsbericht oder der Fernsehreport. Durchaus gegen
die Absicht des Verfassers ergibt sich hier als Folge der be-
wußten Parteilichkeit ein engagiertes Theater, das nicht engagiert."[198] Ähnliches sagt auch Peter Demetz: Weiss präsentiere
in diesem Stück „monolithische politische Argumente, die eher
darauf angelegt sind, den Glauben der Überzeugten zu stärken als
die Skeptiker zu überzeugen."[199] Weiss läßt die Gegenseite zwar
auch als individuelle Weiße auftreten, die ihre Argumente vor-
bringen, aber schon oben ist darauf hingewiesen worden, daß diese
Argumente nichts als ideologisch verschleiernde Banalitäten sind.
Diese Tatsache verführt Weiss dazu, die Gegenseite nicht ernst
zu nehmen. Dadurch versäumt Weiss, in seinem Stück darzulegen, daß
gerade diese unhaltbaren Argumente furchtbar ernste und konkrete
Folgen haben. Auch die Machthaber sind sich dessen bewußt, daß
ihre Argumente unhaltbar sind, aber gerade diese Unhaltbarkeit
ihrer Argumente zwingt sie dazu, Gewalt zu gebrauchen, um ihr
eigentliches Ziel, die Profitwirtschaft mit den afrikanischen
Rohstoffen, ungehindert weiterverfolgen zu können. Die Gegenseite
hätte ernst genommen werden müssen, nicht weil ihre Argumente
eventuell doch noch zu verteidigen wären, sondern weil erst damit
„jene Stellungnahme erfochten (wird), die die Erkenntnis und die

---

198. M. Karnick, a.a.O., S.135 f.
199. P. Demetz, a.a.O., S.148

Gestaltung des Gesamtprozesses als zusammengefaßte Totalität
seiner wahren treibenden Kräfte, als ständige, erhöhte Reproduktion der ihm zugrunde liegenden dialektischen Widersprüche
möglich macht." Eine Stellungnahme ist erst dann eine wirkliche
Stellungnahme, wenn sie auf Grund einer ernsthaften Auseinandersetzung erfolgt ist. Eben diese Auseinandersetzung konnte bei
Weiss nicht stattfinden, weil die Gegenseite von vornherein einer
Auseinandersetzung nicht für würdig befunden wurde. Weiss hat die
Gegenseite wohl angeführt, ihr aber nicht das Gewicht gegeben,
das auch den Zuschauer zur Parteinahme gezwungen hätte. Zu Recht
erkennt Karnick daher in diesem Punkt die Schwäche des Stückes.

Doch selbst wenn es dem Stück gelänge, zu informieren, zu
überzeugen, zu empören, erhebt sich die Frage, die Schäble sich
stellte, nämlich: Was fange ich mit dieser Information, dieser
Überzeugung und Empörung an? „Natürlich nichts, wenn ich nicht
die billige Reservierung auf eine mir beigebrachte Ansicht vornehme, die mich in Zukunft an der Zeitungs- und Wohlstandskon-
formität leiden läßt - dazu ist nicht nur genügend anderer Anlaß,
das wird auch mit ziemlicher Sicherheit zur phlegmatischen
Nonkonformistenattitude. Weiss erreicht also am Ende mit dem
Popanz nichts außer einigen Stunden unklarer Empörung."[200] Das
stimmt nicht ganz. Außer der unklaren Empörung, die sich gegen
die Ausbeuter, in diesem Falle die Portugiesen,richtet, erreicht
Weiss bei uns auch noch, daß wir uns dessen bewußt werden, daß
wir ebenfalls von der Ausbeutung der portugiesischen Kolonien

---

200. G. Schäble, a.a.O., S.40

profitieren, daß wir uns nicht billig über die Portugiesen auf-
regen sollten, solange wir selber an der Ausbeutung teilnehmen,
solange unsere Autos z.B. noch mit dem Öl geschmiert werden, das
die Schwarzen für einen Hungerlohn in Angola aus der Erde holen.
Schäbles abschließende Frage, ob es überhaupt einen Theaterautor
gebe, der mehr als einige Stunden unklarer Empörung erreiche, ist
damit teilweise beantwortet. Doch hinter seiner Frage nach der
Empörung gegen die Ausbeuter liegt eine weit wichtigere Frage,
nämlich ob es dem Stück gelingt, das in uns erwachte Bewußtsein
unserer „Mittäterschaft" in Empörung gegen uns selbst und somit
zum aktiven, konkreten Handeln gegen die Zustände in den portugiesischen Kolonien umschlagen zu lassen.

Diese Frage steht auch im Hintergrund der Kontroverse
zwischen Hans Magnus Enzensberger und Peter Weiss. Im Kursbuch 2
meint Enzensberger, daß die konventionelle Einteilung der Welt in
einen Ost- und einen Westblock nicht mehr ausreiche, um die
heutige Weltlage zu beschreiben. Diese Weltlage werde heute bestimmt durch den Gegensatz zwischen den reichen und den armen
Völkern, vor allem durch die unüberbrückbare Kluft zwischen beiden.
„Ohnmächtig stünden wir dem Zwiespalt gegenüber: die Idealisten
seien auf unwirksame, punktuelle Caritas verwiesen, die Liberalen
auf Sympathie und Behauptung der eigenen ‚inneren' Freiheit. Besonders verblendet aber wollten Enzensberger die ‚Doktrinären' erscheinen: ‚Sie ergreifen Partei gegen die Welt, in der sie leben...
Ihre Aktivität bleibt verbal, sie erschöpft sich in Agitation'."[201)]

---

201. Zitiert nach: H. Rischbieter, a.a.O., S.1o

Auf diese Ansicht Enzensbergers antwortete Weiss im <u>Kursbuch 6</u>.
Dem, was Enzensberger als doktrinäre Haltung kennzeichnete,
widersprach Weiss: „Indem wir uns soviel Kenntnisse wie möglich
verschaffen über die Zustände in den von den ‚Reichen' am
schwersten bedrängten Ländern, können wir diese Länder in unsere
Nähe rücken und unsere Solidarität mit ihnen entwickeln."[2o2)]

Für Weiss ist Solidarität aber nicht ein unbestimmtes Gefühl
der Sympathie, sondern sie entspricht eher der tätigen christ-
lichen Nächstenliebe. In ihrer Verwirklichung wird gleichzeitig
auch die von Lukács postulierte Einheit von Theorie und Praxis
verwirklicht. Enzensberger dagegen ist pessimistischer: für ihn
ist Solidarität, so wie sie in der sogenannten revolutionären
Literatur Westeuropas gefordert wird, noch immer mehr Theorie als
verwirklichte Praxis. In seinem Aufsatz „Gemeinplätze, die Neuest
Literatur betreffend" zitiert er Régis Debray, der in einem Brief
aus Bolivien mit großer Entschiedenheit für eine Literatur eintritt, die sich als bloßes Instrument der Agitation versteht:
„‚Für den Kampf, der vor unseren Augen und in jedem einzelnen
von uns ausgekämpft wird zwischen der Prähistorie und dem Wunsch,
unserer Vorstellung vom Menschen entsprechend zu leben, brauchen
wir Werke, die Zeugnis davon ablegen: wir brauchen Fetzen und
Schreie, wir brauchen die Summe aller Aktionen, von denen solche
Werke Nachricht geben. Erst dann, wenn wir sie haben, unentbehr-
liche und einfache Berichte, Lieder für den Marsch, Hilferufe und
Losungen für den Tag, erst dann haben wir ein Recht darauf, uns

---

2o2. Ebd.

an literarischen Schönheiten zu erfreuen.' Eine Literatur, die
solchen Forderungen entspräche, existiert, wenigstens in Europa,
nicht."[203] Enzensberger zitiert auch André Breton, der schon vor
vierzig Jahren den Grund angegeben hat, weswegen eine solche
Literatur in Europa nicht existieren kann: „,Denn in einer
vorrevolutionären Epoche ist der Schriftsteller oder Künstler
notwendigerweise im Bürgertum verwurzelt und schon deshalb außerstande, für die Bedürfnisse des Proletariats eine Sprache zu
finden.'"[204] Die einzige Literatur, die der Forderung Debrays
einigermaßen entgegenkomme, seien „beispielsweise Günter Wallraffs
Reportagen aus deutschen Fabriken, Bahman Nirumands Persien-Buch,
Ulrike Meinhoffs Kolumnen, Georg Alsheimers Bericht aus Vietnam.
Den Nutzen solcher Arbeiten halte ich für unbestreitbar. Das
Mißverhältnis zwischen der Aufgabe, die sie sich stellen, und den
Ergebnissen, die sie erbracht haben, läßt sich nicht auf Talent-
fragen reduzieren. Es ist auf die Produktionsverhältnisse der
Bewußtseins-Industrie zurückzuführen... Die Verfasser halten an
den traditionellen Mitteln fest: am Buch, an der individuellen
Urheberschaft, an den Distributionsgesetzen des Marktes, an der
Scheidung von theoretischer und praktischer Arbeit."[205]

Auch Weissens Stück ist eine der Arbeiten, bei der das Mißverhältnis zwischen der Aufgabe, das es sich stellte, und den
Ergebnissen, das es erbracht hat, auf die Produktionsverhältnisse
der Bewußtseins-Industrie zurückzuführen ist. Deshalb ist Schäbles
Frage nicht ganz gerechtfertigt. Es geht nicht darum, ob ein

2o3. H.M. Enzensberger, Gemeinplätze, die Neueste Literatur be-
     treffend. In: Poesie und Politik, S.323 f.
2o4. Ebd., S.324
2o5. Ebd., S.327

Theaterautor mehr als unklare Empörung erreiche, sondern darum,
ob ein Stück oder ein Theaterautor in der bundesrepublikanischen
Gesellschaft überhaupt in der Lage ist, mehr zu erreichen. Die
Frage nach der politischen Effektivität dieses Stückes ist daher
nicht nur eine Frage nach der Qualität des Stückes, sondern die
mindestens ebenso wichtige Frage nach der Beschaffenheit der
Gesellschaft, in der das Stück aufgeführt wird. Eine Aufführung
des Stückes vor schwarzen Minenarbeitern in Luanda zum Beispiel,
hätte bei Schäble gar nicht die Frage aufkommen lassen, ob das
Stück mehr als einige Stunden unklarer Empörung erreiche. Die
Art der Rezeption des Stückes und damit seine politische Effektivität hängt von der Art des Publikums ab. In der Bundesrepublik
gehörte das Publikum der städtischen Bühnen, an denen Weissens
Stück aufgeführt wurde, zum Bürgertum, dem die Probleme eines
angolanischen Minenarbeiters nicht nur vollkommen unverständlich,
sondern darüber hinaus auch völlig gleichgültig sind. Selbst ein
sich zufälligerweise in ein städtisches Schauspielhaus verirrende
bundesrepublikanischer Arbeiter wird Schwierigkeiten haben, die
Zusammenhänge zwischen seiner eigenen Problematik und der eines
schwarzen Arbeiters in Angola zu erkennen und zu begreifen, weil
die Situation eines europäischen Arbeiters so viel komplexer und
undurchschaubarer ist als die seines angolanischen Kollegen.

   Deshalb wurden die Aufführungen dieses Stückes dem bürger-
lichen Publikumsgeschmack angepaßt, das Stück wurde zur Erlebnis-
Kunst umfunktioniert. Schon Rischbieter meinte, daß "die...als
Pamphlet, ein bedeutendes Stück Literatur ist. Es ist nicht für
die Lektüre bestimmt, es will gesprochen, gesungen, getanzt werde
Es drängt auf die Bühne."[206] Die Aufführungen konzentrierten

---

206. H. Rischbieter, a.a.O., S.11

sich dann auch auf das Show-Element des Stückes, so daß Rischbieter selbst bei der Stockholmer Aufführung, an der Weiss mit-
arbeitete, feststellt, daß es ihr „an Schärfen, Brüchen, an
Frischem und Heftigem - an Sprengkraft" fehlt.[2o7] Noch deutlicher
sagte Rischbieter das anläßlich der Berliner Aufführung des
Stückes, die zur „aufgeputschten, emotional angeheizten Massen-
Show" wurde: „Ich fühle mich außerstande, am Beispiel dieser
Aufführung zu sagen, was Weissens Text (dessen Triftigkeit als
politisches Pamphlet ich im März-Heft begründete) heute auf
unserem Theater zu bewirken vermöchte... Die Probe aufs Exempel,
ob nämlich Weiss für politische Themen die gemäße Form gefunden
hat, ist ausgeblieben. Betrifft uns Angola? Die Frage bleibt
offen."[2o8] Die Frage ist bis jetzt bei allen Aufführungen offen
geblieben, doch so, wie Rischbieter sie stellt, wird sie immer
offen bleiben müssen, denn weder kann das bürgerliche Publikum,
noch können die bürgerlichen Stadttheater die Probe aufs Exempel
liefern. Nicht die Frage, ob Weiss für politische Themen die
gemäße Form gefunden hat, ist wichtig, sondern die Frage, ob
unsere Theater für politische Themen die gemäße Aufführungsform
gefunden haben. Diese Frage wird erst dann beantwortet werden
können, wenn sich die Theater von Grund auf verändert haben und
damit auch die Zusammensetzung des Publikums sich grundlegend
geändert hat.

2o7. Ebd., S.12
2o8. H. Rischbieter, Realität, Poesie, Politik, a.a.O., S.14

Figuren

In der Ermittlung trugen nur die Angeklagten noch ihre
Namen; die anderen Figuren blieben namenlos. Im Gesang vom
lusitanischen Popanz tritt nur noch eine Person mit Namen auf:
„Ich heiße Ana."[209] Doch die Darstellerin dieser Rolle ist schon
im nächsten Bild Teil des Chores und stellt außerdem eine Afri-
kanerin dar, die bei der örtlichen Behörde um die Erlaubnis bitte
mit anderen Gleichgesinnten eine eigene Schule gründen zu dürfen.
Weiss selbst sagt in der Vorbemerkung zum Stück folgendes über
die Figuren: „7 Spieler, 4 weibliche, 3 männliche, stellen alle
Rollen des Stückes dar. Ihre Kleidung alltäglich. Mit einfachsten
Mitteln können Übergänge von einer Rolle zur andern angedeutet
werden. Ein einzelner Gegenstand genügt: ein Tropenhelm, ein
Kruzifix, ein Bischofshut, ein Stock, ein Sack usw. In seltenem
Fall eine Halbmaske. Die Attribute dürfen nicht kunstvoll sein.
Ihre Machart soll zu sehen sein. Oder sie sollen wirken wie
aufgefunden am Straßenrand. Auf keinen Fall dürfen mit Schminke
und Maskierung Wechsel von europäischer zu afrikanischer Rolle,
und umgekehrt, gezeigt werden. Die Schauspieler, gleich welche
Hautfarbe sie haben, sprechen abwechselnd für Europäer und
Afrikaner. Nur in ihrer Spielweise nehmen sie Stellung zu den
Konflikten."[210]

Auch in diesem Stück entpersonalisiert Weiss also seine
Figuren. Sie sind Stimmen, Sprachrohre, die jeweils eine Idee
ausdrücken. Doch Weiss geht hier einen Schritt weiter als in

209. P. Weiss, Gesang vom lusitanischen Popanz, S.54
210. Ebd., S.49

der _Ermittlung_. Dort bestand noch eine klare Trennung zwischen
den einander sich gegenüberstehenden Seiten: die Angeklagten
trugen ihre Namen, die ehemaligen Häftlinge waren namenlos.
Palitzsch versuchte in der Stuttgarter Aufführung der _Ermittlung_
diese Trennung aufzuheben, indem er die Schauspieler jeweils
mehrere Rollen spielen ließ. Dadurch wurde er dem Text bzw.
Weissens Intention gerechter als andere Aufführungen, weil es dem
Autor ja gerade darauf ankam, die Austauschbarkeit der beiden
Seiten aufzuzeigen. Hier im _Popanz_ gibt Weiss die Regieanweisung,
die bei der _Ermittlung_ fehlte. Jeder Spieler stellt mehrere
Rollen dar und jede dieser Rollen ist namenlos. „Der Negersklave
ist im nächsten Augenblick ein Diplomat, ...der Plantagenarbeiter
wird zum bramarbasierenden General, dann wieder zum verzweifelten
Widerstandskämpfer. Die demütige Putzfrau verwandelt sich in eine
mondäne Dame, die Witwe eines schwarzen Kumpels in eine Journa-
listin, die einen Minister interviewt, der kurz zuvor als Bischof
das Volk segnete."[211] Außerdem gruppieren sich die Spieler in
immer wieder anderen Zusammenstellungen zum Chor, der einmal als
Kommentator fungiert, ein anderes Mal eine Gruppe von Afrikanern
und ein drittes Mal eine Gruppe von Europäern darstellt. Dadurch
wird dem Schauspieler einerseits jede Möglichkeit genommen, zum
Rollenträger zu werden, sich mit der Rolle zu identifizieren und
das macht es auch dem Zuschauer unmöglich, sich mit einer bestimmten Figur zu identifizieren. „Die Figur ist nur noch Leer-
form für wechselnde Inhalte."[212] Aber andererseits wird durch

211. V.O., Angola-Revue, a.a.O., S.18
212. M. Karnick, a.a.O., S.135

die Vielfalt der Rollen, die jeder Schauspieler zu übernehmen hat
die Austauschbarkeit dieser Rollen demonstriert. Der Schauspieler
der gerade noch einen Unterdrücker spielte, stellt im nächsten
Augenblick einen Unterdrückten dar. Damit wird ganz deutlich, daß
die Rolle nicht an die Person gebunden ist, daß die Trennung in
Ausbeuter und Ausgebeutete, die in Angola auch gleichzeitig eine
Rassentrennung ist, kein unabänderliches Naturgesetz ist, sondern
eine dem Menschen durch politische und ökonomische Interessen
aufgezwungene soziale Rolle. Die Unmöglichkeit, sich mit den
schnell wechselnden Rollen im Stück zu identifizieren, soll den
Zuschauer wie den Darsteller der jeweiligen Rolle, in die Distanz
zwingen, die auch Brecht mit seinem Verfremdungseffekt erreichen
wollte. Denn nur aus dieser Distanz ist die Einsicht möglich, die
das Stück vermitteln will, daß nämlich die demonstrierten Zustände durchaus veränderbar sind. Leider ist diese Einsicht aber
in keiner der Aufführungen des Stückes vermittelt worden. Das
liegt nicht am Stück, wie schon angedeutet wurde, sondern daran,
daß die von Weiss gebrauchten „Kunstmittel", der schnelle Rollen-
wechsel, der Tanz, der Gesang, dazu verwendet wurden, um bürgerliche Erlebniskunst, um eine emotional angeheizte Massen-Show, wi
Rischbieter das nannte, herzustellen.

Sprache

Auch die Sprache führt hier dazu, daß der Zuschauer von dem
Geschehen Abstand nimmt. Weiss selbst sagte ja auch in seinen
„Notizen zum dokumentarischen Theater": „Je bedrängender das
Material ist, desto notwendiger ist das Erreichen eines Überblick
einer Synthese."[213] Schon in der Ermittlung hat Weiss die

---

213. P. Weiss, a.a.O., S.34

Sprache als Distanzierungsmittel verwendet. Im _Popanz_ wird diese
Funktion der Sprache noch deutlicher. Dadurch daß die Sprache
hier zur Kunstsprache wird, soll der Zuschauer vom Material, vom
Inhalt der Sprache verfremdet werden. Er soll in eine Distanz gezwungen werden, die ihm die Einfühlung in das Dargestellte, ein
verschleierndes Sympathiegefühl den armen Schwarzen gegenüber
unmöglich macht. In dieser Distanz wird dem Zuschauer das Mitdenken und damit auch das Umdenken ermöglicht, womit die Voraussetzung einer möglichen Änderung der dargestellten Zustände gegeben ist. Doch auch diese durch die Sprache zu schaffende Distanz
haben die Aufführungen des Stückes, die in der Bundesrepublik
stattfanden, nicht herzustellen vermocht.

Wie sieht nun diese Sprache aus? Weiss gebraucht drei Sprachformen, die er auf die drei Figurengruppen verteilt. Die Stimmen
der Unterdrücker (Popanz, Bischof, General, Kolonisatoren) sprechen
in rhythmisierter Prosa, der Chor (die Afrikaner) spricht in
freirhythmischen Formen, die manchmal an afrikanische Lyrik erinnern, und die drei Sprecher (Wortführer der Afrikaner und der
Solidarität des Autors mit ihnen) äußern sich in grob gereimten
Knittelversen. „Diese Dreiteilung ist allerdings nicht strikt
durchgehalten, der Text weist eine Fülle von Varianten, Kleinformen,
Entgegensetzungen auf."[214] So zum Beispiel repräsentiert der
Chor am Anfang des zweiten Bildes die portugiesischen Eroberer
mit seinem Refrain: „In den seit 5 Jahrhunderten / zu uns ge-
hörenden / überseeischen Provinzen."[215] Im selben Bild reprä-

---

214. H. Rischbieter, Gesang vom lusitanischen Popanz, a.a.O., S.1o
215. P. Weiss, _Popanz_, S.51

sentiert er aber auch die Afrikaner in einem lyrischen Wechsel-
gesang mit der Spielerin 2, die zur Vorsängerin wird: „CHOR: Reiß
die Erde auf wühlt sie auf werft sie auf / 2: Laßt die Männer die
Schmerzen der Kreißenden spüren / CHOR: Reißt die Erde auf wühlt
sie auf werft sie auf / 2: Laßt die Männer die Schmerzen des
Gebärens spüren."[216] Wenig später im dritten Bild repräsentiert
der Chor wieder die Kolonisatoren, aber nun spricht er in gereimten Knittelversen: „Wir aber sind es die nutzbar machen Afrik
die die Schlafsucht bekämpfen und die Malaria / Wir sind es die
die Schätze des Bodens erschließen / so daß viele davon den
Gewinn genießen."[217] Auch diese nicht strikt durchgehaltene
Dreiteilung der Sprachformen verwischt also die Rolleneinteilung
in Ausbeuter und Ausgebeutete. Das heißt nicht, daß es keine
Unterschiede zwischen ihnen gibt, doch sie kommen lediglich in der
Inhalten des Gesagten zum Ausdruck. Es ist also nicht ohne
weiteres aus den _Formen_ des Gesagten ersichtlich, ob der jeweilige
Sprecher zu den Ausbeutern oder zu den Ausgebeuteten gehört. Weiss
vermeidet die Festlegung der Rollen auf einen bestimmten Sprach-
stil: nicht alle Ausbeuter sprechen z.B. dauernd in rhythmisierter
Prosa. Auch dadurch erschwert Weiss eine Identifikation des
Zuschauers mit einer bestimmten Rolle.

Nur dort, wo der Inhalt in Musikformen ausgedrückt wird,
unterstützt die Form den Text. So heißt es in einer Regieanweisung
„Den letzten Absatz der POPANZ-Rede bringt 6 als Arie vor."[218]
Der Popanz gähnt und die Arie folgt: „Jugend / mehr denn je /

---

216. Ebd.
217. Ebd., S.52
218. Ebd., S.5o

müßt ihr euch stärken / körperlich und geistig / um morgen bereit
zu sein / die Soldaten abzulösen / zur Verteidigung / unserer
Werte."[219] Dazu sagt Salloch: „Arie ist hier Klischee, endlose
Wiederholung des alten Unsinns, nicht zur Erbauung, zum Mitfühlen
des Zuschauers gesungen, sondern um ihn zum Widerstand gegen die
ewigen Wiederholungen des Sängers zu führen."[220] An anderer
Stelle sagt Weiss in einer Regieanweisung: „2 tritt von hinten
durch den Vorhang. Ihr Gesicht verzogen zu einem künstlichen
Lächeln. Singt zu einer einschmeichelnden Melodie."[221] Dann folgt
der Text: „Geduldig arbeiten seht ihr unsre bäuerlichen Menschen /
weltlichen Reichtum streben sie nicht an / Zufrieden wohnen sie
in ihren reinlichen Hütten / in Demut verbunden den Großgrundbesitzern / deren noble Schlösser die Landschaften zieren."[222] Der
Text drückt hier das aus, was schon die Musik, die einschmeichelnde
Melodie suggeriert: Zufriedenheit, Ergebenheit, Ruhe. Im Zusammenhang aber, in dem dieses Lied steht, wird deutlich, daß Text und
Melodie zur Parodie werden, Ruhe und Harmonie nur vortäuschen.
Denn unter der anscheinend ruhigen Oberfläche brodelt es: „Wir
Gefangenen verfluchen jeden Tag / an dem unser Land nichts gegen
sie vermag."[223] Diese „sie" sind unter anderen auch die Großgrundbesitzer. Doch, wie gesagt, nur an diesen Stellen, wo Weiss
Musikformen gebraucht, werden diese Formen von ihm als Charakterisierungsmittel verwendet. Ansonsten aber scheint es für den Inhalt des Gesagten belanglos zu sein, ob nun ein Sprecher in
rhythmisierter Prosa, in freien Rhythmen oder in Knittelversen

---

219. Ebd.
220. E. Salloch, a.a.O., S.137
221. P. Weiss, Popanz, S.60
222. Ebd.
223. Ebd.

spricht.

Es ist noch anderes an der Sprache kritisiert worden: Weiss
habe grob, ungeschlacht, holpernd geschrieben. Darauf entgegnet
Rischbieter: „Natürlich hat er das. Scheinbare Unbedenklichkeiten
in der Wortwahl, rohe, selbst papierne Wendungen unterlaufen - si
sind für den Pamphletcharakter des Textes notwendig."[224] Aber
das stimmt nicht. Diese Sprache ist in hohem Maße Kunstsprache,
gerade weil Weiss bewußt „grob, ungeschlacht, holpernd geschriebe
hat. Diese Kunstsprache trägt nichts zum Pamphletcharakter des
Stückes bei, sondern negiert ihn eher. Durch die Sprache wird das
Stück nicht zum Pamphlet, sondern zum Kunstwerk, wenn auch zu
einem scheinbar primitiven. Rischbieter selbst berichtet in einem
Gespräch mit Weiss nach der Uraufführung des Popanz, daß Weiss
sich auch eine andere Aufführung als die Stockholmer vorstellen
könne: „ein Jahrmarktstheater, grob, grell, stark, einfach."[225]
Denn das ist, was Weiss mit dem Popanz geschrieben hat: Jahrmarkt
theater, und das ist ihm so „grob, grell, stark, einfach" geraten
daß viele Regisseure meinten, man müsse es erst zu einem „Kunstwerk" verbessern, bevor man es aufführen könne. Was bei diesen
Verbesserungsversuchen herauskam, wurde schon an anderer Stelle
zitiert: eine seichte, oberflächliche Vergnügungs-Show, die einer
Kreuzung zwischen einem Musical und einem Kabarett glich, die
aber deswegen kaum noch etwas mit dem politisch brisanten Theater
text zu tun hatte, den Weiss schrieb.

---

224. H. Rischbieter, Gesang vom lusitanischen Popanz, a.a.O., S.1
225. H. Rischbieter, Peter Weiss dramatisiert Vietnam, a.a.O., S.

Struktur

Wie schon erwähnt, ist das Stück in elf Bilder oder Nummern
eingeteilt und jede Nummer ist wieder in die schon oben erwähnte
Gruppierung der Stimmen unterteilt. Damit ergibt sich, wie schon
bei der Ermittlung, ein Bezug zu Dantes Divina Commedia. Weiss hat
nirgends, soweit mir bekannt, den Gesang vom lusitanischen Popanz
als Teil des geplanten dreiteiligen Welttheaters gesehen. Doch
wenn man Die Ermittlung als Parallele zu Weissens Inferno sehen
kann, dann könnte man auch den Popanz als Parallele zu Weissens
Purgatorio sehen. Dieses Purgatorio ist nach Weiss die Gegend
des Zweifelns, in der es den Gedanken an eine Veränderung gibt.
Solch eine „Gegend" wird im Popanz dargestellt.

Die Unterteilung der Nummern ist aber nicht so klar wie in
der Ermittlung. Nummer I beginnt mit einer Schmähung des Popanz
durch die Sprecher. Unmittelbar darauf folgt als Kontrast eine
scheinheilige Selbstinterpretation des Popanz. Damit wird auf
das lusitanische System im Mutterland hingewiesen. Es folgt eine
illustrierende Kurzszene, in der ein Herr, der eben noch als
„fortschrittlicher" Nutznießer des lusitanischen Systems die Notwendigkeit der Arbeitskräftereserve begründete, der Dienstmagd
Befehle erteilt. Es schließt sich ein Frauen-Monolog über die
Mühsal des Alltags an und dann folgt, nach kurzen Wechselreden
zwischen Herr, Dame und Dienstmagd, die Überleitung nach Afrika.
Erst Nummer II spielt sich also in Afrika ab. Nummer X und XI
kehren wieder nach Lusitanien zurück. „Der Kreis, der Angola und
Mozambique gefangenhält, ist geschlossen",[226] sagt Rischbieter.

---

226. H. Rischbieter, Gesang vom lusitanischen Popanz, a.a.O., S.11

Doch innerhalb dieses Kreises haben wir es zu tun mit
kontrastierenden Sichtweisen, Miniatur-Szenen, die als „dramatisc
Mikroformen in den reportierenden Gesamtverlauf eingesprengt"
sind, und mit lyrischen Wechselgesängen. Diese verschiedenen
Strukturelemente sind unvermittelt nebeneinandergesetzt und darau
ergibt sich das, was Manfred Karnick als dramatische Collage bezeichnet: „Die asyndetische Folge der Episoden, der schlagartige
Wechsel der Bilder, die beunruhigende Verschränkung der Zeiten un
die Auflösung des Charakters."[227] Diese Collagen-Technik gebraucht Weiss in diesem Stück zur Demontierung der Wirklichkeit,
„um sie nach einem neuen Entwurf zu einem Bild mit eindeutiger,
bewußt parteilicher Aussageabsicht wieder zusammenzustellen. Die
strukturellen Verschiebungen sind Ausdruck einer thematischen
Umfunktionierung."[228]

Gleichzeitig läßt sich aber auch vom Gebrauch dieser Collage
Technik her eine Verbindung ziehen zum Surrealismus. Schon in
der Ermittlung ist Weissens Abhängigkeit von dieser Kunstrichtung
zu sehen. Hier beim Popanz wird diese Abhängigkeit noch deutliche
sichtbar. Auch im Surrealismus wurde die Wirklichkeit in ihre
Einzelteile zerlegt und wieder, allerdings „unnatürlich", zusammengesetzt, wenn auch teilweise zu einem anderen Zweck. Wie
im Surrealismus sind auch bei Weiss Struktur und Aussage eins.
Sein Drama „spielt das Spiel von der Unfreiheit des Menschen und
von dem Kampf um seine Befreiung, von der Verunsicherung und von
der Veränderung der Welt. Und Unfreiheit und Befreiung, Verun-

---

227. M. Karnick, a.a.O., S.131
228. Ebd., S.142

sicherung und Veränderung stehen nicht nur in antithetischem
Bezug, sondern auch im Zusammenhang von Voraussetzung und Folge."[229]

Gerade diese Antithetik, dieses unmittelbare Nebeneinander
von Widersprüchlichem macht die Spannung des Textes aus. Diese
Spannung ist aber auch gleichzeitig Voraussetzung für die beabsichtigte Folge, nämlich Agitation. Je mehr Spannung erzeugt
wird, desto leichter ist Agitation möglich. Wird diese Spannung
überspielt, werden die Brüche mit Musik verklebt, wie das in
Stockholm und anderswo geschehen ist, dann verschwindet auch der
beabsichtigte Agitationscharakter des Stückes.

Es kommt aber noch etwas anderes hinzu: diese Spannung wird
nicht nur mit strukturellen, sondern vor allem mit künstlerischen
Mitteln erzeugt. Doch bei den Aufführungen sind gerade diese
Kunstmittel nicht dazu gebraucht worden, um Spannung zu erzeugen,
um das Grobe, Grelle, Starke und Einfache hervorzuheben, sondern
um das unvermittelte Nebeneinander der Ereignisse zu überspielen,
um die Unebenheiten zu glätten und aus dem beunruhigenden Stück
eine in sich schlüssige, „kunstvolle" Theateraufführung zu machen,
die überhaupt nichts Beunruhigendes mehr an sich hat. Auch dadurch verlor Weissens Text seinen Agitationscharakter.

Otto F. Best meint, der Gesang vom lusitanischen Popanz sei
kein dokumentarisches Theater (Dokumentationstheater, wie er es
nennt), sondern es „ist in Wirklichkeit ‚dokumentarisches Weihespiel', so widersprüchlich es klingen mag, in dem der Versuch

---

229. Ebd., S.143

gemacht wird, Dokument mit Offenbarung im Kultspiel zu verbinden."[230] Die Gründe für diese Meinung Bests sind schon am
Anfang dieser Arbeit besprochen worden. Doch gerade wegen der
fehlenden „Objektivität", die Best dem Autor zum Vorwurf machte,
ist dieses Stück politischer als z.B. die Stücke von Hochhuth
und kommt daher auch der oben aufgestellten Definition näher als
der <u>Stellvertreter</u> oder die <u>Soldaten</u> es können. Der Text des
<u>Popanz</u> beruht weitgehend auf authentischen Dokumenten, portu-
giesischen Protokollen, Kommentaren von Ministern und Diplomaten,
Aussagen von Flüchtlingen und Widerstandskämpfern, objektiven
Studienberichten und internationalen Pressemeldungen. Außerdem
ist das Stück in hohem Maße künstlerisch, doch leider war es
den bürgerlichen Stadttheatern in der Bundesrepublik kaum möglich
das Künstlerische des Stückes im Sinne Weissens anzuwenden, nämli
um eine neue Wirklichkeit zu schaffen. Kunst wurde zur Erlebnis-
Kunst, und zwar in einem solchen Maße, daß Weiss sich veranlaßt
sah, wie Rischbieter meldet, während der Proben in Stockholm die
politische Nutzanwendung dem Stück hinzuzufügen. „In Stockholm
endet der <u>Gesang vom Popanz</u> nicht mit der Schmährede auf das
Symbol des kolonialistischen Kapitalismus, sondern...(mit) der
Aufforderung zur Aktivität...: ‚Befreiet sie' - die Leute von
Angola, alle Unterdrückten."[231] Doch selbst diese ganz konkrete
Aufforderung wird kaum ein bürgerliches Publikum zu einer konkret
und gezielten Handlung veranlassen können. Das liegt nicht daran,
daß diese Aufforderung etwa nicht genügend vom vorhergehenden

---

230. O.F. Best, a.a.O., S.152
231. H. Rischbieter, Gesang vom lusitanischen Popanz, a.a.O., S.9

Theatertext unterstützt wird, sondern daran, daß in den Theatern, in denen das Stück aufgeführt wurde, und in der Gesellschaft, die sich diese Aufführungen ansah, die nötigen Voraussetzungen zu einer derartigen spontanen Aktion nicht gegeben sind. Weissens Text läßt zwar Betroffenheit über die eigene Mitschuld an den Zuständen in Angola entstehen, doch weder der Text selbst noch dessen verschiedene Inszenierungen können verhindern, daß diese Betroffenheit sofort verdrängt wird. Für die Verdrängung gibt es eine Unmenge von verschiedenen Gründen, z.B. Bequemlichkeit, Gleichgültigkeit, vor allem aber Unkenntnis über die genauen Zusammenhänge zwischen mir, dem bürgerlichen Zuschauer, und dem afrikanischen Minenarbeiter in Angola. Die mehr oder weniger tiefgehende Betroffenheit kann erst dann in eine gezielte Aktion umschlagen, wenn der jeweiligen Aufführung ein langwieriger Aufklärungsprozeß vorangegangen ist, wenn das stattgefunden hat, was Enzensberger die politische Alphabetisierung der Gesellschaft nannte. Diesen zeitraubenden Prozeß kann eine zweistündige Theateraufführung unmöglich nachholen. Sie könnte aber mit dem Abc anfangen. Weissens Text gibt dazu die Anleitung, doch leider ist diese Anleitung von den Stadttheatern nicht aufgegriffen worden. Was Weiss aber trotz des „Mißerfolges" erreicht hat, ist eine, wenn auch kaum bemerkbare, Polarisierung des Publikums. Trotz der Inszenierungen, gewissermaßen gegen ihre Absichten, hat der Text mit der Alphabetisierung angefangen. Schon alleine deswegen ist der Popanz dem dokumentarischen Theater zuzurechnen, im Sinne der im ersten Teil dieser Arbeit versuchten Definition.

Diskurs
über die Vorgeschichte und den Verlauf
des lang andauernden Befreiungskrieges
in Viet Nam
als Beispiel für die Notwendigkeit
des bewaffneten Kampfes
der Unterdrückten gegen ihre Unterdrücker
sowie über die Versuche
der Vereinigten Staaten von Amerika
die Grundlagen der Revolution
zu vernichten

Am 2o. März 1968 fand die Uraufführung von Weissens nächstem
Stück, dem Vietnam-Diskurs, an den Städtischen Bühnen in Frankfurt
am Main unter der Regie von Harry Buckwitz statt. Wie schon bei
den anderen Dokumentar-Stücken, ging auch dieser Aufführung ein
ungewöhnlich reges öffentliches Interesse voraus, das von der
allgemeinen Unruhe unter den Studenten und vor allem der heftigen
Kritik junger Amerikaner an den immer brutaler werdenden Methoden
der Kriegsführung ihres Staates in Vietnam unterstützt wurde. So
spricht Kurt Lothar Tank von der „fast sensationell umwitterten
Peter-Weiss-Uraufführung"[232] und Botho Strauß von „einem der
spektakulärsten Theaterereignisse der Saison."[233] Doch nach der
Premiere wurde auch dieses Stück, wie schon der Gesang vom lusitanischen Popanz, von der Mehrheit der westdeutschen Kritiker

---

232. K.L. Tank, Viet Nam-Diskurs oder Diktat? In: Sonntagsblatt N.
     (31.3.1968), S.24
233. B. Strauß, Vietnam und die Bühne. In: Theater 1968, S.4o

abgelehnt und zwar aus ähnlichen Gründen. Kurt Lothar Tank z.B.
meint, daß, „wie das Bolschoi-Ballett reaktionäre zaristische
Kunst in der UdSSR tradiere, so biete auch Peter Weiss reaktio-
näres Theater."[234] Wolfgang Ignée meint, daß Weiss mit diesem
„dramaturgisch mißratenen" Stück „das bühnenunwirksamste, red-
seligste, agitpropartigste Stück seiner Laufbahn verfaßt"habe.[235]
Otto F. Best sieht in dem Stück den „dokumentarischen Stoff...
aufbereitet zum ‚dokumentarischen Weihespiel'."[236] Ähnlich wie
beim **Popanz** werden diese Verrisse damit begründet, daß Weiss zu
einseitig sei, daß das Stück „als in sich geschlossene, stichhaltige Analyse der Macht-, Schuld- oder Rechtsverhältnisse in der
Vietnam-Fage...den Dienst"versage,[237] daß in ihm „das völlige
Fehlen der Bereitschaft zu objektiver analytisch-dokumentarischer
Darstellung" deutlich werde.[238]

Verwunderlich sind solche Urteile eigentlich nicht, denn das
Stück ist eine konsequente Weiterführung dessen, womit Weiss in
der **Ermittlung** und im **Popanz** angefangen hatte. In dem schon oben
zitierten Gespräch mit Ernst Schumacher[239] hatte Weiss gesagt,
es gehe ihm darum, geschichtliche Prozesse, Gruppen und kollektive
Kräfte auf die Bühne zu bringen. Nach der Premiere des **Popanz**
sagte Weiss in einem Gespräch mit Henning Rischbieter, daß sein
neues Stück, der **Vietnam-Diskurs** streng marxistisch sein werde,
ein Beispiel für „wissenschaftliches Theater", es hat die Absicht,
auf der Bühne Geschichte nachzuvollziehen. „An die Stelle der
Fabel tritt der historische Prozeß."[240] Nach der Premiere dieses

234. K.L. Tank, a.a.O.
235. W. Ignée, Nichts zu holen. In: <u>Christ und Welt</u> (29.3.1968)
236. O.F. Best, a.a.O., S.162
237. W. Ignée, a.a.O.
238. O.F. Best, a.a.O., S.163
239. Siehe oben, S.157 f.
24o. H. Rischbieter, Peter Weiss dramatisiert Vietnam, a.a.O., S.6

neuen Stückes sagte Weiss in einem Interview mit Peter Iden noch
deutlicher, was er mit dem <u>Vietnam-Diskurs</u> beabsichtigte: „Wir
versuchen hier ein historisches, wissenschaftliches Theater zu
spielen... Wir versuchen auf der Bühne einen großen historischen
Verlauf darzustellen... Was wir erhoffen, ist: daß das Publikum,
das dieses Stück sieht, seine Schlüsse daraus zieht und dazu
kommt, selbst nachzuforschen, sich selbst zu unterrichten, sich
selbst mehr Kenntnisse zu verschaffen, das nachzuholen, was von
Presse, Rundfunk, Fernsehen zum ganz großen Teil versäumt worden
ist. Auf diese Weise wollen wir dem Publikum Impulse geben, und
wir zeigen ihm einen ganz bestimmten Standpunkt. Natürlich ist
dieser Standpunkt geprägt von einer Überzeugung, der Überzeugung
des Autors und seines wissenschaftlichen Mitarbeiters (Jürgen
Horlemann), und diese Überzeugung verschleiert nichts. Es wird
genau dargestellt, wo wir den Angreifer sehen und wo wir den Angegriffenen sehen, und wir zeigen auch deutlich die Notwendigkeit
des Angegriffenen, sich gegen den Angreifer zu verteidigen. Darau
macht das Stück gar kein Geheimnis."[241]

Damit entkräftet Weiss die oben angeführten Vorwürfe von
Ignée, Best u.a.: er will weder vielseitig sein, noch will er
eine „in sich geschlossene, stichhaltige Analyse der Macht-, Schu
oder Rechtsverhältnisse in der Vietnam-Frage" liefern, noch will
er eine „objektive analytisch-dokumentarische Darstellung" der
Vietnam-Verhältnisse auf die Bühne stellen, ganz abgesehen davon,
daß schon beim <u>Popanz</u> erläutert wurde, daß für Weiss die Begriffe

---

241. P. Iden, Vietnam auf der Bühne. In: <u>Die Zeit</u> Nr.12 (22.3.196
     S.17

der Objektivität und der Parteilichkeit etwas anderes bedeuten
als zum Beispiel für Best.

In diesem Interview entkräftet Weiss auch einen anderen
Vorwurf, der ihm gemacht wurde, nämlich daß das Stück hinter der
Zeit herhinke: „Weiss' Text endet abrupt im Jahre 1964, als sich
der Tonking-Zwischenfall ereignete und Diem ermordet wurde. Das
Publikum aller Herren Länder ist aber schon im Jahre 1968 ange-
kommen, bei den mörderischen Kesselschlachten dieser Wochen. Es
starrt entsetzt auf Napalm-Verbrennungen, geht mit Bildberichten
von Gefangenenmißhandlungen (auf beiden Seiten) schlafen und wird
von neuen Nachrichten über eskalierende Bombenabwürfe wieder auf-
geweckt."[242] Mit anderen Worten, Ignée wirft Weiss vor, daß das
Stück sein Publikum nicht wie ein Dokumentarfilm auf dem Laufenden
halte. Dazu sagt Weiss: „Die Bühne soll hier gar nicht den Versuch
machen, mit dem Dokumentarfilm zu konkurrieren, und sie soll auch
keinen Versuch machen, Geschehnisse, die in Vietnam vorgekommen
sind, noch einmal in einer nachäffenden Realität auf der Bühne
darzustellen... Der Tonking-Zwischenfall ist das Zeichen für die
große Eskalation, und was nachher kam, das wissen wir. Deshalb
halten wir es nicht mehr für notwendig, dieses Stadium auch auf
der Bühne noch einmal nachzuvollziehen."[243]

Es bleibt jedoch ein Einwand gegenüber dem Stück, der kaum
zu widerlegen ist: schon oben, bei der Besprechung des _Popanz_
wurde Manfred Karnicks Kritik zitiert, derzufolge die zentrale
Schwäche jenes wie auch dieses Stückes darin liegt, daß nichts

---

242. W. Ignée, a.a.O.
243. P. Iden, a.a.O.

den Zuschauer zur Parteinahme zwingt, da Weiss ihm jede Möglichkeit genommen hat, aus eigener Überzeugung Stellung zu beziehen.
Diese Schwäche tritt im Vietnam-Diskurs noch deutlicher zutage
als im Popanz, in dem die Gegenseite noch identifizierbar war,
obwohl sie kaum ernstgenommen werden konnte, weil sie eben als
Popanz dargestellt wurde. Im Vietnam-Diskurs gibt es jedoch keine
identifizierbare Gegenseite mehr. In den elf Stadien des ersten
Teils stellt Weiss die zweieinhalbtausendjährige Geschichte der
Vietnamesen als einen sich ewig wiederholenden Kampf zwischen
Unterdrückern und Unterdrückten dar. Dabei scheinen die Unterdrückten kaum irgendwelche Fortschritte zu machen, sie tauschen n
jedesmal den alten Herrn gegen den neuen Herrn ein. Der Chor sagt
dann auch am Ende des achten Stadiums: „Immer wieder haben sie
sich erhoben / gegen Feinde die das Land überfielen / und gegen
Unterdrücker im eigenen Land / Sie vertrieben die Fremden / Sie
stürzten die eigenen Herren / Aber indem sie den einen bekämpften
lieferten sie sich dem andern aus / Was sich während Jahrtausende
veränderte / waren nur die Namen der Herrscher."[244] In den ebenfalls elf Stadien des zweiten Teils wird der Herrscher zwar
identifizierbar, aber unter dem Eindruck des ersten Teils stellt
sich unwillkürlich die Frage, ob dieser Unterdrücker nicht auch
wieder nur einer von vielen noch kommenden ist.

Eine der wenigen ernstzunehmenden Rezensionen über das Stück
die von Walter Jens, nimmt an diesem Punkt den Einwand Karnicks
auf und verschärft ihn: „Die von Weiss gewählte Methode ist nicht

---

244. P. Weiss, Vietnam-Diskurs. In: Dramen 2, S.340

eben nach der Art von Karl Marx; statt Lenin schwingt, über
Szenen hinweg, Nietzsche das Szepter - immer wieder im Norden
des Reiches das drohende Schwert und im Süden der Kaufpreis:
Ewige Wiederkehr heißt die Devise. Viel zu spät erst stellt sich
der Eindruck der Machbarkeit und Veränderbarkeit von historischen
Vorgängen ein... Wie kam es dazu? Warum änderte sich nichts? Sind
Gesellschaftskonstellationen des sechzehnten wirklich mit Gruppie-
rungen des zwanzigsten Jahrhunderts vergleichbar? Können Klassen-
formationen über Jahrtausende hinweg, allen Lehren des Marxismus
zum Trotz, konstant bleiben? Auf solche Fragen gibt Weiss keine
Antworten. Statt den Zuschauer zum Zeugen prozessualer Vorgänge,
zum Mitdenkenden und kritisch Folgenden zu machen, hält der
Stückeschreiber ihm, auf alle Dialektik verzichtend, Ergebnisse
vor."[245]

Weiss stellt „die Vorgeschichte und den Verlauf des lang
andauernden Befreiungskrieges in Viet Nam" dar als eine endlose
Kette von immer gleichen Resultaten. Dieses Geschichtsbild soll
die Gründe für das Eingreifen der USA in den Vietnamkrieg liefern.
Egon Menz sagte in seinem „Probenbericht vom ,Diskurs über Viet
Nam'", daß das Stück die Geschichte und so die Gründe der Entstehung, nicht aber den entstandenen Krieg zeige.[246] Das stimmt
nicht ganz, denn das, was Menz hier als Gründe für die Entstehung
des Krieges bezeichnet, nämlich die Geschichte, besteht aus
Resultaten, die Weiss nicht auf ihr Zustandekommen hin durchleuchtet hat und somit die Frage des Lesers und Zuschauers nach

---

245. W. Jens, Fünf Minuten großes politisches Theater. In: Die
     Zeit Nr.13 (29.3.1968), S.18/19
246. E. Menz, Probenbericht vom ,Diskurs über Viet Nam'. In:
     Theater heute 4 (1968), S.14

dem Warum unbeantwortet läßt. Es fehlen, sagt Walter Jens, „die
wahren Gegenkräfte auf der Seite der Weißen und Schwarzen, die
Friedensmarschleute unter den Ausbeutern, die Verräter inmitten
der Sklaven."[247] Im Popanz habe es noch Gestalten wie den
Assimilado gegeben, wo blieben aber hier, „unter soviel Belehrten
und Unbelehrbaren, diejenigen, die zu belehren sind? Das Schwarz-
weiß-Modell wirkt viel zu idealistisch, es fehlt am Rückbezug
zum Konkreten; das Zauberwort Dialektik bleibt unausgesprochen.
Die Schuldigen aber genießen - da man nicht ihr Janus-Gesicht, nur
die Fratze, nicht auch die so gefährlichen Großväterchenzüge beschreibt - auch weiterhin den Schutz der Immunität."[248]

Eben wegen dieser „leicht widerlegbaren Harmonisierung", die
Jens dem Stück zum Vorwurf macht, wird dem Zuschauer die Möglichkeit genommen, aus eigener Überzeugung Stellung zu beziehen. Das
Publikum kann nicht, wie Weiss in dem oben zitierten Interview
meinte, seine Schlüsse ziehen, sondern nur Weissens Schlüsse nachvollziehen. Die Impulse, die das Stück dem Publikum geben soll,
regen nicht dazu an, „selbst nachzuforschen, sich selbst zu unterrichten, sich selbst mehr Kenntnisse zu verschaffen", sondern
stellen das Publikum lediglich vor die Wahl, Weissens Standpunkt
entweder zu akzeptieren oder abzulehnen. Das liegt nicht etwa
daran, daß Bests oder Ignées Vorwürfe nun doch zu Recht bestehen:
die Einseitigkeit des Stückes, das Fehlen einer „objektiven"
Analyse verhindere eine eigene Stellungnahme des Publikums. Daß
trotz der Einseitigkeit und trotz der fehlenden „Objektivität"

---

247. W. Jens, a.a.O.
248. Ebd.

eine selbständige Stellungnahme möglich ist, ist schon anhand
des _Popanz_ dargelegt worden, auch wenn solch eine Stellungnahme
kaum von einem bürgerlichen Stadttheaterpublikum in der Bundesrepublik erwartet werden kann. Die Unmöglichkeit beim _Vietnam-_
Diskurs eine Stellung aus eigener Überzeugung zu beziehen, liegt
vielmehr in dem fehlenden theoretischen Fundament des Stückes
begründet. Zu Recht hat Manfred Jäger in seiner Untersuchung der
politischen Stellungnahmen und Aufsätze von Weiss seit 1965
darauf hingewiesen, daß Weissens „Kenntnis der marxistischen
Theorie recht lückenhaft erscheint... Weiss leitet den Marxismus
aus den Köpfen großer Geister ab und nicht aus den Verhältnissen
der materiellen Produktion... bei Weiss entstehe der Eindruck, die
Unterdrücker seien die Ursachen der Unterdrückung."[249] So wird
zum Beispiel am Ende des achten Stadiums im ersten Teil des
Vietnam-Diskurs als Grund für den Sieg der Oktoberrevolution nur
die Leidenschaft und der Mut der Revolutionäre ausgegeben: „Gering
war die Anzahl der Revolutionäre / Unerfahren die Arbeiter und /
ohne Bildung doch groß / ihre Leidenschaft und ihr Mut / So
errichteten sie ihre Herrschaft."[250] Wegen dieser von Jäger als
idealistische Entstellungen bezeichneten Ansichten bleiben dem
Zuschauer die so notwendigen Einsichten verschlossen. Er sieht
dann nur noch, daß „der Autor auf einer Indizienkette" sitzenge-
blieben ist, „die eigentlich nur hergibt, was dieses Stück gerade
nicht vermitteln wollte: Fatalismus, Frustration. Denn was könnte
den Zirkel des _Immer wieder_ durchbrechen?" fragt sich Reinhard

---

249. M. Jäger, Eine Entdeckung der Gesellschaft, a.a.O., S.31
25o. P. Weiss, _Vietnam-Diskurs_, S.341

Baumgart.[251]

Daß dem Stück etwas fehlt, das sich nicht auf dramaturgische
Mängel zurückführen läßt, stellten auch andere Kritiker fest.
Henning Rischbieter meinte sogar, daß der Text „nicht ohne Überzeugungskraft" sei. „Trockenheit, Geradlinigkeit, Naivität, ent-
schiedene Einseitigkeit gehen eine Verbindung ein, die wirkt."[252]
Rischbieter bezeichnete das „Werk als ein Lehrstück nicht unbe-
trächtlichen Ranges", stellte aber gleichzeitig fest, daß die
Lehre beim Frankfurter Publikum nicht ankomme. Den Grund dafür
sah er darin, daß bei der Aufführung „politische Leidenschaft,
Überzeugungskraft, Souveränität fehlen." Rischbieter gab also nic
dem Text die Schuld daran, daß der Zuschauer nicht aus eigener
Überzeugung Stellung beziehen konnte, sondern der Frankfurter
Aufführungspraxis, denn „die Diskrepanz zwischen diesem Institut
(den Städtischen Bühnen) und diesem Text ist nicht aufzuheben. Si
gibt solchen Veranstaltungen einen Beigeschmack von gräßlicher
Lächerlichkeit."[253] Schon beim Popanz wurde darauf hingewiesen,
aus welchem Grund Weissens Stücke es schwer haben, einem größten-
teils bürgerlichen Publikum Einsichten zu vermitteln. Das gilt
auch für den Vietnam-Diskurs, doch dieser Grund darf nicht allein
dafür verantwortlich gemacht werden, daß dieses Stück in der
Bundesrepublik nicht ankommt. Dem Stück selbst fehlt die theoretische Fundierung, von der sich eine Antwort auf die oben zitiert
Frage Baumgarts herleiten ließe, was denn den Zirkel des Immer
wieder durchbrechen könnte.

---

251. R. Baumgart, In die Moral entwischt? a.a.O., S.14
252. H. Rischbieter, Spielformen des politischen Theaters. In:
     Theater heute 4 (1968), S.1o
253. Ebd., S.11

Auch die Regisseure der Münchner Aufführung im Juli 1968,
Peter Stein und Wolfgang Schwiedrzik, haben erkannt, daß dem Stück
der theoretische Rückhalt fehlt, und daß deswegen eine Inszenierung des Textes, so wie Weiss ihn geschrieben hat, nicht nur keine
Einsichten vermitteln kann, sondern überhaupt ergebnislos bleiben
würde. Deshalb inszenierten sie das Stück gewissermaßen gegen den
Strich, ihre Aufführung „macht sich fast lustig über die ‚knochen-
trockene Weiss-Fibel' und ihren positivistischen Glauben an die
Bekehrung der Naiven, die Aufklärung der Gutwilligen durch ge-
häufte Faktizität."[254] Das Stück wurde zu „einer agitatorischen
Achtzig-Minuten-Revue" umfunktioniert. Doch auch das ersetzte nicht
die fehlende Theorie. Das Ensemble der Münchner Kammerspiele be-
schloß daher, Einsicht mit Hilfe der Praxis zu vermitteln: die
Schauspieler gingen nach der Aufführung durch die Zuschauerreihen
und sammelten Geld für eine Waffenspende an den Vietcong ein.
Daraufhin wurde das Stück von der Direktion des Theaters abgesetzt.
Die Begründung der Direktion zur Absetzung des Stückes wurde von
den beiden Regisseuren als nicht zutreffend abgelehnt und mit
einer Erklärung beantwortet, in der sie unter anderem folgendes
schrieben: „Die Verantwortung für den Ausfall trägt eine schizophrene Theaterdirektion, die ein politisch-agitatorisches Stück
zwar auf den Spielplan setzt, eine politisch-agitatorisch konsequente Aufführung jedoch durch formalistische Manöver verhindert."[255]
Ähnliches meint auch Urs Jenny: „Es ist ja einigermaßen absurd,
wenn ein öffentlich subventioniertes Theater...eine Aufführung

---

254. U. Jenny, Fern von Weiss. In: _Theater heute_ 8 (1968), S.37
255. Zitiert nach: _Theater heute_ 8 (1968), S.32

herausbringt, die das Publikum überzeugen will, daß eine amerikanische Niederlage das wünschenswerteste Ende des Vietnamkrieges
sei, jedoch zugleich untersagt, daß diese Aufführung außertheatra
lische Folgen (auch nur ,symbolische', wie eine Spende für den
Vietcong) haben dürfe."[256] Ferner meint Jenny, „daß dieses Stück
entschieden seinen Zweck nicht in sich selbst hat." Daher könne
man es nur aufführen, wenn man sich mit diesem außerhalb liegende
Zweck identifiziere und wenn man bedenke, „ob es das Publikum,
das es bewegen will, tatsächlich erreicht, oder umgekehrt, ob es
das Publikum, das es erreicht, tatsächlich bewegt."[257] Das gilt
nicht nur für den <u>Vietnam-Diskurs</u>, sondern auch für den <u>Popanz</u>, i
Grunde für alle politischen Stücke. Beim <u>Vietnam-Diskurs</u> wird
diese Frage jedoch besonders akut, weil vorher kaum eine Aufführu
eines politischen Stückes so konsequent zu Ende gedacht wurde, wi
die in den Münchner Kammerspielen. Doch dieses konsequente Zuende
denken wurde dadurch provoziert, daß dem Stück die Theorie fehlte
Das Stück sollte nach Weiss Impulse geben, es gab sie aber nicht
und deswegen wurde versucht, die Impulse mit Mitteln herzustellen
die nicht vom Text geliefert wurden. Akut wurde die Frage nach
der Erreichbarkeit und Bewegbarkeit des Publikums auch dadurch, d
die oben zitierte Absurdität des Münchner Sammlungsverbotes „erst
mit der landläufigen Vorstellung von ,Freiheit der Kunst' (die
sozusagen nur im Vertrauen auf die Folgenlosigkeit gewährt wird)
übereinstimmt, zweitens genau zu dem besonders schizophrenen
Verhalten der deutschen Öffentlichkeit in Sachen Vietnam paßt,

---

256. U. Jenny, a.a.O.
257. Ebd.

und also drittens...dem Wunschbild entspricht, das sich die Opposition von einer liberalen Obrigkeit macht."[258]

Dieses schizophrene Verhalten führte auch in Berlin zur Absetzung des Stückes. Der Conférencier der Münchner Aufführung, Wolfgang Neuss, und die beiden Regisseure waren an die Schaubühne am Halleschen Ufer gegangen und hatten dort im November mit den Proben angefangen. Im Januar 1969 war die Premiere, doch schon nach drei Aufführungen setzte die Direktion das Stück ab, „aus künstlerischen Gründen", wie es hieß. Doch schon bei der Premiere, sagte der Kritiker Rolf Michaelis, sei erkennbar gewesen, „mit welcher Unlust, welchem Zweifel an den politischen Möglichkeiten des Stückes Schauspieler und Regisseure ihrer eigenen Arbeit gegenüberstanden."[259] Diese Zweifel gingen zwar vom Stück aus, aber während der Probenarbeit weiteten sie sich aus auf das Verhältnis zwischen den Ensemblemitgliedern und den Regisseuren, zwischen diesen und dem Direktorium und führten schließlich dazu, daß, vom Ensemble ausgehend, die Beziehung zwischen den Theatermachern und der bürgerlichen Öffentlichkeit kritisch und selbstkritisch untersucht wurde. Trotz des teilweise schnoddrigen Jargons soll das erste vom Vietnam-Kollektiv des Ensembles der Staatsbühne am Halleschen Ufer verfaßte Flugblatt hier vollständig zitiert werden, weil in ihm dargelegt wird, wo eine der Hauptschwierigkeiten liegt, die die Rezeption der Weiss-Texte in der Bundesrepublik erschweren: „Kollegen, Freunde, Genossen! Auf dem schmalen Grat, der noch angebracht erscheinenden Ausdrucksmöglichkeiten und

---

258. Ebd.
259. Zitiert nach: Theater heute 2 (1969), S.1

mit dem unausgesprochenen Anspruch, mehr zu bieten als etwa das
reaktionäre Schillertheater, probieren wir seit dem 18. November
am Viet-Nam-Diskurs von Weiss. Aber haben wir uns seitdem die
Frage gestellt, warum wir hier, auf dem von Nato-Partnern mit
Mühe scheintot gehaltenen Territorium dieses imperialistischen
Brückenkopfes Westberlin, so destruktivem Broterwerb nachgehen
dürfen? Die Antwort ist einfach: Kultur im Kapitalismus ist eine
Waffe der Herrschenden. Das Theater, auch dieses, ist ein Bestandteil des offiziellen Kulturbetriebes. Das Bedürfnis der Beherrscht
nach Auflehnung gegen die Herrschenden wird durch linkes Bildungstheater sublimiert, die marxistische Dialektik in der Form von
pseudorevolutionärem Schöngeist in den Schoß des Abendlandes ge-
senkt und tief unten integriert. Anders: Das Establishment vögelt
die Antiautoritären, die nach dem unerwarteten Lustgewinn wieder
ganz hübsch und neu differenzieren können. Und die Liberalen, nun
bekommen sie ihre tägliche linke Kost, von fernen Landen frisch
auf den Tisch. Die Revolution für Rohköstler. Sie seufzen tief
und gebildet, geben vielleicht fünf Mark für die FNL, die jetzt
auch im bürgerlichen Blätterwald so heißt - das sind die Früchte
des von Vietnamesen in Vietnam und nicht von uns erzwungenen
Lernprozesses - und nehmen weiter teil am Ausbeutungsgeschäft. Und
wir, als Schauspieler, stehen mit unserem ach so schmerzbringenden
Plastikpimmel mit der aus irgendwelchen Gründen noch immer erhöhte
Schaubühne und sind im günstigsten Falle damit einverstanden, daß
alles anders werden muß. Kollegen, Freunde, Genossen! Aus Gründen
der Ehrlichkeit bin ich dafür, wenn uns schon nichts anderes ein-
fällt, den Titel des Stückes abzuändern in: ‚Diskurs über die
Vorgeschichte und den Verlauf des lang anhaltenden Verschleierungs

krieges in Westdeutschland und Westberlin, als Beispiel für die
Möglichkeit des intellektuellen Kampfes der Unterdrücker gegen
alle Gutgläubigen, sowie über die Versuche der verlogenen Liberalen
von Europa, die Grundlagen der Revolution zu vernichten. Untertitel: Ein Beispiel für die Unzweckmäßigkeit, durch linkes Bildungstheater die Manipulation zu entwaffnen und zu bekämpfen'. Und an
unsere Bühnenwand wünsche ich mir, damit der Unterschied zur
Münchner Inszenierung klar wird, den Spruch: ,Nicht nur Dokumentartheater ist im Kapitalismus Scheiße und unangebracht'."[260]

Hiermit wird wenigstens ein kleiner Teil der Theorie nachge-
liefert, die dem Stück selbst fehlt. Dem Ensemble ist klargeworden, daß es „dem Theater eines Landes, das den dialektischen
Materialismus weitgehend und offiziell als Weltanschauung der
marxistisch-leninistischen Parteien in seinem einen Teil vergottet,
im anderen verteufelt, ...ein langer Weg sein (wird), bis die
materialistische Dialektik marxistisch verstanden wird: als eine
Methode zur kritischen Erkenntnis der bürgerlichen Gesellschaft."[261]
In der Bundesrepublik wird ein Theaterstück nur dann zu dieser
kritischen Erkenntnis der bürgerlichen Gesellschaft, d.h. der
eigenen Gesellschaft führen können, wenn es ihm gelingt, die
Zusammenhänge zwischen dem Theaterbesucher und der im Stück dargestellten Situation durchschaubar zu machen, die Situation und
den Theaterbesucher also als sich gegenseitig beeinflußend und
somit beide als verändernd und veränderbar zu zeigen.

Konkret auf den Vietnam-Diskurs bezogen, heißt das, daß

---

260. Zitiert nach: Theater heute 4 (1969), S.24/25
261. Ulrich Schreiber, Gesetzlichkeit der Bühne jenseits weltlicher
Gesetze? In: Dokumentarliteratur, S.56

Weiss die Geschichte der Vietnamesen nicht als ewige Wiederkehr
des Immergleichen hätte darstellen sollen, sondern als einen
geschichtlichen, ökonomischen und politischen Prozeß, dessen
Ursachen auch dem bundesrepublikanischen Zuschauer hätten klar-
machen müssen, daß er ebenfalls an dem sich in Vietnam abspielend
Kampf teilnimmt und zwar auf der Seite der Unterdrücker, wobei
ihm dann gleichzeitig auch die Erkenntnis zuteil geworden wäre,
wieso die Amerikaner und damit auch er den Krieg in Vietnam nicht
gewinnen <u>können</u>. Im zehnten Stadium des zweiten Teils, beim
Redewettstreit zwischen zwei weißen Chören, zeigt Weiss, was aus
dem Stück hätte werden können, wenn er Prozesse statt Resultate
gezeigt hätte. Leider ist dieser Ansatz zu unbedeutend, um das
ganze Stück tragen zu können. Trotzdem hat Weiss mit dem <u>Vietnam-</u>
<u>Diskurs</u> etwas Wichtiges erreicht: das Fehlen einer konsequent
durchdachten theoretischen Grundkonzeption im Stück hat, wenn auc
vorerst nur bei wenigen, eine Diskussion über die Stellung des
politischen Theaters, des Theaters überhaupt, in der bürgerlichen
Gesellschaft ausgelöst, eine Diskussion, deren Resultate an den
heutigen Aufführungen der Schaubühne am Halleschen Ufer abzulesen
sind.

Figuren

In der Vorbemerkung zum <u>Vietnam-Diskurs</u> sagt Weiss: „Das
Stück benötigt 15 Schauspieler, die bezeichnet sind mit den
Ziffern 1 bis 15, davon zwei weibliche mit den Ziffern 5 und 6.
Zwei Helfer, A und B, tragen die jeweiligen Requisiten heran und
wieder ab."[262] Auch in diesem Stück stellen die Schauspieler

---

262. P. Weiss, <u>Vietnam-Diskurs</u>, S.271

also keine Charaktere dar, sondern dienen als Sprachrohre, deren
Funktion Weiss ausführlich beschreibt: „Jeder Spieler in diesem
Stück stellt eine Vielzahl von Figuren dar, deren Aussagen und
Verhaltensweisen in ihrer Gesamtheit einen bestimmten historischen
Prozeß verdeutlichen. Die auftretenden Figuren geben sowohl individuellen Erfahrungen als auch allgemeinen Erscheinungen Ausdruck.
Zuweilen handelt es sich um Personen, die von der Geschichtsschreibung verbürgt sind, dann wieder um anonyme Vertreter verschiedener Gruppen, deren Entwicklung bekannt ist. Die einzelnen
Sprecher dieser Gruppen vermitteln persönlich und kollektiv erlebte Probleme und Konflikte. Jene, die durch einen Namen gekennzeichnet werden, sind nicht Charaktere im herkömmlichen Sinn;
wir nennen sie einzig als Träger wichtiger Tendenzen und Interessen.
Wir führen Chöre ein, wenn einer umfassenden Stellungnahme Gehör
verliehen werden soll. Wir schildern Figuren in einer Einheit mit
dem historischen Prozeß, auch dann, wenn es sich um Entwicklungs-
stufen handelt, in denen die Betroffenen selbst diese Einheit
nicht sehen konnten. Wir versuchen, die Folge der gesellschaftlichen
Stadien und ihre wesentlichen Merkmale und Widersprüche so
herauszustellen, daß sie die heutige Auseinandersetzung erklären."[263]
Weiss behandelt also seine Figuren ähnlich wie schon im _Popanz_:
sie werden zu Leerformen für wechselnde Inhalte. Diese Entpersonalisierung wird noch unterstrichen durch die einheitliche
Kostümierung: „Alle Figuren aus den frühen und späten Phasen der
Geschichte Viet Nams und des feudalen China tragen einfache

---

263. Ebd., S.269

schwarze Kleidung von gleichem Schnitt. Die Vertreter der Kolonial
mächte und des Imperialismus sowie dessen Statthalter in Viet Nam
tragen gleichartige weiße Kleidung."[264] Wie im _Popanz_ macht die
Entpersonalisierung es dem Zuschauer unmöglich, sich mit irgendeiner der Rollen zu identifizieren, sofern man hier überhaupt
von Rollen sprechen kann. Damit wird die Distanz geschaffen, die
nötig ist, um Einsicht in das Gesagte zu gewinnen.

Doch trotz dieser Distanz kann der _Vietnam-Diskurs_ weder
dem Zuschauer noch dem Schauspieler eine Einsicht vermitteln. Das
liegt daran, daß Weiss in diesem Stück zwar beabsichtigt, die
„Figuren in einer Einheit mit dem historischen Prozeß" zu schildern
dieser Prozeß aber gar kein Prozeß ist, sondern eine Kette von
Resultaten. In dieser Kette vertreten die Figuren entweder „das
Volk" oder „die Unterdrücker" und somit „gleichen sie Typen und
keinen Menschen."[265] Dieses Typenhafte wird von Weiss selbst in
den Bühnenanweisungen verlangt. Dort schreibt er präzise choreo-
graphierte Bewegungen vor, die von den Schauspielern genauestens
zu befolgen sind, wobei „die Ausdrucksformen...so festgelegt
werden (sollen), daß sie das Verhalten Einzelner oder einer Mehr-
zahl auf das allen Gemeinsame und Typische reduzieren."[266] Doch
die Typen bleiben bei Weiss abstrakt und zwar deswegen, weil sie
in einem Modell fungieren, das der Wirklichkeit nicht adäquat ist
Zu Recht meint Walter Jens dann auch, daß es dem Stück „am Rückbezug zum Konkreten" fehle. Das Konkrete, die Wirklichkeit ist aber
immer ein dynamischer Prozeß, und dessen ist sich Weiss durchaus

---

264. Ebd., S.27o
265. W. Jens, a.a.O.
266. P. Weiss, _Vietnam-Diskurs_, S.27o

bewußt. Im _Popanz_ hatte Weiss noch eine bestimmte konkrete
Situation geschildert, die Praktiken des portugiesischen Regimes
in seinen Kolonien. Die Ausbeuter waren dort noch identifizierbar
und damit angreifbar und veränderbar, auch wenn sie nur als
popanzartiges Beispiel für den gesamten westlichen Kapitalismus
dargestellt wurden. Im _Vietnam-Diskurs_ dagegen verschwindet die
konkrete Situation hinter der abstrakten Illustration des Klassenkampfes, zumal dieser Kampf nicht als Kampf, also als historischer
Prozeß, sondern als ewige Wiederkehr der immer gleichen Konstellation Ausbeuter - Ausgebeutete, also als statische Kette von gleichen
Resultaten dargestellt wird. In den gesellschaftlichen Formen des
menschlichen Zusammenlebens zeigt sich also keinerlei Entwicklung,
weder ein Fortschritt noch ein Rückschritt, man wird daher in
dieser Hinsicht kaum von einem Prozeß reden können, sondern
höchstens von einem Kreislauf. Der Begriff „Prozeß" ließe sich
wohl auf den zeitlichen Ablauf der historischen Ereignisse anwenden, auf den Durchgang durch die Jahrhunderte, doch wenn die
gesellschaftlichen Formen des menschlichen Zusammenlebens nicht
im Zusammenhang mit diesem historischen Ablauf gesehen werden, wenn
sie als unveränderlich und damit auch die Menschen als unveränderlich dargestellt werden, dann bezieht sich der Begriff „Prozeß"
nur auf das Fortschreiten des Abstraktums Zeit. Notwendigerweise
bleibt in einer solchen Darstellung kein Platz für eine Figur wie
den Assimilado aus dem _Popanz_, weil es hier keinen gesellschaftlichen Prozeß gibt, dem er sich anpassen könnte. Notwendigerweise
sind daher auch die Figuren im _Vietnam-Diskurs_ nur abstrakte
Typen. „Die Person...büßt ihren Namen endgültig ein. Sie agiert
nur noch als Ziffer, als Demonstrationsobjekt für gesellschaft-

liche Auseinandersetzungen in wechselnden Rollen."[267] Die
Demonstrationsobjekte demonstrieren aber lediglich die Resultate
der gesellschaftlichen Auseinandersetzungen, nicht die Ursachen,
und daher können sie weder einen „bestimmten historischen Prozeß
verdeutlichen" noch „die heutige Auseinandersetzung erklären",
wie Weiss in der Vorbemerkung zum Stück gehofft hatte, und deswegen kommt auch keine Einsicht zustande, die von konkreten Typen
hätte vermittelt werden können, d.h. Typen, die bei aller
„Abstraktion" von individuellen Besonderheiten der Person konkrete
Situationen oder Handlungen abbilden.

Sprache

Als Weiss in einem Gespräch gefragt wurde, welche sprachlichen
Formen er im __Vietnam-Diskurs__ verwenden werde, antwortete er: „Die
in der __Ermittlung__ entwickelten. Also keine Reime, keine Knittel-
verse, sondern ‚rhythmisch geordnete Prosa, einfach, drastisch,
realistisch.'"[268] Doch gerade weil die Sprache rhythmisch ge-
ordnet ist, kann man sie kaum als realistisch bezeichnen. Weiss
selbst besteht darauf, daß „in ihrer Wiedergabe des Textes...die
Schauspieler sehr genau auf die Zäsuren zu achten (haben)."[269]
Dadurch wird die Sprache höchst artifiziell, sie wird zu einer
Kunst-Sprache. Vor allem im ersten Teil des Stückes wird der
Kunstcharakter der Sprache noch dadurch hervorgehoben, daß Weiss
sehr oft Parallelismen und Wiederholungen in den Sätzen gebraucht
„1,2,3,4: Wir bebauen die Felder / Wir ernten den Reis / Wir

---

267. M. Karnick, a.a.O., S.142
268. H. Rischbieter, Peter Weiss dramatisiert Vietnam, a.a.O., S.
269. P. Weiss, __Vietnam-Diskurs,__ S.271

fahren aufs Meer / und ziehen die Netze ein / Wir gehen in die
Berge / und holen das Erz   5,6: So war es im Jahre des Drachens /
So war es im Jahre der Schlange / So ist es im Jahre des Regen-
bogens   1,2,3,4: Wir tragen die vollen Körbe zu den Soldaten /
Wir tragen die vollen Körbe zu den Oberen / Wir hungern in den
Dörfern."[270] Doch auch im zweiten Teil kommen diese gleich-
artigen Satzbauformen vor: „1o: ...China hält Nord Korea okkupiert
China versucht die Völker Indochinas / zu unterwerfen / China
ist schuldig der Versklavung / und Verschleppung von Menschen /
im eigenen Land / China hat die Frechheit / im Falle Korea uns /
die Schuld zuzuschieben..."[271]

Wie in der _Ermittlung_ und im _Popanz_ dient die Kunstsprache
auch hier dazu, Distanz zu schaffen. Nicht einfühlen soll der
Zuschauer sich in das Gesagte, sondern aus der Übersicht ver-
schaffenden Distanz her soll er mitdenken und dadurch einsehen
lernen, daß ihm die Möglichkeit zum Umdenken und damit auch zum
Verändern gegeben ist. Doch die dauernden Wiederholungen schränken
diese Möglichkeit wieder ein, sie lassen die Distanz schrumpfen.
Rischbieter meint in seiner Rezension des Stückes, daß die
„farblose Kurzzeilenprosa" durch „Insistenz schließlich Effekt
macht", daß „Wiederholung überredet."[272] Der Zuschauer wird also
nicht durch eigenes Überlegen zur Einsicht gebracht oder durch die
besseren Argumente überredet, sondern durch das rhetorische Mittel
des Einhämmerns immer gleicher Satzbauformen konditioniert. Mit
dieser der Gehirnwäsche ähnlichen Methode wird ihm das eigene

---

270. Ebd., S.29o/91
271. Ebd., S.399
272. H. Rischbieter, Spielformen des politischen Theaters, a.a.O.,
     S.1o

Denken abgenommen, von Mitdenken und Umdenken kann daher trotz
größter Distanz zum Gesagten kaum die Rede sein. In den Anmerkungen zu seinem Aufsatz über Peter Weiss weist Manfred
Karnick darauf hin, daß „Weiss als später Artaud-Schüler keinen
Moment daran denkt, dem Zuschauer die Distanz des rauchenden
Beobachters zu gestatten. Die epischen Verfremdungen dienen
weniger der Reflexion als der Gewährung von Atempausen und der
Vorbereitung von Schockserien."[273] Diese Behauptung gilt zwar
nicht für alle Stücke Weissens, wie Karnick meint, sie trifft
aber teilweise auf den Vietnam-Diskurs zu.

Walter Jens weist ebenfalls darauf hin, daß die verfremdenden
Sprachformen des Vietnam-Diskurs kaum der Reflexion dienen: „Mögen
die einen etwas lyrisch-sentimentaler, die anderen etwas fakten-
reicher argumentieren - im Grunde sprechen alle die gleiche,
parataktisch-knappe, auf Begründungen, aufs wenn, weil und obschon
verzichtende Hauptsatzsprache, die an den besten Stellen die
verweisende Anmut des Lakonismus, an den schlechtesten etwas
Feierlich-Sinnspruch-artiges hat. Dabei hätten ein paar winzige
Akzente, eine Sprachfloskel, eine nicht auf den ersten Blick
erkennbare Finte, dabei hätten zarteste Syntaxveränderungen genügt
die Grammatik des Slums ist nicht die Grammatik der Wallstreet -
um aus den Typen nicht etwa Personen und aus den Tendenzträgern
nicht etwa Charaktere, sondern politisch glaubwürdige Interessen-
vertreter und überzeugungskräftige Abbilder historischer Prozesse
zu machen. Die Klassiker des Dramas haben bewiesen, daß die

---

273. M. Karnick, a.a.O., S.158

Trennung von ‚Individuum' und ‚Vertreter überindividueller Mächte'
keineswegs notwendig ist: Eine kleine Volte reicht aus, um dem,
was Inkarnation eines geschichtlichen Vorgangs sein soll, die
Überredungsmacht des Konkreten zu geben."[274] Es fehlt der Sprache
Weissens also am Rückbezug zum Konkreten, am Realismus, wobei
unter Realismus nicht die einfache, d.h. ungedeutete Wiedergabe
dessen, was ist, verstanden wird, sondern die Darstellung der
hinter den Oberflächenerscheinungen der Dinge verborgenen geschichtlichen Kräfte, in solcher Weise, daß diese Kräfte anschaulich und damit verständlich werden, daß sie also als konkrete
und nicht als abstrakte Kräfte dargestellt werden. In der <u>Ermitt-
lung</u> und im <u>Popanz</u> war dieser Rückbezug zum Konkreten noch vorhanden, obwohl Weiss auch dort eine Kunstsprache sprechen ließ.
Im <u>Vietnam-Diskurs</u> jedoch wird der Rückbezug nicht nur durch die
einförmigen grammatischen Strukturen, sondern auch durch den Inhalt des Gesagten unmöglich gemacht, dadurch daß Weiss Resultate
parataktisch aufzählen läßt, aber keine Begründungen für diese
Resultate gibt. So wie die Figuren keine Einsicht vermitteln
können, so kann es auch die von ihnen gesprochene Sprache nicht.
Im Grunde läßt sich das alles auf die fehlende bzw. falsche
Theorie zurückführen, derzufolge Weiss annahm, daß schon die
einfache Aneinanderreihung von Resultaten genüge, um einen dialektischen historischen Prozeß durchschaubar zu machen, um „die
heutige Auseinandersetzung zu erklären."

---

274. W. Jens, a.a.O.

Struktur

Im Popanz hatte Weiss die elf Bilder auf zwei Akte verteilt,
hier im Vietnam-Diskurs hat jeder Akt elf Bilder, die Weiss
„Stadien" nennt. Zusammengenommen haben also beide Stücke, denen
das Thema des Klassenkampfes zugrunde liegt, 33 Bilder, wie die
Ermittlung und man fragt sich, ob Weiss nicht alle drei Stücke als
Teile seines Welttheaters konzipiert hat, obwohl es nirgendwo einen
Hinweis von ihm gibt, der diese Vermutung bestätigen könnte. Es
gibt aber auch noch andere strukturelle Parallelen zwischen dem
Popanz und dem Vietnam-Diskurs: Im Popanz wird die Kreisstruktur
dadurch hergestellt, daß die ersten und die letzten Bilder im
Mutterland spielen. Im Vietnam-Diskurs verweisen schon die Wiederholungen in den einzelnen Stadien auf diese Kreisstruktur.
„...die Grundsituation verändert sich nicht, einerlei ob nun die
Bauern gegen die Aufseher, die Vietminh gegen die Kolonialherrn
aus Frankreich oder die Davids aus Hanoi gegen den Goliath aus
Washington kämpfen. Das Spiel läuft ab, Parallelismus und Kontrast
streng bis zum Schematismus gehandhabt - sind die Strukturformen
des Schauspiels."[275] Schon bei der Sprache wurde darauf hingewiesen, daß die Parallelismen sich in Sätzen ausdrücken, die
gleichlautend oder in ähnlichen grammatischen Formen wiederkehren.
Die Kontraste werden vor allem mittels der immer wiederkehrenden
Bewegungsreihenfolge Angriff - Flucht gezeigt. Ähnliche Parallelen
und Kontraste werden in der sich wiederholenden „Mechanik der
Herrschafts-Aneignung und Sicherungen, im Verkommen der durch die

---

275. W. Jens, a.a.O.

Hilfe des Volkes aufgestiegenen Führer, in der Arbeit und Ausbeutung des Volkes"[276] erkennbar. Die Kreisstruktur des ganzen
Stückes ergibt sich aber erst aus den Wiederholungen, die auf
den zweiten Teil übergreifen: der Reisfeldchor im zweiten Stadium
des ersten Teils wird zum Beispiel gegen Ende des Stückes im
zehnten Stadium des zweiten Teils wiederholt, oder eine Kader-
sitzung im ersten Teil entspricht einer amerikanischen Geheim-
konferenz im zweiten Teil. Ganz besonders wird die Ringkomposition
im <u>Vietnam-Diskurs</u> aber durch die Schlußworte des Stückes hervorgehoben. Der Chor sagt dort: „Wir zeigten / den Anfang / Der
Kampf geht weiter."[277]

Gerade die mit diesen Worten betonte Kreisstruktur bestätigt,
was oben schon angedeutet wurde: dadurch daß Weiss den Kampf der
Vietnamesen nicht als einen Fortschritt, als eine Weiterentwick-
lung hin zu einer herrschaftsfreien Gesellschaftsform zeigt, sondern
als eine sich ewig im Kreise drehende Auseinandersetzung zwischen
Ausbeutern und Ausgebeuteten, scheint er seiner eigenen Absicht
in den Rücken zu fallen. Zwangsläufig führen die Figuren, die
Sprache und vor allem die Struktur dieses Stückes zu dem Schluß,
daß die am Ende des ersten Teils proklamierte Unabhängigkeit der
Demokratischen Republik Viet Nam durch Präsident Ho Chi Minh in
Hanoi und der im zweiten Teil fortgeführte gerechte Befreiungs-
kampf gegen die neuen Aggressoren ebenfalls in eine neue Unter-
drückungsform umschlagen könnten.

---

276. E. Menz, a.a.O., S.14
277. P. Weiss, <u>Vietnam-Diskurs</u>, S.458

Zweifellos gehört auch dieses Stück zum dokumentarischen
Theater, auch wenn Rischbieter das verneint, weil „Weiss das
dokumentarische Material, die Zitate aus Reden, Berichten, Debatt
manipuliert" hat. „Er hat auch gekürzt, verdeutlicht, umgestellt,
wohl auch erfunden."[278] Jede Wochenschau im Fernsehen kürzt,
verdeutlicht und stellt um, ist aber deswegen noch lange nicht
undokumentarisch. Auch der Vietnam-Diskurs ist nicht schon deswegen undokumentarisch, nur weil der Autor das dokumentarische
Material manipuliert hat. Zugegebenermaßen fällt die politische
Effektivität dieses Stückes hinter der des Popanz oder der Ermitt
lung zurück. Doch ironischerweise hat gerade dieses Stück, dessen
Text am wenigsten zur Einsicht in die Hintergründe der dargestellten Situation beigetragen hat, am meisten die politische
Willensbildung gefördert, es hat am nachhaltigsten die Wirklichkeit beeinflußt, auch wenn diese Wirklichkeit sich nur auf einige
wenige Theater in der Bundesrepublik bezog. Doch immerhin ist es
diesem Stück mitzuverdanken, daß sich die kulturpolitische
Situation dieser wenigen Theater eingreifend veränderte. Trotz
oder gerade wegen des fehlenden theoretischen Fundaments ist es
gerade diesem Stück gelungen, mit Mitteln der Kunst wenigstens
teilweise eine neue Wirklichkeit herzustellen. Nicht ganz zu
Unrecht meinte Erika Salloch daher auch, daß der Vietnam-Diskurs
durchaus als Paradigma des dokumentarischen Theaters gelten
könne.

---

278. H. Rischbieter, Spielformen des politischen Theaters, a.a.O.
S.1o

Trotzki im Exil

Weiss schrieb dieses Stück zwischen November 1968 und Juni 1969, um damit „von der neu errungenen Position eines sozialistischen Schriftstellers das Thema Trotzki zur Diskussion zu stellen."[279] Es mag aber auch, wie Klunker bemerkt, ein listiger Beitrag zum 1oo. Geburtstag Lenins gewesen sein. Das Stück wurde aber weder in Moskau noch in Ostberlin uraufgeführt, wie Weiss sich das gewünscht hatte, sondern in Düsseldorf zur Eröffnung des neuen Schauspielhauses. Doch das sei rein „zufällig" so passiert, meinte Weiss.

Ganz so zufällig ist es aber doch nicht, daß die Premiere in der Bundesrepublik stattfand. In der UdSSR gilt Trotzki nach wie vor als Abweichler, sogar als Verräter. Er habe „sich mit konterrevolutionärer Arbeit befaßt..., die in der Organisation einer illegalen sowjetfeindlichen Partei bestand, deren Tätigkeit in der letzten Zeit auf die Provozierung antisowjetischer Erhebungen und auf die Vorbereitung des bewaffneten Kampfes gegen die Sowjetmacht gerichtet ist."[280] So hieß es in der Begründung zur Ausweisung Trotzkis aus den Grenzen der Sowjetrepublik im Januar 1929. Diesen Trotzki hat Weiss nun in seinem Stück glorifiziert auf Kosten Lenins, so jedenfalls wurde das Stück im Osten wie im Westen fehlinterpretiert. Selbstverständlich konnte so ein Stück nicht in Moskau aufgeführt werden. Es wurde aber zur Kenntnis genommen und Weiss wurde heftig kritisiert. Lew Ginsburg

---

279. H. Klunker, Zeitstücke, Zeitgenossen, S.2o4
28o. P. Weiss, Trotzki im Exil, S.77

schrieb zum Beispiel, daß Weiss sich in diesem Stück „nicht sehr
für die historische Wahrheit" interessiere, daß er „der historisc
Wirklichkeit, Logik, Vernunft und elementaren Politgrammatik
zuwider" handele. Das Stück diene der Verbreitung der „verleumderischen maoistischen Version von der ‚bourgeoisen Entartung' der
Sowjetgesellschaft" und sei daher nichts anderes „als grobe
ideologische Sabotage."[281]

Auch im Westen wurde heftig kritisiert. Allerdings wurde
diesmal kaum Weissens sozialistischer Standpunkt angegriffen, der
mit diesem Stück revidierte er ja den 1965 eingenommenen Standpur
Das wird Weiss jedenfalls von der Kritik unterstellt, denn im
Stück spricht sich Trotzki gegen die sowjetische Parteibürokratie
aus, was demnach nur heißen könne, daß Weissens frühere Stellungnahme dem Sozialismus sowjetischer Prägung gegolten habe, mitsamt
den darin enthaltenen Unmenschlichkeiten. So sagt zum Beispiel
Marcel Reich-Ranicki in seiner Rezension des Stückes, „daß Weiss
1965...vom Kommunismus hingerissen wurde, in dem er, wie Millione
vor ihm, das gelobte Land der Solidarität und der Gerechtigkeit
entdeckte... Er befürwortet die kommunistische Weltrevolution,
aber jetzt tut er endlich, was man längst erwartet hatte: Er
distanziert sich öffentlich und unmißverständlich von den Methode
des Stalinismus."[282] Manfred Jäger hat in seinem Aufsatz über
Weissens politische Äußerungen nachgewiesen, wie falsch diese
und alle anderen Behauptungen sind, die Weiss unterstellen, er
habe sich mit seiner Stellungnahme zum Sozialismus auch gleich-

---

281. Zitiert nach: O.F. Best, a.a.O., S.189
282. M. Reich-Ranicki, Trotzki im Theater-Exil. In: Die Zeit Nr.5
     (30.1.1970), S.12

zeitig zu den stalinistischen Methoden des sowjetischen Partei-
bürokratismus bekannt. „...schon vor den Arbeitspunkten hatte er
(Weiss) sich am 4. Juni 1965 in einem Interview mit ‚Stockholms
Tidningen' mit solcher Deutlichkeit geäußert, daß die Ostberliner
Wochenzeitung ‚Sonntag' in ihrem Nachdruck dieses Gesprächs am
15. August 1965 die folgende Stelle streicht: ‚Die sozialistischen
Länder sind heute antimarxistisch, wenn sie die Kritik an sich
selbst und die öffentliche Debatte unterdrücken. Denken Sie, der
künstlerischen Entwicklung, die nach der Revolution in der Sowjetunion begonnen hatte, wäre es erlaubt gewesen, sich zu entwickeln -
dann wären die Schriftsteller heute in viel größerem Maße mit
dem Sozialismus solidarisch'."[283] An anderer Stelle sagt Jäger,
daß Weiss unter den Richtlinien des Sozialismus, die für ihn die
gültige Wahrheit enthielten, „die allgemeinsten Zielsetzungen des
Sozialismus" verstehe, „nicht etwa, wie die kommunistische Partei-
disziplin es verlangt, die Annahme der bürokratischen Festlegungen
von Handlungsanweisungen durch den Apparat. Für ihn ist gültig,
was er sich anzuerkennen entschließt."[284] Für Jäger kommt es
darauf an, „nachzuweisen, wie Weiss den möglichen Vermittlungen
zwischen heutiger Realität und utopischer Zukunft des Sozialismus
nicht konkret nachspürt, sondern sich mit Hilfe vager Allgemein-
heiten letztlich auf Distanz hält, etwa in dem Satz: ‚Ich stelle
mich ganz hinter den Marxismus-Leninismus als Grundidee, weil er
Kritik, Veränderung voraussetzt'. Sich ganz hinter den Marxismus-
Leninismus zu stellen, weil man ein Schutzschild für das bedrohte

---

283. M. Jäger, a.a.O., S.29
284. Ebd., S.3o

und beschädigte bürgerliche Ich sucht, ist dann grotesk, wenn man
mit der Einschränkung Grundidee sich die Details vom Leibe halten
will, weil bei aller Unzufriedenheit mit dem eigenen privilegiert
Status die Unabhängigkeit des auf sich allein gestellten Intellek
tuellen bewahrt werden soll. Man kann den Marxismus-Leninismus al
‚wissenschaftliche Weltanschauung' oder als ‚dogmatisierte
Ideologie', aber nicht als Grundidee beschreiben."[285)]

   Otto F. Best dagegen scheint das nicht wahrhaben zu wollen.
Wenn Weiss davon spricht, daß die Richtlinien des Sozialismus
für ihn die gültige Wahrheit enthalten, dann heißt das für Best,
daß Weiss auf der Seite derer steht, die die Wahrheit unterdrücke
Denn, so folgert Best, was in den sozialistischen Ländern als
Wahrheit auftrete, sei gar keine Wahrheit, sondern eine „alles
beherrschende Parteiideologie", die die Schriftsteller dazu zwing
„sich ihrem Diktat zu unterwerfen."[286)] Das stimmt zwar, doch Bes
Folgerung ist falsch: wenn in der Sowjetunion die Wahrheit unterdrückt wird, so heißt das noch lange nicht, daß auch Weiss die
Wahrheit unterdrückt, wenn er sich zum Sozialismus bekennt. Noch
eine andere Behauptung Bests in diesem Zusammenhang erweist sich
als falsch. Als Erklärung dessen, was er unter Wahrheit versteht,
zitiert er Brechts „Fünf Schwierigkeiten beim Schreiben der
Wahrheit."[287)] Diese Schwierigkeiten, meint Best, „haben dort
(in der UdSSR) wieder Gültigkeit erlangt. Was Brecht meint, triff
nicht zu für die ‚westliche Welt', es gilt für die Welt der
sowjetrussischen Hegemonie..."[288)] Doch Best scheint nur die

---

285. Ebd., S.32
286. O.F. Best, a.a.O.,   S.172
287. Ebd., S.166
288. Ebd., S.172

ersten acht Zeilen des Brechtschen Aufsatzes gelesen zu haben, denn

drei Zeilen später sagt Brecht: „Diese Schwierigkeiten sind groß...

sogar für solche, die in den Ländern der bürgerlichen Freiheit

schreiben."[289] Die folgenden sechzehn Seiten, auf denen Brecht

erläutert, was er meint, hat Best ebenfalls ignoriert, denn sonst

müßte er Brecht genau das vorwerfen, was er Weiss vorwirft. Am

Schluß seines Aufsatzes sagt Brecht nämlich: „Die große Wahrheit

unseres Zeitalters (mit deren Erkenntnis noch nicht gedient ist,

ohne deren Erkenntnis aber keine andere Wahrheit von Belang ge-

funden werden kann) ist es, daß unser Erdteil in Barbarei ver-

sinkt, weil die Eigentumsverhältnisse an den Produktionsmitteln

mit Gewalt festgehalten werden."[290] Genau das ist die gültige

Wahrheit, die auch für Weiss in den Richtlinien des Sozialismus

enthalten ist. Brecht ist wegen dieser Wahrheit nicht als Befür-

worter stalinistischer Methoden abgestempelt worden, wieso sieht

aber dann Best in Weiss solch einen Befürworter? Die Antwort auf

diese Frage läßt sich in dem Denkfehler finden, der sich durch

das ganze Buch von Best wie ein roter Faden zieht, ein Denkfehler,

dem auch alle anderen Kritiker zum Opfer fielen, die in Weiss den

linientreuen kommunistischen Parteipropagandisten sahen. Der

Denkfehler besteht darin, daß der von Weiss angestrebte Sozialis-

mus mit der unter diesem Namen in der Sowjetunion praktizierten

Gesellschaftsform gleichgesetzt wird. Als Begründung für diese

Gleichsetzung gibt Best zum Beispiel an, daß Moskau ja darauf be-

steht, daß seine Version des Sozialismus und damit seine Version

---

289. B. Brecht, Gesammelte Werke (Werkausgabe), Bd.18, S.222
290. Ebd., S.238

der Wahrheit die einzig richtige sei. Dabei übersieht Best, daß
er selbst dauernd darauf hingewiesen hat, wie falsch und lügen-
haft dieser sowjetische Alleinvertretungsanspruch ist. Best und
andere, ähnlich wie er argumentierende, Kritiker lassen sich also
das gleiche zuschulden kommen, was Manfred Jäger Weiss vorgeworfen hat: nicht nur spüren sie den möglichen Vermittlungen
zwischen heutiger Realität und utopischer Zukunft des Sozialismus
nicht konkret nach, wie Weiss, sondern sie sehen gar nicht, daß
es einen Unterschied zwischen der heutigen Realität und einer
utopischen Zukunft des Sozialismus gibt, sie können daher auch ke
möglichen Zusammenhänge zwischen beiden entdecken.

Trotzki im Exil ist also gar keine Revision des politischen
Standpunktes, den Weiss 1965 eingenommen hatte. Doch zum ersten
Mal übt Weiss hier in einem Theaterstück Kritik an der offizielle
sowjetischen Parteigeschichte. Das fanden die westlichen Kritiker
jedoch kaum erwähnenswert. Im Gegensatz zu den Rezensionen der
drei vorhergehenden Stücke, die immer wieder an Weissens politischer Stellungnahme Anstoß nahmen und sich gewissermaßen nur
nebenbei auf die jeweiligen Stücke einließen, konzentrierten sich
die Kritiken zu Trotzki im Exil auf das Stück. Dabei kommt das
Stück nicht gut weg - zu Recht. Henning Rischbieter nennt es ein
„Werk, das gedanklich und ästhetisch unkonzentriert, beliebig
und oberflächlich ist."[291] In einem rasanten Tempo führt Weiss
uns die russische Geschichte von der Jahrhundertwende bis zum
Ausbruch des Zweiten Weltkriegs vor, wobei die fünfzehn Szenen

---

291. H. Rischbieter, Neue Stücke - für welches Theater? In:
    Theater heute 3 (1970), S.40

der zwei Akte als Erinnerungsfragmente Trotzkis verstanden sind.
Dabei präsentiert Weiss keineswegs einen Charakter, den des
Revolutionärs Lew Davidowitsch Trotzki, wie er das wollte, sondern
bietet lediglich „eine geradezu dilettantische Anhäufung von
historischen Fakten, Figuren und Motiven, von Zitaten und dokumentarischen Versatzstücken."[292] „Was ein Pamphlet gegen die
Verzeichnung und Auslöschung der Figur Trotzkis in der offiziösen
kommunistischen Geschichtsschreibung hätte sein können und wollen,
gerät unter der Hand zu einem Schnellkurs in russischer Revolutions-
geschichte."[293] Doch aus diesem Schnellkurs läßt sich kaum
etwas lernen, da Weiss die ohnehin schon sehr komplizierte und
oft verworrene Epoche noch weiter dadurch verwirrt, daß er nicht
chronologisch vorgeht, sondern,ohne nach einem ersichtlichen
Ordnungsschema zu verfahren,willkürlich in den vier Jahrzehnten
hin und her springt. Otto F. Best meint zwar, daß „damit die
Einheit von erlebendem Bewußtsein sichtbar wird",[294] doch schließlich kommt nichts anderes dabei heraus als ein dem Zuschauer und
selbst dem Leser fast undurchdringliches Chaos „ganz oder teilweise unverständlicher Äußerungen, Anspielungen und Vorfälle."[295]
Zusammenfassend drückt Rischbieter die negative Kritik am Stück
folgendermaßen aus: „Keine der jeweiligen historischen Situationen
wird hinreichend anschaulich und in ihrer politischen Differen-
ziertheit präzisiert, die andauernden politischen Debatten des
Stückes häufen Schlagworte und Kurzschlüssigkeiten an, zu denen
Peter Weiss die jeweilige Thematik simplifizierte. Das Stück

292. M. Reich-Ranicki, a.a.O.
293. R. Baumgart, a.a.O., S.15
294. O.F. Best, a.a.O., S.173
295. M. Reich-Ranicki, a.a.O.

stellt einen schludrigen, oberflächlichen und letzten Endes
politisch verantwortungslosen Digest aus Deutschers dreibändiger
Trotzki-Biographie dar."[296]

Nur wenige Kritiker sind jedoch auf die wichtigste Szene des
Stückes, die siebte, eingegangen, die nicht umsonst zusammen mit
der achten in der Mitte des Stückes steht. Dort in der siebten
Szene treffen sich die politischen Revolutionäre Lenin und Trotzki
mit den künstlerischen Revolutionären des Dadaismus in Zürich im
Jahre 1915. Oberflächlich betrachtet gibt diese Szene nichts
weiter her als die Konfrontation einer Künstlerwelt mit derjenigen
von Berufsrevolutionären. Doch Weiss führt die Konfrontation weiter.
Er macht die Argumente der Dadaisten zugunsten einer revolutionären
Veränderung der Welt mit Hilfe der Kunst keineswegs lächerlich,
sondern nimmt sie ernst. Er läßt Hugo Ball z.B. sagen: „Ihr müßt
euch verbünden mit uns, ihr Rationalisten, ihr Revolutionsingenieure.
Ihr stürzt die Despoten, die Blutsauger in den Fabriken und Banken.
Wir stürzen die Bosse, die unsre Impulse, unsre Phantasie hinter
Schloß und Riegel halten. Aus den Trümmern wird sich der geschundene
Arbeitsknecht, der verhungerte Gedankennarr erheben und eine un-
vorstellbare Kraft entwickeln. Wir müssen zusammengehn. Wir, die
Emotionalen, die Unberechenbaren, und ihr, die Planer, die Kon-
strukteure. Keine Trennung. Sonst werden unsre Revolutionen im
Sand versickern."[297] Trotzki stimmt im Gegensatz zu Lenin dieser
Auffassung zu: „Die Kunst muß dazu beitragen, die Welt zu ver-
ändern. Die Kunst, die sich losgesagt hat von ihren Händlern,

296. H. Rischbieter, a.a.O.
297. P. Weiss, Trotzki im Exil, S.53

Spekulanten, Profiteuren, die neue Kunst, die allen gehört, sie
muß im Dienst der Revolution stehn."[298]

In seinem sehr aufschlußreichen Aufsatz „Peter Weiss und die
zweifache Praxis der Veränderung" sagt Hans Mayer dazu: „Trotzki
hatte - bei Weiss - die Möglichkeit eines Dualismus von revolutionärer und artistischer Revolution, von rationalem Machen einer
Revolution und wahnhaftem Machen einer verändernden Kunst zugelassen. Lenin hingegen widersetzt sich ,in heftiger Erregung'
dieser zweifachen Praxis von Veränderung."[299] Damit setzt Mayer
dieses Stück in Beziehung zum Marat/Sade und zum Hölderlin, dem
nächsten Stück Weissens. In allen drei Stücken „spielt sich die
Verfolgung, Ermordung, Entmenschung von Schriftstellern im Wider-
streit ab zwischen revolutionärer und nachrevolutionärer Lage. In
drei Schauspielen immer derselbe Konflikt zwischen der Permanenz
einer Schriftstellerei, die umzuwälzen gedachte und die umwälzungs-
bereit geblieben ist, mit Vorgängen einer Erstarrung, die sich in
den Zielen als Restauration verstehen läßt, in den Mitteln als
Repression."[300] Im Marat/Sade blieb der Konflikt offen. Dort gibt
es „nur eine Praxis der Veränderung: diejenige des Jean Paul Marat.
Die schriftstellerische Praxis Sades scheint den Namen einer Veränderung nicht zu verdienen."[301] Auch in Trotzki im Exil bleibt
der Konflikt offen. Schon alleine deswegen kann man nicht davon
reden, daß Weiss in diesem Stück Trotzki zuungunsten Lenins glorifiziert. Doch Weiss geht in diesem Stück einen Schritt weiter als
im Marat/Sade. Trotzki verkörpert hier „die Zulässigkeit von zwei

---

298. Ebd., S.55
299. H. Mayer, Peter Weiss und die zweifache Praxis der Veränderung.
     In: Theater heute 5 (1972), S.20
300. Ebd., S.18
301. Ebd., S.19

Formen einer verändernden Praxis: durch revolutionäre Kunst und
durch revolutionäre Aktion."[302] Das Hölderlin-Stück bildet dann
die Synthese zu der Antithese und der These der beiden vorher
genannten Stücke. Hölderlin ist der jakobinische Revolutionär,
dessen Größe nicht nur im schönen Gesang liegt, „sondern in der
konkreten geschichtlichen Aufgabe, die Hölderlin selbst dem
‚deutschen Gesang' zugewiesen hatte: daß er mithelfen müsse bei
der allgemeinen Veränderung."[303] Zu Recht sagt daher Hans Mayer,
daß Weissens Konzept „ein permanentes Fortschreiten von Marat zu
Trotzki zu Hölderlin"[304] ist.

Leider hat aber der Schritt, den Weiss mit Trotzki im Exil
macht, „als literarischer Entwurf die gemäße Form offensichtlich
noch nicht gefunden", wie auch Mayer zugeben muß. Es sei ein
„vorerst mißglücktes Stück",[305] wie er sagt. Das läßt auf eine
Überarbeitung der dramaturgischen Form dieses Stückes hoffen, die
notwendig ist, wenn das von Mayer aus dem szenischen Chaos heraus-
geschälte Thema zu seinem Recht kommen soll.

Figuren

Anders als in den vorhergehenden Stücken treten in Trotzki
im Exil wieder Individuen auf mit eigenen Namen. Weiss wollte in
diesem Stück keine entindividualisierten Gruppen einander gegenüberstellen, sondern individuelle Charaktere. Doch keine der über
sechzig mit Namen im Personenverzeichnis aufgeführten Figuren
wird zu dem, was man einen Bühnencharakter nennen könnte. Zu

3o2. Ebd.,   S.2o
3o3. Ebd.
3o4. Ebd.
3o5. Ebd.,   S.19

diesen mit Namen auftretenden Figuren kommen noch eine ganze
Menge unbenannter Arbeiter, Soldaten, Matrosen, Studenten, namenlose Mitgefangene, Gerichtspersonal, usw. Schon alleine diese
denkbar unökonomische Dramaturgie, die mit solch einer Unzahl von
Figuren arbeitet, verhindert die individuelle Charakterisierung.
Die Figuren bleiben bloße Namensträger. Sie sind, „betrachtet man
sie genauer, bloß aufrecht gehende Namen, unermüdlich und in
jeder Situation diskutierende und dozierende Automaten, nur
Marionetten, denen Spruchbänder aus dem Mund hängen."[306] Deswegen
ist der Zuschauer oder Leser, der sich in der russischen Revolu-
tionsgeschichte auskennt, der die Schriften Lenins und Trotzkis
gelesen hat, entsetzt über die oberflächliche und fahrlässige
Behandlung solcher Figuren wie Radek, Plechanow oder Bucharin.
Für denjenigen aber, dem diese Namen nichts bedeuten, verschwinden
sie unter der Masse der anderen für ihn genauso unbedeutenden
Namen.

Selbst die Hauptfigur des Trotzki wird bei Weiss zu einer
Marionette. „Trotzki, einer der geistreichsten politischen
Schriftsteller des Jahrhunderts, dem es eine Zeitlang gelungen war,
die Synthese von philosophischer Idee und revolutionärer Tat zu
verwirklichen, wird von Weiss zu einem ledernen, langweiligen
Phrasendrescher degradiert."[307]

Die vor der <u>Ermittlung</u> in dem oben zitierten Gespräch mit
Schumacher geäußerte Intention Weissens, er wolle nur noch Gruppen
einander gegenüberstellen, hat er mit diesem letzten Stück zu-

306. M. Reich-Ranicki, a.a.O.
307. Ebd.

rückgenommen, indem er die Konflikte wieder in individuelle
Figuren hineinverlegte. Der Grund für diesen „Rückschritt" ließe
sich vielleicht darin vermuten, daß Weiss während seines Studiums
für die anderen Stücke immer wieder auf einzelne Persönlichkeiten
gestoßen ist, die große historische, politische und soziale
Prozesse wenn auch nicht in Gang gebracht, so doch mindestens
entscheidend mitgeprägt haben. Trotzki war solch eine Figur. Soll
jedoch ein Stück wie das vorliegende dazu beitragen, daß die
Stellung dieser Figur innerhalb und zu den historischen Prozessen,
die sie umgaben und die sie mit hervorgebracht haben, die aber
auch von ihr mitgeprägt worden sind, neu bewertet wird, dann muß
diese Stellung auch so dargestellt werden, daß eine Neubewertung
überhaupt möglich ist, d.h. die Zusammenhänge zwischen dem
einzelnen Charakter und den historischen Prozessen müssen durchschaubar gemacht werden. Ein Stück jedoch, in dem die Titelfigur
und auch alle anderen Figuren so dargestellt werden, als wären sie
wie in den vorhergehenden Stücken Weissens, entpersonalisierte
Sprachrohre bestimmter überindividueller Ansichten, kann die Zusammenhänge zwischen den einzelnen Charakteren und den historische
Prozessen nicht so durchleuchten, daß eine Neubewertung der
Stellung des Individuums möglich wäre.

Sprache

Auch die Sprache trägt nichts zu einer individuellen
Charakterisierung der Figuren bei. Alle sprechen die gleiche
kurzatmige Stakkato-Sprache. Da sagt z.B. Rakowski: „Komm eben
vom Kasaner Bahnhof. Riesige Menschenmenge. Vor allem Jugendliche.
Demonstrationen. Rufe. Es lebe Trotzki. Am Zug ein großes Bild

von dir. Zusammenstöße mit der Miliz. Verletzte. Verhaftungen."[308]
Trotzki antwortet mit ähnlichen Kurzsätzen: „Das Politische Büro
versucht, die Verbannung als freiwillige Vereinbarung hinzustellen.
In diesem Sinn hat man die Bevölkerung informiert. Wichtig, diese
Legende zu zerstören. Zeigen, wie es sich in Wahrheit verhält."[309]

Weiss hat in diesem Stück darauf verzichtet, die Prosa zu
rhythmisieren. Dafür läßt er die Figuren in diesem abgehackten
Telegrammstil sprechen, der große Ähnlichkeit aufweist mit dem
in den expressionistischen Dramen verwendeten Sprachstil. Damit
beabsichtigte Weiss wohl das gleiche, wie mit der rhythmisierten
Prosa der früheren Stücke: die artifizielle Sprachform soll die
Distanz herstellen, die es dem Zuschauer ermöglicht, sich auf den
Inhalt des Gesagten zu konzentrieren und mitzudenken statt mit-
zufühlen. Doch die elliptische Sprache appelliert gleichzeitig
auch an das Assoziationsvermögen des Zuschauers. Da er dauernd
Gedankensprünge nachzuvollziehen hat, wird ihm das genaue Mitdenken erschwert, vor allem dann, wenn die von Weiss gelieferten
Andeutungen aus sich häufenden Schlagworten bestehen. Besonders
der in der marxistischen Terminologie unbewanderte Zuschauer vermag dann nicht immer, die „richtigen", d.h. die von Weiss inten-
dierten, Assoziationen herzustellen, es kommt zu gedanklichen
Kurzschlüssen, es entstehen Widersprüchlichkeiten und zum Schluß
findet der Zuschauer sich in einer heillosen Verwirrung wieder.
Damit ist genau das Gegenteil erreicht von dem, was ursprünglich
beabsichtigt war, nämlich Erklärung, Aufklärung und Verdeutlichung.

---

308. P. Weiss, Trotzki im Exil, S.9
309. Ebd., S.10

Struktur

Ganz erheblich trägt zu dieser Verwirrung die chaotische
Struktur des Stückes bei. Weiss läßt Trotzki aus den verschiedene
Exil-Stationen auf bestimmte Abschnitte seines Lebens zurück-
blicken. Dabei geht Weiss aber keineswegs chronologisch vor. Er
springt willkürlich zwischen den Jahren 1900 und 1940 hin und her
Als einziger Fixpunkt ist eine bestimmte Ausgangshaltung Trotzkis
angegeben, die von einer vorne in der Buchausgabe des Stückes
abgedruckten Photographie illustriert wird. Sie zeigt Trotzki als
Verbannten in Mexiko mit dem Federhalter in der Hand hinter seiner
mit Büchern und Zeitungen bedeckten Arbeitstisch sitzend. Dazu
sagt Weiss in einer kurzen Bühnenanweisung: „Trotzki am Tisch, in
einem Manuskript lesend, den Federhalter in der Hand. Diese
Ausgangssituation wird zu bestimmten Zeitpunkten wiederholt. Sie
entspricht den letzten Augenblicken des Stückes."[310] Sechs Mal
kehrt Trotzki, den Regieanweisungen nach, in diese Ausgangshaltung zurück, aber es wird nicht ersichtlich nach welchem Prinzip diese sechs Zeitpunkte angeordnet sind. So erhöht dieser
Einfall, der die Stoffülle hätte gliedern können, die durch die
Zeitsprünge entstandene Verwirrung noch mehr. Das Stück fällt
damit auseinander in eine Reihe von fast unzusammenhängenden
Collagebildern, die gerade wegen ihrer Unordnung den im siebten
und achten Bild dargestellten Kern des Stückes kaum erkennen
lassen. Was als Mittelpunkt und Thema konzipiert war, wird zu
nichts anderem als einer Episode von vielen aus dem Leben Trotzkis

---

310. Ebd., S.9

Von Weissens in dieser Arbeit besprochenen Stücken ist <u>Trotzki</u>
<u>im Exil</u> das schwächste. Man kann es nur von der Intention her
zum dokumentarischen Theater rechnen. Weiss will durchaus mit
diesem Stück politische Willensbildung anstreben, durch Kritik
an Verschleierung, Wirklichkeitsfälschung und Lügen die Wirklichkeit beeinflußen, mittels Kunst Wirklichkeit überhaupt erst herstellen. Aber gerade die von Weiss so undurchdacht angewandten
Kunstmittel verhindern diese Absichten; politische Willensbildung
kann nicht stattfinden, weil der Zuschauer und zum Teil auch der
Leser an der möglichen und notwendigen Einsicht gehindert wird.
Das wäre vielleicht zu entschuldigen, wenn man das Stück, wie
Hans Mayer, als Entwurf sieht, doch dann hätte es als solcher
gekennzeichnet bzw. aufgeführt werden sollen. Daß Weiss deswegen
als Dramatiker nicht abgeschrieben werden darf, beweist sein
nächstes, allerdings schon in den siebziger Jahren entstandenes
Stück <u>Hölderlin</u>, dem demnächst ein Stück über Chile folgen soll.

HEINAR KIPPHARDT

In der Sache J. Robert Oppenheimer

Kipphardts Stück über das Verhör des bekannten amerikanische
Atomphysikers wird oft zusammen mit Hochhuths <u>Stellvertreter</u> genannt. Es entstand ungefähr zur gleichen Zeit, es wurde ein Jahr
nach Hochhuths Stück uraufgeführt, zuerst als szenischer Bericht
im Fernsehen des Hessischen Rundfunks am 23. Januar 1964, dann
gleichzeitig auf zwei Bühnen, der Freien Volksbühne Berlin und
den Münchner Kammerspielen am 11. Oktober 1964, und es hat einen
ähnlichen Erfolg zu verzeichnen wie Hochhuths Erstling: in der
Spielplan-Statistik des Bühnenvereins rangiert Kippardts Schauspi
als meistgespieltes Stück der Spielzeit 1964/65 an erster Stelle:
in 27 Inszenierungen wurde es 598 mal aufgeführt. Außerdem begründete es zusammen mit dem <u>Stellvertreter</u> den Anfang der dokumentarischen Welle auf dem Theater der Bundesrepublik in den
sechziger Jahren. Manche Kritiker sahen sogar im <u>Oppenheimer</u> das
einzig gelungene dokumentarische Theaterstück. Andere wiederum
lehnten es ab, Kipphardts Schauspiel überhaupt als Stück zu bezeichnen; es sei Journalismus mit anderen Mitteln, aber kein
Drama. Dieser Vorwurf wurde auch dem <u>Stellvertreter</u> gegenüber
geäußert.

Damit sind aber auch schon alle Gemeinsamkeiten zwischen den
beiden Stücken aufgezählt. Kipphardts Stück unterscheidet sich
nicht nur vom <u>Stellvertreter</u>, sondern von allen bisher besprochen
Stücken. Peter Weiss hatte in seinen Stücken versucht, Gruppen un
keine Individuen miteinander zu konfrontieren, Hochhuth hatte den

illusorischen Glauben an die Möglichkeit einer freien Entscheidung
des einzelnen Menschen zu demonstrieren versucht. Kipphardts
Stück steht, um es sehr vereinfacht auszudrücken, in der Mitte
zwischen Weiss und Hochhuth: es stellt den Einzelmenschen dar,
dem zwischen zwei sich einander gegenüberstehenden Gruppen jede
Möglichkeit einer freien Entscheidung verwehrt ist.

1954 wurde der Physiker Oppenheimer im Zusammenhang mit der
Hexenjagd des Senators McCarthy auf alle, die auch nur unter dem
leisesten Verdacht standen, „linke" Beziehungen oder Sympathien
zu haben, vor den Sicherheitsausschuß der Atomenergiekommission
zitiert. Es sollte ermittelt werden, ob man auch weiterhin dem
berühmten Physiker die Sicherheitsgarantie erteilen könne, vor
allem im Hinblick auf die Tatsache, daß sich in Oppenheimers Vergangenheit Beziehungen zu Kommunisten nachweisen ließen, und daß
er sich geweigert hat, aktiv an der Produktion der Wasserstoff-
bombe mitzuwirken. Aus den 3ooo Maschinenseiten umfassenden Protokoll dieses Untersuchungsverfahrens hat Kipphardt sein Stück
destilliert. Er wollte damit „ein Theaterstück" herstellen, „keine
Montage von dokumentarischem Material", wie Kipphardt selbst in der
Vorbemerkung zum Stück sagt.[1] Doch sieht sich der Verfasser
„ausdrücklich an die Tatsachen gebunden, die aus den Dokumenten
und Berichten zur Sache hervorgehen... Es ist die Absicht des
Verfassers, ein abgekürztes Bild des Verfahrens zu liefern, das
szenisch darstellbar ist, und das die Wahrheit nicht beschädigt.
Da sein Geschäft die Bühne, nicht die Geschichtsschreibung ist,

---

1. H. Kipphardt, In der Sache J. Robert Oppenheimer. In: _Theater heute_ 11 (1964), S.63; hiernach als _Oppenheimer_ angeführt.

versucht er nach dem Ratschlag des Hegel den ‚Kern und Sinn' eine
historischen Begebenheit aus den ‚umherspielenden Zufälligkeiten
und gleichgültigem Beiwerke des Geschehens' freizulegen, ‚die nur
relativen Umstände und Charakterzüge abzustreifen und dafür solch
an die Stelle zu setzen, durch welche die Substanz der Sache
klar herausscheinen kann'."[2]

Kipphardt entnimmt also, ähnlich wie Weiss z.B. bei der
Ermittlung, die Tatsachen des Stückes der historischen Wirklichkeit, aber er trifft eine Auswahl, er ordnet bestimmte Vorkomm-
nisse anders an, er konzentriert den geschichtlichen Stoff. Er
hält sich nicht wortwörtlich an die Dokumente, sondern „bemüht
sich, die Worttreue durch Sinntreue zu ersetzen."[3] So kommen
statt der 4o Zeugen des tatsächlichen Verfahrens im Stück nur
sechs Zeugen vor, was zur Folge hat, daß im Stück manchmal einzel
Zeugen das referieren, was beim wirklichen Verfahren von mehreren
ausgesagt wurde. Zwischen einzelne Szenen hat Kipphardt Monologe
eingeschoben, die es in der Wirklichkeit nicht gegeben hat. Auch
Oppenheimers Schlußwort ist solch ein fiktiver Monolog. Doch gere
dieses Schlußwort trug dazu bei, daß Oppenheimer selbst Einspruch
gegen das Stück erhob. Das Untersuchungsverfahren, meinte Oppenheimer, sei keine Tragödie gewesen, so wie Kipphardt es darstellt
sondern eine Farce. Er habe auch niemals bedauert, an der Herstellung der Atombombe beteiligt gewesen zu sein. „Seinem Gewissen, so erklärte er einmal, messe er ‚keine Bedeutung bei'. Un
‚Die Wissenschaftler sind nicht schuld. Unsere Arbeit hat die

---

2. Ebd.
3. Ebd.

menschlichen Lebensbedingungen verändert, aber was mit diesen
Veränderungen geschieht, ist das Problem der Regierungen, nicht
der Wissenschaftler'. Jederzeit, ließ der Physiker wissen, würde
er die Atombombe aufs neue bauen."[4]

Oppenheimers Einspruch gegen Kipphardts Stück wurde von Jean
Vilar als Zustimmung zur Herstellung einer eigenen Version des
Oppenheimer-Falles gedeutet. Von Kipphardt hatte Vilar in seiner
Fassung „die Auswahl" und „die Konzentration" des Stoffes übernommen, dafür ließ er aber das, was Kipphardt die „Ergänzungen
und Vertiefungen" nannte, weg und stellte die „Worttreue", die
Kipphardt durch „Sinntreue" ersetzt hatte, wieder her. Dabei ging
ihm die „literarische Dimension von Kipphardts Stück" verloren,
wie Henning Rischbieter meint.[5]

Rischbieter sieht diese literarische Dimension darin, daß für
Kipphardt „die stockende Verteidigung des historischen Oppenheimer
in dem Verfahren, das tatsächlich stattgefunden hat", nicht so
wichtig ist wie „Oppenheimers skrupulöse Reflexionen über die
Verantwortung des Physikers, die in dem Verfahren nicht ausge-
sprochen worden sind, die aber weder dem historischen Oppenheimer
fernliegen noch den ‚objektiven' Schwierigkeiten und Gefahren der
Weltstunde widersprechen, diese vielmehr formulieren."[6] Die
literarische Dimension liegt also in den von Kipphardt erfundenen
Passagen des Stückes. Gerade in diesen Passagen ist aber auch der
Kern der von Kipphardt aufgeworfenen Problematik enthalten. Hätte
Kipphardt sich lediglich darauf beschränkt, ein „wahrheitsgetreues"

4. Zietiert nach: Der Spiegel Nr.1o (27.2.1967)
5. H. Rischbieter, In der Sache Vilar. In: Theater heute 3 (1965),
   S.41
6. Ebd.

Abbild des tatsächlichen Verfahrens herzustellen, dann wäre das
Stück in der ziemlich unergiebigen Frage nach der Schuld und der
Verantwortung eines einzelnen versandet, eine Frage, die zudem
schon viel „wirkungsvoller" in der Wirklichkeit beantwortet worde
ist von eben dem abgebildeten Untersuchungsausschuß. Kipphardts
Stück hätte dann nichts anderes zuwege gebracht als was auch
Hochhuths Stücke geleistet haben, nämlich die Ach-so-war-das-Neu-
gierde des Publikums befriedigt. Daher scheint mir auch Erika
Sallochs in den Vordergrund gerückte Frage nach der „Wahrheit"
irrelevant zu sein. Sie zitiert die ihrer Meinung nach berechtigt
Frage Ernst Schumachers, „was gewonnen sein soll, einem solchen
Mann (wie Oppenheimer) auf der Bühne eine Schlußrede in den Mund
zu legen, deren Tendenz er nicht für wahr erklären kann" und
folgert daraus, daß es sich also nicht darum handele, daß Oppenheimer diese Rede nicht gehalten habe, sondern daß er sie seiner
Überzeugung nach nie hätte halten können.[7] Es ging Kipphardt
nicht um die Überzeugung des wirklichen Oppenheimer, eines Mannes
der, seinen eigenen Worten nach, seinem Gewissen keine Bedeutung
beimesse, sondern es ging ihm um die Frage, ob sich ein im Dienst
des Staates stehender Physiker unkorrekt und verantwortungslos
verhalte, „wenn er sich dagegen sträubt, neue, noch schrecklicher
Vernichtungswaffen (für seinen Dienstherren) zu konstruieren."[8]
Das ist eine Frage, die sich der wirkliche Oppenheimer nie gestellt hat, nie hat stellen können, denn für ihn war die Konstruk
tion einer Vernichtungswaffe kein moralisches Problem, sondern

---

7. E. Salloch, a.a.O., S.10
8. Urs Jenny, In der Sache Oppenheimer. In: <u>Theater heute</u> 11 (196
   S.22

ein rein wissenschaftliches. Ob diese Waffe dann gebraucht oder
nicht gebraucht wurde, war eine Entscheidung, die zu fällen der
wirkliche Oppenheimer sich als unbefugt erklärte. Das sei das
Problem seiner Auftraggeber.

Es fragt sich nun, ob ein Physiker, der sich so wenig um das
kümmert, was mit seinen Erfindungen geschieht, als Vorwurf für
ein Stück taugt, in dem es gerade um die Verantwortlichkeit der
Wissenschaftler geht. Hat sich Kipphardt nicht den falschen Stoff
für sein Stück gewählt? Diese Frage ist aber nur dann berechtigt,
wenn sich nachweisen ließe, daß Kipphardt eine naturalistische,
„wahrheitsgetreue" Charakterstudie des historischen Oppenheimer auf
die Bühne zu stellen beabsichtigte. Ausdrücklich hat Kipphardt aber
darauf hingewiesen, daß es ihm nicht auf solch ein lebensechtes
Porträt ankam. Es ging ihm vielmehr um ein Problem, das dem wirklichen Oppenheimer fernlag, das Problem der gesellschaftlichen
Verantwortlichkeit des Wissenschaftlers. Weil einerseits Kipphardt
darlegen wollte, daß ein Wissenschaftler in der Position Oppenheimers sich die Frage nach der Verantwortlichkeit hätte stellen
müssen, weil aber andererseits der wirkliche Oppenheimer sich
diese Frage nicht gestellt hat, sah sich Kipphardt genötigt, von
seinem historischen Vorbild abzuweichen.

Deswegen tritt uns an den Stellen des Stückes, die Kipphardt
als „Ergänzungen und Vertiefungen" bezeichnete, ein ganz anderer
Oppenheimer als der wirkliche entgegen, ein Oppenheimer, der viel
Ähnlichkeit mit Brechts Galilei aufweist. Zu Recht sagt Rischbieter
dann auch, daß Kipphardt sich überall dort Brecht nähere, wo

er sich von den Dokumenten entferne.[9] Da fragt sich Oppenheimer
zum Beispiel in seinem Schlußwort, „ob wir den Geist der Wissenschaft nicht wirklich verraten haben, als wir unsere Forschungsarbeiten den Militärs überließen, ohne an die Folgen zu denken. S
finden wir uns in einer Welt, in der die Menschen die Entdeckunge
der Gelehrten mit Schrecken studieren, und neue Entdeckungen rufe
neue Todesängste bei ihnen hervor."[10] Ganz ähnlich äußert sich
Galilei in der vierzehnten Szene von Brechts Stück: „Wenn Wissenschaftler, eingeschüchtert durch selbstsüchtige Machthaber, sich
damit begnügen, Wissen um des Wissens willen aufzuhäufen, kann
die Wissenschaft zum Krüppel gemacht werden, und eure neuen
Maschinen mögen nur neue Drangsale bedeuten. Ihr mögt mit der
Zeit alles entdecken, was es zu entdecken gibt, und euer Fortschr
wird doch nur ein Fortschreiten von der Menschheit weg sein. Die
Kluft zwischen euch und ihr kann eines Tages so groß werden, daß
euer Jubelschrei über irgendeine neue Errungenschaft von einem
universalen Entsetzensschrei beantwortet werden könnte... Und ich
überlieferte mein Wissen den Machthabern, es zu gebrauchen, es
nicht zu gebrauchen, es zu mißbrauchen, ganz wie es ihren Zwecken
diente... Ich habe meinen Beruf verraten. Ein Mensch, der das tut
was ich getan habe, kann in den Reihen der Wissenschaft nicht ge-
duldet werden."[11]

Oberflächlich betrachtet sieht es so aus, als ob beide Physi
sich wegen des gleichen Vergehens anklagten: sie hätten ihr Wisse
an die Militärs, die Obrigkeit, die Machthaber ausgeliefert, ohne

---

9. H. Rischbieter, a.a.O.
1o. H. Kipphardt, Oppenheimer, S.84
11. B. Brecht, Gesammelte Werke (Werkausgabe), Bd.3, S.134o/41

an die Folgen zu denken. Doch - und hier liegt der wesentliche
Unterschied zwischen den beiden Stücken - sie klagen sich aus
verschiedenen Gründen an. Brecht läßt seinen Galilei sagen: „Ich
halte dafür, daß das einzige Ziel der Wissenschaft darin besteht,
die Mühseligkeit der menschlichen Existenz zu erleichtern."[12]
Sein Vergehen besteht darin, daß er seine Wissenschaft nicht auf
dieses Ziel ausgerichtet hat. Brecht selbst sagt dazu: „In Wirklichkeit hat Galilei die Astronomie und die Physik bereichert,
indem er diese Wissenschaften zugleich eines Großteils ihrer
gesellschaftlichen Bedeutung beraubte... Galileis Verbrechen kann
als die ‚Erbsünde' der modernen Naturwissenschaften betrachtet
werden. Aus der neuen Astronomie, die eine neue Klasse, das
Bürgertum, zutiefst interessierte, da sie den revolutionären
sozialen Strömungen der Zeit Vorschub leistete, machte er eine
scharf begrenzte Spezialwissenschaft, die sich freilich gerade
durch ihre ‚Reinheit', das heißt ihre Indifferenz zu der Produk-
tionsweise, verhältnismäßig ungestört entwickeln konnte. Die Atombombe ist sowohl als technisches als auch soziales Phänomen das
klassische Endprodukt seiner wissenschaftlichen Leistung und
seines sozialen Versagens."[13] Brecht hat seinen Physiker mit der
Alternative konfrontiert, entweder Wissenschaft zum Wohle der
Menschheit zu betreiben oder Wissenschaft um ihrer selbst willen
zu betreiben. Galilei wählt die letztere Möglichkeit und wird
zum Verräter an der Menschheit, weil es durchaus in seiner Macht
gelegen hatte, sein Wissen so einzusetzen, daß es die Mühseligkeit

---

12. Ebd.
13. B. Brecht, Gesammelte Werke (Werkausgabe), Bd.17, S.1108/09

der menschlichen Existenz erleichtert hätte.

Kipphardt gibt seinem Physiker jedoch nicht die Entscheidung
freiheit, die Brecht seinem Galilei zugesteht. Für Oppenheimer
lautet daher die „Alternative" anders: er hat zu wählen zwischen
der „reinen" Forschung, d.h. er kann Wissenschaft um ihrer selbst
willen betreiben, und der Auftragsforschung, d.h. er kann seine
wissenschaftlichen Errungenschaften den Machthabern überlassen. I
Gegensatz zu Galilei kann Oppenheimer also nicht darüber entscheiden, ob und wie er seine Wissenschaft zum Wohle der Menschheit betreiben will. Denn Kipphardt zeigt nämlich, daß die
Alternative, vor die er seinen Physiker stellt, nur eine Schein-
alternative ist. Ganz egal wie Oppenheimer sich entscheidet, er
begeht in jedem Falle einen Verrat an der Menschheit, denn ihm
ist jede Möglichkeit genommen, frei darüber zu entscheiden, zu
welchen Zwecken seine Forschungsresultate angewendet werden solle
In seinem Schlußwort sagt Oppenheimer: „Es scheint ein weidlich
utopischer Gedanke, daß die überall gleich leicht und gleich
billig herstellbare Kernenergie andere Gleichheiten nach sich
ziehen werde und daß die künstlichen Gehirne, die wir für die
großen Vernichtungswaffen entwickelten, künftig unsere Fabriken
in Gang halten könnten, der menschlichen Arbeit ihren schöpferisc
Rang zurückgebend. Das würde unserem Leben die materiellen Freiheiten schenken, die eine der Voraussetzungen des Glückes sind,
aber man muß sagen, daß diese Hoffnungen durch unsere Wirklichkei
nicht zu belegen sind. Doch sind sie die Alternative zu der Vernichtung dieser Erde, die wir fürchten und die wir uns nicht
vorstellen können. An diesem Kreuzweg empfinden wir Physiker, daß
wir niemals soviel Bedeutung hatten und daß wir niemals so

ohnmächtig waren."[14] Trotz der Wichtigkeit seiner Stellung ist
der Physiker so ohnmächtig, daß er den Mißbrauch seiner Entdeckungen durch die Macht nicht verhindern kann. „Oppenheimer
ist kein Galilei: ihm bietet sich nicht die geringste Möglichkeit,
die Erkenntnisse der Wissenschaft dem Mißbrauch der Machthabenden
zu entreißen und ausschließlich dem Wohle der Menschheit dienst-
bar zu machen."[15] Damit gerät Kipphardts Oppenheimer in die
Nähe der Dürrenmattschen Physiker, die sich angesichts ihrer
Ohnmacht freiwillig ins Irrenhaus zurückziehen. Auch Oppenheimer
zieht sich zurück, allerdings nicht in ein Irrenhaus, sondern auf
das Gebiet der „reinen" Forschung, weil ihm nichts anderes übrig
bleibt, weil ihm die Wirklichkeit als so festgefahren, so unveränderbar erscheint, daß sich ihm als einzelnem keine Möglichkeit
der Beeinflußung dieser Wirklichkeit mehr bietet. Er sagt am
Schluß seiner Rede: „Wir haben die Arbeit des Teufels getan, und
wir kehren nun zu unseren wirklichen Aufgaben zurück. Vor ein
paar Tagen hat mir Rabi erzählt, daß er sich wieder ausschließlich der Forschung widmen wolle. Wir können nichts besseres tun
als die Welt an diesen wenigen Stellen offenzuhalten, die offenzuhalten sind."[16]

Doch gerade der Optimismus, der sich in diesen Schlußworten
äußert, wird vom Stück als illusorisch entlarvt, wie Taëni bemerkt:
die Schlußworte dienen „schließlich dazu, die dargelegte Problematik nochmals besonders zu verdeutlichen - durch eben den Gegensatz zwischen der frommen Hoffnung Oppenheimers, welche sie

---

14. H. Kipphardt, a.a.O., S.84
15. R. Taëni, a.a.O., S.136
16. H. Kipphardt, a.a.O., S.84

implizieren, und der brutalen Wirklichkeit, die im Stück gezeigt wird. Einer gesellschaftlichen Wirklichkeit, die so gestaltet ist, daß ihr des Physikers beständige Anwandlungen, seine Entscheidungen den Forderungen seines Gewissens zu unterwerfen, eigentlich naturgemäß als ,grundsätzliche charakterliche Mängel' erscheinen müssen."[17] Das Stück endet also, wie Rischbieter gesagt hatte, in der Resignation.[18] Oppenheimer kapituliert vor einer Wirklichkeit, die ihm unveränderbar erscheint. Damit ist Kipphardts Stück an einem Punkt angelangt, der realistischer ist als der idealistische Ausgangspunkt, von dem aus Hochhuths Figuren versuchen, die geschichtliche Entwicklung im Alleingang in andere Bahnen zu lenken.

Es bleibt aber zu fragen, ob dieser „Realismus" nicht doch eine Flucht vor der Wirklichkeit ist, ob Kipphardt nicht doch an dem Punkt angelangt ist, den Brecht folgendermaßen beschreibt: „Die Bourgeoisie isoliert im Bewußtsein des Wissenschaftlers die Wissenschaft, stellt sie als autarke Insel hin, um sie praktisch mit ihrer Politik, ihrer Wissenschaft, ihrer Ideologie verflechten zu können. Das Ziel des Forschers ist ,reine' Forschung, das Produkt der Forschung weniger rein. Die Formel $E = mc^2$ ist ewig gedacht, an nichts gebunden. So können andere die Bindungen vornehmen: die Stadt Hiroshima ist plötzlich sehr kurzlebig geworden. Die Wissenschaftler nehmen für sich in Anspruch die Unverantwortlichkeit der Maschinen."[19] Rainer Taëni entschuldigt gewissermaßen Kipphardts Resignation, wenn er sagt: „Ein heutiger

---

17. R. Taëni, a.a.O., S.136
18. Siehe oben, S.4
19. B. Brecht, Gesammelte Werke (Werkausgabe), Bd.17, S.1112

Dramatiker **kann** womöglich nicht mehr erreichen, als aufzuzeigen,
daß in unserer Welt zwar manches nicht ist, wie es sein sollte,
daß die Probleme aber dennoch zu vielschichtig sind, um eine
einfache und jedermann sichtbare Lösung zuzulassen."[20]

Damit wird aber ein Standpunkt vertreten, auf den ich schon
im Abschnitt über Hochhuths **Stellvertreter** hinwies. Dort zitierte
ich Marianne Kesting, die meinte, daß die Wirklichkeit so komplex geworden sei, daß sie dem Einzelnen nicht mehr durchschaubar
wäre, geschweige denn, daß er sie zu ändern vermöge.[21] Die
Wirklichkeit ist zwar vielschichtig und kompliziert und sie läßt
daher auch keine so einfachen Lösungen ihrer Probleme zu, so
meint Taëni ganz richtig, wie die die Komplexität versimpelnden
und deswegen teilweise falschen Lösungen, die Hochhuth präsentiert.
Trotzdem kann ein heutiger Dramatiker mehr erreichen als aufzeigen,
daß in unserer Welt manches nicht ist, wie es sein sollte. Er
könnte z.B. aufzeigen, **warum** manches nicht so ist, wie es sein
sollte. In einem Gespräch mit Leo Kofler sagte Georg Lukács: „Das
ist der Ort, wo die Literatur außerordentlich viel zum Kampf
gegen die Manipulation beitragen könnte, wenn sie nämlich nicht
literarisch vor der Manipulation kapitulieren , die Manipulation
als Schicksal betrachten würde."[22] Obwohl in Kipphardts Stück
einige wenige Ansätze vorhanden sind, von denen aus das Warum des
Geschehens, die Manipulation hätte erklärt werden können, z.B. die
durch Lautsprecher wiedergegebene Erklärung des Senators McCarthy
gleich zu Anfang des Stückes, spielen diese Ansatzpunkte im

2o. R. Taëni, a.a.O., S.137
21. Siehe oben, S.43
22. G. Lukács/L. Kofler, Gesellschaft und Individuum. In: **Karl Marx 1818/1968**. Bad Godesberg: Inter Nationes 1968, S.9o

ganzen Stück doch so eine untergeordnete Rolle, daß der Eindruck entsteht, Kipphardt betrachte die Manipulation tatsächlich als Schicksal. Deswegen meint Urs Jenny am Schluß seiner Rezension der Uraufführung, daß der Regisseur, „zum Beispiel mit Hilfe von Projektionen, einen eindringlichen Zeit-Hintergrund schaffen (müßte), dann erst würde das Exemplarische des Falles Oppenheimer sichtbar... Solange dem Stück dieser Hintergrund fehlt, bleibt (es) eine brennend interessante, aber das Publikum nicht betreffende Privattragödie. Erst eine Inszenierung, die Oppenheimer ,Schizophrenie' mit der Schizophrenie seiner Zeit und seiner Gesellschaft konfrontiert, wird die eigentlichen Bühnenmöglichkeiten und die ganze Aktualität dieses Stückes ausschöpfen."[23] Am Regisseur der jeweiligen Aufführung liegt es, ob diese Konfrontation hergestellt wird oder nicht, denn im Text ist sie nur andeutungsweise enthalten.

Figuren

Im ersten Teil ihres Buches über Peter Weiss sagt Erika Salloch: „Zu beweisen ist im dokumentarischen Theater, daß es den Menschen gibt, zwar nicht als Individuum, aber als funktionierenden Bestandteil des Apparates. Oppenheimer verliert seinen Posten, weil er sich Privatentscheidungen erlaubt, während er Funktionär der Kriegsmaschine ist."[24] Aber gleichzeitig beschuldigt das dokumentarische Theater auch „den Menschen, bzw. die herrschenden Machtverhältnisse, die ihn unmenschlich werden lassen."[25]

---

23. U. Jenny, a.a.O., S.25
24. E. Salloch, a.a.O., S.14
25. Ebd., S.15

Doch gerade diese Beschuldigung ist in Kipphardts Stück nur sehr
vage impliziert und es fragt sich, ob Kipphardt sie überhaupt beabsichtigte. Denn die Figuren in dem Stück sind keineswegs als
bloße Funktionsträger, als anonyme Sprachrohre für die Ansichten
des Autors dargestellt, wie z.B. die Figuren in Weissens Dramen,
sondern sie sind durchweg als individualistische Charaktere gezeichnet. Urs Jenny meint, es gehöre unzweifelhaft zu den Qualitäten von Kipphardts Text, „daß er zwölf Nebenrollen profiliert,
mit Individualität ausstattet."[26] Das zeigt sich z.B. ganz
deutlich bei zwei der drei gegen Oppenheimer auftretenden Zeugen,
dem Geheimdienstoffizier Boris Pash und dem Chefwissenschaftler
der Air Force David Griggs. Der eine wird als eifernder Ignorant
gekennzeichnet und der andere als Paranoiker. Auch Oppenheimer ist
keineswegs ein unselbständiges Rädchen in einer Maschine, sondern
ein selbständig denkendes und handelndes Individuum, jedenfalls
sieht er sich so. Dazu stimmt, daß der dargestellte Konflikt nicht
ein gesellschaftlicher ist, sondern ein in das Innere eines einzelnen verlegter Gewissenskonflikt. Oppenheimer hat zu entscheiden,
ob er den Forderungen der Machthaber vertrauen kann, selbst wenn
sie mit seinem Gewissen unvereinbar sind. Trotz aller von Kipphardt verwendeten Verfremdungseffekte erweckt gerade diese individuelle Gewissensnot Oppenheimers die Sympathie des Zuschauers
für den Physiker.

Es sieht also so aus, als ob das, was Erika Salloch vom
dokumentarischen Theater sagt, nicht auf Kipphardts Stück zuträfe.

---

26. U. Jenny, a.a.O., S.23

Doch es sieht nur so aus, denn obwohl er seine Figuren als
Individuen darstellt, macht er dem Zuscheuer ganz klar, daß sie
als Individuen vom Apparat abhängen, daß sie im Grunde doch nur
„funktionierende Bestandteile des Apparates" sind. Das ist die
Illusion, die Kipphardt aufdeckt: die Figuren selbst meinen, frei
entscheiden zu können, doch die in dem Stück dargestellte Wirklichkeit entlarvt diese Meinung als Wunschdenken. Besonders deutlich wird das am Schluß bei der Entscheidung Oppenheimers, sich
nunmehr nur noch der reinen Forschung zu widmen. Oppenheimer
meint, er habe eine freie Entscheidung getroffen, doch Kipphardt
stellt dar, daß Oppenheimer gar keine andere Wahl hatte, die
Entscheidung also nicht frei war. Der Zuschauer ist zwar bestürzt
über die Fragwürdigkeit der „fast pathetischen Unzulänglichkeit
des Entschlusses",[27] doch „läßt das Stück nichtsdestoweniger
kaum einen Zweifel daran, daß unter den gegebenen Umständen diese
Entschluß wohl noch immer der bestmögliche war",[28] eben weil er
von Kipphardt als der einzig mögliche angesehen wird.

An diesem Punkt weicht Kipphardts Stück allerdings von der
oben zitierten Meinung Sallochs über das dokumentarische Theater
ab. Kipphardt beschuldigt nicht die herrschenden Machtverhältniss
sondern konstatiert nur, daß sie eben leider nun mal so sind. Die
Umstände, die das Handeln der Figuren bedingen, werden als gegebe
als unveränderbar dargestellt. Damit wird aber auch Oppenheimers
Entschluß als „notwendig" gezeigt, er konnte nicht anders handeln
Doch wenn Kipphardt nun die Handlungen der Figuren als die best-

---

27. R. Taëni, a.a.O., S.138
28. Ebd.

möglichen unter den gegebenen Umständen, die unveränderbar sind,
kennzeichnet, selbst wenn diese Handlungen als fragwürdig kritisiert werden, dann entkräftet er gleichzeitig seine Kritik an
diesen fragwürdigen Handlungen; sie erscheinen nun nicht mehr als
so fragwürdig. An dieser Stelle schlägt die Bestürzung des Zuschauers über die fragwürdige Haltung Oppenheimers um in eine
Apologie: so schlimm ist seine Haltung ja gar nicht, sie ist immer
noch die beste angesichts der Tatsachen. Damit ergibt sich für den
Zuschauer eine Lösung, die Taëni folgendermaßen beschreibt: „Wir
erkennen nicht nur, sondern wünschen an dieser Stelle geradezu,
daß Oppenheimer recht haben sollte, daß aber auch zwischen seinen
Gewissensmaßstäben, zwischen seinen Zielen als Wissenschaftler
und denen der Regierung, welcher er bislang diente, keinerlei
Konflikt bestehen dürfte (so daß ein Weiterarbeiten an Regierungs-
projekten für ihn durchaus möglich sein müßte)."[29] Dieses Wunschdenken führt aber genausowenig zu einer Lösung des Dilemmas, wie
eine eindeutige Antwort Kipphardts dahin geführt hätte. Denn
einerseits würde jede Weiterarbeit Oppenheimers an Regierungspro-
jekten immer wieder den gleichen Konflikt heraufbeschwören, solange
die gesellschaftliche Wirklichkeit so bleibt, wie sie ist.
Andererseits würde eine eindeutige Antwort Kipphardts den Physiker
entweder zu einem idealistischen Weltverbesserer überhöhen oder
ihn als Verräter an der guten Sache verteufeln. So einfach macht
es sich Kipphardt aber nicht. Ganz richtig erkennt er, daß wir
nicht mehr so naiv wie Brecht glauben können, ein Gedicht oder ein

29. Ebd., S.137

Drama verändere schon die gesellschaftliche Wirklichkeit. Deshalb läßt er den Schluß seines Stückes offen. Er versäumt aber - und hier liegt die schwache Stelle des Stückes - dem Zuschauer den Ausweg ins Wunschdenken zu verstellen. Er hätte mit dem Stück zwar keine Veränderung der gesellschaftlichen Wirklichkeit bewerkstelligt, doch hätte er eine Bewußtseinserweiterung, wie Weiss sie fordert, beim Zuschauer bewirken können, wenn er deutlicher klargemacht hätte, daß Oppenheimers Dilemma ja nicht so sehr ein Privatkonflikt, sondern viel eher ein gesellschaftlicher Konflikt ist.

Sprache

Kipphardt gebraucht in diesem Stück keine rhythmisierte oder gar versifizierte Sprache wie Hochhuth oder Weiss. Seine Figuren sprechen eine ziemlich farblose, neutrale Prosa, deren zur Abstraktion neigender Ton den gleichen Zweck hat wie Hochhuths oder Weissens artifizielle Sprachformen, nämlich dem Zuschauer das Einfühlen in die Charaktere oder das Geschehen zu verwehren. Ihre emotionslose, fast wissenschaftlich kalte Neutralität soll die Distanz wahren helfen, in der allein dem Zuschauer eine vorurteilslose Abwägung der Argumente möglich ist. Das schließt aus, daß die Sprache zur Charakterisierung der einzelnen Figuren beiträgt. Sie ist lediglich Vehikel für die verschiedenen Argumente. Daher kann es zu der unterschiedlichen Interpretation z.B. des Begriffes der „Sünde" kommen: Mit Bezug auf den Bau der Atombombe meint Oppenheimer: „Wir Wissenschaftler sind in diesen Jahren an den Rand der Vermessenheit getreten. Wir haben die Sünde kennengelernt." Der Ankläger antwortet darauf: „Gut, Doktor

Von diesen Sünden wollen wir reden."[30] Oppenheimer spricht hier
von einer moralischen Schuld, Robb dagegen verweist auf eine
Gesetzesübertretung.

Darüberhinaus gebraucht Kipphardt eine ganze Reihe stark an
Brecht erinnernde sprachliche Mittel, um dem Zuschauer das Mit-
denken zu erleichtern. Der Darsteller des Oppenheimer tritt z.B.
zweimal an die Rampe und kommentiert in der dritten Person und im
Imperfekt seinen folgenden Auftritt: „Am 12. April 1954, wenige
Minuten vor zehn, betrat J. Robert Oppenheimer, Professor der
Physik in Princeton, ehemals Direktor der Atomwaffenlaboratorien
von Los Alamos und später Regierungsberater in Atomfragen, das
Zimmer 2o22 im Gebäude T3 der Atomenergiekommission in Washington."[31]
Zwischen den einzelnen Szenen will Kipphardt Zwischentitel auf
eine weiße Gardine projizieren lassen, die die in der folgenden
Szene aufgeworfenen Fragen vorwegnehmen oder den Inhalt der
folgenden Szene kurz kommentieren. Urs Jenny weist in seiner
Kritik hin auf die „angestrengte, holprige Prosa" und den „unge-
glätteten, manchmal sperrigen Satzbau", die „kleinen Amerikanismen -
etwa die Verwendung von ‚geben' nach Art von ‚to give'" und die
„oft stark nach Brecht schmeckenden Partizipialkonstruktionen",[32]
die in der Bühnenfassung allerdings nicht so häufig vorkommen wie
im Fernsehtext des Stückes.

Alle diese verfremdenden Sprachmittel verhindern aber nicht,
daß der Zuschauer sich auf die Seite Oppenheimers stellt. Ganz
bewußt versucht Kipphardt von Anfang an im Zuschauer Sympathien

---

3o. H. Kipphardt, a.a.O., S.65
31. Ebd., S.64
32. U. Jenny, a.a.O., S.22

für den Wissenschaftler zu erwecken, indem er z.B. zu Anfang der
ersten Szene die über Lautsprecher kommende Ansprache des Senator
McCarthy als tendenziöse Tirade entlarvt, indem er überhaupt das
ganze gegen Oppenheimer angestrengte Verfahren als fragwürdig
hinstellt. „Trotz alledem aber", sagt Taëni, „ist die so erweckte
Sympathie für diesen Wissenschaftler natürlich etwas wesentlich
anderes als die von Brecht abgelehnte ‚aristotelische' Einfühlung
mit einem dramatischen Helden. Sie gründet ja auf keiner dramatischen Handlung, sondern liegt...eher in der Natur des uns vorgeführten Sachverhalts."[33] Überdies ist gerade wegen der Sympathie für Oppenheimer die Schockwirkung seines fragwürdigen
Entschlusses umso größer. Doch führt das keineswegs dazu, daß der
Zuschauer sich von der Figur des Oppenheimer distanziert; im
Gegenteil: die Sympathie schlägt um in Mitleid wegen der
tragischen Ausweglosigkeit, in der sich Oppenheimer befindet.

Die sprachlichen Mittel und alle anderen von Kipphardt einge-
setzten Verfremdungseffekte, die den Zuschauer zum Mitdenken
anregen sollten, erweisen sich hier am Schluß als wirkungslos,
weil Kipphardt das Dilemma Oppenheimers als ausweglos und unlösbar
darstellt. Das durch die neutrale Sprache ermöglichte Abwägen
der Pro- und Contra-Argumente während des Verlaufs des Stückes
führt am Ende zu nichts. Das Mitdenken war zwar nicht umsonst
gewesen, denn es ist immerhin klar geworden, daß der Staat nicht
das blinde Vertrauen beanspruchen kann, auf das er pocht und es
ist ebenso klargeworden, daß der einzelne Physiker weder die

---

33. R. Taëni, a.a.O., S.131

Macht noch die Integrität besitzt, seine wissenschaftlichen
Errungenschaften in den Dienst der Menschheit zu stellen. Aber
mit dem Schluß verbaut Kipphardt dem Zuschauer den Weg vom Mitdenken zum Umdenken. Mit Oppenheimer unterwirft er sich resig-
niert dem tragischen Schicksal des Wissenschaftlers in der
heutigen Welt.

Struktur

Die ziemlich unkomplizierte Struktur des Stückes ergibt sich
aus dem Inhalt, dem Verhör: jede der sechs Szenen des ersten
Teils ist ein Ausschnitt aus dem Verhör jeweils eines bestimmten
Tages und jede dieser Szenen, außer der sechsten, endet mit einem
an der Rampe gesprochenen Monolog. Der zweite Teil wird eingeleitet durch die Projektion verschiedener Filmdokumente, begleitet
von durch Lautsprecher hörbar gemachten Presseschlagzeilen. Die
siebte Szene ist ein Ausschnitt aus der entscheidenden Phase des
Verhörs, die achte bringt die Plädoyers der Anklage und der Verteidigung und die neunte das Urteil der Kommission und Oppenheimers
Schlußwort. Darauf folgt eine letzte Textprojektion: „Am 2.
Dezember 1963 wurde J. Robert Oppenheimer der Enrico-Fermi-Preis
für seine Verdienste um das Atomenergieprogramm während kritischer
Jahre von Präsident Johnson überreicht. Den Vorschlag zur Verleihung machte der vorjährige Preisträger Edward Teller."[34] Durch
diese Projektion und das Schlußwort Oppenheimers wird der mit
dem Urteil geschlossene Kreis wieder aufgebrochen, das über

---

34. H. Kipphardt, a.a.O., S.84

Oppenheimer gefällte Urteil erscheint fragwürdig. Damit wird
noch einmal besonders deutlich herausgestellt, was Kipphardt
schon früher im Stück enthüllte, daß nämlich die im Verfahren
angewandten „Regeln und Maßstäbe" unzulänglich sind. Aus der so
entstehenden„Divergenz zwischen dem Urteil des Publikums über den
abgehandelten Fall und dem der Urteilenden auf der Bühne"[35] ergi
sich der wesentliche Konflikt des Stückes. Dazu sagt Otto F. Best
„Da es das Ziel des Autors ist, Licht in die Dinge zu bringen
und er deshalb die Ratio mobilisieren will, schafft er eine
Spannung zwischen den moralischen Maßstäben auf der Bühne (die
korrigiert werden sollen) und dem Urteil des Publikums. Die Betroffenheit über die Diskrepanz führt zu Nachdenken und Stellungnahme. Das letzte Wort spricht das Publikum, der Autor wurde zum
Mäeutiker."[36]

Doch das stimmt nur zum Teil. Auch bei Brecht gibt es den
offenen Stückschluß, mit dem der Autor das Publikum auffordert,
sich die aufgeworfenen Fragen selbst zu beantworten, z.B. in
Der gute Mensch von Sezuan. Doch Brecht hat seinem Publikum die
einzig mögliche Antwort schon vorher im Stück nahegelegt. Der
offene Schluß seines Stückes ist also nur scheinbar offen. Dagege
scheint der Schluß von Kipphardts Stück auf den ersten Blick
wirklich offen zu sein, denn anders als bei Brecht bietet Kipphar
keine Lösung an: „Die Erkenntnis, daß in unserer verwalteten Welt
der Einzelmensch...und seine normalen Empfindungen zunehmend an
Bedeutung verlieren, mag erschrecken, die Tatsache selbst mag die

35. R. Taëni, a.a.O., S.126
36. O.F. Best, a.a.O., S.130 f.

Revisionsbedürftigkeit gewisser Maßstäbe sogar implizieren - doch anders als der Marxist Brecht läßt Kipphardt dennoch keine mögliche Antwort auf die aufgeworfenen Fragen sichtbar werden."[37]

Aber im Grunde ist auch Kipphardts Stückschluß nur scheinbar offen. Er gibt zwar keine Antwort auf die gestellten Fragen, doch macht er dem Zuschauer klar, daß gerade wegen des Fehlens einer Antwort Oppenheimers Handlungsweise immer noch die beste sei. Gewissermaßen achselzuckend wird damit Oppenheimers Kapitulation entschuldigt. Gleichzeitig wird damit aber auch der Zuschauer von der Notwendigkeit entbunden, eine Antwort finden zu <u>müssen</u>. Die letzte Textprojektion macht ihm dann völlig klar, daß es gar nicht nötig ist, eine Antwort zu suchen, denn siehe da, die Gesellschaft, die 1954 das Dilemma Oppenheimers verursachte, rehabilitierte den verurteilten Physiker neun Jahre später mit der Verleihung eines Preises und zwar auf Vorschlag des Zeugen, der ihn damals am schwersten belastete, seines Kollegen Teller. Eine Gesellschaft, die denjenigen belohnt, der sich ohne viel zu Murren in das „Unabänderliche" schickt, kann ja gar nicht so veränderungsbedürftig sein. Mit dieser Schlußfolgerung akzeptiert auch der Zuschauer das „Unabänderliche", doch das hat Kipphardt bestimmt nicht beabsichtigt.

Mit Vorbehalten gehört auch <u>In der Sache J. Robert Oppenheimer</u> zum dokumentarischen Theater, weil es zumindest versucht, einen dokumentarisch belegbaren Fall mit künstlerischen Mitteln so

---

37. R. Taëni, a.a.O., S.128

zu hinterfragen, daß dem Zuschauer die Problematik des Wissenschaftlers in unserer Gesellschaft bewußt wird. Doch leider bleib
es bei dem Versuch, denn der Prozeß der Bewußtwerdung, der gleichzeitig auch ein Prozeß der Bewußtseinsveränderung und somit eine
Beeinflussung der Wirklichkeit hätte sein können, wird dadurch
behindert, daß Kipphardt die gesellschaftlichen Zusammenhänge, in
die die Problematik des Wissenschaftlers eingebettet ist, nur gan
am Rande sichtbar macht. Taëni urteilt recht milde, wenn er sagt:
„Die hier im Brechtschen Sinne angewandten Verfremdungsmittel bewirken zwar, daß sich der Zuschauer direkt angesprochen fühlt,
fordern jedoch selbst darin vorwiegend zu einer **Erkenntnis** (nicht
also zur Bewältigung) gewisser Zusammenhänge heraus - wenn auch di
noch immer als gesellschaftlich bedingt und daher als im Prinzip
(wenn auch kaum tatsächlich) veränderbar empfunden werden."[38] Da
eben diese Zusammenhänge gesellschaftlich bedingt sind, wird nich
klar genug herausgearbeitet, ganz abgesehen davon, daß Kipphardt
in dem Stück eindeutig zu verstehen gibt, daß die gesellschaftlic
Bedingungen weder im Prinzip noch tatsächlich veränderbar sind.
Schon Urs Jenny hat darauf hingewiesen, daß es Aufgabe der Regiss
sei, diese gesellschaftlichen Zusammenhänge in der jeweiligen Ins
zenierung deutlicher herauszuarbeiten, als das im Text geschehen
ist. Gelingt das, dann würden sich die obigen Einwände erübrigen.
Der von Kipphardt verfaßte Text als solcher jedoch kann lediglich
als Vorlage zu einem dokumentarischen Theaterstück gesehen werden

---

38. R. Taëni, a.a.O., S.173 f.

Joel Brand
Die Geschichte eines Geschäfts

Wie schon beim Oppenheimer-Stück ging der Bühnenaufführung
auch des nächsten Stückes von Kipphardt eine Fernsehinszenierung
voran, die Urs Jenny als „Schulfunksendung auf höchstem Niveau"[39]
bezeichnete. Ebenfalls wie im Oppenheimer-Stück beruft sich Kipphardt auf Dokumente, auf historische Quellen und Arbeiten, von
denen er die wichtigsten im Anhang zur Buchausgabe[40] des Stückes
angibt. Im Anhang wird auch angegeben, daß es sich im Stück nicht
um eine wortgetreue Wiedergabe der Dokumente handelt, sondern um
ein Konzentrat aus den Dokumenten, eine freie Bearbeitung der
Dokumente: „Der Stoff und die Hauptpersonen sind historisch. Für
den Zweck des Dramas nahm sich der Verfasser die Freiheit, die
Handlung auf diejenigen Hauptzüge zu konzentrieren, die ihm
bedeutend erschienen."[41]

Nun stellt sich aber die Frage nach diesem Zweck des Dramas,
der den Autor nötigte, die Dokumente zu bearbeiten. Schon im
vorigen Stück hatte Kipphardt die Dokumente ergänzt und vertieft
und die Frage nach dem Warum jener Bearbeitung läßt sich leicht
beantworten: die im Stück aufgeworfene Problematik läßt sich in
den Dokumenten nicht belegen und ergibt sich erst aus den erfundenen
Passagen. Bei Joel Brand ist die Frage nach dem Zweck der Bearbeitung schon schwieriger zu beantworten. In der Fernsehfassung
tritt ein Sprecher auf, dessen Bericht anhand von Landkarten und

---

39. U. Jenny, Mißglücktes Stück über ein mißglücktes Geschäft. In:
    Theater heute 11 (1965), S.41
40. H. Kipphardt, Joel Brand. Frankfurt: Suhrkamp 1965
41. Ebd., S.141

Dokumenten über die ziemlich verworrenen geschichtlichen Zusammen
hänge dann durch gespielte Dialogszenen illustriert wird. In
erster Linie diente diese Fassung also der Information über unser
jüngste Vergangenheit. In der Bühnenfassung fehlt jedoch der
Sprecher, es fehlen die Photoeinblendungen und die Kommentare, es
fehlt der Demonstrationscharakter. Das Bühnenstück sollte ja nich
nur reinen Informationswert besitzen, sondern sollte zum Schauspi
werden, die Dokumente sollten in Kunst umgesetzt werden. Demnach
ergäbe sich der Kunstcharakter des Stückes, oder die „literarisch
Dimension", wie Rischbieter das beim <u>Oppenheimer</u> nannte, aus den
von Kipphardt angebrachten Veränderungen.

Was sind das für Änderungen? Schon der Titel deutet darauf h
Die Fernsehfassung hieß noch „Die Geschichte von Joel Brand", die
Bühnenfassung dagegen heißt „Joel Brand - Die Geschichte eines
Geschäfts". Es soll sich also nicht mehr um die Geschichte eines
Mannes, sondern um die Darstellung der Geschichte eines Geschäfts
handeln: der mit der „Endlösung" beauftragte Adolf Eichmann wollt
eine Million ungarischer Juden freilassen, wenn das „Weltjudentum
und die ihm moralisch verpflichteten Alliierten der deutschen
Wehrmacht dafür zehntausend Lastkraftwagen lieferten. Joel Brand,
Leiter des jüdischen Hilfs- und Rettungsrates (Waadath Esra We-
hatzalah), spielt bei diesem Geschäft den Mittelsmann, der erst
in Istanbul und dann in Aleppo mit Chaim Weizmann, dem Präsidente
der Jerusalemer Exekutive, unterhandeln soll. Doch niemand nimmt
das Angebot der Nazis ernst. Joel Brand wird vom englischen
Geheimdienst verhaftet und in Kairo interniert. Unterdessen versucht in Ungarn ein Freund Brands Eichmann mit Versprechungen hin
zuhalten, doch das Geschäft kommt nicht zustande. Folglich werden

die Budapester Juden nach Auschwitz gebracht. Dieses Geschäft
zwischen zwei kapitalistischen Systemen kommt also letztlich
deshalb nicht zustande, „weil es eben nur' für die eine Partei ein
Geschäft wäre und die andere nicht gewillt ist, ihre materiellen
Interessen der moralischen Verpflichtung hintanzustellen."[42]

Nun hätte Kipphardt diese Geschichte eines Geschäfts auf den
Dokumenten basieren müssen, die sich auf dieses Geschäft beziehen.
Doch das tut er nur zu einem ganz geringen Teil, weil ihm klar ist,
daß die reine Wiedergabe geschäftlicher Verhandlungen nichts
weiter hergäbe als die Feststellung, daß damals versucht worden
war, eine Million Juden gegen zehntausend Lastkraftwagen einzu-
tauschen. Doch diese Information ließe sich leichter, umfangreicher
und genauer als in einem Theaterstück durch die historischen
Quellen vermitteln, die Kipphardt in den Anmerkungen zu seinem
Stück angibt. Aber selbst die Lektüre dieser Quellen ergäbe lediglich, daß dieser Fall „keineswegs typisch für das Regime war, das
angeklagt werden soll, sondern nur seine Arabeske...weil das Last-
wagengeschäft ja gar nicht die Mißachtung von Menschenleben ausdrückt, denn diese wurden gemeinhin für viel weniger wert gehalten
als zehntausend Lastwagen."[43] Folglich ging Kipphardt „vor allem
von jenen Dokumenten aus, die es ihm erlauben, einen Vorgang, der
möglicherweise eine mörderische Farce war, als eine todbringende
Tragödie darzubieten."[44] Ähnlich ist Kipphardt schon beim
Oppenheimer vorgegangen, nur daß er dort die Worttreue der Dokumente durch Sinntreue ersetzt hat, wie er selbst das nannte.

---

42. U. Jenny, Mißglücktes Stück... , a.a.O., S.42
43. G. Rühle, Versuche über eine geschlossene Gesellschaft, a.a.O.,
    S.1o
44. J. Kaiser, Theater-Tagebuch. In: Der Monat 2o6 (1965), S.56

Gerade dieser Anspruch hat sich aber nach Oppenheimers Widerspruc
als Verfälschung der geschichtlichen Tatsachen herausgestellt.
Diese Verfälschung nahm Kipphardt jedoch nicht um ihrer selbst
willen vor, sondern weil er irrigerweise meinte, daß sich nur
durch eine Veränderung der geschichtlichen Tatsachen die Problematik aufzeigen ließe, auf die es ihm ankam. Hier in <u>Joel Brand</u>
hat Kipphardt die Dokumente ebenfalls „bearbeitet", wobei sich
ihm die Geschichte eines Geschäfts fast unmerklich in eine Geschi
der Personen veränderte, die in jenes Geschäft verwickelt waren.
Kipphardt selbst äußert sich in einem <u>Spiegel</u>-Interview folgender
maßen dazu: Das Stück „behandelt den widerspruchsvollen Satz, daß
der Mensch einerseits das Objekt der Fremd- und Individualgeschic
ist, die er andererseits selbst macht. Konkret formuliert: Wäre
ich...unter ähnlichen Umständen Eichmann geworden?"[45] An gleiche
Stelle sagt er ferner: „Ich beschreibe die Fortsetzung der
Eichmann-Haltung in der Gegenwart."[46] Titel und Untertitel des
Stückes sind demnach zumindest irreführend: es handelt sich weder
um Joel Brand noch in erster Linie um die Geschichte eines Geschäfts, sondern hauptsächlich um die Person Adolf Eichmanns.

An dieser Person läßt sich am besten aufzeigen, welche
Veränderungen Kipphardt an den Dokumenten vornahm, damit aus der
„mörderischen Farce" eine „todbringende Tragödie" werde. „Um nur
aus einem Schreibtisch-Mörder ja keinen Bühnenschurken zu machen,
hat Kipphardt allzugut den Theater-Eichmann in einen schlagfertigen, österreichisch bedrohlichen Intellektuellen verwandelt.

---

45. <u>Der Spiegel</u> Nr.21 (1967), S.133; zitiert nach:E. Salloch,
    a.a.O., S.22
46. Zitiert nach: E. Salloch, a.a.O., S.29

Ein schneller, brutaler Herrscher, der Büchmanns ‚Geflügelte
Worte' im Kopf hat und ständig zitierend aufs kulturelle Erbe
und den Volksmund anspielen kann."[47] Doch der historische Eichmann war nichts weniger als das. In seiner ausführlichen Besprechung von Hannah Arendts Buch **Eichmann in Jerusalem** schreibt
Manès Sperber: „Wer...den Fall Eichmann eingehend untersucht hat,
fühlt sich fast genarrt durch die deprimierende Substanzlosigkeit
dieses Spezialisten der Judenfrage und Fachmanns der Endlösung,
dieses dilettantischen Verkehrsbürokraten, der mit nie erlahmendem
Eifer die Transporte organisierte, deren Endziel Gaskammern und
Krematorien waren."[48] Weil solch ein mausgrauer Durchschnitts-
mensch dramaturgisch genauso uninteressant wie die wirklichkeitsgetreue Beschreibung einer Geschäftsverhandlung ist, hat Kipphardt
aus dem „dilettantischen Verkehrsbürokraten" einen „österreichisch
bedrohlichen Intellektuellen" gemacht. Wie im **Oppenheimer**-Stück
beruht also auch hier die „literarische Dimension" nicht auf
Dokumenten, sondern auf dem, was Kipphardt eine „freie Bearbeitung"
nennt, was er erfunden hat, auf dem, was man auch eine Verfälschung geschichtlicher Tatsachen nennen könnte.

Erneut stellt sich aber damit wieder die Frage, die sich bei
allen dokumentarischen Theaterstücken ergibt, die Frage nach dem
Realismusbegriff, mit dem die Autoren dieser Stücke arbeiten.
Zweifelsohne hat Kipphardt seinen Brecht genau gelesen, vor allem
die Stelle, wo Brecht sagt: „Die Lage wird dadurch so kompliziert,
daß weniger denn je eine einfache ‚Wiedergabe der Realität' etwas

47. J. Kaiser, a.a.O., S.56
48. M. Sperber, Churban oder Die unfaßbare Gewißheit. In: **Der
Monat** 188 (1964), S.15

über die Realität aussagt. Eine Photographie der Kruppwerke oder
der AEG ergibt beinahe nichts über diese Institute. Die eigentlic
Realität ist in die Funktionale gerutscht. Die Verdinglichung
der menschlichen Beziehungen, also etwa die Fabrik, gibt die
letzteren nicht mehr heraus. Es ist also tatsächlich ,etwas aufzubauen', etwas ,Künstliches', ,Gestelltes'. Es ist also ebenso
tatsächlich Kunst nötig."[49] Kipphardt ist sich dessen bewußt, da
es „eben keine nichtmanipulierte Wirklichkeit, keine ,wahre
Abbildung' der Welt" gibt, wie Jost Hermand das in einem Aufsatz
ausdrückt,[50] und daß deshalb die „dokumentarische Literatur
ständig vor dem Problem der geistigen, ästhetischen und politische
Aufbereitung (steht): der Montage, der Struktur, der Form und
somit letztlich der ,Kunst'."[51] Doch nun unterläuft Kipphardt
ein Irrtum: weil die reine Wiedergabe der historischen Tatsachen
nichts über die Wirklichkeit aussagt, meint er, daß die historisch
Tatsachen verändert werden müssen, damit etwas über die Wirklichkeit ausgesagt wird. Der Irrtum liegt in der Ansicht Kipphardts,
wonach Tatsachen an sich aussagefähig seien, sich selbst deuten
und interpretieren könnten. Doch schon Hegel hat darauf hingewiesen, daß „nur die gedeutete Wirklichkeit wirklich ist".[52]
Deshalb hat Hermand seinem Aufsatz folgendes Zitat von Erwin
Strittmatter vorangestellt: „Brecht gab mir einmal in einem persönlichen Gespräch eine gute Faustregel: ,Realismus ist nicht,
wie die wirklichen Dinge sind, sondern wie die Dinge wirklich
sind'."[53]

---

49. B. Brecht, Gesammelte Werke (Werkausgabe), Bd.18, S.161 f.
5o. J. Hermand, Wirklichkeit als Kunst. In:Basis 2 (1971), S.5o
51. Ebd., S.51
52. Ebd.
53. Ebd., S.33

Durch die Veränderung der historischen Tatsachen sagt Kipphardt also keineswegs etwas darüber aus, wie die Dinge wirklich
sind. Dazu müssten die wirklichen Dinge, die historischen Tatsachen, vor ihrem politischen, soziologischen und geschichtlichen
Hintergrund auf ihre Zusammenhänge hin durchleuchtet und einsichtig gemacht werden. Das kann aber nicht geschehen, wenn die Eichmann-
Figur im Stück eine andere Person ist als der historische Eichmann.
Kipphardt behauptet zwar, daß er „die Fortsetzung der Eichmann-
Haltung in der Gegenwart" beschreibe, doch dem Leser des Stückes
oder dem Zuschauer der Aufführung können die Bezüge zur Gegenwart
nur dann klar werden, d.h. er wird erst dann bei sich oder bei
seinen Mitmenschen die Fortsetzung der Eichmann-Haltung erkennen
können, wenn Eichmann als kleinkarierter Bürokrat und nicht als
bedrohlicher Intellektueller dargestellt wird und gleichzeitig
durchschaubar gemacht wird, wieso eine solche Haltung damals hatte
entstehen können, sich hat durchsetzen können und noch heute besteht.

Auch der widerspruchsvolle Satz, den das Stück nach Kipphardt
behandele, nämlich „daß der Mensch einerseits das Objekt der Fremd-
und Individualgeschichte ist, die er andererseits selbst macht",
kann kaum zu irgendeiner Erkenntnis führen, weil weder Eichmann
noch Joel Brand noch irgendeine andere der Figuren im Stück die
Geschichte gemacht hat, in der sie die Objekte sind. Deshalb kann
Kipphardt in dem Stück auch nicht die Geschichte eines Geschäfts
darstellen, denn dieses Geschäft wurde von anderen Personen und
Personengruppen in die Wege geleitet, nicht von denen, die im
Stück auftreten. Urs Jenny hat das ganz richtig erkannt: „Daß...
diese Geschichte keineswegs überzeugt, keineswegs exemplarisch

Mechanismen kapitalistischer Machtpolitik durchschaubar macht,
liegt...vor allem daran, daß Kipphardt nicht die Händler zeigt,
sondern nur die Zwischenhändler, die ‚ausführenden Organe' ohne
Entscheidungsfreiheit."[54] Kipphardt wird diese Schwierigkeit
wohl von ungefähr vorausgeahnt haben, aber anstatt nun die hinter
dem Handel sich versteckenden wahren Händler zu entlarven, begeht
er den gleichen Fehler wie schon im <u>Oppenheimer</u>-Stück, indem er
die von ihm zur Debatte gestellte Problematik, in diesem Fall
den Menschenhandel, in den Kompetenzbereich einzelner Figuren
verlegt. Das mag mit dafür ein Grund sein, weswegen Eichmann im
Stück zu einem bedrohlichen Intellektuellen geworden ist, denn
vom dramaturgischen Standpunkt her wirkt eine mittelmäßige
Bürokratenfigur, die solch ein Geschäft ausführt, unglaubhaft.
Doch damit hat der Autor nur verdeckt, daß Eichmann im Grunde
genauso ein Rädchen in der Maschine war wie Joel Brand. Er hatte
zwar mehr Ermessensspielraum und Entscheidungsfreiheit als Joel
Brand, doch diesen Spielraum und diese Freiheit hatte er nur,
weil sie ihm von obenher verliehen worden waren. Er und andere
Nazi-Größen machten die ihnen verliehene Macht zwar geltend,
doch die Tatsache, daß sie ihnen <u>verliehen</u> worden war, machte es
ihnen auch möglich, sich bei den Nürnberger Prozessen immer wieder
mit dem Befehlsnotstand herauszureden, der sie allerdings in
keiner Weise von der Verantwortlichkeit für die innerhalb ihres
Ermessensspielraumes begangenen Greueltaten befreite. „Alle sind
schuld, aber billigerweise hätte wohl niemand anders handeln

---

54. U. Jenny, a.a.O., S.42

können, als er es tat - die echten Entscheidungen fallen fern
hinter den Kulissen..."[55] Doch Kipphardt unterläßt es, diese
echten Entscheidungen durchschaubar zu machen. Deswegen kann das
Stück auch nichts erklären, sondern nur zeigen, daß das, was geschah, nicht anders hat kommen können. Damit gibt Kipphardt, möglicherweise unbeabsichtigt, dem „Schicksal" recht. „Hinterrücks
etabliert sich in Kipphardts Schauspiel, das doch gesellschaftliche und historische Mechanismen durchleuchten will, ein blindes
Fatum, ein unausweichliches Pseudo-Tragödienschicksal."[56] Deswegen lehnt Taëni es ab, dieses Stück als Dokumentarstück zu bezeichnen, denn es sei „letztlich in seiner Tendenz auch nichts
anderes als ein historisches Schauspiel im traditionellen Sinne."[57]

Figuren

Mit dieser Behauptung rückt Taëni Kipphardts Stück in die
Nähe der Hochhuthschen Dramen. So wie Hochhuth z.B. im Stellvertreter die Frage zu klären versucht, ob der Papst die Juden hätte
retten können, diese Frage mit einem Ja beantwortet und darauf
seine Anklage gegen den Papst basiert, so stellt auch Kipphardt
noch am Schluß der Fernsehfassung des Stückes die Frage, ob die
Juden Ungarns hätten gerettet werden können. Er beantwortet diese
Frage nicht; in der Bühnenfassung ist sie gar nicht mehr enthalten,
wahrscheinlich weil ihm klar geworden ist, daß sie zu nichts
anderem als müßiger Spekulation führt. Trotzdem ist diese Frage
kennzeichnend für das, was ich anhand der Stücke Hochhuths als

---

55. Ebd.
56. Ebd., S.43
57. R. Taëni, a.a.O., S.125

wirklichkeitsfernen Idealismus herauszustellen versuchte. Bei
Hochhuth wird der Idealismus von einer Gestalt wie Riccardo verkörpert, von dem gesagt wurde, daß er nicht nur den Judenstern
auf der Brust, sondern auch, wie Schillers Don Carlos, des
Schicksals Sterne in der Brust trug. Diese Bezeichnung trifft auc
auf Joel Brand zu. Auch er trägt den Judenstern auf der Brust und
scheitert „tragisch" am „Schicksal". Bei Hochhuth steht hinter
dieser Tragik der unerschütterliche Glaube an die Entscheidungsfreiheit des einzelnen Menschen. Kipphardt ist in dieser Hinsicht
skeptischer und insofern unterscheidet sich sein Stück von denen
Hochhuths. Doch zieht er keine Konsequenzen aus seiner Skepsis. E
stellt zwar seine Figuren als „ausführende Organe ohne Entscheidu
freiheit" dar, macht aber nicht die Mechanismen des Systems einsichtig, mit deren Hilfe die wirklichen Entscheidungen gefällt
wurden. Wie ich oben schon näher ausgeführt habe, ist nicht nur
Joel Brand, sondern auch sein Gegenspieler Eichmann nur ein Rädchen in der Maschine; doch „Joel Brand selbst ist ohnmächtiger
als alle andern, ein bloßer Mittelsmann, ein Kurier, der zum
Don Quichotte wird."[58] Gerade deshalb ist seine Tragik nur eine
Scheintragik, denn wirkliche Tragik setzt eine autonome Entscheidungsfreiheit voraus und die fehlt bei Joel Brand. Dadurch
aber, daß diese Ohnmacht nicht erklärt wird, nicht auf ihre Ursachen hin zurückgeführt wird, werden die wirklichen Gründe, die
das Scheitern Joel Brands verursachen, zum„Schicksal" mystifizier
zu einer vage umrissenen grausamen Macht, die, vom Menschen

---

58. U. Jenny, a.a.O., S.42

unbeeinflußbar, sein Handeln bestimmt und ihm seine Entscheidungen
abnimmt.

Dieses „Schicksal" ist die Instanz, die die Figuren einander
angleicht, sie in ihrer Ohnmacht miteinander gleichstellt und
dadurch austauschbar macht. „Die Tatsache, daß alle Akteure dieses
Spiels nur Funktionäre ohne Handlungsfreiheit sind, macht sie
gewissermaßen austauschbar: Die ‚Rolle', die sie nach besten
Kräften durchstehen müssen, reduziert sie zu bloßen Figuranten -
ihre eigentliche Person, ihr inneres Wesen, ihr Gewissen hat
letztlich mit dem Ausgang der Geschichte nichts zu tun."[59] Deswegen hätte Kipphardt, wenn er konsequent gewesen wäre, seine
Figuren auch als „bloße Figuranten", als Marionetten darstellen
müssen, wie Weiss das in einigen seiner Stücke getan hat. Doch
statt dessen entwickelt er individualistische Charakterporträts,
naturalistische Studien historischer, aber auch erfundener Personen. Das Widersprüchliche dieser Dramaturgie liegt darin, daß
er einerseits den Figuren ihre Ohnmacht bescheinigt, wodurch sich
das Interesse von den Personen auf die Sache, das Geschäft, ver-
lagert; das aber ist zwar nicht uninteressant, doch vollkommen
undramatisch, wie Jenny bemerkt.[60] Andererseits wird er dadurch
gezwungen - um dem Vorwurf, sein Stück sei undramatisch, zu entgehen -, die Sache, das Geschäft, zu „dramatisieren", was sich
nur dadurch erreichen läßt, daß er die Figuren nicht zu Marionetten „degradiert", sondern sie als „wirklichkeitsgetreue"
Abbilder von bestimmten Individuen darstellt, sie reden und handeln

---

59. Ebd.
60. Ebd.

läßt, als ob sie frei entscheiden könnten und dadurch eben Gestalten schafft, die denen des traditionellen Illusionstheaters
gleichen. Erklärt wird damit auch die Frage, weswegen Kipphardt
hier, anders als im Oppenheimer-Stück, erfundene Figuren auftreten
läßt, Figuren wie den türkischen Detektiv oder den Scharführer
Puchinger: die Szenen, in denen sie auftreten, sind dramaturgisch
Füllsel, mit dessen Hilfe der Stoff „dramatisiert" wird.

Zu fragen wäre hier, wie schon beim Oppenheimer-Stück, ob
sich Kipphardt nicht den verkehrten Stoff gewählt hat, wenn der
ihn zu solchen Widersprüchlichkeiten zwingt. Auf diese Frage will
ich am Schluß dieses Abschnitts näher eingehen.

Sprache

Anders als im Oppenheimer-Stück ist die Sprache in Joel Brand
nicht nur Vehikel für die verschiedenen Ansichten, sondern dient
vor allem als Charakterisierungsmittel. Im Gegensatz zu den
Sprachformen bei Weiss zum Beispiel ist die Sprache in Joel Brand
nicht Mittel, um dem Zuschauer das Mit- und Umdenken zu ermöglich
also kein Verfremdungsmittel, sondern Kipphardt setzt sie bewußt
dazu ein, Emotionen im Zuschauer wachzurufen. Den Scharführer
Puchinger z.B. läßt er einen wienerisch gefärbten Tonfall spreche
durch den er als gemütvoller, umgänglicher Mensch charakterisiert
wird. Doch dieser Tonfall wird durch den Inhalt dessen, was
Puchinger sagt, und durch seine Handlungen als Zynismus im Stil
des „Herrn Karl" entlarvt. Kipphardt mag gehofft haben, auf diese
Weise dem Zuschauer die Gestalt Puchingers durchschaubar zu mache
doch, ähnlich wie bei den SS-Bonzen in Hochhuths Stellvertreter,
wird damit Puchinger zu einem naturalistischen Typ verflacht, der

bei den Zuschauern nicht mehr als eine unklare, emotionell bedingte Empörung hervorruft.

Nicht nur Puchinger, sondern auch die anderen SS-Figuren
werden von Kipphardt ähnlich charakterisiert: „Die SS-Chargen
(und auch Bandi Grosz) brillieren mit viel zynischen Sentenzen...
und spicken ihre Rede mit ironischen Zitaten, Volksweisheiten,
Sprichwörtern..."[61] So sagt z.B. Bandi Grosz, als Joel Brand ihm
vorhält, daß er kein Vertrauen zu ihm haben könne, solange er
von ihm (Grosz) belogen werde: „Du wirsts, ich fürchte, haben
müssen, Joel. Es kriecht niemand durch eine Jauchegrube und bleibt
rein."[62] In der achten Szene meint Eichmann zu Brand: „Um Ihnen
zusätzlich entgegen zu kommen, deportieren wir nicht viel, täglich
vielleicht zwei Transportzüge, 6ooo Leute. Das sind fast keine
Deportationen, das ist schon Homöopathie"[63] und wenig später
fragt Obersturmbannführer Becher auf Brands Bitte, einige Juden
als „Vorleistung" freizulassen: „An was für Leute haben Sie gedacht, an Prominente oder Meterware?"[64] Zu Recht meint Jenny zu
diesem Sprachgebrauch: „Daß dumme Bösewichter langweilen, ist eine
alte Bühnenweisheit - diese hier aber sind in anstrengendem Maße
geistreich."[65] Besonders deutlich wird das bei den Figuren Bechers
und Eichmanns, die „überdies miteinander in einem hochstilisierten
Kunstdialekt, voller Anreden und Verschränkungen, oft unverkenn-
bar brechtisch rhythmisiert"[66] sprechen. Da sagt Becher z.B. zu
Eichmann: „An einem Zwischenabkommen, hör ich, ich führ ja doch
nur aus, du weißt, wär man stark interessiert als einem ersten

----

61. Ebd.
62. H. Kipphardt, a.a.O., S.35
63. Ebd., S.43
64. Ebd., S.45
65. U. Jenny, a.a.O., S.42
66. Ebd.

Schritt. Es wird, obs stimmt, gefragt, ob nicht bei dir im Amt,
nicht du, wer sabotiert. Ich werd gefragt. Ich frage dich,
Adolf."[67] Darauf antwortet Eichmann in fünffüßigen jambischen
Versen: „Was du da hörst, ich hör es anders. Es herrscht scheints
in Berlin Schizophrenie"[68] und wenig später: „Da lach ich, Kurt,
flexibel bin doch ich."[69]

In Brechts <u>Heiliger Johanna der Schlachthöfe</u> wird mit einer
derartigen Stilisierung nicht nur Schillers <u>Jungfrau von Orleans</u>
parodiert, sondern gleichzeitig der Schillersche Idealismus
kritisiert; auch bei Hochhuth oder Weiss hat der Gebrauch einer
Kunstsprache eine bestimmte Funktion. Doch in <u>Joel Brand</u> scheint
mir solch ein Verfahren nicht nur sinnlos zu sein, sondern auch
den Intentionen Kipphardts zu widersprechen. Kipphardt will mit
dem Stück den Zuschauer zu der Einsicht führen, daß die Eichmann-
Haltung auch noch in der Gegenwart existiert. Wenn der Autor aber
den Exponenten dieser Haltung im Stück nur an einigen Stellen
fünffüßige Jamben sprechen und „in anstrengendem Maße geistreich"
sein läßt, dann wirkt das zwar befremdend, wodurch eine gewisse
Distanz zwischen der Bühnenfigur und dem Zuschauer hergestellt
wird, aber diese Distanz führt den Zuschauer nicht zur Einsicht
in das, was die Eichmann-Haltung konstituiert, sondern eher dazu,
daß ihm die Figur Eichmanns lächerlich erscheint, weil die Gründe
und Bedingungen dieser Haltung von Kipphardt kaum erhellt werden.
Die Lächerlichkeit der Figur aber macht dem Zuschauer ein Erkennen
dieser Haltung in sich selbst unmöglich. Auch Brecht hat seinen

---

67. H. Kipphardt, a.a.O., S.72
68. Ebd.
69. Ebd., S.73

Mauler lächerlich gemacht, indem er ihn in Jamben sprechen läßt,
doch dort wird die Erkenntnis deswegen ermöglicht, weil die
Lächerlichkeit kein isolierter Verfremdungseffekt ist, sondern
im Stück durchgehend als Kontrast zu dem eiskalten Geschäftssinn
Maulers verwendet wird, wodurch Brecht den wahren Charakter des
Fleischerkönigs entlarvt. Kipphardt mag etwas Ähnliches im Sinn
gehabt haben, doch die wenigen Stellen, an denen er seine Figuren
in einem „hochstilisierten Kunstdialekt" sprechen läßt, sind so
zusammenhanglos über den Text verteilt, daß ihre Funktion nicht
einsehbar wird, zumal alle anderen Sprachformen zur naturalistischen
Charakterisierung der Figuren dienen.

Struktur

Die naturalistische Darstellung der Figuren und der naturalistische Gebrauch der Sprachformen wird ergänzt durch die traditio-
nelle Struktur des Illusionstheaters. Zwar hat Kipphardt nicht -
wie Hochhuth noch - sein Stück in Akte eingeteilt, sondern in
22 Szenen; auch folgt der Handlungsablauf der einzelnen Szene nicht
unmittelbar dem der vorhergehenden Szene, die Szenen stehen vielmehr unvermittelt nebeneinander, die Handlung geht, wie Brecht
das vom epischen Theater forderte, in Sprüngen vorwärts, nicht
linear. Das Stück ist also dem Typus des „offenen Dramas" zuzurechnen, wie Volker Klotz ihn definiert hat: „Im geschlossenen
Drama schließen sich die Szenen geschmeidig durch liaison des
scènes aneinander, im offenen Drama stehen sie isoliert und getrennt voneinander als herausgerissene Stücke des großen Ganzen."[70]

---

70. V. Klotz, <u>Geschlossene und offene Form im Drama</u>, S.150

Auch das Aufbauprinzip des Kontrasts, das Klotz als Merkmal des offenen Dramas anführt,[71] wird von Kipphardt gebraucht: der ersten Szene in Eichmanns Arbeitszimmer im Hotel Majestic in Budapest folgt die zweite im illegalen Hauptquartier der jüdischen Hilfsorganisation Waada, in der dritten spielt Kipphardt auf die Rivalitäten zwischen SS- und Abwehr-Leuten an, später im Stück wechseln die Szenen zwischen Istanbul, wo Brand mit den jüdischen Verhandlungspartnern Kontakt aufzunehmen versucht, und Budapest, wo Kastner Eichmann mit Versprechungen hinhält. Mittels dieser Kontraste erzielt Kipphardt die dramatische Spannung, die dem eigentlichen Geschäft fehlt. Die unzusammenhängende Folge der Szenen erlaubt Kipphardt aber auch, Szenen einzuschieben, die mit der Sache selbst nur wenig zu tun haben, wie diejenige, in der Brand von einem türkischen Detektiv verhört wird oder die, in der „eine peinlich melodramatische Liebes-Nebenhandlung...die Unmöglichkeit bewaffneten Widerstands demonstrieren soll."[72] Diese Szenen sind aber nichts anderes als Staffage, mit deren Hilfe die durch die Kontraste erzielte Spannung noch erhöht werden soll.

Der Schluß des Stückes scheint ebenfalls der von Klotz aufgestellten Definition für das offene Drama zu entsprechen: „Dies ist ein wesentliches Symptom der Offenheit in unserem Dramentyp: Die Handlung ist nicht in sich geschlossen, sie ist auch nicht an Beginn und Ende **abgeschlossen** gegen das pragmatische Vorher und Nachher... Was dem offenen Drama ein zwingendes Ende gibt, ist der Abschluß eines **inneren** Geschehens...doch das äußere Geschehen,

---

71. Ebd., S.155 f.
72. U. Jenny, a.a.O., S.42

die vita der Personen, geht darüber hinaus."[73] Das innere Geschehen, das dem Stück Kipphardts sein zwingendes Ende gibt, ist
der Abbruch der Geschäftsverhandlungen mit dem Befehl Eichmanns,
„Ungarn judenfrei" zu machen. Das äußere Geschehen, das Leben der
Hauptpersonen Joel Brand und Eichmann geht aber weiter.

Trotz der von Brecht übernommenen epischen Strukturelemente
und trotz der Entsprechungen zu Volker Klotz' offenem Drama,
scheint mir <u>Joel Brand</u> weder episch im Sinne Brechts zu sein noch
so offen wie Erika Salloch es in ihrer Definition des dokumentarischen Theaters gefordert und wie Weiss es in seinem <u>Marat/Sade</u>
realisiert hat. Episch kann das Stück deshalb nicht genannt werden,
weil ihm, wie schon aus dem Vorhergehenden ersichtlich sein müßte,
eine der wichtigsten Eigenschaften des epischen Theaters fehlt,
nämlich die Fähigkeit, den Zuschauer zur Distanz und so zum Mitdenken und Umdenken anzuregen. Die unzusammenhängende Folge der
Szenen vermag nicht darüber hinwegzutäuschen, daß die naturalistische Darstellungsweise der einzelnen Szenen dem Zuschauer im
Grunde die Illusion vorgaukelt, daß das, was er auf der Bühne
sieht, ein wahres Abbild der Wirklichkeit sei.

Offen ist Kipphardts Stück deswegen nicht, weil das, was
Klotz so bezeichnet, sich auf ein Drama bezieht, in dem die dar-
gestellten Personen die Träger der Handlung sind. Ihr über den
Abschluß des inneren Geschehens hinausgehendes Weiterleben hat
deshalb auf die Rezeption des Zuschauers den Einfluß, daß ihm die
Wiederholung der Handlung, des inneren Geschehens möglich erscheint,

---

73. V. Klotz, a.a.O., S.150

eben weil die Träger dieser Handlung noch weiterleben. In <u>Joel</u>
<u>Brand</u> jedoch sind die Personen nicht die Träger der Handlung, sie
sind nur „ausführende Organe", ihr Weiterleben kann vom Zuschauer
deswegen auch nicht in Verbindung mit einer möglichen Wiederholung der Handlung gebracht werden. Die wirklichen Handlungs-
träger aber, deren Weiterleben dem Zuschauer eine Wiederholung der
Handlung hätte möglich erscheinen lassen, werden von Kipphardt
nicht gezeigt. Die Offenheit des Stückes, die durch das Weiterleben der Personen suggeriert wird, ist also nur eine scheinbare.
Das ist mit ein Grund dafür, weswegen es dem Stück nicht gelingt,
die „Fortsetzung der Eichmann-Haltung in der Gegenwart" zu
beschreiben.

Die Frage, die schon das <u>Oppenheimer</u>-Stück aufgeworfen hatte
stellt sich bei <u>Joel Brand</u> besonders deutlich: hat Kipphardt
sich nicht den falschen Stoff gewählt, wenn der ihn dazu zwingt,
die geschichtlichen Tatsachen zu verfälschen? Anders ausgedrückt:
wieso wählt Kipphardt sich den dokumentarisch belegbaren, aber
völlig undramatischen Stoff einer Geschäftsverhandlung, wenn er
ihm seinen dokumentarischen Wahrheitsanspruch nehmen muß, um ihn
bühnenwirksam, um aus ihm ein Theaterstück zu machen? Den Hintergrund dieser Fragen bildet das Dilemma der meisten sogenannten
dokumentarischen Theaterstücke, ein Dilemma, das sich für Marianne
Kesting in den sich einander widersprechenden Wahrheitsansprüchen
von Kunstwerk und Dokument ausdrückt. Mit dieser Ansicht Kestings
habe ich mich schon im ersten Teil dieser Arbeit auseinanderge-

setzt;[74] hier soll aber noch einmal darauf eingegangen werden,
weil sich gerade an Joel Brand dieses Dilemma besonders deutlich
aufzeigen und damit die Kritik an dem Begriff des dokumentarischen
Theaters sich ins Grundsätzliche erweitern läßt.

Rolf-Peter Carls Ansicht dieses Dilemmas ist derjenigen von
Kesting ähnlich: „Eine Dokumentarliteratur, die sich weitgehend
als Bestandsaufnahme und Rekonstruktion verstünde (oder die so
aufgenommen würde), wäre in der Gefahr, um jeden zukunftsweisenden
Zug verkürzt und damit der ‚utopischen Dimension' beraubt zu
werden, auf die es einer auf Veränderung abzielenden Literatur
vordringlich ankommen müßte. Was dem Zuschauer/Leser den notwendigen ‚utopischen' Spielraum der Realisation beläßt oder
eröffnet, ist in den Stücken des dokumentarischen Theaters gerade
das über die reproduzierte Faktizität Hinausweisende, eben das
Modellhafte. Auch in diesem Konflikt der Ansprüche scheint keine
Lösung möglich, und in der Tat lassen sich in fast allen Stücken
Kompromisse, Zugeständnisse an die eine oder andere Forderung
feststellen."[75] Diese Argumentation ist insofern berechtigt, als
auch die meisten Autoren der dokumentarischen Stücke davon ausgehen, daß „der dargestellte Fall ja gerade nicht in seiner
historisch-konkreten Einmaligkeit vorgeführt werden, sondern in
seiner ‚Bedeutung' Typisches, Modellhaftes, herausstellen" soll.[76]

Sowohl Carl als auch Kesting setzen aber voraus, daß ein
Dokument an sich schon eine authentische Wiedergabe der Realität
sei, wobei sie übersehen, daß die meisten Dokumente schon durch

---

74. Siehe oben, S.21
75. R.-P. Carl, Dokumentarisches Theater. In: M. Durzak (Hrsg.):
    Die deutsche Literatur des Gegenwart, S. 1o7
76. Ebd.

den historisch, gesellschaftlich und politisch bedingten Bewußt-
seinsstand ihrer Verfasser manipuliert sind. Carl erkennt das
zwar und sagt es auch an anderer Stelle in seinem Aufsatz: „Durch
die vermeintlich objektive - photographische - Wiedergabe ist
die ,eigentliche Realität' nicht erfaßbar, die Umsetzung verwicke
ter ökonomischer und sozialer Zusammenhänge in scheinindividuelle
Eigenschaften und Konflikte aber tut der Wirklichkeit Gewalt an,
ohne daß der auf Aufklärung und Veränderung gerichtete Impuls
dadurch ernstlich gefördert würde."[77] Aber diese Erkenntnis
schlägt sich nicht in seiner oben zitierten Kritik an der
Dokumentarliteratur nieder, denn diese Kritik geht davon aus,
daß die Dokumentarliteratur sich als Rekonstruktion (der Wirklich
keit) versteht. Daß dieses Argument aber nur teilweise richtig
ist, läßt sich an Kipphardts <u>Joel Brand</u> nachweisen. Nach Carl
verschließt sich ein Stück desto mehr der utopischen Dimension, j
getreuer die Wiedergabe der Fakten ist, und umgekehrt: ein Stück
eröffnet dem Zuschauer den utopischen Spielraum der Realisation
desto weiter , je mehr es über die reproduzierte Faktizität hinau
weist, je weniger es sich also an die getreue Wiedergabe von
Dokumenten hält. Kipphardts Stück müßte demnach diesen utopischen
Spielraum, von dem Carl spricht, realisieren, weil es sich nicht
so strikt an die Tatsachen hält. Ein Oppenheimer, dem Sätze in
den Mund gelegt werden, die er nie gesagt hat, oder ein Eichmann,
der zu einem schlagfertigen, bedrohlichen Intellektuellen wird,
müßten also nach Carl das Modellhafte des dargestellten Falles

---

77. Ebd., S.1o6

herausstellen können. Gerade das gelingt ihnen aber nicht, weil das Oppenheimer-Stück und besonders Joel Brand nicht über die Darstellung einer Rekonstruktion hinauskommen, trotz der recht freien Behandlung der Dokumente.

Carls Kritik wäre dann stichhaltig, wenn nachgewiesen werden könnte, daß die Dokumentarliteratur sich ausschließlich mit der Rekonstruktion einer vergangenen oder gegenwärtigen Wirklichkeit befaßt. Carl selbst scheint das zu erkennen, denn sonst hätte er wohl kaum seine Kritik im Konjunktiv abgefaßt, doch er weist in diesem Zusammenhang nicht auf diejenigen Formen des dokumentarischen Theaters hin, bei denen der Gebrauch der Dokumente von vornherein nicht zur Rekonstruktion einer Wirklichkeit dient, z.B. bei einigen der Stücke von Weiss. Auch Kipphardt hat ausdrücklich gesagt, daß es sich bei seinen Stücken nicht darum handele, die Wirklichkeit wahrheitsgetreu abzubilden. Er begeht aber den Irrtum deswegen zu meinen, daß man um der Kunst willen in einem Dokumentarstück die Wirklichkeit auch verfälschen könne.

Mir scheint das hier anhand der Kritik von Carl erneut untersuchte Dilemma des dokumentarischen Theaters eng mit dem Begriff des Dokumentarischen zusammenzuhängen. Ich habe deswegen im ersten Teil dieser Arbeit versucht, eine Neudefinition dieses Begriffes herauszuarbeiten, indem ich der hier von Carl, aber auch von Kesting und anderen Kritikern aufgezeigten Alternative ein Drittes hinzufügte: ein dokumentarisches Theaterstück braucht sich weder seiner „utopischen Dimension" berauben zu lassen, wenn es sich eng an die Dokumente hält noch braucht es die Dokumente zu verfälschen oder überhaupt auf sie zu verzichten, um Modellhaftes herausstellen zu können, sondern die Dokumente könnten zur Hilfe

genommen werden, um eine neue Wirklichkeit zu entwerfen. Voraussetzung dazu wäre allerdings, daß die Dokumente nicht von vornherein als authentische Wiedergaben von Fakten angesehen werden.
Konkret hieße das, daß man nicht versucht, mit Hilfe von Dokumenten die Wirklichkeit photographisch abzubilden, sondern aufzudecken versucht, „was von der empirischen Gestalt der Wirklichkeit verschleiert wird",[78] wie Adorno in seinen Noten zur
Literatur sagt. Dabei müßte man dann so weit gehen können, daß
man an den im Stück verwendeten Dokumenten selbst aufzeigt, inwiefern sie manipuliert worden sind, inwieweit sie selbst dazu beitragen, die Wirklichkeit zu verschleiern. Peter Weiss hat sich
mit seinem <u>Lusitanischen Popanz</u> auf solch ein dokumentarisches
Theater zubewegt. Kipphardts <u>Joel Brand</u> aber gehört meiner Definition nach nicht zum dokumentarischen Theater, obwohl gerade
Rolf-Peter Carl dieses Stück dazurechnet, auch wenn er ausführlich
auf die Fragwürdigkeit des Begriffes „Dokumentarisches Theater"
eingeht.

---

78. Zitiert nach: R. Nethersole, <u>Reden und Schweigen im Gedicht
    der Moderne</u>, S.349

GÜNTER GRASS

Die Plebejer proben den Aufstand
Ein deutsches Trauerspiel

Man erwartete viel von Grass' „deutschem Trauerspiel" über ein
deutsches Trauerspiel, nicht nur weil der Autor sich schon vorher
einen Namen als Romancier gemacht hatte oder weil er den Begriff
des Engagements dadurch in die Praxis umzusetzen vermeinte, daß
er als Wahlredner für die SPD auftrat, sondern vor allem deswegen, weil Grass in diesem Stück das zum Thema erhoben hatte, was
in den meisten anderen dokumentarischen Theaterstücken nur den
problematischen Hintergrund abgab, nämlich das Verhältnis des
Schriftstellers zu der ihn umgebenden politischen Wirklichkeit.
Was dieses Thema noch ergiebiger für die Kritiker machte, war die
Tatsache, daß es sich direkt mit Grass selbst in Verbindung bringen
ließ, dem Autor, der sich einerseits aktiv für eine politische
Partei einsetzte und andererseits Schriftsteller war. Diese
Trennung von literarischer und politischer Aktivität ist von Grass
immer wieder ausdrücklich betont worden, am deutlichsten wohl in
seiner Rede auf der Tagung der „Gruppe 47" in Princeton im April
1966,[1] nur drei Monate nach der Uraufführung der Plebejer am
15. Januar 1966 im Berliner Schillertheater. Dirk Grathoff faßt
in seinem Aufsatz zur Grass-Rezeption in Deutschland Grassens
Haltung folgendermaßen zusammen: „Nicht nur in polemischen Ge-

---

1. G. Grass, Vom mangelnden Selbstvertrauen der schreibenden Hofnarren unter Berücksichtigung nicht vorhandener Höfe. In:
   Poesie und Politik, S.299-3o3

fechten mit CSU-Anhängern will er _seine_ Dichtung von _seiner_ Politi
getrennt wissen; auch Schriftstellerkollegen wie Peter Weiss[2]
oder posthum Bertolt Brecht[3] empfiehlt er, endlich _ihre_ Dichtung
von _ihrer_ Politik zu trennen. Grass leugnet die politische
Wirkungsmöglichkeit von Literatur überhaupt; er behauptet, Schrif
steller, die sogenannte ,engagierte' Literatur oder ,Tendenzkunst'
produzieren, säßen einem Irrtum auf, wenn sie meinten, mit ihrer
Dichtung ,mehr zu bieten als bloße Fiktion'."[4] Diese Einstellung
Grassens erscheint Grathoff einerseits verständlich, wenn man bedenkt welche Diffamierungen Grass über sich hat ergehen lassen
müssen.[5] Andererseits sieht Grathoff aber auch die Notwendigkeit
ein, sich mit „Grass' Trennung von Literatur und Politik" auseinanderzusetzen, denn, und dieser Frage geht Grathoff nach: „Wen
Grass die politische Wirkungsmöglichkeit von Literatur in Abrede
stellt: soll das dann bedeuten, daß er mit seiner Dichtung nicht
mehr bieten will als Fiktion?"[6]

Das ist auch die Frage, mit der sich die meisten Kritiker
der _Plebejer_ beschäftigten: was will Grass mit dem Stück, in dem
er den Chef eines Theaters, der gerade den Aufstand der römischen
Plebejer gegen Coriolan probt, mit den aufständischen Berliner
Arbeitern am 17. Juni 1953 konfrontiert? Reinhold Grimm hat das,
worum es Grass geht, so beschrieben: „Die Leitidee des Theaters,
auf dem diese Probe stattfindet, ist die Veränderung der Wirklich

---

2. Ebd.
3. G. Grass, Vor- und Nachgeschichte der Tragödie des Coriolan vo
   Livius und Plutarch über Shakespeare bis zu Brecht und mir.
   In: G. Grass, _Die Plebejer proben den Aufstand_. Frankfurt/Hamb
   Fischer 1968, S.1o1-124; hiernach als _Coriolan-Rede_ angeführt.
4. D. Grathoff, Schnittpunkte von Literatur und Politik: Günter
   Grass und die neuere deutsche Grass-Rezeption. In: _Basis_ 1 (19
   S.146
5. Vgl.: H.L.Arnold/F.J. Görtz, _Günter Grass - Dokumente zur
   politischen Wirkung_. München: Boorberg Verlag 1971
6. D. Grathoff, a.a.O., S.147

keit durch da Spiel, der Welt durch die Kunst. Und genau dann, als die Wirklichkeit daran geht, sich zu verändern, versagt ihr das revolutionäre Theater seinen Beistand und unterwirft sie statt dessen der Ästhetik."[7] Grass postuliert also auch hier die Unvereinbarkeit von Kunst und Politik. Bezieht man nun Grathoffs Frage, ob das dann bedeuten soll, daß Grass mit seiner Dichtung nicht mehr bieten will als Fiktion, auf die Plebejer, dann stößt man auf das Dilemma dieses Stückes. Denn Grass hat mit dem Stück nicht nur irgendeine anonyme Modellsituation darstellen wollen, sondern offensichtlich ist mit dem Chef Bertolt Brecht und mit dem Theater das Berliner Ensemble gemeint. Das Dilemma besteht darin, daß „dramatisches Gleichnis und biographische Realität...einander fortwährend in die Quere (geraten) und...eine höchst zwieschlächtige Schlüsselparabel (ergeben)."[8] An dieser Zwieschlächtigkeit schieden sich die Meinungen der Kritiker.

Einerseits sahen viele Kritiker in dem Stück einen Angriff auf Brecht, den sie meinten dadurch verteidigen zu müssen, daß sie Grass vorwarfen, die historischen Fakten nicht „wirklichkeitsgetreu" wiedergegeben zu haben. Marcel Reich-Ranicki meint, das Stück leide an seiner zentralen Gestalt, die zwar diskutabel, aber verfehlt sei: „Soll dieser unentwegt mit Bonmots oder Kalauern, mit geistreichen Bemerkungen oder billigen Sottisen aufwartende ‚Chef' Bertolt Brecht sein?"[9] Kurt Lothar Tank meint sagen zu müssen, „daß Günter Grass den Kern und das Wesen dieses Mannes (B. Brecht) nicht erfaßte."[10] Hanne Castein zitiert zwei Londoner Rezensenten,

7. R. Grimm, Spiel und Wirklichkeit in einigen Revolutionsdramen. In: Basis 1 (1970), S.67
8. Ebd.
9. M. Reich-Ranicki, Trauerspiel von einem deutschen Trauerspiel. In: Die Zeit Nr.4 (21.1.1966), S.9
10. K.L. Tank, Ein deutsches Trauerspiel - durchgerechnet von Günter Grass. In: Sonntagsblatt Nr.4 (23.1.1966), S.20

Harold Hobson von der konservativen <u>Sunday Times</u> und Jack Suther]
von dem einzigen kommunistischen Organ Englands, dem <u>Morning Sta</u>
die beide ausnahmsweise in ihrem Urteil übereinstimmten, nämlich
daß„es eine Schande sei, daß sich die staatlich subventionierte
RSC für ‚dieses klägliche Unterfangen, Brecht zu verkleinern'
hergegeben habe."[11] Marjorie Hoover geht sogar so weit, zu behaupten, daß Grass in diesem „typischen Dokumentarstück die Tatsachen etwas aufgebessert (habe), um Brecht des Treubruchs an
seinen Prinzipien bezichtigen zu können."[12]

Andererseits wird Grass gegen diese Vorwürfe verteidigt, mit
Hinweisen darauf, daß der Autor selbst geäußert habe, daß es ihm
weder um die Rekonstruktion historischer Fakten noch um eine
wirklichkeitsgetreue Abbildung Brechts gehe, sondern um ein
fiktives Modell, dessen konstituierende Elemente er sich aus der
Wirklichkeit geholt habe, „weil er sie gar nicht besser hätte
erfinden können."[13] Martin Esslin meint, es gehe „Grass nicht
darum, Brecht eins auszuwischen, sondern das Dilemma des
schöpferischen Künstlers in seiner Beziehung zur politischen
Autorität darzustellen."[14] Ähnliches führt auch Ernst Wendt an
in der wohl ausführlichsten Verteidigung des Grasschen Stückes.[15]
Deswegen, meint Hans-Volker Gretschel in seiner Magister-Disserta
tion, dürfe man das Stück „nicht mit den wirklichen Tatsachen des
Arbeiteraufstandes und dem wahren Verhalten Brechts" vergleichen,

11. H. Castein, Grass verärgert London. In: <u>Die Zeit</u> (14.8.197o)
12. M. Hoover, Revolution und Ritual. In: W. Paulsen (Hrsg.):
    <u>Revolte und Experiment</u>. Heidelberg: Stiehm 1972, S.87
13. M. Kesting, <u>Panorama</u>, S.3o3; vgl. auch: M. Kesting, Das deut
    Drama seit Ende des Zweiten Weltkriegs. In: M. Durzak (Hrsg.)
    <u>Die deutsche Literatur der Gegenwart</u>, S.89; hiernach als „Das
    deutsche Drama" angeführt.
14. M. Esslin, <u>Jenseits des Absurden</u>, S.158
15. E. Wendt, Sein großes Ja bildet Sätze mit kleinem nein. In:
    <u>Theater heute</u> 4 (1967), S.6 ff.
16. H.-V. Gretschel, <u>Die Stellung des Intellektuellen, der Gegens
    Kunst und Wirklichkeit in Günter Grass': „Die Plebejer prober
    den Aufstand"</u>. Pretoria 1973, S.31

obwohl er gerade das dann tut: „Anhand der (Coriolan-) Rede erkennt man, daß Brecht als Ästhet, als ungetrübte Theaternatur und somit als Verräter an der eigenen Auffassung über die Revolution und den Glauben an die Arbeiter dargestellt werden soll."[17] Noch fragwürdiger wird die Verteidigung des Stückes dann, wenn man, wie Manfred Triesch, die im Stück dargestellten Fakten als die historischen ansieht: „It is historically true that the revolt terminated his work on the production."[18] Denn Brecht arbeitete gar nicht am <u>Coriolan</u>, sondern an Strittmatters <u>Katzgraben</u> und diese Arbeit wurde, nach Klaus Völker, schon Ende Mai 1953 beendet.[19]

Mit Recht behauptet also Ernst Wendt, daß „der Vorwurf gegen Günter Grass: So war er nicht, der Brecht, und so war's nicht am 17. Juni - ...auf dem etwas naiven Glauben (besteht), man könne alles getreu und recht abbilden, wenn man es zuvor nur exakt erkannt habe, und es sei dann - in der Abbildung - noch dieselbe Sache."[20] Wendt ist davon überzeugt, daß Grass von allen Dokumentar-Dramatikern derjenige sei, „der am wenigsten darauf vertraut, die Protokolle, die Aktennotizen seien schon identisch mit der Wirklichkeit."[21] Das mag mit ein Grund sein, weswegen Grass sich nicht so genau an die historischen Tatsachen gehalten hat. Es wird sich aber gleichzeitig die Frage stellen müssen, ob dieses Stück überhaupt lesbar ist, ob man überhaupt den Chef betrachten kann, ohne an Brecht zu denken. Zu Recht verneint Reich-Ranicki diese Frage, „denn wenn uns diese Gestalt überhaupt zu interessieren vermag, so vor allem dank Brecht, dank den Anspielungen auf seine Situation

17. Ebd., S.42
18. M. Triesch, Günter Grass:"Die Plebejer proben den Aufstand". In: <u>Books Abroad</u> 4o (1966), S.285
19. K. Völker, Brecht-Chronik. In: <u>Bertolt Brecht I</u>, Text und Kritik (Sonderband), 1972, S.136
2o. E. Wendt, a.a.O., S.1o
21. Ebd.

in der DDR, auf seine Stücke und Gedichte, auf sein Theater und
sein Leben."[22]

Wendt scheint sich dessen durchaus bewußt zu sein. Deswegen
ist für ihn der Chef genausowenig irgendein anonymes Modell wie
er eine wirklichkeitsgetreue Abbildung des historischen Brecht is
Er ist vielmehr ein von historischen Fakten ausgehender „Entwurf"
von Brecht, wobei Grass sich des historischen Materials deswegen
bedient habe, weil dieses Material dem Zuschauer bekannt sei.
Aber „alles Material", so meint Wendt, „das (Grass) aus der sogenannten Realität aufgegriffen hat, (zwingt er) ins Fiktive."[23]
Grass habe ja keinen Beitrag zur Brechtforschung liefern wollen,
sondern er habe ein „Künstlerdrama" verfaßt. Wendts Verteidigung
läuft also auf den Versuch hinaus, den Chef zwar nicht als anonym
aber doch als fiktives Modell zu interpretieren. Damit scheint
mir Wendt aber sein eigenes Wunschbild von Grassens Stück zu
verteidigen, nicht das tatsächlich vorhandene Stück, in dem der
Chef alles andere als eine fiktive Gestalt ist, „zumal wenn Grass
durch seinen teilweise realistischen Angang der Szene suggeriert,
so genau habe sich das mit Brecht und seinem Ensemble abgespielt"
wie Marianne Kesting bemerkt. Wendts Interpretation beruht auf ei
ähnlichen Irrtum, wie ihn auch Kipphardt begangen hat. Aus der
Tatsache, daß für Grass Dokumente und Wirklichkeit nicht identisc
miteinander sind, scheint er abgeleitet zu haben, daß sich durch
eine Veränderung der historischen Fakten schon Fiktivität und
damit Modellcharakter herstellen ließen. Der Vorwurf, den Wendt

---

22. M. Reich-Ranicki, a.a.O.
23. E. Wendt, a.a.O.
24. M. Kesting, Das deutsche Drama, a.a.O., S.89

den Kritikern des Stückes machte, nämlich daß sie glaubten, die
Abbildung eines historischen Faktums sei identisch mit diesem
Faktum selbst, trifft mit anderem Vorzeichen auch auf Wendt zu:
man könne schon dann ein verbindliches Modell herstellen oder, wie
Kipphardt meint, ein Kunstwerk schaffen, das etwas über die
Wirklichkeit aussagt, wenn man nur die der Wirklichkeit entnommenen
Fakten verändert.

Sowohl die Kritiker als auch die Verteidiger des Stückes bewegen sich also innerhalb der Grenzen, die von den im vorigen
Abschnitt zitierten Alternativen Rolf-Peter Carls gesteckt sind,
daß nämlich einerseits das dokumentarische Theaterstück nur dann
zum Modell werden könne, wenn es über die reproduzierte Faktizität
hinausweise, daß es aber andererseits seinen Wahrheitsgehalt
verliere, gerade indem es das tut, weil es dadurch die Dokumente
verfälsche. Die einen sehen die Schwäche des Stückes in dem, was
sie das typische Dilemma des dokumentarischen Theaters nennen: das
Stück von Grass sei weder eine wahrheitsgetreue Rekonstruktion der
historischen Fakten, weil der Autor den Stoff zu frei behandelt
habe, es könne daher auch keinen Anspruch auf die Bezeichnung
Dokumentarstück erheben, (wobei kaum darauf eingegangen wird, ob
ein Dokument überhaupt einen Wahrheitsanspruch erheben kann); noch
sei das Stück ein über die reproduzierte Faktizität hinausweisendes
Modell, weil sich der Autor zu eng an die Fakten gehalten habe,
(wobei diese Kritiker ebenfalls kaum auf die Frage eingehen, wieso
ein Modell überhaupt fiktiv zu sein habe, um sich der „utopischen
Dimension" nicht zu verschließen). So urteilt zum Beispiel Marianne
Kesting folgendermaßen: „Er (Grass) geriet in das typische Dilemma
der Dokumentarstücke insofern, als er sich aller dichterischen

Freiheiten bediente gegenüber Ereignissen, die erst wenige Jahre
vorüber sind, also noch der zeitgenössischen Kontrolle unterliege
Entweder hätte er sie genau schildern oder sie ganz verschlüsseln
müssen."[25]

Die anderen verteidigten das Stück mit dem mehr oder weniger
deutlichen Hinweis, daß es sich um eine Fiktion handele, wobei si
sich auf Grass' eigene Angaben beriefen, denen zufolge er ein
Modell „über die Diskrepanz zwischen der Literatur und der Wirklichkeit"[26] habe herstellen wollen. Auch sie übersehen allerding
dabei, daß Modellcharakter und Fiktivität nicht notwendigerweise
identisch miteinander sind. Doch selbst davon abgesehen ist weder
mit dem Hinweis auf die Fiktivität noch auf den Modellcharakter d
Stückes die Kritik widerlegt, derzufolge es eine „höchst zwieschlächtige Schlüsselparabel" ist. Überdies hat Grass es weder
seinen Verteidigern noch seinen Kritikern leicht gemacht: einerseits weist er den Vorwurf, er habe Brecht „eins auswischen" woll
zurück, andererseits hat er aber mit der Vorstudie zu dem Stück,
der <u>Coriolan</u>-Rede, und dem Stück selbst überhaupt erst den Anlaß
zu diesem Vorwurf gegeben; einerseits behauptet Grass, ein Modell
hergestellt zu haben, andererseits leugnet er die politische Wirkungsmöglichkeit von Literatur und spricht damit seinem Stück
einen außerliterarischen Modellcharakter ab, was aber noch keines
wegs heißt, daß es tatsächlich keinen Modellcharakter hat.

Ich will die eingangs von Grathoff zitierte Frage, ob Grass
denn mit seiner Dichtung nicht mehr als Fiktion bieten will, an

---

25. M. Kesting, <u>Panorama</u>, S.3o3
26. E. Wendt, a.a.O.

diesem Punkt wieder aufgreifen. Nach Grathoff habe Grass an anderen
Stellen sich des öfteren darüber geäußert, daß er mit seiner
Dichtung doch etwas mehr als rein Fiktives zu erreichen hofft.[27]
Daß die _Plebejer_ aber trotz der Einbeziehung historischer Fakten
und trotz Grass' Absicht, ein Modell herzustellen, reine Fiktion
blieben, hat zwei Ursachen, auf die ich im folgenden näher eingehen
will. Vorauszusetzen ist allerdings, daß ich den Begriff „Fiktion"
anders verstehe als die Verteidiger des Stückes: weder schließt
ein Dokument oder gar eine „wahrheitsgetreue" naturalistische
Rekonstruktion historischer Tatsachen in jedem Falle die Fiktion
aus, noch ist Fiktion in jedem Falle identisch mit dem, was Rolf-
Peter Carl das Modellhafte nennt. Ich beziehe den Begriff vielmehr
auf das, was ich im ersten Teil dieser Arbeit als „nur Theater" zu
kennzeichnen versuchte.[28] Fiktion ist das Irreale, das, was keine
Wirklichkeit herstellt, sondern Wirklichkeit verschleiert, das,
„was dem Zuschauer/Leser den utopischen Spielraum der Realisation"
verbaut, also das genaue Gegenteil von dem, was Rolf-Peter Carl das
Modellhafte nennt. Diese Fiktion ist Fiktion auch dann, wenn zu
ihrer Herstellung Dokumente oder „wirklichkeitsgetreue" Abbildungen
der Realität verwendet werden, sie bleibt Fiktion auch dann, wenn
sie mit dem Schein des Nicht-Fiktiven, des Realismus auftritt.

Die Gründe dafür, daß die _Plebejer_ nicht über die Fiktion
hinauskamen, liegen einmal darin, daß Grass sich für sein Thema
den falschen Stoff wählte, und zum anderen in dem fragwürdigen
Standpunkt, den er diesem falschen Stoff gegenüber einnimmt.

---

27. D. Grathoff, a.a.O., S.147
28. Siehe oben, S.25

Beides ist in der <u>Coriolan</u>-Rede vorgezeichnet, die wahrscheinlich
deswegen von den Verteidigern des Stückes nicht berücksichtigt
wurde, weil sie ihrem Argument, Grass habe mit dem Stück keinen
Angriff auf Brecht beabsichtigt, entschieden widerspricht. Grass
hat nämlich Brecht vorgeworfen, er habe mit seiner <u>Coriolan</u>-
Bearbeitung ein „Tendenz"-stück geschrieben. Er belegt diesen
Vorwurf, indem er Brechts Bearbeitung und Shakespeares <u>Corionalus</u>
miteinander vergleicht, um aufzuzeigen „warum Brechts Versuch,
dieses Stück für sich und das Theater am Schiffbauerdamm zu rette
scheitern mußte."[29] Brecht habe seinen Coriolan, der bei Shakespeare eine „vom Schicksal getriebene Kolossalfigur" sei, zu einem
„Kriegsspezialisten"[30] herabgewürdigt. „Shakespeares Held schei1
zuerst an der eigenen Leidenschaft und dann, äußerlich, am klein-
lichen Sinn der Plebejer; Brechts Coriolan wird weggeräumt, weil
er sich reaktionär verhält und die Zeichen der Zeit...nicht versteht."[31] Dagegen werden die Tribunen, die bei Shakespeare nicht
anderes seien als „wankelmütige Empörer", von Brecht zu „handfest
Revolutionären", zu „listenreichen und fortschrittlichen Funktio-
nären"[32] aufgewertet. Gemessen an Shakespeare könne bei solch
einer „tendenziösen" Haltung natürlich nur „ein ästhetisch minder
wertiges Produkt herauskommen, weil ‚der Wille zur Tendenz die
Details verschleißt und Poesie allenfalls als kunstgewerbliches
Putzmittel duldet'. An sich werde hier nur ‚die gewollte Tendenz
geschmackvoll ästhetisiert'."[33]

　　Diesen geschmackvoll ästhetisierenden Tendenz-Dramatiker

---

29. G. Grass, <u>Coriolan</u>-Rede, a.a.O., S.1o6 f.
3o. Ebd., S.117
31. Ebd., S.1o8
32. Ebd., S.1o7
33. D. Grathoff, a.a.O., S.149

konfrontiert Grass nun in seinem eigenen Stück mit den Arbeitern des 17. Juni. Er stellt dem auf der Bühne gespielten Aufstand den „realen" Aufstand der Berliner Arbeiter gegenüber, um somit auf die politische Wirkungslosigkeit eines politisch engagierten Theaters hinweisen zu können, dessen Chef er zuvor mittels eines Vergleiches mit Shakespeare als tendenziösen Ästheten chrakterisiert hat. Folgerichtig bleibt der Chef auch in Grass' eigenem Stück ein an der politischen Wirklichkeit ziemlich uninteressierter Theatermann, für den die außerhalb des Theaters liegende Realität nur insofern von Bedeutung ist als er sie in sein Theater einbeziehen, in Theater, in Kunst umsetzen kann: „was immer passiert, alles wird ihm zur Szene; Parolen, Sprechchöre, ob in Zehner- oder Zwölferkolonnen marschiert wird, alles wird ihm zur ästhetischen Frage: eine ungetrübte Theaternatur."[34]

An dieser Argumentation ist mehreres fragwürdig: Der Vergleich zwischen Grass' eigener Interpretation der Shakespeareschen Vorlage und der Brechtschen Bearbeitung ist zum Beispiel schon deshalb schief, weil Grass überhaupt nicht auf die unterschiedlichen Dramentheorien der beiden Dramatiker eingeht. Er mißt Brechts Bearbeitung an dem, was er für **Shakespeares** Dramentheorie hält „und zugleich für das einzig ästhetisch wertvolle Konzept vom Theater erachtet."[35] Weil er dabei nicht auf die Gründe eingeht, die Brecht dazu veranlaßt haben, bestimmte **Änderungen** vorzunehmen, muß ihm notwendigerweise der Sinn solcher Änderungen unerklärlich bleiben, was er an mehreren Stellen seiner Coriolan-Rede auch

---

34. G. Grass, Coriolan-Rede, a.a.O., S.124
35. D. Grathoff, a.a.O., S.149

sagt. Eben diese Unerklärlichkeiten werden aber dann als „geschma voll ästhetisierte , gewollte Tendenz" erklärt, so z.B. die Auf- wertung der Tribunen und der Volksmenge. Wenn Grass sich mit den Gründen für diese Aufwertung beschäftigt hätte, wäre ihm klarge- worden, daß das, was er als tendenziös abqualifiziert, sich konsequenterweise aus Brechts Dramentheorie ergibt: „Während das Verhalten der Menge bei Shakespeare im Gegensatz zu dem des Helde als wankelmütig, unbegründbar dargestellt ist, hat Brecht das Handeln des Volkes auf seine Ursachen zurückgeführt, somit als notwendig und erklärbar gezeigt und konsequent alle Verächtlich- machung gestrichen."[36]

Auf diesem schiefen Vergleich beruht die Charakterisierung Brechts und des Chefs in den Plebejern als „mieser Ästhet", wie Volumnia ihn nennt,[37] als „ungetrübte Theaternatur". Daß Brecht damit die Haltung Brechts nicht nur grob simplifiziert, sondern geradezu verfälscht, wird jedem klar sein, der sich auch nur einigermaßen in den Schriften Brechts auskennt. Zu Recht sagt daher auch Gerhard Zwerenz: „Die These, Brecht habe sich zu revo- lutionären Ereignissen ästhetisch verhalten, ist falsch, weil unvollständig."[38] Brecht selbst hat sich an mehreren Stellen zu den Ereignissen des 17. Juni geäußert, am unmißverständlichsten wohl in seinem Arbeitsjournal am 2o.8.1953: „der 17. juni hat die ganze existenz verfremdet. in aller ihrer richtungslosigkeit und jämmerlicher hilflosigkeit zeigen die demonstrationen der arbeite schaft immer noch, daß hier die aufsteigende klasse ist. nicht

---

36. Gudrun Schulz, Klassikerbearbeitungen Bertolt Brechts. In: Bertolt Brecht II, Text und Kritik (Sonderband) 1972, S.149
37. G. Grass, Die Plebejer proben den Aufstand. Neuwied/Berlin: Luchterhand 1966, S.48; hiernach als Plebejer angeführt.
38. G. Zwerenz, Brecht, Grass und der 17. Juni. Elf Anmerkungen. In: Theater heute 3 (1966), S.24

die kleinbürger handeln, sondern die arbeiter. ihre losungen sind verworren und kraftlos, eingeschleust durch den klassenfeind, und es zeigt sich keinerlei kraft der organisation, es entstehen keine räte, es formt sich kein plan. und doch hatten wir hier die klasse vor uns, in ihrem depraviertesten zustand, aber die klasse... deshalb empfand ich den schrecklichen 17. juni als nicht einfach negativ. in dem augenblick, wo ich das proletariat - nichts kann mich bewegen, da schlaue, beruhigende abstriche zu machen - wiederum ausgeliefert dem klassenfeind sah, dem wieder erstarkenden kapitalismus der faschistischen ära, sah ich die einzige kraft, die mit ihr fertig werden konnte."[39] Die hier ausgedrückte Haltung kann beim besten Willen nicht als ästhetische bezeichnet werden, sondern nur als politische. Brecht gibt hier die <u>politischen</u> Gründe an, weswegen der Aufstand scheitern mußte: seine Ziel- und Planlosigkeit verurteilte ihn von vornherein zum Mißerfolg. Damit wird auch gleichzeitig der Grund angegeben, weswegen Brecht sich nicht für diesen Aufstand einsetzte: „Brecht, der den Aufstand vom Auto aus auf den Straßen besichtigte, konnte keinen Grund sehen, weshalb er dem zwar verständlichen und doch ebenso mit Notwendigkeit erfolglos bleibenden Geschehen seinen Namen und sein Theater opfern sollte. Sein Verhalten war mithin nicht ästhetisch, sondern brechtisch."[40]

Grass läßt seinen Chef in den <u>Plebejern</u> zwar auch auf die Desorganisation der aufständischen Arbeiter hinweisen,[41] doch sind die in dem Stück angeführten Argumente keine politischen, sondern

39. B. Brecht, <u>Arbeitsjournal</u> 1942-1955, S.1oo9; vgl. auch: B.Brecht, Gesammelte Werke (Werkausgabe), Bd.2o, S.326 ff.
4o. G. Zwerenz, a.a.O.
41. G. Grass, <u>Plebejer</u>, a.a.O., S.29

fadenscheinige Vorwände eines ordnungsliebenden aber unschlüssige
Ästheten, um mehr Zeit zu gewinnen. Als er sich dann schließlich
doch noch entschließt, einen Aufruf für die Arbeiter zu verfassen
ist es zu spät: der führungslose Aufstand ist schon zusammengebrochen. Damit suggeriert Grass, daß der Aufstand mißlang, weil
der Chef sich zu spät an ihm beteiligte. Doch „der Aufstand brich
nicht zusammen, weil der ‚Chef' sich zu spät zu ihm bekennt, sond
er bricht ohnehin zusammen. Nur hat Grass es versäumt, die Notwendigkeit seines Scheiterns aus anderen Faktoren als denen der
sprichwörtlichen deutschen Wohlerzogenheit gegenüber der installi
ten Ordnung sichtbar werden zu lassen."[42] Das aber, was Schwab-
Felisch hier ein Versäumnis nennt, ist gar keins, sondern die
folgerichtige Konsequenz aus Grass' eigenem ideologischen Standpunkt, den Grathoff „die politische wie ästhetische Position des
Individualismus" nennt.[43] Dieser Standpunkt wird schon im Hinter
grund der <u>Coriolan</u>-Rede sichtbar, denn das, was Grass an Shakespeares Stück für richtig, wahr und maßgeblich hält, ist der Individualismus des Helden. In den <u>Plebejern</u> zeigt sich diese Haltung
von Grass darin, daß die Arbeiter vom Chef erwarten, sein Wort
könne die Situation grundlegend verändern. Deswegen bemüht sich
Grass auch gar nicht, die realen Faktoren, die für das Scheitern
des Aufstandes verantwortlich waren, sichtbar werden zu lassen,
sondern es geht ihm vielmehr darum, Beziehungen zwischen dem Nein
des Chefs und dem Mißlingen des Aufstandes zu suggerieren. Grass
rückt damit sein Stück in die Nähe des Hochhuthschen Individualis

---

42. H. Schwab-Felisch, Günter Grass und der 17. Juni. In: <u>Merkur</u>
    Nr. 216 (1966), S.293
43. D. Grathoff, a.a.O., S.15o

begriffes, wie Reinhard Baumgart bemerkt: „Voraussetzung des Ab-
laufs und der Spannungen scheint beide Male (bei Hochhuths
Stellvertreter und Grass' Plebejern) die Annahme, eine einzige
hohe Figur könnte durch ihr Votum eine geschichtliche Situation
verändern. Auf Brechts Ja und Amen wird gewartet wie auf Pius'
Nein, ja wie auf Philipps oder Wallensteins Entscheidung bei
Schiller. Spät und naiv scheint da eine Dramaturgie durch, deren
feierliche Prätention noch das autonome Individuum, die Willensfreiheit war."[44]

Daß diese Annahme, das Individuum könne mittels seiner Ent-
scheidungs- und Willensfreiheit den Verlauf der geschichtlichen
Entwicklung beeinflußen, eine Illusion ist, habe ich schon im
Abschnitt über Hochhuth nachzuweisen versucht. Wie Hochhuth, macht
auch Grass seiner Hauptfigur den Vorwurf, nicht in das Geschehen
eingegriffen zu haben, doch, anders als Hochhuth, nimmt er gleichzeitig diesen Vorwurf wieder zurück, denn es sollte mit dem Stück
ja gerade die Wirkungslosigkeit, wenn nicht gar die Unmöglichkeit,
eines Eingreifens von seiten des Künstlers und Intellektuellen
demonstriert werden, die Plebejer sollten ja „ein Stück über die
Diskrepanz zwischen der Literatur und der Wirklichkeit" sein, wie
Ernst Wendt anführte.[45] Aus dieser Diskrepanz geht das Dilemma
hervor, in das Grass den Künstler hineingestellt sieht. Dieses
Dilemma könne der Künstler nicht aufheben und das ist, nach Grass,
ein Beweis für die politische Wirkungslosigkeit einer engagierten
Literatur. Auf dieses Dilemma weist auch der Untertitel des Stückes

44. Zitiert nach: D. Grathoff, a.a.O., S.151
45. E. Wendt, a.a.O., S.1o

hin: ein deutsches Trauerspiel. Daß die <u>Plebejer</u> aber weder ein
Trauerspiel noch eine Tragödie sind, wie einige Kritiker meinten,
die zudem noch die Unterschiede zwischen Tragödie und Trauerspiel
ignorierten - liegt daran, daß der Widerspruch, aus dem Grass das
Dilemma des Künstlers ableitet, nur ein scheinbarer Widerspruch
ist. Einerseits beruht der Vorwurf, der Künstler hätte nicht in
das politische Geschehen eingegriffen, obwohl er es hätte tun
können, auf einer Illusion; andererseits wird die Unmöglichkeit
eines Eingreifens von seiten des Künstlers in das politische
Geschehen auf grob vereinfachte Ursachen und damit auf verfälscht
Fakten zurückgeführt, nämlich auf den Ästhetizismus des Chefs und
nicht etwa auf die wirklichen Gründe. Im Grunde stehen sich also
Illusion und falsche Fakten gegenüber, das aber ist nicht notwendigerweise ein unaufhebbarer Widerspruch und demnach läßt sich
damit auch nicht die politische Wirkungslosigkeit einer engagierte
Literatur nachweisen. Dazu hätte es stichhaltigerer Argumente be-
durft, vor allem hätte Grass sich nicht ausgerechnet „den Fall
Brecht" als Stoff zu seinem Thema wählen dürfen, denn der zwingt
ihn, Fälschungen vorzunehmen, um seine These aufrechterhalten zu
können. Damit beweist Grass' Stück nicht, daß engagierte Kunst
keinen Einfluß auf die Wirklichkeit auszuüben vermag, sondern nur
daß <u>sein</u> Stück keinen Einfluß auf die Wirklichkeit haben <u>kann</u> und
das wiederum weist darauf hin, daß Grass selbst „ein Opfer des
allgemeinen Zustands (wurde), der die intellektuelle Klärung von
Sachverhalten durch deren ideologische Verdunkelung ersetzt."[47]

---

46. Vgl. z.B. James Redmond, Günter Grass and "Der Fall Brecht".
    In: <u>Modern Language Quarterly</u> 32 (1971), S.398 ff.; M. Esslin
    <u>Jenseits des Absurden</u>, S.158
47. G. Zwerenz, a.a.O.

Figuren

Die anderen Figuren des Stückes kranken alle daran, daß sie keine
richtigen Gesprächspartner für den Chef abgeben. Das liegt daran,
daß Grass auch bei ihrer Charakterisierung zu stark vereinfacht
hat, wahrscheinlich um der Gefahr vorzubeugen, in eine naturalistische Porträtmalerei zu verfallen. Nicht individuelle Charaktere,
sondern Typen sollten geschaffen werden, da es ihm darauf ankam,
ein Modell herzustellen. Typisierung ist aber immer Vereinfachung,
„Abstraktion" von den individuellen Besonderheiten einer Person,
und von daher ist die von Grass vorgenommene Vereinfachung der
Figuren zu verstehen. Ein Modell kann aber nur dann dem Leser/
Zuschauer die Erkenntnisse vermitteln, die ihn befähigen, dieses
Modell auf seine Wirklichkeit anzuwenden, wenn es der Wirklichkeit
adäquat ist und das kann es nur sein, wenn die in ihm fungierenden
Typen „konkret" sind, d.h. wenn sie eine konkrete Situation oder
Handlung abbilden.

Doch die Figuren bei Grass, vor allem die der Arbeiter,
werden nicht zu „konkreten" Typen. Sie tragen zwar keine individuellen Namen, sondern werden nur unter ihrer Berufsbezeichnung
aufgeführt: Friseuse, Polier, Maurer, Putzer usw.; trotzdem wird
aber jede Arbeiterfigur mit individuellen Charakterzügen ausgestattet. Vorsichtig merkt Rischbieter dazu an: „Die Gruppe bei
Grass ist schattiert: der Polier ein zäher, bedächtiger Mann, der
den Auftrag der Streikleitung, was Geschriebenes mitzubringen, auf
jeden Fall erfüllen will; der Straßenarbeiter ein roher Hitzkopf;
der Maurer ein wütender Täter..."[48] Diese individuellen

---

48. H. Rischbieter, Grass probt den Aufstand. In: _Theater heute_
    2 (1966), S.14

Besonderheiten brauchen der Typenhaftigkeit noch nicht abträglich

zu sein. Doch Grass macht aus seinen Arbeitern das, was seiner

Meinung nach die Plebejer bei Shakespeare waren: „mickrige

Kleinbürger", die obendrein noch dumm sind: „Aber die Arbeiter, d

Grass auftreten läßt, reden meist wie Kinder. Und denken können

sie offenbar überhaupt nicht."[49] Schon in der _Coriolan_-Rede

deutet Grass an, wie er die Arbeiter beurteilt: „Sie glauben, der

berühmte Theatermann sei einerseits, belegt durch seine Stücke un

seinen Habitus, dem Volk verbunden, andererseits könne man in ihm

jemanden sehen, den die Regierung stütze und dulde, als Plakat fü

Kulturgut oder als etwas Narrenfreies."[50] Im Stück selbst wird

noch deutlicher, was Grass mit diesem Satz meint: die Arbeiter si

nicht nur plan- und führerlos, sondern obendrein noch so dumm, da

sie gerade von dem Mann Hilfe erwarten, der sich zwar als ihr

Freund erklärt hat, den sie aber trotzdem für einen privilegierte

Hofnarren halten. Grass scheint einen Grund für die Desorganisa-

tion der Arbeiter gesucht und ihn in ihrer Dummheit gefunden zu

haben. Denn nicht nur der Chef hat aus ihnen „Komparsen / gebacke

wie man Plätzchen backt"[51] und sie ironisch als „äußerst gefähr-

liche Biertischstrategen"[52] bezeichnet, sondern der Autor selbst

stellt sie als völlige Trottel dar, wenn sie sich z.B. von der

Bauch- und Gliederfabel von ihrem Vorhaben, den Chef und seinen

Dramaturgen umzubringen, abbringen lassen, einer Fabel, die der

Chef deswegen schon dreimal aus seiner Coriolanbearbeitung ge-

strichen hat, weil sie bei Shakespeare dazu diente, wenn auch nic

---

49. M. Reich-Ranicki, a.a.O.
5o. G. Grass, _Coriolan_-Rede, a.a.O., S.123
51. G. Grass, _Plebejer_, S.48
52. Ebd., S.56

gerade die Dummheit, so doch die Manipulierbarkeit der Plebejer zu demonstrieren. Auf diese Art und Weise unterstützt Grass das Vorurteil über die denkunfähigen Arbeiter, die nur dann erfolgreich ihre Interessen vertreten, nur dann eine wirkungsvolle Opposition organisieren könnten, wenn ihnen dabei von intellektuellen Theoretikern geholfen wird. Zu Recht meint Reich-Ranicki daher, daß Grass sich zwar der verlogenen Version, es habe sich bei dem Aufstand um eine Volkserhebung gehandelt, widersetzte, aber zugleich habe er „eine neue Legende (geschaffen), harmloser zwar, doch nicht weniger entfernt von der Wirklichkeit",[53] nämlich die Legende vom dummen Arbeiter.

Diese Legendenbildung ist das, was ich oben als eine zu starke Vereinfachung bezeichnet habe. Diese Legende läßt den von Grass dargestellten Typus des Arbeiters nicht zu einem konkreten Typus werden. Gleichzeitig hat dieser Typus aber auch eine Wirklichkeit zu repräsentieren, der nach Grass mit den Mitteln der Kunst nicht beizukommen ist, schon gar nicht mit Mitteln einer engagierten Kunst. Natürlich nicht; dieser Wirklichkeit ist mit nichts beizukommen, denn sie beruht auf einem Klischee, das außerhalb der voreingenommenen Vorstellungen des Autors in der Form gar nicht existiert. So erweist sich also auch von den Figuren der Arbeiter her gesehen das Modell, in dem sie fungieren, als eine Fiktion, die letzten Endes über die wirkliche Relation von Kunst und Wirklichkeit nichts aussagt, sondern nur darlegt wie groß die Diskrepanz zwischen diesem Modell und der Wirklichkeit ist.

---

53. M. Reich-Ranicki, a.a.O.

Den anderen Figuren des Stückes gelingt es ebensowenig, der
ästhetischen Welt des Chefs eine konkrete Wirklichkeit entgegen-
zusetzen. Erwin, Volumnia, Litthenner und Podulla sind ohnehin
Teil dieser ästhetischen Welt und für sie alle gilt, was Reich-
Ranicki zur Figur der Volumnia bemerkt hat: „Sie liefert letztlic]
nur die (bisweilen pathetischen) Stichworte für ironische Äußerun‹
und effektvolle Repliken des Helden."[54] Es bleibt die Figur des
parteiergebenen Dichters Kosanke, der, im Gegensatz zu den Arbeit‹
die „offizielle" Wirklichkeit zu vertreten hat. Entgegen Rischbieters Meinung, daß diese Figur „keineswegs eine Karikatur" ist,
sondern „zeigt, wie man sich in aller Grobheit und vitalen Ge-
rissenheit wohl und am Platze fühlen kann im totalitären System",[5]
bin ich der Ansicht, daß mit dieser Figur die „offizielle" Wirklichkeit so verzerrt karikiert wird, daß sie selbst dem naivsten
Gegner des ostdeutschen Systems als unglaubwürdig erscheinen muß.
Außerdem kann solch eine „lächerliche und farcenhafte Figur",[56]
die Grass dem ostdeutschen Dichter Kuba nachgebildet hat, keinen
„dramaturgisch tauglichen und politisch relevanten Gegenspieler"[5]
für den Chef abgeben. „Der wirkliche Kuba ist sowohl härter als
auch klüger und im Sinne seines radikalen Glaubens tauglicher;
Grass stellt einen Pappkameraden auf die Bühne, wo er hätte einen
bürgerlich gebildeten und dialektisch versierten Kommunisten wie
Johannes R. Becher oder Alfred Kurella erfinden müssen."[58]

Es läßt sich also sagen, daß allen Figuren des Stückes eins
gemeinsam ist: sie repräsentieren eine Wirklichkeit, die weder

---

54. Ebd.
55. H. Rischbieter, a.a.O., S.16
56. M. Reich-Ranicki, a.a.O.
57. G. Zwerenz, a.a.O.
58. Ebd.

mit der des 17. Juni, noch mit der Brechts, noch mit unserer
eigenen etwas zu tun hat; sie repräsentieren das, was ich oben
als Fiktion zu definieren versucht habe.[59] Sie können deswegen
auch nicht als „konkrete" Typen in einem Stück fungieren, das als
ein der Wirklichkeit adäquates Modell beabsichtigt war. Gerade
weil die Figuren so wenig „konkret" sind, verliert das Stück
seinen beabsichtigten Modellcharakter und wird zu einer unverbindlichen Geschichte, zu „reinem" Theater.

Sprache

Um niemanden auf den Gedanken kommen zu lassen, er habe versucht,
ein dokumentarisches Theaterstück zu schreiben, ist Grass mit
der Sprache ähnlich verfahren wie mit seinen Figuren: er hat sie
aus der Wirklichkeit entfernt. Er hat in bewußter Anlehnung an
Shakespeare und Brecht eine Kunstsprache geschaffen: „Die Sprache
des Stücks nimmt sich als eine Stil-Montage aus. Grass bedient
sich des freien Reims, der Prosa, im Brecht-Theater spricht man,
wie Brecht selbst seine ‚herrschenden Klassen' sprechen ließ: in
Jamben oder in einem expressionistischen Hackstil, der Substantive
und Verben verschluckt."[60] Ganz besonders deutlich wird der
„expressionistische Hackstil", wie Kesting ihn nennt, bei dem
Maurer, der berichtet, wie er die rote Fahne vom Brandenburger
Tor geholt hat: „Wenn ich mal, dann. / Mit Hotten, weil der
schwindelfrei, doch ich, / zuerst mal Treppen, Leitern dann, /
die, als das Tor im Krieg, denn oben soll."[61] Als Beispiel für

59. Siehe oben, S.279
6o. M. Kesting, Panorama, S.3o3
61. G. Grass, Plebejer, S.81

die Mischung von Brechtscher Theatersprache und Shakespeareschen
Jamben sei folgende Stelle angeführt, an der Volumnia dem Chef
entgegenhält: „Aus Arbeitern hast du Komparsen / gebacken, wie ma
Plätzchen backt. / Dein Werk, mein Freund. / Ja, hör nur weg,
noch sag ich's leise: / von diesem Tag an, der den Sozialismus
will, / wie wir ihn wollen, du, ich, er, / wird jeder Maurer,
Dreher und Monteur, / wenn du nicht handelst, dich Verräter
nennen."[62] Dazu sagt Rischbieter in seiner Rezension des Stückes
„Den jambischen Vers, den Grass – mit Prosa untermischt – mal
fünf-, auch mal sechshebig verwendet, verkürzt er häufig zur
Vierhebigkeit, lakonisiert ihn. An anderen Stellen geht er noch
weiter, macht grob geleimte Reime, bei denen er selbst die Wieder
holung des Reimwortes nicht scheut."[63] Daraus leitet er dann
allerdings ab, daß die Plebejer „sprachlich das Platte, Rauhe,
Ungehobelte, Verquere nicht (scheuen), es vielmehr mit Nachdruck
(ausstellen), jeden Schmuck und Prunk (verweigern), auch das
Geistreiche und allzu fein Pointierte. Das Sprachmaterial ist
nahe am Ereignis, am Arbeiteraufstand."[64] Dem kann ich nicht
zustimmen. Gerade das, was Rischbieter als das „Platte, Rauhe,
ungehobelte, Verquere" erscheint, macht aus der Sprache eine Kuns
sprache, die bei den Arbeitern ins noch Artifiziellere gesteigert
wird durch den „expressionistischen Hackstil". Kein Schauspieler
und noch weniger ein Arbeiter spricht so wie Volumnia oder gar
der Maurer in den oben zitierten Abschnitten. Diese Sprache ist
nicht nahe am Ereignis des Arbeiteraufstandes, sondern ist vom

---

62. Ebd., S.48
63. H. Rischbieter, a.a.O., S.16
64. Ebd.

Autor bewußt davon weggerückt worden in die artifizielle Welt
einer unverbindlichen Geschichte.

Gegen die Verwendung einer artifiziellen Sprachform in einem
Theaterstück ist nichts einzuwenden. Sie kann z.B. als Verfremdungsmittel eingesetzt werden, um dem Leser/Zuschauer das Nach-, Mit-
und Umdenken zu erleichtern. Auch bei Grass läßt sich der Verfremdungseffekt der Sprache nicht verleugnen, sie schafft Distanz
zu den Figuren und ihren Handlungen. Doch gerade aus dieser
Distanz heraus wird dem Zuschauer klar, daß es sich hier keineswegs um konkrete Typen handelt, daß daher auch die Handlungen
dieser Typen völlig abstrakt bleiben. Ebenso wird aus der Distanz
heraus klar, daß die Sprache selbst, mit deren Hilfe die Distanz
erst hergestellt worden war, reine Theatersprache ist, eine artifizielle Form, deren Inhalt schon deswegen abstrakt bleiben muß,
weil die Handlungen und Gedanken der Figuren, die sich dieser
Sprache bedienen, abstrakt sind. Die Sprache weist also noch deutlicher als die Figuren selbst auf die Fiktionalität des Stückes
hin.

Struktur

Eine Analyse der Struktur bestätigt ebenfalls, daß es sich
bei den Plebejern um eine Fiktion handelt, um ein „reines" Theaterstück im traditionellen Sinn. Es besteht allerdings der Unterschied,
daß im traditionellen Theater versucht wird, Figuren, Handlungen
und Situationen unter dem Vorwand abzubilden, es handele sich um
die Wirklichkeit. Grass dagegen geht bei den Plebejern davon aus,
daß es überaus schwierig und problematisch sei, die Wirklichkeit
auf dem Theater abbilden zu wollen. Er versucht es daher auch gar

erst, sondern bemüht sich darum, eine von der Wirklichkeit vollkommen abstrahierte Geschichte, ein „reines Kunstwerk" herzustellen. Zu diesem Zweck hat „er sich einer vorgegebenen Form -
der Einheit von Ort, Zeit und Handlung - (unterworfen)", wie Erns
Wendt sagt.[65] Diese auf den drei aristotelischen Einheiten auf-
bauende Form bewog manche Kritiker dazu, in den <u>Plebejern</u> eine
Tragödie zu sehen. Hans Mayer jedoch weist darauf hin, daß das
ein Irrtum ist, denn Grass „versteht die Ereignisse seines deutsc
Trauerspiels nicht als Tragödie, vermutlich nicht einmal als eine
traurige Begebenheit. Er hat zu verstehen gegeben, daß er den
gewählten Gattungsbegriff nicht bloß als Kommentar zu den deutsch
Wirklichkeiten aufgefaßt wissen möchte, sondern auch als Weiterführung einer eigenständigen deutschen dramaturgischen Tradition,
die eben nicht verwechselt werden dürfe mit der antiken und der
klassizistischen ‚Tragödie'."[66] Schon Walter Benjamin habe „am
Beispiel der deutschen Barockdramen...sorgfältig zwischen Trauerspiel und Tragödie unterschieden. Die Auswirkung dieser deutschen
Trauerspieltradition des 17. Jahrhunderts im expressionistischen
Drama des 2o. war ihm evident. Auch sah der bedeutende Ästhetiker
bereits die gemeinsame Wurzel für das Trauerspielschaffen der
Barockdramatiker und der Expressionisten in ihrem prekären Verhältnis zur deutschen Staatlichkeit und Gesellschaft."[67] Das
erläutert Benjamin folgendermaßen: „Den Literaten, dessen Dasein
heute wie je in einer vom tätigen Volkstum getrennten Sphäre sich
abspielt, verzehrt von neuem eine Ambition, in deren Befriedigung

---

65. E. Wendt, a.a.O., S.1o
66. H. Mayer, Komödie, Trauerspiel, deutsche Misere. In: <u>Theater
    heute</u> 3 (1966), S.26
67. Ebd.

die damaligen Dichter freilich trotz allem glücklicher waren als
die heutigen. Denn Opitz, Gryphius, Lohenstein haben in Staats-
geschäften hin und wieder dankbar entgoltene Dienste zu leisten
vermocht. Und daran findet diese Parallele ihre Grenze. Durchgehend fühlte der barocke Literat ans Ideal einer absolutistischen
Verfassung sich gebunden, wie die Kirche beider Konfessionen sie
stützte. Die Haltung ihrer gegenwärtigen Erben ist, wenn nicht
staatsfeindlich, revolutionär, so durch den Mangel jeder Staats-
idee bestimmt."[68] Ein ähnlich prekäres Verhältnis des Dichters
zur deutschen Staatlichkeit und Gesellschaft meint Mayer in den
Plebejern gespiegelt zu sehen, woraus sich für ihn der Schluß
ergibt, daß eine direkte Linie vom barocken Trauerspiel über das
expressionistische Drama zu Grass' Stück führe: „Wird man nicht
sagen müssen, es führe ein unmittelbarer Weg von den deutschen
Barockdramen über die expressionistischen Stationenstücke zum
‚deutschen Trauerspiel' von Günter Grass? Verständlich aus einer
Permanenz der gespannten Beziehungen zwischen deutscher Literatur
und deutscher Wirklichkeit, oder zwischen Macht und Geist, wie die
Expressionisten das auszudrücken pflegten?"[69]

Es stimmt zwar, daß Grass zumindest beabsichtigte, sich mittels
der Plebejer mit der Spannung zwischen Literatur und Wirklichkeit
auseinanderzusetzen, doch aus der „Permanenz der gespannten Beziehungen zwischen deutscher Literatur und deutscher Wirklichkeit"
ableiten zu wollen, daß es sich bei den Plebejern um ein Trauerspiel handelt, ist ebenso abwegig, wie der Gedanke, das Stück sei

---

68. W. Benjamin, Ursprung des deutschen Trauerspiels, S.43
69. H. Mayer, a.a.O.

eine Tragödie. Zum einen deshalb, weil sich die Spannung zwischen
Literatur und Wirklichkeit weder auf die Dramenliteratur nur des
Barock oder nur des Expressionismus, noch auf eine spezifisch
deutsche Literaturgattung beschränken läßt. Schon einige Dramatik
der griechischen Antike beschäftigte die Diskrepanz zwischen Kuns
und Wirklichkeit. Man könnte also auf Grund dieses Arguments eben
sogut behaupten, die _Plebejer_ seien eine Tragödie. Zum anderen
weist Benjamin auf die Grenze hin, die der von ihm gezogenen
Parallele zwischen barockem Trauerspiel und expressionistischem
Drama gesetzt ist, eine Grenze, die Mayer beim Weiterziehen der
Linie bis zu Grass' Stück nicht beachtet: „Zuletzt ist über manch
lei Analogien die große Differenz nicht zu vergessen: im Deutschl
des siebzehnten Jahrhunderts war die Literatur, so wenig die
Nation sie auch beachten mochte, bedeutungsvoll für ihre Neuge-
burt. Die zwanzig Jahre deutschen Schrifttums dagegen, die zur
Erklärung des erwachten Anteils an der Epoche angezogen wurden,
bezeichnen einen, wie auch immer vorbereitenden und fruchtbaren,
Verfall."[70]

Schon allein aus diesem Grund scheint es mir verfehlt in der
Plebejern eine Fortsetzung der barocken Trauerspieltradition zu
sehen, wie Mayer das tut. Diese Ansicht allein mit der Tatsache
begründen zu wollen, daß in Grass' Stück das Verhältnis des Dicht
zu Staat und Gesellschaft als ähnlich prekär dargestellt wird, wi
im barocken und expressionistischen Drama, ist doch wohl etwas zu
oberflächlich. Benjamin hat wohl einige Parallelen zwischen dem

---

70. W. Benjamin, a.a.O.,   S.43

barocken Trauerspiel und dem expressionistischen Drama gezogen:
„Zumal im Sprachlichen ist die Analogie damaliger Bemühungen mit
der jüngstvergangenen und mit der momentanen augenfällig. Forcierung
ist den beiden eigentümlich. Die Gebilde dieser Literaturen wachsen
nicht sowohl aus dem Gemeinschaftsdasein auf, als daß sie durch
gewaltsame Manier den Ausfall geltender Produkte in dem Schrifttum
zu verdecken trachten. Denn wie im Expressionismus ist das Barock
ein Zeitalter weniger der eigentlichen Kunstübung als eines unab-
lenkbaren Kunstwollens. So steht es immer um die sogenannten
Zeiten des Verfalls... Das Streben nach einem Rustikastil der
Sprache, der sie der Wucht des Weltgeschehens gewachsen scheinen
ließe, kommt hinzu... Neologismen finden sich überall. Heute wie
damals spricht aus vielen darunter das Werben um neues Pathos...
Immer ist diese Gewaltsamkeit Kennzeichen einer Produktion, in
welcher ein geformter Ausdruck wahrhaften Gehalts kaum dem Konflikt entbundener Kräfte abzuringen ist. In solcher Zerrissenheit
spiegelt die Gegenwart gewisse Seiten der barocken Geistesver-
fassung bis in die Einzelheiten der Kunstübung."[71] Diese Parallelen
lassen sich unter Umständen auch auf Grass' Plebejer übertragen,
weil dieses Stück, vor allem im Sprachlichen, durchaus einige
Merkmale der expressionistischen Dramen aufweist. Doch Benjamin
hat ausdrücklich auf die Grenzen seiner Analogiebildung hingewiesen und sich deswegen gehütet, das expressionistische Drama
als Trauerspiel zu bezeichnen. Bei einem Vergleich von Grass'
Stück nicht nur mit dem expressionistischen Drama, sondern vor

---

71. Ebd., S.41/42

allem mit dem barocken Trauerspiel müßten diese Grenzen ebenfalls
in acht genommen werden, wobei sich herausstellt, daß die Unterschiede die Analogien doch um einiges überwiegen. Grass' Stück
weist z.B. bestimmte strukturelle Merkmale auf, die sich nicht in
Einklang bringen lassen mit denen eines barocken Trauerspiels.
Ausdrücklich bemerkt Benjamin: „Einheit des Orts, die erst seit
Castelvetro in der Diskussion erscheint, kommt fürs barocke Trauerspiel nicht in Frage."[72] Bei Grass jedoch ist diese Einheit
konstituierendes Element der Plebejer: das gesamte Stück spielt
sich auf der Bühne ab, auf der der Chef gerade seine Coriolan-
Bearbeitung probt.

Ebenfalls gegen die Bezeichnung „Trauerspiel" für Grass' Stück
spricht folgender Grund: Benjamin hat nachgewiesen, daß „das
geschichtliche Leben wie es jene Epoche sich darstellte...(der)
Gehalt...(der) wahre Gegenstand" des barocken Trauerspiels ist.
„Es unterscheidet sich darin von der Tragödie. Denn deren Gegenstand ist nicht Geschichte, sondern Mythos..."[73] Grass' Stück
dagegen hat als Gegenstand weder Mythos noch Geschichte, sondern
Fiktion, wobei unter Mythos „die Auseinandersetzung mit Gott und
Schicksal, die Vergegenwärtigung einer uralten Vergangenheit"[74]
verstanden wird, als ein Versuch des Menschen, sich Rechenschaft
über seine Existenz und die Vorbedingungen seiner Existenz abzu-
legen, dabei aber alles das, was rationalen Erkenntnissen nicht
zugänglich ist, von dem her zu erklären, was in der „Urzeit" immer
schon da war und als göttliches Geschehen sich ereignete. Geschic

---

72. Ebd., S.49
73. Ebd., S.51
74. Ebd.

wird verstanden als die objektive Entwicklung des historischen
Geschehens, ein vom Menschen unablösbarer Prozeß, dessen Gesetze
vom Menschen selbst bestimmt werden, der aber auch den Menschen
formt, ein Prozeß also, in dem der Mensch zugleich Subjekt und
Objekt ist. Fiktion dagegen ist die Unterstellung eines Sachver-
haltes, der einer tatsächlichen Grundlage entbehrt, der also
irreal ist, insofern er nicht in der objektiven Wirklichkeit
wurzelt, der mitunter aber als „wirklich" ausgegeben wird und
damit den Zugang zur tatsächlichen Realität verstellt. In diesem
Sinne sind die Plebejer eine Fiktion. Es sind zwar Anklänge an
geschichtliche Ereignisse vorhanden, doch Grass selbst hat sich
dagegen verwahrt, deswegen den Gegenstand des Stückes als einen
geschichtlichen aufzufassen, und ich habe nachzuweisen versucht,
daß Grass' Verwahrung einerseits berechtigt ist, andererseits aber
sein Anspruch, daß es sich bei den Plebejern um ein Modell handele,
nicht aufrechterhalten werden kann, was auch von der Struktur bestätigt wird.

Die Plebejer sind trotz Grass' eigenem Widerspruch zum dokumentarischen Theater gerechnet worden, einerseits deshalb, weil
in dem Stück auf historische Ereignisse angespielt wird, weil es
sich auf Dokumente über Brecht stützt, andererseits aber deshalb,
weil bestimmte Äußerungen des Autors darauf hinzudeuten schienen,
daß er mit dem Stück doch etwas mehr als nur Fiktion zu erreichen
hoffte, nämlich in einem bestimmten Sinne Einfluß auszuüben auf
die Wirklichkeit und das ist einer der Ansprüche, die von den mit
der Bezeichnung „dokumentarisches Theater" belegten Dramen erhoben
worden sind. Die aus diesem Anspruch gezogene Folgerung, Grass'

Stück gehöre somit auch zum dokumentarischen Theater, habe ich
zu widerlegen versucht. Schon Taëni hat behauptet, daß die
Plebejer nicht zum dokumentarischen Theater gehören, denn in dem
Stück „dient der historische Tatbestand eigentlich nur als Vorwand
zur Darstellung einer allgemeinen Situation, nämlich der des
engagierten Autors."[75]) Aber eine ausführlichere Begründung dieser
Behauptung liefert Taëni nicht, kann es auch nicht, da ihm eine
genauere Definition dessen fehlt, was unter „dokumentarischem
Theater" zu verstehen sei, obwohl ihm durchaus die Fragwürdigkeit
dieses Begriffes bewußt ist.

Solch eine genauere Defintion habe ich im ersten Teil dieser
Arbeit aufzustellen versucht. Ihr zufolge ließe sich Grass' Stück
nicht zum dokumentarischen Theater rechnen. Von dieser Definition
ausgehend zeigt sich vielmehr, daß die Plebejer eine Reaktion auf
die Stücke sind, die unter der Bezeichnung „dokumentarisches
Theater" bekannt wurden, eine Reaktion insofern, als Grass mit
den Plebejern überhaupt die Möglichkeit verneint, auf der Bühne
mehr als nur Theater herstellen zu können.

---

75. R. Taëni, a.a.O., S.124

TANKRED   DORST

Toller

Als zwei Jahre nach der Uraufführung von Grass' Plebejern
Dorsts Toller in Stuttgart uraufgeführt würde, stellten die
Kritiker fest, daß man es auch hier nicht mit einem dokumentarischen
Theaterstück zu tun habe; doch mit dieser Feststellung wieder-
holten sie nur, was der Autor selbst schon vorher betont hatte:
„Auch Zitate und Dokumente waren in einer solchen ‚Revue' zu
bringen, nicht in Handlung verpackt, nicht dramatisiert, und nicht,
wie im Dokumentarstück, als Belege für historische Wahrheit, sondern,
wie alle Szenen und Dialoge, als Partikel der Wirklichkeit."[1]
Einerseits hoffte Dorst, sich mit diesem Hinweis gegen den Vorwurf verteidigen zu können, der immer wieder dem dokumentarischen
Theater gemacht wurde, nämlich daß es die historischen Fakten
verzeichne und damit verfälsche. So hat z.B. die Witwe des
damaligen Kommunistenführers Leviné Dorst in einem Brief vorgeworfen, er habe ihren Mann nicht wahrheitsgetreu abgebildet, worauf
Dorst antwortete: „Toller, um es noch einmal zu sagen, ist kein
Dokumentarstück, ist also auch nicht an den Dokumenten, die es
bestätigen oder widerlagen könnten, zu messen. Wahr im dokumentarischen Sinn wären ja ohnehin nur Dokumente selbst. Ein Theaterstück, das vorgibt, dokumentarisch zu sein, baut seine Wahrheit
auf dem Schwindel auf, daß Theaterszenen etwas anderes sein können

---

1. T. Dorst, Arbeit an einem Stück. In: Spectaculum XI, S.333

als arrangierte Fiktionen."[2] Andererseits wird mit dieser
Verteidigung auch gleichzeitig Dorsts Auffassung vom dokumen-
tarischen Theater deutlich: es sei eine Form des Theaters, die
Dokumente „als Belege für historische Wahrheit" verwende, deren
Autoren meinen, Wahrheit ließe sich schon durch eine rein
„wirklichkeitsgetreue" Abbildung historischer Fakten herstellen.
Dorst mag diese Auffassung durchaus zu Recht von den Stücken abge
leitet haben, die lediglich eine Rekonstruktion geschichtlicher
Ereignisse auf die Bühne brachten und dann als Dokumentarstücke
bekannt wurden, aber bei einigen dieser Stücke habe ich bereits
nachgewiesen, daß sie nur bedingt zum dokumentarischen Theater
gerechnet werden können. Wie unzulänglich Dorsts eigene Auffassur
von dem ist, was er als dokumentarisches Theater bezeichnet, zeig
sich schon darin, daß er sich widerspricht, wenn er einerseits
meint, die zu Toller herangezogenen Dokumente fungieren als
„Partikel der Wirklichkeit", andererseits aber „von dem grundsätzlich fiktiven Charakter des Bühnenspiels" überzeugt ist.[3] We
Dorst aber meint, daß die Authentizität von Dokumenten einen
illusorischen Charakter annimmt, sobald sie in einem Theaterstück
reproduziert werden, und daß deswegen sein Stück nicht zum dokumentarischen Theater zu rechnen sei, so ist damit noch nicht entschieden, ob Toller auch meiner Definition nach nicht zum dokumentarischen Theater gerechnet werden kann.

Was hatte Dorst mit diesem Stück zu erreichen gehofft? Das
Thema des Stückes ist demjenigen der Plebejer ähnlich: in beiden

---

2. Abgedruckt in: Die Zeit Nr.17 (25.4.1969), S.16
3. R.-P. Carl, Dokumentarisches Theater, a.a.O., S.117

Stücken geht es um das Verhältnis eines Literaten, eines Künstlers
zur politischen Wirklichkeit; in beiden Stücken wird diese
politische Wirklichkeit von aufständischen bzw. revolutionären
Ereignissen bestimmt und beide Autoren behandeln in ihren Stücken
diese Situation, in der ein Künstler sich mit turbulenten politischen Ereignissen konfrontiert sieht, als Modell. In seinem Brief-
wechsel mit Rosa Leviné sagt Dorst: „Die Ereignisse der Münchner
Räterepublik waren für mich ein Modell. Ich habe das Stück nicht
geschrieben, um das Geschichtsbild von dieser Zeit zu korrigieren." [4]
Es bestehen allerdings erhebliche Unterschiede zwischen den
Modellen von Grass und Dorst. Grass stellt einen Künstler dar, der
sich aus ästhetischen Erwägungen von den politischen Ereignissen
distanziert, wogegen Dorst einen Künstler zeigt, der aktiv in
das politische Geschehen eingreift. Dorst selbst sagt über die
Erlebnisse dieses Künstlers: „So, wie Toller sie beschreibt, hatten
sich die Ereignisse natürlich nicht abgespielt. Das war dramatisch
arrangiert, die revolutionären Vorgänge hatten sich hier in
Theaterszenen verwandelt. Toller dramatisiert sich selbst, er sieht
sich im spotlight einer expressionistischen Menschheitsbühne als
Leidender und als Held... Was mich an Toller interessierte, waren
nicht diese Szenen, wie sie Toller geschrieben hat, sondern der
Vorgang der Selbstdramatisierung eines Menschen in einer bestimmten -
hier in einer politischen, nicht privaten - Situation. Ein Stück
über Toller schreiben - das müßte ein realistisches Stück sein,
das heißt nicht den Dramatisierungen Tollers folgen, sondern sie

---

4. A.a.O.

denunzieren."[5] Dorst stellt also einen Dichter dar, der „eine
Revolution als expressionistisches Theaterstück mißverstanden"[6]
hat, und zwar in einem Modell, das nicht wie das von Grass fiktiv
sondern realistisch zu sein beansprucht.

Ferner sagt Dorst zur Arbeit an seinem Stück: „Ich hatte
jetzt - das war ein großer Vorteil - eine bestimmte Zeit: 1919,
einen bestimmten Ort: München, eine bestimmte politische Situatio
die Räterepublik. Eine Gruppe von Literaten, Schwärmern, Idealist
und Phantasten, getragen vom Willen des Proletariats und von
einer von ihnen mythisierten Masse, schafft die parlamentarische
Demokratie ab und errichtet nach dem Vorbild Rußlands den Sowjet-
staat Bayern. Übergang von einer halbdemokratischen Regierungs-
form, in der mit den Schlagworten Parlamentarismus und individuelle Freiheit das Kapital und seine Nutznießer, die Bourgeoisie
herrschen, zur wahren Volksherrschaft mit einem Rätesystem. Der
Vorgang war also konkret politisch und verlor schon dadurch seine
bloß theaterhaften Modellcharakter."[7] Es geht Dorst also um ein
Modell, das konkret ist, nicht nur „reines" Theater wie bei Grass
Indem er aber das Konkrete dieses Modells, den politischen Vorgang, zum größten Teil dann doch auf Tollers dramatisch arrangier
Berichten dieses Vorgangs basiert und gleichzeitig diese Berichte
„denunziert", stellt er an dem scheiternden Revolutionsversuch
nur das Lächerliche dar. Das hat Dorst den Vorwurf eingetragen, s
Stück bestätige die Abneigung des bürgerlichen Publikums gegen
eine Revolution. So stand in einem Flugblatt, das von Mitgliedern

5. T. Dorst, a.a.O., S.329
6. M. Kesting, Das deutsche Drama, a.a.O., S.89
7. T. Dorst, a.a.O., S.329

des Arbeitskreises „Kultur und Revolution" vor einer der Aufführungen verteilt wurde: „Studenten und Schüler haben bei er-
mäßigten Preisen die Ohren zu spitzen, während die Bürgerlichen
wieder einmal erfahren, daß sie doch Recht haben: die Revolution
ist zum pathologischen Phänomen geworden, das in der Weltgeschichte
herumspukt als Inbegriff von subjektiven Bedürfnissen einzelner
intellektueller Schwärmer... Das bürgerliche Publikum, das die
Revolution nicht will, wird in seinen Affekten unterstützt und
geht wieder einmal gestärkt nach Hause."[8] Dem hat Hellmuth Karasek
entgegnet, daß der Stuttgarter Aufführung und damit auch dem
Stück mindestens ein Verdienst zukomme: die Aufführung „hat ein
Stück deutsche Geschichte zwar sehr subjektiv gespiegelt, aber
doch so, daß jene Alptraumvorstellungen, die das Bürgertum vor
dem Rätegedanken hatte, in Zweifel gezogen wurden. Sie hat daran
erinnert, daß der Terror weiß und nicht rot war. Wenn sie zeigte,
wie wirr es in Münchens Räterepublik zuging, so versucht sie damit
auch zu zeigen, daß die äußere Invasion eine wirkliche Erprobung
nicht zuließ."[9] Dieses Argument Karaseks scheint mir jedoch sehr
fraglich zu sein. Ob für ein bürgerliches Publikum der Rätegedanke
und die sozialistische Revolution dadurch annehmbarer wird, daß
sie durch den weißen Terror vernichtet und so die praktische Erprobung dieses Rätegedankens verhindert wurde, ist sehr zweifel-
haft. Karasek suggeriert hier auch, daß das Rätesystem sich erfolgreich durchgesetzt hätte, wenn nur der weiße Terror nicht gewesen
wäre. Das aber ist falsch, denn das Münchner Rätesystem war von

8. Zitiert nach: B.Hitz/H. Postel, Studenten fordern Toller heraus,
   a.a.O., S.38
9. H. Karasek, „Toller" spiegelt ein Stück deutsche Geschichte. In:
   Theater 1969, S.42

vornherein zum Scheitern verurteilt, es wäre auch ohne Terror,
ganz gleich welcher Farbe, zusammengebrochen, und zwar deswegen,
weil die führenden Männer des Revolutionären Zentralrats ein gena
unbestimmtes Verhältnis zur konkreten politischen Macht hatten, w
der am 21. Februar 1919 ermordete Kurt Eisner, der nach der Revolution vom 8. November 1918 Vorsitzender des Arbeiter-, Soldaten-
und Bauernrats war. Als nach der zweiten Revolution am 6. April
1919 die Räterepublik ausgerufen worden war, machte der Zentralra
zwar eine Unmenge von Bestimmungen bekannt, die aber niemals ausgeführt wurden, weil ihm das Instrumentarium zu deren Verwirklich
fehlte. Die Kommunisten, die nicht im Zentralrat saßen, agitierte
deswegen heftig gegen diese „Scheinräterepublik", die am 13. Apri
1919 lautlos verschwand, als die Kommunisten die Räterepublik zum
zweiten Mal ausriefen. „Jetzt machte man mit der Aufstellung eine
Roten Armee ebenso Ernst wie mit Sozialisierungsmaßnahmen, man
beschlagnahmte Lebensmittel und Waffen, zensierte die Presse,
sozialisierte die Wohnungen und verhaftete Geiseln."[10] Doch dies
Maßnahmen kamen schon zu spät, denn inzwischen war in ganz Deutsc
land die revolutionäre Welle abgeebbt, von außerhalb Deutschlands
hatte die Räteregierung keine Hilfe zu erwarten, die Räterepublik
war plötzlich ein politisch isoliertes Gebilde und als solches
konnte sie sich nicht lange halten. Hauptsächlich aus diesen Gründ
brach das Rätesystem dann endgültig zusammen als Freikorps und
Regierungstruppen Ende April 1919 in München einmarschierten.

Andererseits ist aber auch behauptet worden, daß Dorst gerad

---

10. H. Neubauer, München 1918/19. In: T. Dorst(Hrsg.): <u>Die Münchn</u>
<u>Räterepublik</u>, S.185

mit der „Denunziation" der von ihm verwendeten Dokumente ein viel

„wahrheitsgetreueres" Bild der Wirklichkeit gebe, als das mit der

reinen Reproduktion von Dokumenten jemals möglich gewesen wäre.

So sagt Rainer Taëni: „Selbst Dorsts theatralisierende Verzerrungen,

seine ,Groteskisierungen', dienen also im Grunde einer erhöhten

Objektivität. Denn in der Verfremdung gesteigerter Theatralik

wird die Wirklichkeit (die ja das Ich des Aufzeichnenden einschließt)

schließlich im Ganzen deutlicher erkennbar, als im Dokument, das

aus der subjektiven Sicht des Zeitgenossen verfaßt wurde."[11] Das

Stück aber denunziert „nicht allein Tollers Theatralik, sondern

entlarvt gleichzeitig den von dieser abgehobenen ,Realismus' als

im Grunde nicht minder grotesk."[12] So gesehen scheint Dorst die

damalige Wirklichkeit durchaus adäquat dargestellt zu haben, nämlich

als Grotseke: „Eine objektive Chance hatten diese Revolutionäre

wohl nicht. In fünf bis sechs Tagen waren sie durch Reichswehr-

truppen zu beseitigen. Das macht alle ihre Aktionen, ihre Hoff-

nungen, ihre Auseinandersetzungen zu einer blutigen Farce."[13]

Taëni sieht nun in dieser grotesken Wirklichkeit die Ursache

für Tollers Skepsis dieser Wirklichkeit gegenüber, denn „der

wahre Künstler ist auch immer vor allen anderen der Sehende...der

nicht nur die moralische Notwendigkeit einer Revolution klarer zu

erkennen (vermag) als das Volk, sondern zuweilen auch das Zweifel-

hafte einer solchen Revolution."[14] Die Theatralik Tollers ent-

springe wiederum aus dieser hellsichtigen Skepsis, sie sei

„gewissermaßen deren notwendige Folge."[15] Aus dieser Skepsis

---

11. R. Taëni, Die Rolle des „Dichters" in der revolutionären Politik.
In: <u>Akzente</u> 6 (1968), S.495
12. Ebd., S.5o6
13. T. Dorst, a.a.O., S.331
14. R. Taëni, a.a.O., S.5o3
15. Ebd., S.5o5

entwickele sich aber auch die Fähigkeit eines umfassenden und
mitleidenden Verstehens, eine Fähigkeit, die den Künstler daran
hindere so geradlinig, skrupellos und einseitig zu handeln, wie
es dem Politiker möglich ist, der diese Fähigkeit nicht besitze.
Die Skepsis der Wirklichkeit gegenüber ermögliche es also dem
Dichter Toller nicht nur politische Richtlinien im Auge zu behalt
„Er bleibt auch als Handelnder, eben als Schauspieler noch Zuschauer (und also Kritiker) selbst des eigenen Tuns. So steht sei
subjektives Empfinden, stehen selbst seine Übertreibungen gewisse
maßen im Dienste einer höheren Objektivität. Deshalb auch kann er
so ‚hui' sein - ist für ihn doch die Revolution, an welcher er
teilhat, wie das Leben überhaupt, im Grunde Theater."[16] Andererseits aber werde in der aus dieser Skepsis entspringenden Fähigkeit zu einem umfassenden und mitleidenden Verstehen das Dilemma
des Dichters sichtbar, „der zuviel sieht von menschlicher, nicht-
politischer Wirklichkeit, um ausschließlich nach politischer
Notwendigkeit zu handeln."[17] Aus dieser Analyse leitet Taëni ab,
was Dorst seiner Meinung nach mit dem Stück erreichen wollte,
nämlich auf die Aufgabe des politischen Schriftstellers hinzuweis
die daraus bestehe, „aus seinem Verstehen gesellschaftlicher und
menschlich-moralischer Zusammenhänge heraus für die anderen, das
Volk, das sichtbar zu machen, was er versteht - und dadurch zum
Abbau jener einfältig-blinden, vorurteilsvollen Selbstgerechtigke
beizutragen, die jeder gerechten Revolution im Wege stehen muß...
Ich glaube, Dorsts Stück macht so, indem es die Widerstände und

---

16. Ebd., S.5o8
17. Ebd., S.5o9

die Gründe des Scheiterns in der grotesken Unzulänglichkeit
gerade der Haltung des ,Durchschnittsbürgers' aufzeigt, einiges
sichtbar, was auch für den Kampf der A.P.O. gegen wiederauflebende
faschistische Tendenzen in unserem Staat, oder für anti-imperia-
listische Befreiungskämpfe in West und Ost gilt. Die wirkliche
Trägheit der Massen ist tödlicher als der theatralische Überschwang,
der gerade an dieser Trägheit sich entzündet aber auch zugrunde
geht. Vielleicht ist dies keine so unwichtige Erkenntnis auch für
unsere Zeit."[18]

Die Vermittlung dieser Erkenntnis wäre nach Taëni die Funktion
von Dorsts „realistischem" Modell. Mir scheint aber diese Erkenntnis, derzufolge die Trägheit der Massen einer gesellschaftlichen
Veränderung im Wege stehe, weder der wirkliche Grund für das
Scheitern der Münchner Räterepublik zu sein, noch dafür, daß die
A.P.O. oder die anti-imperialistischen Befreiungskämpfe in West
und Ost es schwierig haben, sich durchzusetzen. Ganz abgesehen
davon, frage ich mich, ob Dorsts Stück diese Erkenntnis überhaupt
zu vermitteln vermag, weil ich bezweifle, daß es sich bei diesem
Stück um ein realistisches Modell handelt.

Taëni hat Dorsts Stück zwar zweifellos „richtig" interpretiert,
aber gerade diese „richtige" Interpretation macht überaus deutlich
auf die Mängel des Stückes aufmerksam, ohne daß sich Taëni dessen
bewußt zu sein scheint, was seine Analyse enthüllt. Seine Interpretation baut darauf auf, daß Dorst die von ihm verwendeten
Dokumente „denunziert" und damit hinter der Theatralik Tollers die

---

18. Ebd., S.5o9 f.

Wirklichkeit aufzeige als das, was sie damals war, nämlich
grotesk. Man könnte also meinen, daß Dorst die Dokumente im Sinne
der Möglichkeit einsetze, auf die ich im Abschnitt über Kipphardt
Joel Brand hingewiesen habe, nämlich als Mittel, um den wahren
Charakter der Wirklichkeit hinter dem Schein der Fakten aufzudecken.[19] Doch der Eindruck täuscht: Dorst reproduziert wieder
nur ein naturalistisches Abbild der Wirklichkeit, indem er sie
zeigt, „wie sie war", und zwar deswegen, weil er den Abschnitt
der Wirklichkeit, den er reproduziert, isoliert betrachtet, d.h.
kaum auf die Gründe eingeht, die die Wirklichkeit zu dem gemacht
haben, als was sie sich ihm an ihrer Oberfläche zeigt, nämlich als
grotesk. Zudem ist Dorsts naturalistisches Abbild dieser Wirklichkeit verzerrt, weil das Groteske dieser Wirklichkeit im Stück als
„die Wirklichkeit" auftritt, historisch aber nur ein kleiner Teil
der Wirklichkeit war, wie der von Dorst selbst herausgegebene
Materialienband zur Münchner Räterepublik bezeugt.[20] Die Dokumen-
dienen hier also nicht zur Aufdeckung von dem, „was von der
empirischen Gestalt der Wirklichkeit verschleiert wird", sondern
reproduzieren lediglich eben diese verschleiernde empirische Gestalt der Wirklichkeit.

Wenn nun Dorst und mit ihm Taëni aus dieser Teilwahrheit,
nämlich daß die Wirklichkeit grotesk gewesen sei, bestimmte Folgerungen ziehen, dann können diese Folgerungen auch nur Teilwahr-
heiten sein. Tollers Skepsis ist demnach keine Skepsis der gesamt
Wirklichkeit gegenüber; er ist nur dem grotesken Teil der Wirklic

---

19. Siehe oben, S.269 f.
2o. T. Dorst(Hrsg.), Die Münchner Räterepublik. Frankfurt: Suhr-
    kamp 1969

keit gegenüber skeptisch und das hat zur Folge, daß er zwar als
Künstler der Sehende ist, wie Taëni sagt, aber eben die Notwendigkeit und die Zweifelhaftigkeit dieser Revolution nur im Zusammenhang mit der grotesken Teilwirklichkeit sieht. Denn das eigentlich
Zweifelhafte dieser Revolution sieht Toller gar nicht - nämlich
die Gründe ihres Scheiterns; er sieht nur die grotesken Auswüchse dieser Revolution. Ebenso ist die aus dieser Teil-Skepsis
hervorgehende Fähigkeit eines umfassenden und mitleidenden Verstehens keineswegs so umfassend wie Dorst und Taëni uns glauben
machen möchten; Tollers Mitleid und Verständnis gilt ja nur denjenigen, die unter dem grotesken Teil der Wirklichkeit zu leiden
haben. Die aus dieser Fähigkeit abgeleitete Unterscheidung zwischen
Politiker und Künstler erweist sich somit geradezu als Umkehrung
der Fakten, denn gerade der Künstler, nicht der Politiker, handelt
in Dorsts Stück durch sein beschränktes Mitleid und Verständnis
einseitig; der Dichter Toller behält das Wesentliche weniger im
Auge als der Politiker Leviné, denn er setzt sich mit Hilfe seiner
Schauspielerei von dieser Teilwirklichkeit ab. Das, was Taëni als
„höhere Objektivität" bezeichnet, in dessen Dienst Tollers Theatralik stehe, hat mit Objektivität nicht im geringsten etwas zu tun,
sondern ist nichts anderes als Flucht aus einer unverständlichen
Realität, die subjektive Einnahme eines überparteilichen neutralen
Standpunkts und ganz folgerichtig kann Toller in der Revolution,
im ganzen Leben, in der Wirklichkeit nichts anderes als Theater
sehen. Das Dilemma des Dichters ist daher auch nur ein subjektives
Dilemma, was sich schon an der Gegenüberstellung von „menschlicher,
nicht-politischer Wirklichkeit" und „politischer Notwendigkeit"
ablesen läßt, als ob politische Notwendigkeit in jedem Falle
unmenschlich sei.

Das Postulat eines größeren Verständnisses des Künstlers, seines Verstehens „gesellschaftlicher und menschlich-moralischer Zusammenhänge - als ob für den Politiker diese beiden Begriffe notwendigerweise unvereinbare Widersprüche wären - führt dann konsequenterweise zurück in den idealistischen Aufgabenbereich der Schillerschen Schaubühne: der Dichter als Erzieher des Volkes. Nur nachdem der politische Schriftsteller dem Volk das sichtbar gemacht hat, was er versteht, nachdem er es „erzogen" hat, ist eine gerechte Revolution möglich, denn diese Revolution scheitert ja gerade an „der grotesken Unzulänglichkeit der Haltung des Durchschnittsbürgers", an der „wirklichen Trägheit der Massen".

Daß mit Hilfe dieses Schillerschen Idealismus gesellschaftliche Änderungen kaum bewerkstelligt werden können, braucht nicht besonders betont zu werden. Ich bezweifle darüberhinaus den Anspruch von Dorsts Stück, es sei in der Lage, diese, wenn auch falsche, Erkenntnis zu vermitteln, nämlich daß es Aufgabe des politischen Schriftstellers sei, das Volk „aufzuklären". Ich habe im vorigen Abschnitt über Grass' Plebejer darauf hingewiesen, daß ein Modell dem Leser/Zuschauer nur dann Erkenntnisse vermitteln kann, wenn es der Wirklichkeit adäquat ist.[21] Aus dem obigen sollte hervorgegangen sein, daß Dorsts Modell nicht nur der Wirklichkeit nicht entspricht, sondern diese Wirklichkeit geradezu verfälscht. Das liegt daran, daß Dorst eben nicht, wie Hellmuth Karasek meint, „in den Individuen gesellschaftliche Verhaltensweisen"[22] zeigt, sondern nur subjektiv verzerrte Verhaltensweisen

---

21. Siehe oben, S.287
22. H. Karasek, Revolutionstheater - Theaterrevolution. In: Die Zeit Nr.46 (15.11.1968), S.16

die deswegen die Wirklichkeit nicht adäquat spiegeln, weil Dorst
„objektive Geschichte...mit deren subjektiver karikaturistischer
Interpretation identifiziert."[23] Dem könnte man entgegnen, dem
ist vom Autor selbst entgegnet worden, daß „das Stück nicht einen
historischen Vorgang rekonstruieren will, sondern es will Haltungen
zeigen, die uns heute mehr betreffen als die Historie."[24] In
ähnlichem Sinne verweisen die Regieassistenten B. Hitz und H. Postel
auf die Intention des Autors: er benutze „den historischen Einzelfall lediglich...um daran noch heute bestehende Widersprüche in
der Gesellschaft aufzuzeigen."[25] Das Stück hätte diese Absicht
Dorsts jedoch nur dann verwirklichen können, wenn der historische
Einzelfall vor dem Hintergrund der objektiven Wirklichkeit gezeigt
worden wäre und wenn damit die objektiven Zusammenhänge zwischen
unserer heutigen und der damaligen Realität sichtbar gemacht worden
wären. Gerade das aber zeigt <u>Toller</u> nicht. Zu Recht stellte die
Projektgruppe „Kultur und Revolution" daher in ihrem Flugblatt
fest: „die kritik am verhalten einzelner gibt sich als kritik an
der sache, ohne diese jedoch in ihrer totalität darstellen zu
können."[26] Aus diesem Grunde kann das Stück seinen Sinn nicht verwirklichen, der nach Rischbieter nur darin liegen kann, daß es
„über einen gehetzten, in sich widerspruchsvollen, improvisierten
und in sich dilettantischen Revolutionsversuch auf eine solche
Weise informiert, daß beim Publikum Nachdenklichkeit über revolutionäre Möglichkeiten und Notwendigkeiten eintritt, daß es zwischen
den ephemeren Mängeln jener Räterepublik und einer generellen

---

23. Botho Strauß, Geschichte ist nicht, was geschah. In: <u>Theater 1969</u>
    S. 44
24. Manfred Delling, Neutralist Zadek. In: <u>Sonntagsblatt</u> Nr.18
    (4.5.1969)
25. B. Hitz/H. Postel, a.a.O.
26. Zitiert nach: Curt Riess, <u>Theaterdämmerung</u>, S.28

Auseinandersetzung mit revolutionären Gedankengängen unterscheiden lernt."[27]

Figuren

Soll das Stück ein realistisches Modell sein, dann müßten di
in ihm auftretenden Figuren konkrete Typen sein, Gestalten, in
deren subjektivem Handeln sich die objektive Entwicklung erkennen
läßt, denn nur solche Gestalten vermögen über den historischen
Einzelfall hinauszuweisen. Mit der Frage, inwiefern Dorsts Figure
das tun, nämlich Einsicht in die objektive Entwicklung vermitteln
muß also eine konkrete Kritik des Stückes ansetzen.

Dorst ist ähnlich vorgegangen wie Grass: um der Gefahr zu
entgehen, nur platte naturalistische Porträts zu zeichnen, hat er
die Figuren vereinfacht. Er hat sie auf das reduziert, was seiner
Meinung nach das „Typische" an den historischen Vorbildern war:
„Erich Mühsam, kleiner etwas zappeliger Literat; Dr. Lipp, sehr
gepflegt gekleideter Herr mit einem Henri-Quatre-Bart; Gustav
Landauer, großer Mann, altmodischer Mantel, Christuskopf; Pauluku
schlesischer Landarbeiter...", so werden die Figuren am Anfang
des Stückes vorgestellt.[28] Um es dem Zuschauer vollends unmöglic
zu machen, die Bühnenfiguren mit etwaigen historischen Persönlich
keiten zu identifizieren, schreibt Dorst außerdem in der ein-
leitenden Bühnenanweisung vor: „Außer Toller, Leviné, Landauer,
Dr. Lipp, Mühsam, Gandorfer, Paulukum, Reichert werden alle Personen von etwa 2o Schauspielern gespielt, so daß jeder dieser

---

27. H. Rischbieter, Wege und Irrwege des politischen Theaters.
    In: Theater heute 2 (1969), S.16
28. T. Dorst, Toller, S.189

Schauspieler mehrere Rollen übernimmt."[29] Doch damit hat Dorst
noch keine konkreten Typen geschaffen; lediglich mit der Streichung
von individuellen Besonderheiten, mit einer reinen Reduktion auf
vermeintlich typische Charakterzüge läßt sich solch ein konkreter
Typus nicht herstellen, das ergibt höchstens ein abstraktes Klischee.
Denn ein konkreter Typus entsteht nur dann, wenn die Figur auf
ihr Wesentliches reduziert wird und dieses Wesentliche sind eben
nicht die persönlichen Eigenheiten und individuellen Schrullen eines
Menschen, sondern es ist das, was den Menschen zu dem gegebenen
Zeitpunkt zum Menschen macht, nämlich sein innerhalb einer Gesellschaft und von dieser Gesellschaft beeinflußtes Handeln, Kommu-
nikieren und Reflektieren, wodurch er sich als Mensch erst selbst
verwirklicht. Das läßt sich aber nur aufdecken, wenn die viel-
fältigen und komplizierten Beziehungen zwischen dem subjektiven
Menschen und der objektiven Wirklichkeit und ihre gegenseitige
Beeinflußung dargelegt werden.

Von alledem ist bei Dorst kaum etwas zu bemerken. Ganz richtig
sagt Hellmuth Karasek zwar, daß es überaus schwierig sei, objektive
Wirklichkeit - er nennt es „historische Prozesse" - auf der Bühne
darzustellen, sie ließen sich nur in subjektiven Reflexen erkennen:
„An Toller lassen sich objektive historische Notwendigkeiten nur
in subjektiven Reflexen ablesen."[30] Doch gerade Tollers subjektive Reflexe lassen kaum etwas von der objektiven Wirklichkeit
erkennen, sondern machen lediglich das grotesk verzerrte Abbild
der Oberfläche einer Teil-Wirklichkeit sichtbar. Das, was für

---

29. Ebd.
3o. H. Karasek, „Toller" spiegelt ein Stück deutsche Geschichte,
    a.a.O., S.4o/41

Dorst das „Typische" seiner Figuren ist, bezieht sich lediglich
auf diese groteske Oberflächenerscheinung der Wirklichkeit. Ganz
besonders deutlich wird dieser Reduktionsprozeß auf das „Typische
bei den beiden Hauptfiguren, Toller und Leviné, von denen Botho
Strauß sagt, daß sie „sehr gewöhnlichen, kleinbürgerlichen
Empfindungs-Derivaten entgegenkommen: in Toller muß man das
Klischee vom verstiegenen Intellektuellen wieder erkennen, der i
die Politik in jedem Falle Verwirrung trägt; in Leviné das Zerr-
bild des inhumanen, ungebildeten politischen Vollzugsbeamten
nachgerade stalinistischer Prägung."[31]

Es geht mir hier nicht darum, Dorst vorzuwerfen, er habe
den historischen Toller oder den historischen Leviné verunglimpf
Diesen Vorwurf hatte Rosa Leviné erhoben und Dorst hatte ihn
völlig zu Recht zurückgewiesen mit dem Hinweis, daß er kein
dokumentarisches Theaterstück geschrieben und daher auch nicht
beabsichtigt habe, ein „wahrheitsgetreues" Porträt historischer
Figuren auf der Bühne zu rekonstruieren. Mir geht es vielmehr
darum, den Anspruch zurückzuweisen, daß diese Figuren - ob sie
nun den historischen gleichen oder nicht - die objektive Wirklich
keit repräsentieren und damit uns heute Einsichten in das Verhältnis Künstler - Revolution vermitteln. Denn indem Dorst seine
Figuren auf Unwesentliches reduziert und gleichzeitig vorgibt,
dieses Unwesentliche spiegele die objektive Wirklichkeit, verfäl
er die Geschichte. So stand im Flugblatt der Projektgruppe „Kultu
und Revolution" zu lesen: „Einmalige historische Ereignisse (die

---

31. B. Strauß, a.a.O.

Verirrungen der Münchner Räterepublik) werden ihres politisch-
ökonomischen Zusammenhanges beraubt und als Symbole fürs Ganze
gesetzt."[32] So fängt das Stück z.B. mit einer Versammlung des
provisorischen Zentralrats an, die dem Zuschauer von vornherein
klarmacht, daß hier Hampelmänner zusammengekommen sind, um ein
bißchen Politik zu spielen. Suggeriert wird damit, daß eine
Räteregierung, in der ein Dr. Lipp zum Außenminister wird, der
sich darüber aufregt, daß der Ministerpräsident der bisherigen
Regierung den Abortschlüssel aus dem Landtagsgebäude nach Bamberg
mitgenommen hat, von Anfang an zum Scheitern verurteilt ist. Auf
die tatsächlichen Gründe für das Scheitern der Räterepublik wird
aber nicht eingegangen. In der Zeichnung der Figuren wiederholt
sich dieses Verfahren: nicht nur die Ereignisse werden ihres
politisch-ökonomischen Zusammenhanges beraubt, sondern auch die
Figuren werden ihrer objektiven Realität beraubt, indem ihr Handeln
kaum im Zusammenhang mit den gesellschaftlichen, politischen und
historischen Ursachen gesehen wird, die zu diesem Handeln den
Anlaß gaben. So z.B. erscheint Tollers Pazifismus als Marotte eines
idealistischen Schwärmers und nicht etwa als die Reaktion eines
sensiblen Künstlers auf die Grausamkeiten eines vierjährigen
Krieges, der soeben zuende gegangen ist. Das Resultat dieses
Vorgangs hat Botho Strauß folgendermaßen umschrieben: „Die politische
Denunziation ist das - vielleicht unfreiwillige - Resultat der
volumenlosen, etikettierenden Figurengestaltung, die zum anderen
aber zu sehr persönlichkeitsgeprägten Konflikten dienen soll. In

---

32. Zitiert nach: B. Hitz/H. Postel, a.a.O.

dem Bestreben, das Offizielle auf der Bühne für sich sprechen zu
lassen, verarmen die Figuren zu funktionierenden Bedeutungs-
rapporteuren und repräsentieren so, um alle Rätsel der Person und
Reflexion gebracht, verfälschte Geschichte."[33] Folglich sind
auch jene Figuren, von denen mehrere jeweils von einem Schauspiel
gespielt werden sollen, unterbewertet. Besonders das Volk, auf
das sich die Führer der Revolution dauernd berufen, erscheint nur
am Rande als Statisterie, als Revolutionsstaffage. Ebenso konsequenterweise ergibt sich aus der Tatsache, daß die politisch-
ökonomischen Zusammenhänge, die objektive Realität fehlt, daß Dor
die Gründe für das Scheitern der Revolution nur aus den unzuläng-
lichen Qualifikationen ihrer Urheber herleiten konnte: die Revolu
tion gelang deswegen nicht, blieb deswegen nur ein Aufstand, weil
Toller ein überhitzter Schauspieler, Leviné ein skrupelloser
Fanatiker, Dr. Lipp ein unzurechnungsfähiger Irrer, Gustav Landau
ein undisziplinierter Anarchist war. Mehr als den „Beweis" für
diese geschichtliche Fälschung erbringt das Stück nicht.

Sprache

Peter Handke warf Dorst vor, er habe in seinem Stück die
Sprechweisen der „großen" Leute, der offiziellen Personen ernst
genommen, die der „kleinen" Leute dagegen habe er karikiert. „Die
großen Leute verstehen einander, da gehen die Dialoge ganz selbstverständlich vor sich, die kleinen Leute aber haben Verständigungs
schwierigkeiten... Die kleinen Leute zeigen also ihre Sprechweisen

---

33. B. Strauß, a.a.O.

als fremde Sprechweisen vor, die Dialoge der offiziellen Personen
werden aber nicht als Dialoge klar, sondern gebärden sich als
eigen, als echt, als Natur."[34] Das aber sei widerwärtig, meint
Handke, weil der Autor die Sprache der kleinen Leute als ent-
fremdete Sprache aufzeige, „das Sprechen der großen Leute aber
als selbstverständlich von der kapitalistischen Dramaturgie" übernehme. Die Widerwärtigkeit dieser Dramaturgie zeige sich außerdem
noch darin, daß die kleinen Leute „immer als Volk, als Arbeiter"
auftreten, „die...als Hintergrundfiguren vorbeiflanieren dürfen,
während vorn die Offiziellen ihre erbärmlichen, aber nicht als
erbärmlich klargemachten Dialoge heruntersprechen, von denen schon
die Regieanweisungen wie ‚spöttisch zu Olga', ‚pikiert', ‚mit der
Speisekarte, leise'...ein verkommenes Realismusmodell bewußt
nachvollziehen."[35] Was also Dorst nach Handke vorgeworfen werden
muß, ist, daß man zwar die Bedeutung des Dialogs wahrnehme, aber
nicht den Dialogmechanismus erkenne, der doch als ein Produkt der
kapitalistischen Gesellschaft sichtbar gemacht werden müßte.[36]

Rolf-Peter Carl hat diesen Vorwurf folgendermaßen zu ent-
kräften versucht: „Wie leicht das Stück...als ernstgemeinte,
‚realistische' Darstellung mißverstanden werden kann, zeigt die
scharfe Polemik Handkes, der hierin die völlig unreflektierte
Übernahme der ‚kapitalistischen Dramaturgie' angreift: die Sprechweise der ‚offiziellen', historischen Personen werde ernst genommen, die der ‚kleinen' Leute dagegen karikiert. Mir scheint,
daß die ‚erbärmlichen' Dialoge der ‚Offiziellen' durchaus ‚als

34. P. Handke, Natur ist Dramaturgie. In: Die Zeit Nr.22
    (30.5.1969), S.17
35. Ebd.
36. Ebd.

erbärmlich klargemacht' werden (mit Ausnahme der Beiträge Levinés

daß hier gerade kein ,verkommenes Realismusmodell bewußt nachvoll

zogen' wird. Die Absicht Dorsts jedenfalls geht genau dahin, die

Dramaturgie in dem vorgeblichen Realismus transparent zu machen.

Das ist ihm nicht durchgängig gelungen; einzelne Bilder spiegeln

Authentizität vor und werden dadurch nicht mehr als ,arrangierte

Fiktionen' durchschaubar."[37)]

Teilweise ist Carls Kritik berechtigt, denn Dorst macht in

der Tat die erbärmlichen Dialoge der Offiziellen als erbärmlich

klar, schon allein deswegen, weil, wie Taëni aufgezeigt hat, „mit

großer Regelmäßigkeit jeweils eine verhältnismäßig realistische,

die einzelnen Personen charakterisierende Szene (oder auch Szenen

folge) abgelöst oder beendet wird durch eine solche von hervor-

stechender Theatralik. Diese wirkt durch den Kontrast der Über-

steigerung als verfremdender Kommentar zum Vorhergehenden wie auc

zum Folgenden, beides so gewissermaßen in die Groteske des Ganzen

miteinbeziehend."[38)] So wird z.B. gleich in der ersten Szene die

Lächerlichkeit der Offiziellen in der Art und Weise sichtbar, in

der die Regierungsämter verteilt werden: „REICHERT: Heerwesen, wi

ist es damit? MÜHSAM: Die Gewehre schießen immer nach links, da

brauchen wir einen, von dem links keiner mehr steht. TOLLER: Auf

jeden Fall kein Sozi! REICHERT: Ne Rote Armee aufstellen ohne

Kommunisten, is ja wohln Witz. MÜHSAM: Wenn die KP nicht mitmacht

nehmen wir dich, Reichert! Du bist doch einer. DR.LIPP(in Erwartu

daß man ihm das Amt vorschlägt): Und für das Auswärtige... MÜHSAM

---

37. R.-P. Carl, Dokumentarisches Theater, a.a.O., S.118
38. R. Taëni, a.a.O.

Der Mann muß einen guten Namen im Ausland haben. In Rußland,
Ungarn. Und bei den Sozialisten Frankreichs. (Sieht sich trium-
phierend um.) Wer hat den? REICHERT: Doch nicht etwa der Mühsam?
MÜHSAM: Mein Vorschlag: Genosse Mühsam von den Anarchisten.
(Gelächter.)"[39] Unmittelbar an diese Szene schließt sich ein Um-
zug an, an dem Arbeiter, Arbeiterinnen und junge Leute mit Trans-
parenten und roten Fahnen teilnehmen: „Über den Köpfen, mitge-
tragen, übergroße, groteske Puppen - wie zu Karnevalsumzügen -
eine zusammengebündelte Gruppe mit Hüten und Aktenmappen, Auf-
schrift: ‚Landtag', ein ordenbehängter General mit aufgerissenem
Maul; eine allegorische Figur der Bourgeoisie mit einem Geldsack."[40]
Die Puppen des „Landtags" werden an einem Strick aufgehängt, ebenso
die „Bourgeoisie", die dann mit Steinen, die sich anstelle des
Geldes in ihrem Geldsack finden, beworfen wird. Die Generalspuppe
wird aufgestellt, ihr werden „ein paar Sprengkörper in das offen-
stehende Maul" gestopft und „alle gehen in Deckung. Der ‚General',
allein in der Mitte der Bühne, beginnt zu dampfen und explodiert.
Er fällt in sich zusammen. Die Menge jubelt, klatscht in die Hände,
formiert sich, zieht ab."[41]

Auch das, was Leviné sagt, wird auf diese Weise „als erbärmlich
klargemacht". Unmittelbar nach Levinés erstem Auftritt singt Mühsam
das Lied vom Lampenputzer: „War einmal ein Revoluzzer, / im
Zivilstand Lampenputzer, / ging im Revoluzzerschritt / mit den
Revoluzzern mit. / Und er schreit: ich revolüzze! / Und die
Revolüzzermütze / schob er auf das linke Ohr, / kam sich höchst

---

39. T. Dorst, Toller, S.192
4o. Ebd., S.194
41. Ebd.

gefährlich vor..."[42] Doch deswegen zu meinen, Handke habe das
Stück als „realistische Darstellung mißverstanden", ist falsch.
Da Dorst selbst ein realistisches Modell herstellen wollte, wäre
ein Verständnis, das in <u>Toller</u> ein realistisches Stück sieht, kei
Mißverständnis, sondern richtiges Verständnis. Doch das Stück ist
kein realistisches Modell; zudem verstehen weder Carl noch Handke
unter dem Begriff „Realismus" das, was ich darunter verstehe,
nämlich eine Darstellungsweise, die die objektiven Zusammenhänge
und Bedingungen der Wirklichkeit aufdeckt, sondern sie verstehen
darunter eine Darstellungsweise, die lediglich die Oberflächenerscheinungen der Wirklichkeit „naturgetreu", also naturalistisch
rekonstruiert. Setzt man den Begriff „Naturalismus" bzw. „natural
tisch" überall dort ein, wo Carl und Handke den Begriff „Realismu
bzw. „realistisch" gebrauchen, dann ergibt sich, daß Handke das
Stück durchaus richtig als „verkommenes Naturalismusmodell" versteht. Allerdings hat Dorst dieses Modell nicht bewußt nachvoll-
zogen, sondern es ging ihm darum, „die Dramaturgie in dem vorgeblichen Realismus transparent zu machen", „die einzelnen Bilder
als arrangierte Fiktionen durchschaubar zu machen", wie Carl sagt
Gleichzeitig aber muß Carl auch zugeben, daß Dorst diese Absicht
nicht überall im Stück verwirklicht hat, denn einzelne Szenen
spiegeln Authentizität vor. Carl scheint mir hier das Stück nur
an seiner Oberfläche zu erfassen. Nicht nur einzelne Szenen, sond
das ganze Stück spiegelt vor, es sei ein Modell der objektiven
Wirklichkeit. Dorst selbst spricht in seinem Aufsatz „Arbeit an

---

42. Ebd., S.212

einem Stück" davon, daß alle Szenen und Dialoge Partikel der
Wirklichkeit seien und an anderer Stelle in demselben Aufsatz
sagt er: „Die Handlung: das ist der historische Vorgang."[43] Wenn
also Carl sagt, Dorst zeige die Dramaturgie in dem vorgeblichen
Realismus auf oder er zeige die arrangierten Fiktionen als Fiktionen, dann hat er insofern recht, als er meint, Dorst gegen den
Vorwurf verteidigen zu müssen, er habe mit dem Stück beabsichtigt,
eine „wahrheitsgetreue" Rekonstruktion der historischen Ereignisse
auf die Bühne zu stellen. Das hat Dorst in der Tat nicht beabsichtigt, er hat nie behauptet, sein Stück <u>sei</u> die objektive Wirklichkeit, sondern nur, daß es ein <u>Modell</u> sei, das die objektive Wirklichkeit spiegele. Was Carl jedoch nicht sieht, ist, daß Dorst weder
die Dramaturgie <u>transparent</u> noch die Fiktionen <u>durchschaubar</u> macht,
und daß deswegen das Modell nicht die objektive Wirklichkeit,
sondern ein verzerrtes Geschichtsbild spiegelt. Denn dieses Stück
ist, wie Botho Strauß sagt, eine illusionistische Fabel, die
„nach außen hin in noch so fragmentarisiertem Zustand sich zeigen
(mag) - ihrer inneren, ihrer ideellen Struktur nach gehorcht sie
einer geschlossenen, gefertigten Dramaturgie."[44] Der Zuschauer ist
sich also durchaus dessen bewußt, daß er ein Theaterstück, ein
Modell sieht, ihm kann aber nicht bewußt werden, daß dieses Modell
eine verfälschte Realität spiegelt.

Genau auf diesen Punkt zielt die im Grunde durchaus berechtigte
Kritik Handkes an der Sprache des Stückes hin. Dorst macht sowohl
die Sprechweisen der großen Leute, als auch die der kleinen „als

---

43. T. Dorst, a.a.O., S.332
44. B. Strauß, a.a.O.

erbärmlich klar". Wenn Mühsam am Anfang des Stückes einen Aufruf verliest, in dem er verkündet, daß das vom Landtag eingesetzte Ministerium zurückgetreten sei und Paulukum diese Feststellung durch den Zusatz „Mit een Tritt in en Arsch" ergänzt
wissen will,[45] dann ist das genauso grotesk, wie wenn der ent-
lassene Verwalter der Residenz, Gradl, genüßlich von Leichen und
Zigaretten redet.[46] In der Sprache spiegelt sich also das, was
Dorst als die objektive Wirklichkeit ausgibt, nämlich das Groteske.
Doch diese Wirklichkeit ist keineswegs objektiv, wie ich oben zu
zeigen versucht habe, sondern lediglich die verzerrte Oberflächenerscheinung der Wirklichkeit. Der Eindruck einer Geschichts-
fälschung wird noch dadurch verstärkt, daß Dorst alle seine Figuren
ganz gleich ob sie zu den Offiziellen oder zu den kleinen Leuten
zählen, eine mehr oder weniger ähnlich verknappte Faktensprache
sprechen läßt. Dabei ist es unerheblich, daß einige Figuren, z.B.
Paulukum und Reichert, hin und wieder in einen undefinierbaren
Dialekt verfallen, mit dessen Hilfe Dorst wohl diese Figuren
besser zu „typisieren" hoffte, der aber letztlich nur dazu beiträgt, diese Figuren als noch plattere, naturalistisch gezeichnete
Individuen von den anderen Figuren abzuheben. Mit Recht sagt daher
Botho Strauß, daß Dorsts „Unvermögen, Geschichte und Figuren
dialektisch und realistisch und doch aus persönlicher Entschiedenheit heraus zu entwickeln" kaum zu unterscheiden sei „von seiner
Begabung, Dialoge überall, an der Restauranttheke wie im Bett,
unter proletarischen wie dekadenten Menschen, in politischer

---

45. T. Dorst, Toller, S.19o
46. Ebd., S.2o6 f.

Redeweise sprechen zu lassen, in ,Partikel der Wirklichkeit' zu
verwandeln, jede Regung als historisch zu beglaubigen."[47] Diese
Vereinfachung der Sprache könnte von Dorst mit dem Hinweis verteidigt werden, daß er „Typen" geschaffen habe und diesen „Typen"
eine „typische" Sprechweise zukäme. Dabei übersieht er aber, daß
die Sprache eines Menschen unter anderem von dem sozialen Hintergrund, in dem dieser Mensch erzogen wurde und lebt, bedingt ist.
Ein Arbeiter gebraucht seine Sprache also notwendigerweise anders
als ein Dr. Lipp oder ein Schriftsteller namens Toller. Indem
Dorst über diese Unterschiede hinweggeht, nivelliert er die Klassen-
unterschiede und verfälscht also auch damit die objektive Wirklichkeit.

Da Sprache nicht ein außergesellschaftliches, vom Menschen
isoliertes, für sich existierendes Phänomen ist, sondern vom
Menschen für den Menschen als Werkzeug zur Erkenntnis und zur
Verständigung geschaffen wurde, spiegelt sie nicht nur die Realität,
sondern ist auch das Instrument, mit dessen Hilfe der Mensch nicht
nur die objektive Realität zu erfassen lernt, sondern auch jeden
Erkenntnisprozeß überhaupt vollzieht. Gleichzeitig diktiert dieses
Instrument dem Menschen aber auch die Art und Weise der Erkenntnis,
die er mit Hilfe eben dieses Instruments machen kann. Wenn Dorst
also seine Figuren eine Sprache gebrauchen läßt, die dem Zuschauer
nur das verzerrte Abbild einer Oberflächenerscheinung der Wirklichkeit vermittelt, dann heißt das gleichzeitig, daß der Gebrauch
dieser Sprache, mit deren Hilfe der Schriftsteller ja mit dem

---

47. B. Strauß, a.a.O., S.43/44

Zuschauer/Leser kommuniziert, eben diesem Kommunikationspartner
jegliche Einsicht in die hinter der Oberflächenerscheinung liegen
objektive Wirklichkeit geradezu unmöglich macht.

Das ist was Handke zu Recht angegriffen hat und weswegen er
fordert, daß „dem Zuschauer ganz klar werden (müßte), wie sehr
eine Dramaturgie, die so was als natürlich ausgibt, nur die in
der Wirklichkeit herrschende Dramaturgie nachzieht", daß „die
Zuschauer endlich lernen (müssen), Natur als Dramaturgie zu durch
schauen, als Dramaturgie des herrschenden Systems, nicht nur im
Theater, auch in der Außenwelt."[48] Diese Forderungen werden aber
von Dorsts Stück nicht im entferntesten erfüllt.

Struktur

In seiner „Arbeit an einem Stück" sagt Dorst zur Struktur
seines <u>Toller</u>: „Kein verbindliches dramaturgisches Muster. Der
unmittelbare Zusammenhang zwischen den meisten dieser Szenen –
die ‚spannende Handlung' – war aufgegeben... Szenen in Parenthese
Brechungen und Spiegelungen des Vorgangs. Es kam darauf an wie
in einer Revue den richtigen rhythmischen Ablauf zu finden. Und
noch weiter weg vom Handlungsdrama alten Stils mit Exposition und
Aufbau der Hauptpersonen. Eine offene, revueartige Form. Sie hatt
den Vorteil, daß ich Szenen, Reden, Lieder, Aktionen unverbunden
und vor allem gleichwertig nebeneinander setzen konnte. Auch
simultan spielen. Ich mußte nicht, wie in einer geschlossenen Fab
chronologisch sein, ich konnte auf umständliche Motivierungen

---

48. P. Handke, a.a.O.

verzichten, ich mußte nicht Geschichte dramatisieren."[49] Zu fragen
wäre hier, weswegen Dorst in dem Verzicht auf Elemente des
„Handlungsdramas alten Stils" einen Vorteil sieht. Offensichtlich
doch deswegen, weil er es vermeiden wollte, dem Zuschauer die
Illusion vorzugaukeln, daß das, was sich auf der Bühne abspielt,
die „Wirklichkeit" sei. Dieser Abbau der Illusion würde es außerdem mit sich bringen, daß der Zuschauer an der Indentifikation mit
den Figuren gehindert und damit in die Rolle des Beobachters ge-
drängt wird, der nicht nur mit dem auf der Bühne Demonstriertem
mitdenken, sondern unter Umständen auch selbständig eine Lösung
für die vom Dramatiker aufgeworfenen Probleme finden kann.

Das wird auch der Grund sein, weswegen Henning Rischbieter
diese „Offenheit", die er als Verzicht auf die dichterische Geschlossenheit kennzeichnete, als das nun endlich in Erfüllung
gegangene Prinzip des dokumentarischen Theaters rühmte.[50] Diese
„Offenheit" bezieht sich in erster Linie auf das unverbundene
Nebeneinanderstehen von gleichwertigen Szenen, Reden, Liedern und
Aktionen, also auf die äußere Form des Stückes.[51] Gleichzeitig ist
die Zerrissenheit der äußeren Form aber auch eine Spiegelung,
und man möchte meinen, eine adäquate, des Inhalts, dessen Groteske
ja gerade aus dem disparaten Nebeneinander von Gedanken und
Handlungen entspringt, die scheinbar nicht zusammengehören. Zu
Recht sagt Botho Strauß dann auch: „Das disjunktive Arrangement
von Zitat und Phantasie, von Fragmenten aus den verschiedenen
Entwicklungsschichten des Stücks (wird) ausgegeben als eigenständige

---

49. T. Dorst, a.a.O.
50. Siehe oben, S.22 f.
51. Auf V. Klotz' Definition der offenen und geschlossenen Dramen-
    form habe ich im Abschnitt über Kipphardts <u>Joel Brand</u> hinge-
    wiesen; siehe oben, S.263 f.

und notwendige Struktur."[52] Hinter diesem fragmentarisierten
Äußeren verbirgt sich aber eine „geschlossene, gefertigte Dramaturgie". Deswegen kann Strauß sich des Eindrucks nicht erwehren,
daß die gelobte Offenheit der Form „sehr unfreiwillig zustande
gekommen(sei), als helfe sie lediglich die verstreuten Restbestän
eines zerschlagenen, parabelhaften Individual-Schauspiels - der
Künstler und die Politik, Dorst: ,Toller, der Schauspieler' -
zu organisieren, mit dem es im Großen und Fiktiven nicht hinge-
hauen hat, weil der skrupulöse dramaturgische Verstand des Autors
durch stetig vertieftes Faktenstudium zusehends an der Ganzheits-
form einer Fabel, die alles in sich aufnehmen könnte, irre wurde.
Doch Strauß scheint mir hier die Absicht Dorsts mit dem Resultat
zu identifizieren. Das sind aber zwei verschiedene Dinge, wie ich
schon oben nachzuweisen versucht habe. Dorst hatte es auf ein
realistisches Modell abgesehen, nicht auf eine in sich geschlosse
fiktive Fabel, wie Strauß annimmt. Daß aus Gründen, auf die ich
oben schon eingegangen bin, das realistische Modell nicht zustand
kam, sondern ein Stück entstand, das einer in sich geschlossenen
Fabel sehr ähnlich ist, dürfte wohl kaum dazu berechtigen, dem
Autor vorzuwerfen, daß die strukturelle Offenheit unfreiwillig
entstanden sei.

Man wird eher annehmen müssen, daß Dorst die „offene" Strukt
bewußt geschaffen hat, um damit dem Inhalt eine adäquate Form zu
geben. Da der Inhalt eine grotesk zerrissene Welt spiegelt, zeigt
sich diese Zerrissenheit auch in der äußeren Form. Damit hat

---

52. B. Strauß, a.a.O., S.44
53. Ebd.

Dorst in die Praxis umgesetzt, was Lukács einmal theoretisch wie folgt formulierte: „Die Oberfläche des Kapitalismus sieht infolge der objektiven Struktur dieses Wirtschaftssystems ‚zerrissen' aus, sie besteht aus sich objektiv notwendig verselbständigenden Momenten. Das muß sich natürlich im Bewußtsein der Menschen, die in dieser Gesellschaft leben, also auch im Bewußtsein der Dichter und Denker spiegeln."[54] Wenn Dorst jedoch diese zerrissene Oberfläche als Gesamtwirklichkeit ausgibt, wenn er das sich verselbständigende Moment nicht mehr als Moment, sondern als Ganzes sieht, dann begeht er den gleichen Fehler wie Ernst Bloch, der nach Lukács darin liegt, „daß er diesen Bewußtseinszustand unmittelbar und vorbehaltlos mit der Wirklichkeit selbst, das in diesem Bewußtsein vorhandene Bild in seiner ganzen Verzerrtheit mit der Sache selbst identifiziert, statt durch Vergleich des Bildes mit der Wirklichkeit das Wesen, die Ursachen, die Vermittlungen des verzerrten Bildes konkret aufzudecken."[55] Dadurch vermittelt Dorst dem Zuschauer nicht nur ein falsches Bild der Geschichte und damit ein falsches Bild der Wirklichkeit, sondern macht gleichzeitig auch eine Erkenntnis der objektiven Wirklichkeit unmöglich. Die Offenheit einer Struktur, die solch ein falsches Bild der Wirklichkeit spiegelt, kann demnach auch nur eine falsche Offenheit sein.

Wie falsch diese Offenheit ist, wie wenig sie dem Zuschauer eine wirklich selbständige Stellungnahme erlaubt, läßt sich am besten an der Haltung Dorsts seinen beiden Hauptfiguren gegenüber

---

54. G. Lukács, Es geht um den Realismus. In: F.J. Raddatz (Hrsg.), Marxismus und Literatur, Bd.II, S.63
55. Ebd., S.65

ablesen: deren Konfrontation besteht aus „ideologischen Auseinandersetzungen, denen keine realen Konsequenzen folgen - mehr
konnte und wollte...Dorst (nicht) zeigen."[56] Dadurch aber be-
wahre Dorst, wie Strauß nun wieder richtig erkennt, eine empfind-
same Neutralität, die sich das Theater heute nicht mehr zum
obersten Ziel erwählen könne.[57] Ein Stück, das keinen Standpunkt
einnimmt, wird auch von seinen Zuschauern nicht erwarten dürfen,
nicht erwarten **können**, daß sie einen Standpunkt beziehen, außer
dem der Indifferenz. „Politisches Theater hat immer entscheiden
müssen, ob es Geschichte pessimistisch oder utopisch, auf ihr
Ende oder ihre Vollendung hin zu interpretieren gedenkt."[58] Dorst
hat sich mit seinem _Toller_ dafür entschieden, Geschichte pessimistisch zu interpretieren, sie zu zeigen „so wie sie war".

Aus dem Obigen sollte klar hervorgegangen sein, daß ich Dorst
Toller genausowenig zum dokumentarischen Theater rechne, wie Grass
Plebejer und daß ich damit im Grunde Dorsts eigener Behauptung,
er habe kein dokumentarisches Theaterstück geschrieben, beipflicht
wenn auch keineswegs aus denselben Gründen. Ich bin noch nicht
einmal sicher, ob man Dorsts _Toller_ überhaupt dem politischen
Theater zurechnen kann. Das ist getan worden und wird noch getan,
weil man den Begriff „politisches Theater" recht weit gefaßt und
damit eine Theaterform bezeichnet hat, der eine „politische" Them
tik zugrunde liegt. Fragt man aber nach dem Ziel des politischen
Theaters, nämlich nach der politischen Effektivität - und das kar

---

56. H. Karasek, „Toller" spiegelt ein Stück deutsche Geschichte,
    a.a.O., S.42
57. B. Strauß, a.a.O.
58. Ebd.

auf dem Theater nur die Heranbildung, möglicherweise sogar die
Umbildung des politischen Bewußtseins eines Zuschauers sein -,
dann ergibt sich, daß Dorsts Stück keinerlei politische Effektivität besitzt. Gerade seine Neutralität, das übervorsichtige Abwägen beider Seiten gegeneinander, das darauf hinausläuft, daß
beide gleichermaßen Recht und Unrecht bekommen, erlaubt es dem
Zuschauer nicht, eine Stellung dem Dargestellten gegenüber einzu-
nehmen. Dorst hat eigentlich nichts anderes als ein Geschichtsdrama im traditionellen Sinn geschrieben, das mehr schlecht als
recht über ein historisches Ereignis informiert.

HANS MAGNUS ENZENSBERGER

Das Verhör von Habana

Hans Magnus Enzensbergers Lehrer, Theodor W. Adorno, sagte einmal: „Aufgabe von Kunst heute ist es, Chaos in die Ordnung zu bringen."[1] Der Schüler Enzensberger macht sich diesen Satz zu ei und verkündet 1962, daß selbst „der freischwebendste Text...berei dadurch _poésie engagée_ (ist), daß er überhaupt Poesie ist: Wider-spruch, nicht Zustimmung zum Bestehenden."[2] Poesie habe zwar, statistisch gesehen, eine geringe Ausbreitung, dafür aber eine unabsehbare Wirkung. „Poesie ist ein Spurenelement. Ihr bloßes Vorhandensein stellt das Vorhandene in Frage."[3] Damit spricht Enzensberger der Dichtung eine politische Macht zu, die er in sei Aufsatz „Poesie und Politik" in den folgenden drei Punkten zu-sammenfaßt: Erstens habe die Poesie „auf dem Recht ihrer Erstge-burt...aller Herrschaft gegenüber unbestechlicher denn je (zu) beharren". Zweitens sei das Gedicht „anarchisch...durch sein bloßes Dasein subversiv. Es überführt, solange es nur anwesend is Regierungserklärung und Reklameschrei, Manifest und Transparent der Lüge". Drittens sei in der Dichtung ein utopisches Moment enthalten: „Poesie tradiert Zukunft. Im Angesicht des gegenwärtig Installierten erinnert sie an das Selbstverständliche, das unver-wirklicht ist... Sie ist Antizipation, und sei's im Modus des Zweifels, der Absage, der Verneinung". Diese Antizipation wäre

---

1. Th.W. Adorno, _Minima Moralia_, S.298
2. H.M. Enzensberger, _Einzelheiten II. Poesie und Politik_, S.24
3. Ebd., S.25
Der erste Teil dieses Kapitels ist in leicht veränderter Form in Acta Germanica 9 (1976), S. 213-221 erschienen.

aber Lüge, wenn sie nicht zugleich auch Kritik wäre.[4]

Daß mit diesen Sätzen ein „Mythos von der Macht der Dichtung"
verkündet wird, wie Reinhold Grimm sagt,[5] scheint Enzensberger
inzwischen selber bemerkt zu haben, denn 1968 schreibt er in
seinem Aufsatz „Gemeinplätze, die Neueste Literatur betreffend":
„Heute liegt die politische Harmlosigkeit aller literarischen,
ja aller künstlerischen Erzeugnisse überhaupt offen zutage: schon
der Umstand, daß sie sich als solche definieren lassen, neutralisiert sie. Ihr aufklärerischer Anspruch, ihr utopischer Überschuß,
ihr kritisches Potential ist zum bloßen Schein verkümmert."[6] Im
gleichen Aufsatz steht auch der Satz: „Eine revolutionäre Literatur
existiert nicht, es wäre denn in einem völlig phrasenhaften Sinn
des Wortes."[7] Trotzdem läßt Enzensberger im Juni 1970 seine
„politische Interpretation"[8] des Verhörs von Habana bei den
Ruhrfestspielen Recklinghausen, dem den Arbeitern zugedachten
Theaterfestival, uraufführen. Fast gleichzeitig findet eine Aufführung des Stückes in Ostberlin statt.

Der Buchausgabe des Textes, der diesen Aufführungen zugrunde
liegt, hat der Suhrkamp Verlag folgende Zusammenfassung vorangestellt: „Das Verhör von Habana ist weder ein Gerichtsprotokoll
noch eine theoretische Diskussion; es ist die Rekonstruktion eines
revolutionären Aktes, der im April 1961, nach der Invasion des
Landes durch eine Söldnertruppe in den Diensten der CIA, vor den
Augen des kubanischen Volkes, vor den Kameras des Fernsehens und
den Mikrophonen des Rundfunks in einem Theatersaal der karibischen

---

4. Ebd., S.135 ff.
5. R. Grimm, Bildnis Hans Magnus Enzensberger. In: Basis 4 (1973),
   S.162
6. H.M. Enzensberger, Gemeinplätze, die Neueste Literatur betreffend.
   In: Poesie und Politik, S.325
7. Ebd., S.326
8. H.M. Enzensberger, Das Verhör von Habana, S.52

Kapitale stattgefunden hat. Was in diesem Hearing auf die Bühne
tritt, ist eine herrschende Klasse: die kubanische Bourgeoisie,
nicht im Maßanzug, sondern in Fallschirmjäger-Uniform made in USA
entwaffnet und geschlagen. Die Konterrevolution muß Rede und Antw
stehen. Während das Verhör seinen Lauf nimmt, geht in den Sümpfen
der Zapata-Halbinsel, zweihundertfünfzig Kilometer vor den Türen
des Theaters, der bewaffnete Kampf weiter. Hier wie dort wird um
die gleiche Wahrheit gekämpft. Die Waffen der Kritik führen zu
Ende, was mit der Kritik der Waffen begonnen hat."[9] Der Text hat
also einen politischen Inhalt. Ihm kommt aber auch eine ganz bestimmte politische Funktion zu, wie Enzensberger in seinem ein-
leitenden Essay „Ein Selbstbildnis der Konterrevolution" darlegt.
Weil dieses Selbstbildnis „ein exemplarischer Vorgang (ist), das
heißt, ein Vorgang, dessen Bedeutung über seinen Anlaß hinausgeht
schlägt der Autor vor, „ihn zu studieren, ja sogar ihn zu wieder-
holen - als Rekonstruktion auf der Bühne oder auf dem Fernseh-
schirm."[10] Exemplarisch sei dieser Vorgang deswegen, weil „die
Fragen, die gestellt, und die Antworten, die gegeben werden, nich
auf individuelle Handlungen oder Eigenschaften (zielen), sondern
auf das Verhalten eines Kollektivs. Sie stellen, mit äußerster
Schärfe, den Charakter einer Klasse bloß."[11] Das werde aber nur
dadurch möglich gemacht, daß sich sowohl die Befragten als auch d
Befrager in einer revolutionären Situation befinden, denn „eine
herrschende Klasse läßt sich nämlich nicht rückhaltlos befragen,
bevor sie besiegt ist... Erst wenn die Machtfrage gestellt ist,

---

9. Ebd., S.2
1o. Ebd., S.21
11. Ebd., S.22

tritt die ganze Wahrheit über eine Gesellschaft ans Licht. Die
herrschende Klasse kann nur als geschlagene Konterrevolution
vollends zum Sprechen gebracht werden."[12] Ferner zeige sich die
Prägnanz der Situation, in der das Verhör sich abspielt, in der
Tatsache, daß die Gefangenen keine Angeklagten sind, sondern
freiwillig auftreten[13] und darin, daß das Verhör vor einer „totalen
Öffentlichkeit" stattfindet, die „durch die Anwesenheit der Medien
gegeben ist. Das Verhör wird durch den Rundfunk und das Fernsehen
live übertragen. Ein solches Verfahren bricht mit einem schlechten
Herkommen, das sich tief in die Geschichte der Revolutionen einge-
nistet hat, und kehrt es um. Die gefangenen Konterrevolutionäre
werden nicht in den Kellern der politischen Polizei isoliert oder
in Konzentrationslager eingesperrt, sondern dem Volk gegenüberge-
stellt, das sie besiegt hat."[14] Deshalb sei das Verhör von Habana
„selbst ein revolutionärer Akt. Revolutionär ist auch das Selbst-
bewußtsein der Sieger. Es erlaubt ihnen, den Gefangenen mit einer
Fairness zu begegnen, die von terroristischen Momenten völlig frei
ist."[15] Darüberhinaus sondiere das Verhör „das kollektive Unbewußte der Gruppe und erforscht dessen Strukturen. Die Verdrängungen,
Abwehrmechanismen und Projektionen, die dabei zutage treten, sind
für uns von unmittelbarem Interesse. Wir kennen sie aus Erfahrung
und erkennen sie wieder. Hier, wo das Verhör an seinen springenden
Punkt kommt, verdampft die cubanische Lokalfarbe. Das Muster, das
darunter sichtbar wird, läßt sich verallgemeinern. Es ist auch
unserer eigenen Gesellschaft auf den Leib geschrieben."[16] Gerade

---

12. Ebd.
13. Ebd., S.23
14. Ebd., S.24
15. Ebd.
16. Ebd., S.28

weil „die Verhältnisse, die das Verhör erörtert, in vielen Teiler
der Welt nach wie vor fortbestehen", ziele „die Bearbeitung" des
Verhörs auf eben diese Verhältnisse; das Stück habe sie dem Zuschauer einsichtig zu machen, indem es „zwischen dem historischer
Vorgang und der Realität des Zuschauers" vermittelt.[17]

Mit diesen interpretierenden Sätzen bekundet Enzensberger
eindeutig sein politisches Engagement, seine Solidarität mit der
cubanischen Revolution. Gleichzeitig weist er mit ihnen aber auch
auf die politische Funktion seines Textes hin. Vergegenwärtigt ma
sich die oben zitierten theoretischen Ansichten Enzensbergers übe
die Wirkungslosigkeit von politischer Literatur, dann scheint hie
ein Widerspruch vorzuliegen, der sich durch die Erinnerung an die
Kontroverse zwischen Enzensberger und Weiss, auf die ich im Absch
über den Lusitanischen Popanz schon hingewiesen habe,[18] nur noch
verschärft. Schon damals, 1965, hatte Enzensberger von den Doktri
nären gesprochen, die sich auf dreifache Weise auszeichnen: „Sie
verfügen über ausgezeichnete Kenntnisse und wissen mehr als alle
anderen über die Arme Welt; sie verfolgen den internationalen
Klassenkampf mit gespannter Aufmerksamkeit und besitzen ein kohä-
rentes System zur Beurteilung seines Verlaufes; sie beziehen in
jedem Fall eine eindeutige Stellung und ergreifen eindeutig Parte
Und zwar ergreifen sie Partei gegen die Welt, zu der sie gehören
und in der sie leben. Im Gegensatz zu den Idealisten ziehen sie
daraus eine politische, aber keine individuelle Konsequenz. Sie
bleiben zuhause; in die armen Länder unternehmen sie nur Studien-

---

17. Ebd., S.54
18. Siehe oben, S.169 f.

reisen. Ihre Aktivität bleibt verbal, sie erschöpft sich in der
Agitation. Zwischen ihrer politischen und ihrer privaten Existenz klafft ein Widerspruch, den sie nicht auflösen können."[19]
Trifft diese Charakteristik nicht auch auf Enzensberger selbst zu,
zumal wenn man bedenkt, daß er ncoh 1968 in Kursbuch 11 gesagt
hatte: „Auch die Solidarität der Intelligenz bleibt bloße Rhetorik,
sofern sie sich nicht in politischen Handlungen äußert, deren
Nutzen sich beweisen läßt"?[20] Ist nicht auch Enzensberger selbst
einer der Schriftsteller, dessen künstlerische Produkte die
„Produktionsverhältnisse der Bewußtseins-Industrie" nicht zu überspielen vermögen, weil der Verfasser noch an den traditionellen
Mitteln festhält: „Am Buch, an der individuellen Urheberschaft, an
den Distributionsgesetzen des Marktes, an der Scheidung von
theoretischer und praktischer Arbeit"?[21] Immerhin scheint Das
Verhör von Habana sich den „Distributionsgesetzen des Marktes" so
gut angepaßt zu haben, daß der Suhrkamp Verlag sich 1972 veranlaßt
sieht, es in seine Reihe „edition suhrkamp" aufzunehmen. In der-
selben Reihe bietet der Verlag auch die anderen literarischen Erzeugnisse Enzensbergers, aus denen ich zitiert habe, als recht
gut verkäufliche Ware an: von Einzelheiten I erschien 1969 das
55000. Exemplar in der fünften Auflage, Einzelheiten II brachte es
schon 1963 auf das 22. Tausend und Deutschland, Deutschland unter
anderm erlebte 1968 mit 45000 Exemplaren seine dritte Auflage.

Ganz gewiß liegt hier ein Widerspruch vor, den Reinhold Grimm
in seinem Aufsatz „Bildnis Hans Magnus Enzensberger" eingehendst

19. H.M. Enzensberger, Europäische Peripherie. In: Deutschland,
    Deutschland unter anderm, S.171 f.
20. Zitiert nach:R. Grimm, a.a.O., S.168
21. H.M. Enzensberger, Gemeinplätze, die Neueste Literatur betreffend,
    a.a.O., S.327

untersucht, wobei er feststellt: „Gerade darin, daß Hans Magnus
Enzensberger an jeglicher politischen Realität verzweifelt und
dennoch leidenschaftlich zum politischen Handeln drängt und aufru
liegt das Paradox dieses Schriftstellers."[22] Von verschiedenen
Seiten her ist immer wieder versucht worden, dieses Paradox aufzuheben, den Widerspruch zu lösen, und zwar, interessanterweise,
fast immer dahingehend, daß Enzensbergers Aufruf zum politischen
Handeln, der Anspruch seiner Literatur auf politische Wirkung
abgewertet wird. Ganz besonders deutlich wird das in einem Aufsat
Karl Heinz Bohrers, der meint, der Begriff „Revolution" sei bei
Enzensberger zu einer Metapher geworden, er sei ein schöner Name
für etwas, das real nicht stattfinden könne; Enzensbergers Revolution sei eine literarische Fiktion und der Autor bestätige selbst
daß die Revolution zur Literatur geworden sei.[23] Doch so einfach
läßt sich der Widerspruch nicht aus der Welt schaffen. Bohrer übe
sieht, daß der Widerspruch auf die dualistische Denkform Enzensbergers zurückgeht, die für sein ganzes Werk grundlegend ist und
sich immer wieder in „solchen ‚Konterpaarungen' wie Faschismus/
Kommunismus, Bundesrepublik/DDR, Kapitalismus/Kommunismus, USA/
Sowjetunion (ausdrückt); immer wieder werden Herrschende und Unter
drückte, Besitzende und Ausgebeutete, Reiche und Arme oder schlie
lich reiche und arme Länder und Völker einander entgegengesetzt...
der grundsätzliche Dualismus - zwei Staaten, zwei Klassen, zwei
Völkerblöcke oder Welten - wird beibehalten."[24] Doch „die Parteinahme für Revolution, Sozialismus und Dritte bzw. Zweite Welt...

---

22. R. Grimm, a.a.O., S.142
23. K.H. Bohrer, Die Revolution als Metapher. In: Merkur 239 (1968
    S.283-288
24. R. Grimm, a.a.O., S.141

widerlegt jene (dualistische) Denkform keineswegs, sondern gehört
als ihr folgerichtiger Widerspruch zu ihr: sie ist in vielen Fällen
ein Gewaltakt, der sich ebenso zwanghaft wiederholt wie die
Dichotomie, aus der er auszubrechen sucht."[25] Daraus zieht Grimm
die folgenden zwei allgemeinen Schlüsse: „Nämlich einmal den,
daß sich Enzensbergers fundamentale Dichotomie mit seinem Geschichtsbild gleichsam zu einem ideologischen Koordinatennetz verknüpft,
in dem der sich unablässig selber fängt; und zum anderen den, daß
Enzensberger ebenso unablässig bemüht ist, dieses Netz, in dessen
würgenden Maschen er sich verstrickt sieht, immer aufs neue zu
zerreißen."[26] Das geschieht keineswegs nur theoretisch in Gedichten
und Dramen, sondern vor allem in „Enzensbergers politischer Praxis,
die sich nicht etwa nur in Reden geäußert hat, sondern genauso
(man kann es in der Broschüre Staatsgefährdende Umtriebe nach-
schlagen) in sehr konkreten Aktionen. Verzweifelt - im doppelten
Sinne - arbeitet dieser Schriftsteller theoretisch wie praktisch
an der Alphabetisierung Deutschlands, und nicht bloß Deutschlands.
Er klärt auf, er lädt ein, er hilft mit: ohne billige Solidari-
sierung oder vorschnelle Romantisierung...obwohl er keineswegs
gegen solche Verlockungen gefeit ist."[27] An diesen Tatsachen
prallt nicht nur Bohrers Vorwurf ab, sondern mit ihnen sind auch
die oben gestellten Fragen beantwortet, nämlich ob Enzensberger
nicht selbst zu den Doktrinären gehöre, zwischen deren politischer
und privater Existenz ein unauflösbarer Widerspruch klaffe.

    Aus der Analyse der dualistischen Denkform Enzensbergers

---

25. Ebd., S.142
26. Ebd., S.154
27. Ebd., S.172

ergibt sich für Grimm aber noch eine weitere, abschließende
Folgerung: „Denkt man nämlich diese Erwägungen konsequent zu Ende,
so gelangt man zuletzt an einen Nullpunkt, der einerseits als
utopisch, andererseits als anarchisch, in Wahrheit aber als beides
zusammen zu kennzeichnen ist. Wenn keines der gegebenen Herrschaft
systeme taugt oder, besser gesagt, alle Systeme Herrschaftssysteme
und mithin inhuman sind, bleibt allein die Anarchie; und wenn es
zwar ein taugliches System gibt, das jedoch in der gesamten bisherigen Weltgeschichte einschließlich der Gegenwart noch niemals
verwirklicht wurde, bleibt allein die Utopie. An diesem eschatologischen Punkt, an dem Anarchismus und Utopismus sich kreuzen...
endet der lange Marsch des Gesellschaftskritikers Hans Magnus
Enzensberger."[28] Das ist genau der Punkt, an dem auch das <u>Verhör
von Habana</u> steht. Allerdings zögere ich etwas, diesen Punkt als
einen eschatologischen zu bezeichnen und ebensowenig scheint es
mir sicher, daß die eine der beiden Linien, die sich in diesem
Punkt kreuzen, in die Anarchie führt. Enzensberger selbst hatte
zwar noch 1968 gesagt: „Alle bisherigen Revolutionen haben sich
durch die Inhumanität ihrer Gegner infizieren lassen",[29] das heiß
aber noch lange nicht. daß es allen zukünftigen Revolutionen ähnli
ergehen wird. Jürgen Habermas kommt dem, worauf Enzensberger hinau
will, viel näher, wenn er sagt, bei Enzensberger werde aus der
„substantiellen Gleichheit von Politik und Verbrechen die Beendigu
jedweder Politik <u>in ihrer bisherigen, naturwüchsigen Form</u>
gefolgert"[30] (von mir hervorgehoben). Aus der Tatsache, daß alle

---

28. Ebd., S.155
29. Zitiert nach: R. Grimm, a.a.O., S.153
3o. Zitiert nach: R. Grimm, a.a.O., S.152

bisherigen Herrschaftssysteme einschließlich der heutigen inhuman
sind, läßt sich nicht folgern, daß Enzensberger für die Abschaffung
jeglichen Systems eintritt, also zur Anarchie tendiert und genausowenig läßt sich daraus folgern, wie Bohrer das tut, daß Enzensberger den Glauben an eine humane Revolution endgültig aufgegeben
habe. Denn das würde heißen, daß Enzensberger entweder davon ausgeht, daß der Mensch unveränderbar ist oder davon, daß er glaubt,
die Entwicklung der Menschheit habe heute ihren Endpunkt erreicht;
was die Menschen bis heute nicht haben schaffen können, wird ihnen
auch in Zukunft nicht gelingen. Schon allein die Tatsache, daß
Enzensberger sich ein Jahr später, im Jahre 1969, intensiv mit
der cubanischen Revolution beschäftigte, und zwar gerade weil dort
die ersten Anzeichen für eine humane Revolution vorhanden zu sein
schienen, beweist das Gegenteil. Was sich wohl folgern läßt, ist,
daß Enzensberger für die Abschaffung jeglicher Politik, wie sie
bisher betrieben wurde, eintritt, also für eine bisher noch nicht
dagewesene Art des politischen Handelns plädiert. Das ist allerdings ein utopischer Gedanke, utopisch aber im Sinne von Blochs
Prinzip Hoffnung, als eine aus der Negation der Negation hervorgehende und in die Zukunft projizierte Arbeitshypothese, an der
sich das praktische Handeln hier und heute ausrichtet. Daß das
wenig mit einer eschatologischen, auf eine jenseitige Welt ausge-
richteten Idee zu tun hat, wird durch Enzensbergers ganz konkrete
Praxis der politischen Alphabetisierung in unserer ganz konkreten
diesseitigen Welt bewiesen, einer Praxis, von der er schon 1968
sagte: „Wer die Erfahrungen der Guerrillas ignoriert, ist ein
Reaktionär; wer sie unbesehen kopieren möchte, ist ein Illusionist.
Die nüchterne Vermittlung zwischen den Befreiungsbewegungen in

der Dritten Welt und der politischen Aktion in den Metropolen ist
eine Aufgabe, deren Schwierigkeiten bisher kaum erkannt, geschwei
denn gelöst sind."[31]

Mit dem _Verhör von Habana_ liegt solch ein Vermittlungsversuc
vor. Es ist diesem Versuch allerdings vorgeworfen worden, daß er
alles andere als nüchtern sei, daß Enzensberger hier eine Idylle
zeichnet, indem er die humanere sozialistische Gesellschaftsordnung der Cubaner als unmittelbar auch in der alten Welt realisierbar darstellt, als ein Modell, das ohne weiteres von Cuba auf
z.B. die Bundesrepublik übertragbar wäre. Dieser Vorwurf stützt
sich auf Enzensbergers eigene Behauptung, daß „die Verhältnisse,
die das Verhör erörtert, in vielen Teilen der Welt nach wie vor
fortbestehen" und daß seine Bearbeitung dieses Verhörs auf diese
Verhältnisse ziele.[32] Ferner stützt sich der Vorwurf auf Enzensbergers scheinbar begeisterte Parteinahme für die cubanische
Revolution, weil er in ihr Anzeichen für eine tatsächlich in die
Praxis umgesetzte humanere Gesellschaftsordnung zu sehen glaubt.
Teilweise ist der Vorwurf berechtigt und zwar insofern als Enzens
berger keinerlei Vergleiche zieht zwischen den politischen, ökono
mischen und historischen Bedingungen, die in Cuba eine Revolution
ermöglichten und denen, die heute z.B. in der Bundesrepublik
herrschen. Solch ein Vergleich würde nämlich die Schwierigkeit,
wenn nicht gar die Unmöglichkeit, einer Revolution cubanischen
Stils in der Bundesrepublik aufweisen.

Andererseits wird man Enzensberger kaum unterstellen können,

---

31. Zitiert nach: R. Grimm, a.a.O., S.173
32. H.M. Enzensberger, _Das Verhör von Habana_, S.54

daß er keine Unterschiede zwischen der Bundesrepublik und Cuba sehe. Im Gegenteil, die Unterschiede sieht Enzensberger sehr genau, wie aus anderen seiner Werke hervorgeht und deswegen erscheint es mir fast als sicher, daß Enzensberger ganz bewußt in seinem Stück solche Vergleiche vermieden hat, die zu der Meinung Anlaß geben könnten, er wolle die Idylle einer sozialistischen Gesellschaft cubanischer Prägung der Bundesrepublik als nachahmenswert empfehlen. Das wäre nämlich genau die Haltung, die unbesehen die Erfahrungen der Guerillas kopieren möchte und die er als illusionistisch verwirft. Die Möglichkeit einer Übertragung des cubanischen Modells auf eines der hochindustrialisierten Länder Westeuropas wird von Enzensberger dadurch geradezu verneint, daß er diese Möglichkeit nirgends in seiner Bearbeitung auch nur erwähnt. Der Beweis hierfür wird von eben der Behauptung geliefert, auf die sich der Vorwurf, er habe eine Idylle gezeichnet, stützt: Die Bearbeitung ziele auf die Verhältnisse, die das Verhör erörtert. Das Verhör erörtert aber die Verhältnisse der Konterrevolutionäre. Im Vergleich zu dem, was über die Konterrevolution aufgedeckt wird, wird sehr wenig über die Revolution und fast gar nichts über die sozialistische cubanische Gesellschaftsordnung in der Bearbeitung gesagt. Bewußt gibt Enzensberger daher seiner Einleitung zu der Bearbeitung den Titel „Ein Selbstbildnis der Konterrevolution" und nicht „Ein Selbstbildnis der Revolution".

Auch scheint es mir nicht ganz gerechtfertigt zu sein, anzunehmen, daß Enzensberger sich bedingungslos für die cubanische Revolution begeistert habe. Zu ungefähr der gleichen Zeit als das Verhör von Habana in der Bundesrepublik uraufgeführt wurde, „kam es zur Verhaftung, Gehirnwäsche und öffentlichen Selbstbezichtigung

ausgerechnet desjenigen, dem das Verhör von Habana gewidmet ist:
des kubanischen Lyrikers Heberto Padilla. Das schlechte Herkommen
triumphierte wieder: Padilla war von der Seguridad del Estado
nicht nur ,eingesperrt' und ,isoliert', sondern auch der entsprechenden Behandlung unterzogen worden; und Hans Magnus Enzensberger, der mit Sartre und vielen anderen bei Fidel Castro gegen
solche stalinistischen Maßnahmen protestiert hatte, wurde von
diesem seinerseits zu den „intellektuellen Ratten" geworfen, die
das sinkende Schiff Europa nicht einmal mehr verlassen können,
sondern dazu verdammt sind, mit ihm unterzugehen."[33] Aber auch i
Enzensbergers Text selbst finden sich Hinweise darauf, daß er dem
cubanischen Sozialismus gegenüber keineswegs blind war. Aus den
Biographien der acht Fragesteller geht hervor, daß sechs von ihne
heute keine politische Rolle mehr spielen: sie sind entweder abge
setzt und auf ein Abstellgleis geschoben worden oder leben fast
ständig im Ausland.[34] Diese Angaben relativieren unmißverständli
die angeblich überschwengliche Begeisterung Enzensbergers.

Man wird Enzensberger also nur bedingt vorwerfen können, er
habe mit dem Verhör von Habana eine Lobeshymne zu Ehren des
cubanischen Sozialismus verfaßt oder gar versucht, einen idyllisch
Wunschtraum in der Form eines aus der Gesellschaft ausgesparten
Freiraums dadurch als ohne weiteres realisierbar darzustellen, in
er suggeriert, daß man diesen Freiraum nur zu erreichen braucht,
um diesen Wunschtraum einer humaneren Gesellschaft in die Wirklic
keit umzusetzen. Enzensberger beabsichtigte etwas anderes: er

33. R. Grimm, a.a.O., S.153 f.
34. H.M. Enzensberger, Das Verhör von Habana, S.259-262

wollte die zum größten Teil unbewußten Denkstrukturen eines
Kollektivs sichtbar und damit durchschaubar machen, mit dem Ziel,
einen Erkenntnisprozeß dort in Gang zu setzen, wo solche Denkstrukturen noch vorhanden sind. Werner Dolph hat in seiner Rezension der Aufführung des Stückes in Recklinghausen diese Absicht
Enzensbergers folgendermaßen zusammengefaßt: „In den Tonbandtran-
skripten des Verhörs von Habana fand Enzensberger Denkstrukturen
und Denkmechanismen, durch die ein System selbst dann überlebt,
wenn es die Notwendigkeit seiner eigenen Abschaffung intellektuell
und moralisch erkannt hat. Ausgelöst wird der Mechanismus durch
ein materielles Interesse: das materielle Interesse der Nutznießer
des Systems am Überleben des Systems. Zu solcher Lebenshaltung
werden die Nutznießer befähigt durch die völlige Verschleierung
ihres eigenen Interesses vor sich selber: geleistet wird die
Produktion nach innen gewendeter Tarnkappen. Diesen Vorgang nennt
man Ideologiebildung. Der menschliche Denkapparat hält solche
Mechanismen vielfältig bereit. Leisten sollen sie Rückzüge ins
logisch nicht Widerlegbare. Daher sind sie auf Logik nicht angelegt. Enzensbergers Montage macht solche Mechanismen sichtbar und
damit überwindbar."[35]

    Mehr kann und will Enzensbergers Bearbeitung nicht leisten.
Ob dieser Erkenntnisprozeß aber nun bei einem bestimmten Publikum
auch tatsächlich stattfindet, müßte an der jeweiligen szenischen
Aufführung der Enzensbergerschen Vorlage überprüft werden und
ebenso müßte am jeweiligen konkreten Einzelfall überprüft werden,

---

35. W. Dolph, Die Szene - kein Tribunal. In: Die Zeit Nr.24
    (12.6.197o), S.2o

inwieweit mit der tatsächlichen Einsicht in die eigenen Denkmechanismen eben diese Mechanismen auch tatsächlich überwunden
werden können. Denn solange diese Denkmechanismen einer herrschen
Gesellschaftsschicht dazu dienen, ihre eigenen Geschäftspraktiken
möglichst vorteilhaft zu verkaufen, werden diejenigen, die sich
aus dem Fortbestehen dieser Geschäftspraktiken einen Vorteil ver-
sprechen, an der Überwindung jener Denkmechanismen nicht interess
sein. Das ist aber der größte Teil jener Leute, die z.B. in der
Bundesrepublik ins Theater gehen. Nur diejenigen, die vom Überleb
des Systems keine materiellen Vorteile erhoffen, die keine Nutznießer des bestehenden Systems sind, können demnach die Denkmechanismen, die dieses System unterstützen, überwinden. In
manchen Ländern sind das diejenigen, die vom herrschenden System
übervorteilt werden, also die Arbeiter. Gerade in der Bundesrepublik fragt es sich aber, ob die Arbeiter sich der Übervorteilung
bewußt sind, ob sie nicht vielmehr genauso am Überleben des Syste
interessiert sind, wie die herrschende Gesellschaftsschicht, weil
auch sie Nutznießer dieses Systems sind. Gerade sie sind jedoch
in der Bundesrepublik kaum dazu zu bewegen, ins Theater zu gehen.
Damit sind wir wieder an dem Punkt angelangt, den Grimm als das
Paradox der Schriftstellers Enzensberger bezeichnete, der einerseits aus den obigen Gründen an der politischen Realität verzweifelt und andererseits immer wieder zum politischen Handeln
drängt und aufruft.

   Doch das, was Grimm als Paradox bezeichnet, ist kein unaufhebbarer Widerspruch, sondern die das Werk Enzensbergers be-
stimmende Dialektik von Theorie und Praxis. Aus der theoretischen
Einsicht, daß alle bisherigen Formen der Politik die Möglichkeit

eines humanen Zusammenlebens negieren, entsteht für Enzensberger
die Notwendigkeit einer Negation dieser Negation, d.h. die Notwendigkeit der Abschaffung dieser bisherigen Formen der Politik.
Voraussetzung für diese Abschaffung ist aber, daß vorerst die
Denkstrukturen durchschaubar gemacht werden, hinter denen sich
das Inhumane der bisherigen politischen Systeme verbirgt. Dieser
Prozeß des Durchschaubarmachens ist aber schon der erste Schritt
in die Praxis, den Enzensberger als politische Alphabetisierung
gekennzeichnet hat. Gleichzeitig ist in diesem Prozeß das utopische
Moment der realisierbaren Möglichkeit einer besseren Gesellschaft
angelegt. In diesem Zusammenhang zitiert Reinhold Grimm ein Wort
von Antonio Gramsci: „Pessimismus der Intelligenz, Optimismus des
Willens", und sagt dazu: „In diesem Wort ist das Paradox des
Schriftstellers Hans Magnus Enzensberger noch einmal bündig formuliert, aber im Grunde auch schon aufgehoben."[36] Mit diesem
Wort müßte dann aber auch der Punkt bezeichnet werden, den Grimm
einen eschatologischen nennt, und an dem, nach Grimm, der lange
Marsch des Gesellschaftskritikers Enzensberger endet. Doch mir
scheint dieser Punkt, den Grimm aus dem Paradox Enzensbergers er-
schlossen hat, kein Endpunkt zu sein. Gerade das Wort Gramscis
macht deutlich, daß dieses Paradox, oder positiver ausgedrückt,
diese Dialektik von Theorie und Praxis die Antriebskraft, der
Motor ist, der den Gesellschaftskritiker Enzensberger überhaupt
zu seinem langen Marsch befähigt. Gerade diese Dialektik erlaubt
es Grimm, Enzensberger das höchste Lob zu spenden, das nach Brecht

---

36. R. Grimm, a.a.0., S.174

in der schlichten Feststellung liege, daß er wichtig sei: „In
diesem Brechtschen Sinne ist Hans Magnus Enzensberger der
wichtigste deutsche Schriftsteller seiner Generation."[37]

Figuren

Von den Figuren sagt Enzensberger in seiner Einleitung: „Die
Einzigartigkeit des Vorgangs liegt nicht in den Personen, die
dabei auftreten. Im Gegenteil: die Gefangenen sind austauschbar.
Sie ließen sich in jeder westdeutschen, schwedischen oder argentinischen Stadt wiederfinden... Außerdem zielen die Fragen, die
gestellt, und die Antworten, die gegeben werden, nicht auf individuelle Handlungen oder Eigenschaften, sondern auf das Verhalten
eines Kollektivs. Sie stellen, mit äußerster Schärfe, den Charakt
einer Klasse bloß."[38] Daraus leitet sich folgende Regieanweisung
ab: „Auf der Bühne können die Gefangenen durch ein und denselben
Darsteller gegeben werden, der nach jedem Verhör, etwa durch die
Wachen, mit einem neuen Gesicht versehen wird. Das ist kein
Regieeinfall, sondern ein Verfahren, welches die arbeitsteilige
Kooperation der Konterrevolutionäre sichtbar macht und jene
Totalität faßlich macht, in deren Leugnung die Gefangenen ihre
Zuflucht suchen."[39] Es geht Enzensberger also nicht um die Priva
schicksale der einzelnen Gefangenen, sondern um das, was an diese
Schicksalen das Typische ist. Botho Strauß hat dieses Typische
folgendermaßen zu umschreiben versucht: Enzensberger will nicht
„für die allerdings ausgiebig enthüllten Privatschicksale der

---

37. Ebd., S.173
38. H.M. Enzensberger, Das Verhör von Habana, S.22
39. Ebd., S.54

inquirierten Schweinebucht-Invasoren interessieren, sondern deren
Aussagen, so wie sie in Enzensbergers Redaktion der Protokolle
Gestalt werden, bewegen sich jeweils - in einer spannenden Folge-
richtigkeit - auf jene dekuvrierenden Geständnismomente hin, die
paradigmatische, generalisierbare Motive und Wesenszüge einer
bestimmten politischen Mentalität (der der Konterrevolution, eines
Herzstücks der bürgerlichen Ideologie schlechthin) an den Tag
bringen, transparent machen und, zuweilen, sich von selbst ad
absurdum führen."[40] Ähnlich, aber allgemeiner, formuliert Heinz
Ludwig Arnold das, worum es Enzensberger bei den Figuren geht:
„Es geht um die Typisierung je einzelner Befragter, die Enzensberger
als Typen der Konterrevolution präsentiert... Enzensberger entwickelt also aus den Verhören oder Befragungen Modelle des Verhaltens, und zwar Modelle des Verhaltens von Konterrevolutionären.
Diese Modelle ergeben die zehn Titel der zehn ausgewählten und
reproduzierten Befragungen; anders gesagt: die Titel beschreiben
den Typus, der im jeweiligen Modell sich darstellt."[41] Da gibt
es z.B. den „Retter der freien Wahlen", den „Freien Marktwirt",
den „Großgrundbesitzer als Philosoph", den „Söldnerpriester". Um
es nun dem westdeutschen Zuschauer leichter zu machen, diesen
Typus „in jeder westdeutschen, schwedischen oder argentinischen
Stadt wiederzufinden" oder gar ihn in sich selbst zu entlarven, hat
Enzensberger die Verhöre so angeordnet, daß „sie...dem Publikum
Möglichkeiten der Identifikation anbieten, von denen ich hoffe,
daß der Verlauf des Verhörs sie zerstört."[42] Von der Reckling-

---

40. B. Strauß, Versuch, ästhetische und politische Ereignisse zu-
    sammenzudenken. In: Theater heute 1o (197o), S.68
41. H.L. Arnold, Enzensbergers Lehrstück. In: Sonntagsblatt Nr.36
    (6.9.197o), S.23
42. H.M.Enzensberger, Das Verhör von Habana, S.53

hausener Inszenierung wurde diese Möglichkeit der Identifikation
dahingehend ausgeweitet, daß nach jedem Verhör auf der Bühne ein
vorher ausgewählter Zuschauer befragt wurde: „Nach dem Arbeiter
auf der Bühne ein wirklicher Arbeiter, nach dem Bühnen-Priester
ein wirklicher Priester, nach den Bühnen-Söhnen von Großgrundbesitzern reale Söhne von Großgrundbesitzern."[43] Henning Rischbiet
fand dieses Verfahren „perfide und dummdreist".[44] Er meinte, es sei
deswegen gescheitert, weil die befragten Zuschauer nicht die Antworten gegeben hätten, die man von ihnen erwartete: „Ein LKW-
Fahrer und Gewerkschafter war nicht dazu zu bringen, das ganze
bundesrepublikanische System in den Orkus zu wünschen, er plä-
dierte mit nachdenklicher Einfachheit für Solidarität unter den
Arbeitern, für die Gewerkschaften und zählte Verbesserungen auf,
die sie für ihn im letzten Jahr erreicht haben... Auch (drei
Brüder aus ehemalig landbesitzendem ostpreußischem Adel) gaben
nicht ganz die gewünschten Antworten: sie waren nur bereit, die
Oder-Neiße-Grenze anzuerkennen, meinten aber, daß man sie für das
verlorene Familieneigentum nicht ausreichend entschädigt habe."[45]
Aber diese Meinungen bestätigen doch gerade „bis in den Satzbau",
wie Werner Dolph meint, die Behauptung Enzensbergers, daß das
Muster, das unter ihnen sichtbar wird, „auch unserer eigenen
Gesellschaft auf den Leib geschrieben"[46] ist. Dieses Verfahren
der eingeschobenen Befragungen von Zuschauern ist also keineswegs
so verfehlt, wie Rischbieter meint; denn gerade mit Hilfe dieses
Verfahrens wird überdeutlich sichtbar, in welchem Maße einzelne

---

43. W. Dolph, a.a.O.
44. H. Rischbieter, Theater zwischen Sozial-Enquete, Agitation und
    Ideologiekritik. In: Theater heute 7 (1970), S.30
45. Ebd.
46. H.M. Enzensberger, Das Verhör von Habana, S.54

Zuschauer die von Enzensberger beabsichtigte Identifikation voll-
zogen. Was die Recklinghausener Inszenierung allerdings nicht
leistet, ist die Zerstörung dieser Identifikation, weil sie, wie
Dolph suggeriert, sich zu sehr darauf beschränkt, „eine zeitlich
und räumlich entfernte Situation abzubilden."[47] Enzensberger
aber warnte davor, daß das Stück so aufgeführt wird, als handele
es sich um längst vergangene Ereignisse, die in irgendeinem weit
entfernten Land stattgefunden haben, weil damit eine Rekonstruktion
des Verhörs sinnlos werden würde.[48]

Die Tatsache, daß Typisierung notwendigerweise Verallgemeinerung einschließt, hat Hugo Loetscher dazu veranlaßt, Enzensberger einen weiteren Vorwurf zu machen, nämlich den, daß er zu
sehr generalisiert habe. Loetscher stößt sich vor allem an Enzensbergers Abwertung der freien Wahlen, daran, daß man nicht einfach
den Begriff der freien Wahlen, wie sie unter Trujillo oder Batista
praktiziert wurden, bei denen sie auf nichts anderes als auf
Manipulation und Betrug hinausliefen, auf z.B. europäische Demokratien übertragen könne. Diesem Vorwurf der Verallgemeinerung
läßt sich mit Enzensbergers eigenen Sätzen entgegnen: „Die
Forderung des Ideologie-Produzenten, man dürfe nicht verallgemeinern, läuft auf die Tabuisierung gesellschaftlicher Prozesse
überhaupt hinaus. Urteile über das Verhalten eines Kollektivs sind
von vornherein ungerecht. Um zu wissen, was von der Regierung
Varona zu halten ist, genügt es nicht, deren konkrete Handlungen
zu prüfen, man müßte jedem einzelnen ihrer Mitglieder schon tief

47. W. Dolph, a.a.O.
48. H.M. Enzensberger, Das Verhör von Habana, S.54

in die Seele blicken, was natürlich seine Schwierigkeiten hat.
Auf diese Weise werden politische Fragen nicht nur personalisiert
sondern generell für unentscheidbar erklärt; ihre Lösung liegt in
der unzugänglichen Subjektivität des isolierten Individuums verborgen."[49] Enzensberger hat keineswegs, wie Loetscher glauben
machen möchte, die Wahlpraktiken z.B. der Bundesrepublik mit dene
in Cuba unter Batista gleichgesetzt. Er hat ausdrücklich differen
ziert: „In weiter entwickelten Industriegesellschaften treten
dafür (für den spezifischen Manipulationszusammenhang, der die
cubanischen Wahlen beherrschte) andere Steuerungsmechanismen ein.
Dieser Satz wird von Loetscher als relativ unwichtig betrachtet,
denn Enzensbergers „Übertragung zielt doch dahin, daß es sich am
Ende auch hier um pure Manipulation und höheren Betrug handele."[5]
Da aber beginne „es mit der Übertragung zu schimmern und zu
schummern."[52] Wieso eigentlich? Ist Loetscher davon überzeugt, d
die Wahlen in der Bundesrepublik tatsächlich unmanipuliert sind?
Wie es um die sogenannten freien Wahlen in den westlichen Demokratien wirklich steht, läßt sich an Beispielen wie der Watergate
Affäre in den USA oder der Steiner-Affäre in der Bundesrepublik
ablesen. Das jüngste Beispiel dafür, wie auch in dem zu den westlichen Demokratien zählenden Westberlin die Wähler manipuliert
werden, ist aufgezeichnet in einer Flugschrift, in der sich die
Lorenz-Entführer zu rechtfertigen versuchen: „Aus einigen geheime
Informationen, die Peter Lorenz bei sich hatte, geht hervor, daß
die Berliner Eigenbetriebe ein Defizit von 51o Millionen Mark

---

49. Ebd., S.45
5o. Ebd., S.33
51. H. Loetscher, Die Invasoren der Schweinebucht. In: *Die Zeit*
    Nr.24 (12.6.197o), S.21
52. Ebd.

haben und daß deshalb nach der Wahl mit Preiserhöhungen bei BVG, Wasser und Gas zu rechnen sei. Fest steht, daß am 3o. Juni 1975 der Strompreis um 18 Prozent erhöht wird. Als wir Peter Lorenz fragten, warum die CDU dies nicht im Wahlkampf gesagt hat, meinte er: daß die CDU zu den Preiserhöhungen nichts sagen könne, da sie sie nicht verhindern könnte."[53] Zu Recht sagte daher Jürgen Habermas schon 1966: „Solange die politische Willensbildung nicht an das Prinzip allgemeiner und herrschaftsfreier Diskussion gebunden ist, bleibt Befreiung von Repression, das politische Ziel aller Revolutionen seit dem 18. Jahrhundert, eine Schimäre."[54] Loetschers Vorwurf der Verallgemeinerung scheint mir also nicht nur auf eine Tabuisierung gesellschaftlicher Prozesse hinauszulaufen, sondern vielmehr eine regelrechte Apologie der westdeutschen Demokratie zu sein.

Ein anderer Einwand, der nicht so sehr Enzensbergers Typen betrifft, sondern vielmehr den Umsetzungsprozeß von dem, was auf dem Papier steht, in schauspielerische Handlung auf der Bühne, ist wichtiger. So schreibt Benjamin Henrichs anläßlich der Aufführung des Stücks im Werkraumtheater der Münchner Kammerspiele: „Der Söldnerpriester etwa, den Traugott Buhre spielt, betont immer wieder, er habe an der Invasion nicht aktiv teilgenommen, sondern lediglich ‚geistlichen Beistand' geleistet. Buhre akzentuiert nun diese beiden Worte (‚geistlichen Beistand') jedesmal durch eine winzige Übertreibung, charakterisierte sie so mit unwiderstehlicher komödiantischer Präzision als salbungsvolle Verlogenheit - und

---

53. Zitiert nach: Die Zeit Nr.15 (4.4.1975), S.8
54. J. Habermas, Die Geschichte von den zwei Revolutionen (Hannah Arendt). In: Kultur und Kritik, S.369

gleich war die Figur um jede Chance zur Plausibilität gebracht.

So schnell verfälscht das Dokumentartheater die Objektivität der
Dokumente, so schnell wird die Rekonstruktion zu Denunziation, und
so schnell erweist sich Enzensbergers Versicherung (‚Jedes Wort
und jeder Satz des Dialoges ist in Habana gefallen') als irrelevant."[55] Nicht jedoch die Objektivität der Dokumente wird verfälscht, denn es fragt sich, inwiefern eine Rekonstruktion von
Dokumenten auf der Bühne überhaupt objektiv sein kann, ob nicht
das zu rekonstruierende Dokument selbst schon eine subjektive Man
pulation der Wirklichkeit ist.[56] Was hingegen verfälscht wird, i
das konkret Typische der Figur; sie wird vom Schauspieler mit
individuellen Besonderheiten ausgestattet, hinter denen das konkr
Typische verschwindet. Am Beispiel des Münchner Söldnerpriesters
wird sichtbar, daß auf diese Weise kein konkreter Typus entsteht,
sondern das naturalistische Porträt des Klischees vom verlogenen
Geistlichen, das den Zuschauer in keiner Weise dazu zwingt,
Gemeinsamkeiten zwischen sich und diesem Charakter zu erkennen.
Im Gegenteil, die Gefahr entsteht, daß in dem Söldnerpriester ein
exotisches Exemplar aus einer unzivilisierten Abenteurerwelt an-
gestaunt wird, in dem Bewußtsein, daß bei uns, gottseidank, nicht
solche barbarischen Zustände herrschen, wie in jenem weit entfernten Entwicklungsland. Diese Gefahr hat Botho Strauß erkannt
und deswegen fordert er, daß „für eine aufschlußreiche Theater-
Aufführung dieses Stücks...eine genau auf die pointierenden Erken
nisfunktionen abgestimmte Askese der formalen Mittel, vor allem

---

55. B. Henrichs, Rekonstruktion oder Denunziation? In: Theater he
12 (1970), S.12
56. Vgl. meine Ausführungen zu dieser Frage oben, S.10, 32, 36 un
165

der schauspielerischen Ausdrucksweise, erforderlich (wäre)."[57]
Denn nur dann können die Denkmechanismen dieser Typen so vermittelt
werden, daß der westdeutsche Zuschauer in ihnen nicht nur bekannte,
sondern womöglich auch eigene wiedererkennt.

Sprache

Die schauspielerische Ausdrucksweise, das schauspielerische
Handeln auf der Bühne vollzieht sich in diesem Stück aber fast
ausschließlich in der Sprache. Deswegen sagt Werner Dolph zu Recht,
daß „die logischen Strukturen, die Enzensberger will, szenisch
nicht zu vermitteln sind. Zu vermitteln sind sie durch Sprach-
muster, durch erhellende Syntax und Dramatik." Doch diese Muster,
die Struktur der Sätze „wird nur sichtbar, wenn sie erkennbar
gemacht werden als reproduziert... Herzustellen ist nicht der
Schein vergangener Realität, sondern die in Sprache erkennbar
gewordene Struktur einer Realität, die fortdauert."[58] Die Gefahr,
auf die Dolph hier weist, und der offenbar die Recklinghausener
Aufführung nicht entgangen ist, liegt darin, daß der Schauspieler
die Sätze spricht, als ob er zu ihnen in dem Augenblick gefunden
habe, in dem er sie auspricht. Er täuscht also dem Publikum vor,
er sei identisch mit der historischen Figur, die er darstellt und
damit stellt er den „Schein vergangener Realität" her. Daher fordert
Dolph: „Wenn einer seinen Text innerlich abliest, sollte er ihn
wirklich ablesen. Damit die Fiktion, er finde zum Text erst im
Augenblick, nicht ablenkt vom Text."[59] Zu Recht bezweifelt Dolph

57. B. Strauß, a.a.O.
58. W. Dolph, a.a.O.
59. Ebd.

aber, ob das überhaupt mit Schauspielern möglich ist, „die für
ganz andere Bedürfnisse ausgebildet sind: die Theater erlernt hab«
als Reproduktion von Vorgängen, die modulieren müssen, die Stimme
heben und senken nach Kriterien der Dramatik und nicht nach Kriterien der zu erzeugenden Einsicht."[60]

Inwiefern sich in der Sprache die Denkstrukturen zeigen, hat
Enzensberger selbst an mehreren Stellen seiner Einleitung dargele«
Immer wieder erklären die Gefangenen, daß sie nach Cuba gekommen
seien, um sich für die Reformierung der Gesellschaft einzusetzen.
So wie bisher unter Batista hätte es auf keinen Fall weitergehen
können. Im ersten Verhör sagt Varona: „Und wenn ich auch der
Meinung bin, daß eine Agrarreform dringend nötig war, so hätte ma»
doch mehr Rücksicht auf den nordamerikanischen Besitz hier im
Lande nehmen müssen."[61] Im dritten Verhör sagt einer der Brüder
Babún: „Es wurde uns mitgeteilt, daß unsere Leute die Absicht
hatten, zahlreiche Reformen durchzuführen, Reformen von der Art,
wie sie gegenwärtig auch von Fidel unternommen werden. SOTO: Und
warum sind Sie dann nicht für die Reformen Fidel Castros eingetre«
BABUN: Ich habe gesagt, viele Reformen, nicht alle... Nehmen wir
zum Beispiel den Fall, Sie sind Fabrikherr und investieren eine
Million Dollars; dann ist es nicht mehr als recht und billig, daß
Sie Ihre Million in soundso viel Jahren, sagen wir zum Beispiel i»
5 Jahren, wieder herausholen dürfen. Aber danach, sobald das Kapi«
amortisiert ist, müssen Sie Ihre Gewinne mit Ihren Arbeitern
teilen."[62] Im fünften Verhör wird Freyre von Rafael Rodriguez

---

60. Ebd.
61. H.M. Enzensberger, Das Verhör von Habana, S.68
62. Ebd., S.99 f.

gefragt: „Im Prinzip finden Sie es also richtig, daß Ihre 4ooo
Hektar unter denen, die kein Land besitzen, aufgeteilt werden?
FREYRE: Ja, aber nur auf dem Verkaufswege."[63] Im siebenten Verhör
wird Andreu ebenfalls von Rafael Rodriguez gefragt: „Haben Sie
jemals irgendwelche Schritte zugunsten einer Bodenreform in
unserem Land unternommen? ANDREU: Nun, ich hätte es begrüßt, wenn
ich Gelegenheit dazu gahabt hätte... Allerdings bin ich der Ansicht, daß speziell im Fall Cubas bei der Einrichtung der Genossen-
schaften schwerwiegende Fehler begangen worden sind... Die ursprünglichen Eigentümer sind nämlich nicht angemessen entschädigt
worden."[64] Zu den hinter diesen Sätzen sichtbar werdenden Denkstrukturen sagt Enzensberger in seiner Einleitung folgendes: „Die
Struktur eines solchen Reformismus läßt sich bis in die Syntax
hinein verfolgen. ,Wenn auch - so doch'; ,zwar - aber'; ,im Prinzip
ja - aber nur'; ,es kann gut sein - bloß'; ,das schon - allerdings':
jedesmal wird im Nebensatz zurückgenommen, was der Hauptsatz ver-
spricht. Mit diesen Taschenspielertricks wollen die Gefangenen
wiederum nicht allein das Volk täuschen, vor dem sie sprechen,
sondern allererst sich selber: der Hauptsatz soll ihnen ihre
Prinzipienfestigkeit garantieren und der Nebensatz ihre Gewinne."[65]
An anderer Stelle sagt er: „Das Argumentationsschema der Gefangenen
bleibt sich bis ins sprachliche Detail hinein gleich, mag es sich
um Demokratie und soziale Reform im Innern oder um das Verhältnis
zu andern Mächten handeln."[66] Genau diese sprachlichen Details,
die Strukturierung der Sprache in sich einander widersprechende

---

63. Ebd., S.118
64. Ebd., S.141 f.
65. Ebd., S.37
66. Ebd., S.38

Haupt- und Nebensätze müßte in einer Aufführung erhellt werden.

Angesichts der Genauigkeit und Sorgfalt, mit der Enzensberge das sprachliche Material analysiert, ist es einigermaßen erstaunl daß Benjamin Henrichs ihm vorwirft, er rutsche an einigen Stellen unversehens „von der präzisen Analyse ins Vokabular des politischen Glaubensbekenntnisses."[67] Als Beleg zitiert er eine Stelle aus der Einleitung Enzensbergers, an der es heißt: „Zur Stunde des Angriffs kannte die Konterrevolution keine Parteien mehr, nur noch den gemeinsamen Feind: das cubanische Volk, und den gemeinsamen Schirmherrn: den amerikanischen Imperialismus."[68] Mit dem Begriff „Das cubanische Volk", meint Henrichs, suggeriere Enzensberger eine harmonische Totalität, die nie existiert habe. Henrichs meint ferner, daß im Verhör selbst ähnlich simplifiziert werde, nämlich an der Stelle, wo Rafael Rodriguez davon spricht, daß sich am 13. März 1959 „eine riesige Menschenmenge vor dem Präsidentenpalais versammelt und vor den Augen aller Welt von Fidel Castro zu dessen eigener Überraschung verlangt (hat), diese ganze System der parlamentarischen Wahlen zu streichen, um in diesem Land ein für allemal mit der Herrschaft der Wahlunterschlagung, des Wahlschwindels und der Wahlkorruption Schluß zu machen. Statt dessen verlangte das Volk den Fortgang der Revolution..."[69] Die Gleichsetzung einer „riesigen Menschenmenge" mit „dem Volk" sei ein demagogischer Trick - „als ob nicht jeder wüßte, wie leicht es plebiszitären Regierungen fällt, riesige Menschenmengen als „Volk" zu mobilisieren."[70] Was ihn also

---

67. B. Henrichs, a.a.O.
68. H.M. Enzensberger, Das Verhör von Habana, S.26
69. Ebd., S.74
7o. B. Henrichs, a.a.O.

mißtrauisch mache, meint Henrichs, sei, daß „Enzensberger zwar ein
scharfes, polemisches Bild von den Konterrevolutionären (zeichnet),
doch die Gegenseite, die cubanische Revolution, wird kaum
charakterisiert."[71]

Henrichs scheint zu vermuten, diese „Vereinfachungen" dienten
dazu, die Tatsache zu verdecken, daß es im cubanischen Volk
Oppositionsbewegungen gegeben habe, die von Fidel Castro rücksichts-
los unterdrückt worden seien. Ähnliches scheinen auch die Gefangenen geglaubt zu haben. Immer wieder erklären sie, sie hätten
geglaubt, daß die Miliz und Teile des Rebellenheeres unzufrieden
gewesen wären und deswegen sofort nach der Invasion zu ihnen
überlaufen würden. So sagt Varona im ersten Verhör: „Wir dachten
nämlich, im Volk und mithin auch in der Miliz und in einem Teil
des Rebellenheers herrsche große Unzufriedenheit... Ich glaubte...
daß die Miliz zu uns überlaufen würde."[72] Wenn man bedenkt, daß
eine Regierung sich nicht halten kann, gegen einen bewaffneten
Bevölkerungsteil, der unzufrieden mit eben dieser Regierung ist,
wenn man ferner bedenkt, daß dieser Bevölkerungsteil „fünfhundert-
tausend oder ungefähr eine Million" Mann stark ist, wie Varona
selbst angibt,[73] daß die gesamte Bevölkerung Cubas zu der Zeit
zirka 6 Millionen zählte, daß daher der größte Teil der Bevölkerung
(wenn man Frauen, Kinder und Greise außer Betracht läßt) zur
Miliz gehörte, dann läßt sich aus der Tatsache, daß diese Miliz
nicht zu den Invasoren überlief, nur schließen, daß sie Fidel Castro
unterstützte.

---

71. Ebd.
72. H.M. Enzensberger, <u>Das Verhör von Habana</u>, S.65/78
73. Ebd., S.79

Doch es hat trotzdem Oppositionsbewegungen gegen Fidel
Castros Regime im cubanischen Volk gegeben, was von Enzensberger
aber keineswegs verschwiegen wird. Ausdrücklich spricht er von
den „Abtrünnigen aus Fidel Castros eigener Bewegung vom 26. Juli"
die „auch in Cuba selbst über eine gewisse Basis verfügten."[74]
Andererseits wird immer wieder angegeben, was unter dem Begriff
„das cubanische Volk" zu verstehen ist, sowohl im Text der Verhör
als auch in der Einleitung und im Anhang, nämlich die überwiegend
Mehrheit der cubanischen Bevölkerung, die aus Arbeitern und Bauer
bestand, diejenigen, die unter Batistas Regime zu den Entrechtete
zählten und nun, nach der Revolution, Fidel Castro unterstützten.
Im ersten Verhör sagt Ortega, daß zu ihnen 50000 landlose Bauern
gehören, denen die Regierung Rechtstitel auf ihr Land gegeben hat
und mehr als 200000 Landarbeiter, unter denen der ungenutzte Bode
aufgeteilt worden ist.[75] Im siebenten Verhör wird noch deutliche
was mit „dem cubanischen Volk" gemeint ist. Dort sagt Rafael
Rodriguez, er spreche von den Klassen, die das cubanische Volk
ausmachen und meint damit die Arbeiter- und Bauernklassen.[76] Daß
es auch unter ihnen einige gegeben hat, die mit der Regierung Fid
Castros nicht zufrieden waren, wird deutlich aus einem Satz am
Anfang der Einleitung: „Insgesamt gehörten 69% der Emigranten, di
Cuba bis Ende 1960 verlassen haben, der Bourgeoisie an. (Seither
hat sich die Zusammensetzung der Auswanderer erheblich verändert.
Das kann nur heißen, daß nach 1960 auch Angehörige anderer Klasse
wahrscheinlich auch der Arbeiter- und Bauernklassen, auswanderten

---

74. Ebd., S.15
75. Ebd., S.70
76. Ebd., S.143
77. Ebd., S.11

Es kann also weder die Rede davon sein, daß Enzensberger mit dem
Begriff „Das cubanische Volk" eine Totalität suggeriert habe, die
nie existiert hat, noch kann man behaupten, daß die Gleichsetzung
von „Volk" und „riesiger Menschenmenge" eine unzulässige Verallgemeinerung sei, denn diese Menschenmenge repräsentiert durchaus
die Mehrheit der Bevölkerung, für die der Begriff „Volk" keineswegs
unzutreffend ist.

Doch im Grunde sind diese Recherchen für das Stück ziemlich
unwichtig. Es ging Enzensberger nicht darum, soziologische Daten
über die Zusammensetzung der cubanischen Revolution zu sammeln,
sondern es ging ihm um die Rekonstruktion eines Selbstbildnisses
der Konterrevolution. Henrichs unausgesprochene Forderung, Enzensberger hätte die cubanische Revolution ausführlicher charakteri-
sieren sollen, läuft also letzten Endes darauf hinaus, daß er ein
anderes Stück hätte schreiben sollen.

Struktur

Aus der Tatsache, daß sich Enzensberger immer wieder intensiv
mit den Medien Rundfunk und Fernsehen beschäftigt (auch die Uraufführung des Verhörs von Habana wurde live vom Fernsehen übertragen), leitet Reinhold Grimm ab, daß sie für ihn in doppelter
Hinsicht wichtig sind: „Einmal erweisen sie sich (was ihm zweifellos bewußt ist) als eine dialektische Einheit von Theorie und
Praxis, zum andern jedoch (was ihm bisher offenbar verborgen blieb)
als Vehikel einer Form-Inhalt-Dialektik, aus der sich, nach an-
fänglichem Tasten, rasch die beharrende Grundstruktur seines
Denkens und Schaffens entwickelt, in der Ideologie und künstlerische

Form ineinander aufgehen."[78] Schon in den Form- und Gattungsbe-
zeichnungen, die Enzensberger seinen Essays gibt, lasse sich diese
Zusammenhang erkennen. Besonders deutlich werde er aber durch die
Überschrift gekennzeichnet, die er der Einleitung zum Verhör von
Habana gegeben habe: Ein Selbstbildnis der Konterrevolution:
„Inhaltlich betrachtet, bezieht sich die Überschrift natürlich auf
das Stück; formal betrachtet, als ‚Bildnis', bezieht sie sich jedoch auch auf die Einleitung."[79] Aus solchen mosaikartig zu-
sammengesetzten Bildern bestehen alle Werke Enzensbergers: „Zehn
‚Verhöre' sind es, aus denen die Dokumentation Das Verhör von Hab
besteht: jedes einzelne bietet das Selbstbildnis eines Konter-
revolutionärs, so wie sie alle zusammen das ‚Selbstbildnis eines
(konterrevolutionären) Kollektivs' liefern...obwohl der Einleitung
essay und das Werk in seiner Gesamtheit, als Schriften ihres Auto:
nach wie vor kritische ‚Bilder' sind."[80] Der Zusammenhang zwisch
dem Stück-Text und der diesen Text interpretierenden Einleitung
kann jedoch in dem Augenblick nicht mehr aufrechterhalten werden,
in dem das Stück aufgeführt wird, es sei denn, es gelänge dem
Regisseur, die Einleitung in die szenische Aufführung zu inte-
grieren. Deswegen meint Benjamin Henrichs, daß „zwischen den objektiven Dokumenten und Enzensbergers subjektiver Analyse...der
Theatertext eine fatale Zwitterstellung ein(nimmt): da wird ein
subjektiver (also: manipulierter) Extrakt aus den Dokumenten als
objektive szenische Rekonstruktion ausgegeben."[81] Der hier von
Henrichs postulierte Gegensatz zwischen objektiven Dokumenten und

---

78. R. Grimm, a.a.O., S.144
79. Ebd., S.145, Anm. 88
8o. Ebd., S.146
81. B. Henrichs, a.a.O.

subjektiver Analyse scheint mir jedoch nur ein scheinbarer
Gegensatz zu sein. Die Dokumente nämlich sind keineswegs objektiv
im Sinne Henrichs. Sie sind zu einem ganz betimmten Zweck verfaßt
worden: um die ideologischen Denkstrukturen der Konterrevolution
bloßzulegen und damit bezeugen sie gleichzeitig die durchaus
subjektiven, für die cubanische Revolution parteinehmenden Ansichten ihrer Verfasser. Die Dokumente sind also genauso subjektiv
wie sowohl Enzensbergers subjektive Analyse in der Einleitung als
auch sein subjektiver Extrakt aus den Dokumenten, denn in beiden
bezieht auch er eine eindeutige Stellung. An dieser Stelle ist
darauf hinzuweisen, daß Enzensberger wohl „in das Material
ästhetisch eingegriffen" hat, aber „ohne das Material selbst zu
manipulieren."[82] Insofern ist Enzensbergers Versicherung, „jedes
Wort und jeder Satz des Dialoges ist in Habana gefallen", durchaus
nicht irrelevant, wie Henrichs meint. Diese subjektiven Stellungnahmen schlagen jedoch dann in Objektivität um, wenn sie „die
Erkenntnis und die Gestaltung des Gesamtprozesses als zusammengefaßte Totalität seiner wahren treibenden Kräfte, als ständige, erhöhte Reproduktion der ihm zugrunde liegenden dialektischen Widersprüche möglich" machen;[83] wenn also das stellungnehmende Subjekt
in seiner Parteinahme sich nicht nur selbst als ein vom Gesamtprozeß der historischen Entwicklung bedingtes Subjekt begreift
und auch darstellt, sondern sich ebenfalls als ein diese historische
Entwicklung mitbestimmendes Subjekt begreift und darstellt. In
diesem Sinne wird der Theatertext keineswegs „als objektive

---

82. M. Scharang, a.a.O., S.40
83. G. Lukács, Tendenz oder Perteilichkeit? a.a.O., S.119

szenische Rekonstruktion <u>ausgegeben</u>", sondern ist er wirklich
objektiv.

Die Objektivität des gesamten <u>Verhörs von Habana</u>, d.h. der
Einleitung <u>und</u> der Dokumentation, wird aber dadurch beeinträchtig
daß Enzensberger mit der „Trennung von essayistischer Einleitung
und nachfolgender Dokumentation" noch an der „klassischen Trennun
von Theorie und Kunst festhält."[84] Deshalb wünscht sich Scharang
was ich schon oben, im Abschnitt über Kipphardts <u>Joel Brand</u> als
Möglichkeit aufgezeichnet habe: „Nun sollte, stelle ich mir vor,
der Autor seine Methoden und Intentionen ebenfalls dokumentieren,
er sollte sagen, wie und warum er ein bestimmtes Material dokumen
tiert; und das nicht nachher oder vorher, sondern in der Dokumentation als Teil der Dokumentation."[85]

Enzensbergers <u>Verhör von Habana</u> geht noch ein Stück über
Peter Weissens <u>Gesang vom lusitanischen Popanz</u> hinaus, indem es
bewußt die Identifikation des Zuschauers mit den Konterrevolutionären möglich macht und diese Identifikation dann zu zerstören
beabsichtigt. Die dadurch vermittelten Einsichten machen einen
Streit, ob das denn noch Literatur, bzw. Dokumentarliteratur sei
oder nicht, unerheblich, wie Heinz Ludwig Arnold zu Recht meint.[8
Um das Stück aus diesem Streit herauszuhalten, hat Enzensberger,
wohl etwas naiv, darauf bestanden, daß es „weder ein Drehbuch noc
ein Theaterstück" sei.[87] Damit wollte Enzensberger sein Stück
wahrscheinlich vor dem Vermarktungsprozeß, in dem Kunst zur Ware

---

84. M. Scharang, a.a.O., S.41
85. Ebd.
86. H.L. Arnold, a.a.O.
87. H.M. Enzensberger, <u>Das Verhör von Habana</u>, S.54

wird, schützen. Genau diese Warenform macht Michael Scharang den
meisten anderen dokumentarischen Theaterstücken zum Vorwurf, denn
in ihnen hat sich „die Warenform restlos verinnerlicht",[88] sie
sind zum reinen Tauschwert geworden. „Das geschieht, wenn Dokumentation zum Prinzip, das heißt zum Gestaltungsprinzip, und das
heißt wiederum: zur Kunstform gemacht wird. Dokumentation läuft
dann genau auf das hinaus, was Brecht die einfache ‚Wiedergabe'
der Realität nennt. Wenn er von ihr sagt, daß sie weniger denn je
über die Realität aussagt, so ist damit auch gemeint, daß sie
keinen oder nur einen geringen Gebrauchswert hat."[89] Gerade das
aber wollte Enzensberger vermeiden. Er hat wohl „in das Material
ästhetisch eingegriffen...dabei aber aus dem Material kein
ästhetisches Material" gemacht. Er schien „Brechts Ansicht zu sein,
daß ‚etwas aufzubauen' ist, etwas ‚Künstliches', ‚Gestelltes', daß
Kunst nötig ist, aber nicht um Kunst zu machen. Bei den ästhetischen
Eingriffen geht es nicht um den ästhetischen Wert, sondern um den
Gebrauchswert. Durch sie bekommt das Material erst einen allgemeinen Gebrauchswert."[90] Dieser Gebrauchswert liegt darin, daß mit
Hilfe der Kunst die Möglichkeit einer neuen Wirklichkeit aufgezeigt
wird, daß mit ihrer Hilfe die Realisierung einer neuen Wirklichkeit
überhaupt erst möglich gemacht wird. In diesem Sinne kommt Enzensbergers Verhör von Habana meiner Definition von dem, was dokumentarisches Theater sein könnte, am nächsten.

---

88. M. Scharang, a.a.O., S.39
89. Ebd., S.4o
9o. Ebd.

DRITTER TEIL

Zusammenfassende Schlußbemerkungen

Es ging in dieser Arbeit nicht darum, im Sinne eines Schau-
spielführers eine mehr oder weniger vollständige Übersicht
sämtlicher dokumentarischer Theaterstücke zu liefern, die während
der sechziger Jahre in der Bundesrepublik entstanden sind. Ausgeh
von der Debatte um die dokumentarische Literatur, die sich um die
Klärung dreier Thesen bemühte, nämlich „ob das Dokumentarische
die Sache selbst sei, ob die Bruchstellen des Dokumentierten die
Ansatzpunkte für Fiktionales und also für ästhetische Manipulatio
und Arrangements liefern, ob nicht das Dokumentarische überhaupt
nur eine geschickt manipulierende Fiktionalität sei",[1] ging es
mir vielmehr darum, der „definitorischen Unsicherheit", die sich
in diesen „drei groben Thesen"[2] spiegelt, durch den Hinweis
entgegenzutreten, daß in der ganzen Debatte fast immer übersehen
wurde, daß die Dokumente selbst keineswegs ein wahres Abbild der
objektiven Wirklichkeit sind, sondern immer schon manipulierte -
und sei es auch nur durch ihre Auswahl - Wiedergaben der objektiv
Wirklichkeit. Diese Tatsache im Auge behaltend, versuchte ich den
Begriff des „dokumentarischen Theaters" neu zu definieren und dies
Neudefinition auf die bekanntesten dokumentarischen Theaterstücke
anzuwenden, wobei sich erwies, daß die Mehrheit der Autoren diese
Stücke ihren Dramen gerade deswegen Dokumente zugrunde legte, weil

---

1. H.L. Arnold/S. Reinhardt, Dokumentarliteratur, S.7
2. Ebd.

sie meinte, dadurch eine authentischere Wiedergabe der Realität
auf die Bühne stellen zu können als die, die bisher von fiktio-
nalen Parabeln produziert worden war. Dadurch aber entstand das
Dilemma, das allgemein als das grundsätzliche Problem der „dokumentarischen Mode"[3] angesehen wird: „Dokumentarische Literatur
kann so authentisch wie irgend möglich sein - wird sie aber je
den erforderlichen Grad der Abstraktion und des Exemplarischen
erreichen können, der ihren jeweiligen Stoff in den qualitativ von
der Vorlage unterschiedenen Rang des allgemein Beziehbaren, Über-
tragbaren, Verweisenden hebt und Wirkung erzielt, die über den
authentischen, dokumentierten Fall hinausgeht? Entweder übernimmt
die dokumentarische Literatur, um diesen Verweisungscharakter zu
erreichen, fiktionale und also manipulative, d.h. ästhetisch
fixierbare, Elemente - oder aber sie verliert ihre Exemplarität...
Dies aber ist ein grundsätzliches Problem der dokumentarischen
Literatur, und es scheint, als sei es unlösbar."[4]

Es gibt natürlich Gründe dafür, daß viele Bühnenautoren zu
Dokumenten griffen. Günther Rühle erinnert daran, wie die gesellschaftliche Situation Anfang der sechziger Jahre in der Bundesrepublik aussah: „Die Wahlen wurden unter dem Wort ‚Sicherheit'
gewonnen, alle hatten sich in die wirtschaftliche Prosperität
so eingefügt, daß die moralischen, aus der Vergangenheit noch
herausstehenden Probleme ausrangiert schienen. Das war ja das
wegeskamotierte Problem: die neue Gesellschaft mußte sich in
Deutschland nach 1945 bilden aus denen, die Hitler unterstützt

3. Katrin Pallowski, Die dokumentarische Mode. In: Literaturwissenschaft und Sozialwissenschaften 1. Grundlagen und Modellanalysen, S.235-314
4. H.L. Arnold/S. Reinhardt, a.a.O., S.8

hatten, aus Schuldigen, Mitläufern und aus den Verfolgten, aus
denen, die ihre große Zeit nicht vergessen konnten, die ganz in
der Vergangenheit weiterlebten, und denen, die eine neue Form
zu gründen versuchten. Es gab Impulse, die versickerten, Hoffnung«
die starben. Depressionen, die sich in goldene Wolken auflösten.
Gespenster, die wieder Fleisch wurden."[5] Vor allem unter den
Studenten machte sich zur gleichen Zeit aber auch eine immer
stärker werdende Unruhe bemerkbar, die daher rührte, daß dieser
Verdrängungsprozeß als solcher erkannt wurde. Die Unruhe entwickelte sich zu einem politischen Bewußtsein, das auf Veränderun«
drängte, als klar geworden war, daß mit den Schlagworten „Sicherheit", „Wohlstand", „Ruhe und Ordnung" nicht nur die aus der Vergangenheit in die Gegenwart hereinragenden Probleme verdrängt
wurden, sondern auch gegenwärtige Mißstände verdeckt wurden. Am
13. August 1961 wurde in Berlin die Mauer gebaut; am 28. November
1964 wurde in Hannover eine neue Partei gegründet, die National-
demokratische Partei Deutschlands (NPD), die von vielen in- und
ausländischen Beobachtern als neonazistische Partei bezeichnet
wurde; am 19. August 1965 wurden in Frankfurt die Urteile im
Auschwitz-Prozeß verkündet; am 2. Juni 1967 wurde während einer
Demonstration gegen den Besuch des Schahs von Persien in Berlin d«
Student Benno Ohnesorg von einem Polizisten erschossen; am 11. Ap»
1968 wurde auf Rudi Dutschke, einen der Wortführer der Berliner
Studenten, ein Mordanschlag ausgeführt, bei dem er schwer ver-
letzt wurde; nach den Osterdemonstrationen 1968 wurden gegen 827

---

5. G. Rühle, Versuche über eine geschlossene Gesellschaft, a.a.O.,
   S. 8

Personen polizeiliche Ermittlungsverfahren wegen Auflaufs, Auf-
ruhrs, Landfriedensbruch, Brandstiftung, Körperverletzung u.a.
eingeleitet; am 17. Juni 1968 trat die Notstandsverfassung in
Kraft.[6] Hinzu kamen die Krisenherde im Ausland, die die Politi-
sierung des Bewußtseins der Studenten vorantrieben: der eskalierende
Krieg in Vietnam, die Studentenunruhen in den USA, der Krieg im
Nahen Osten, die französische Studenten- und Arbeiterrevolte im
Mai 1968.

Selbstverständlich hatte diese Situation ihre Auswirkungen
auf die Theater: „Die Beunruhigungen, die politischen Innervationen...
nahmen für eine Weile ganz gegen Theater, gegen die ungerührte
Fiktion ein; unter ihrer Einwirkung erschien es zum ersten Mal
lächerlich, sich eine bunte Agitations-Revue vorspielen zu lassen,
während man gerade eben noch die politische Ohnmacht des Widerstands zu verspüren bekam."[7] In dieser Situation überlegten sich
die Theater und ihre Autoren, wie sie wieder verbindlich werden
könnten, wie sie den Verdrängungsprozeß aufhalten und ihr Publikum
zwingen könnten, sich zu stellen. Der Autor „überlegt sich, wie
er Beweise beibringt, die eines auf keinen Fall mehr zulassen:
Ausflüchte vor dem Stoff, Belege, die die Ausreden im Keim ersticken, das Gezeigte sei erdichtet, unwirkliche Poesie. Das
dokumentarische Theater ist eine Erfindung dieser Situation."[8]
Michael Scharang weist noch deutlicher auf die Ursachen dieser
Überlegung: „Für die während der Studentenbewegung gleichsam in
einem Schnellsiedekurs politisierten Kulturproduzenten trat eine...

6. E. Deuerlein, Deutschland 1963 - 1970.
7. B. Strauß, Versuch, ästhetische und politische Ereignisse
   zusammenzudenken, a.a.O., S.61
8. G. Rühle, a.a.O., S.9

Situation ein, (in der man überhaupt nicht wußte, was man sagen oder tun sollte), als mit dem Ende der spektakulären Seite der Studentenbewegung die idealistischen Revolutionshoffnungen zerstoben. Das war ein sehr wichtiger Vorgang. Man konnte sich nicht mehr abseits der eigenen Stellung im Produktionsprozeß, abseits der eigenen Berufspraxis mit abstrakten Hoffnungen identifizieren Man mußte die Wünsche und Vorstellungen von Gesellschaftsveränderung auf die Berufspraxis beziehen. Die kunst-theoretische Frage nach dem Was und Wie eines Produkts wurde zu der politische Frage, unter welchen Bedingungen man was in welcher Weise für wen machen solle. Der Eindruck war, daß diese Fragen unerhört konkret sind und einfach. Und man wollte diese Fragen ebenso konkret und einfach beantworten. Was sich als Methode anbot, war die Dokumentation."[9]

Hinter diesen Überlegungen der Kulturproduzenten verbirgt si jedoch ein grundsätzlicher Irrtum, der darin liegt, daß man meinte, mit der fiktiven Fabel ließe sich nichts Verbindliches mehr sagen und daß man daher die Fiktion durch die „reine" Wiedergabe der Realität ersetzen müsse. Dabei wurde, ebenfalls irrtümlicherweise, vorausgesetzt, daß das auf der Bühne reproduzierte Dokument die „reine" Wiedergabe der Realität sei und daß daher diese Reproduktion von Dokumenten zu verbindlichen Einsichten führen könne. Damit wurde die Dokumentation zu einem künstlerischen Gestaltungsprinzip, wie die fiktive Fabel es auch war. Die Dokumentation wurde zu einem ästhetischen Mittel, um

---

9. M. Scharang, a.a.O., S.36

Kunst herzustellen; das dokumentarische Theater verkehrte sich
in eben die Kunstform, gegen die es ursprünglich angetreten war:
in Erlebnis-Kunst: „Will man aber, daß die Dokumentation die
Alternative zur Erlebnis-Kunst ist, macht man aus ihr eine
ästhetisch-ideologische Konstruktion, die nur als Ersatz für die
alte Konstruktion dient."[10] Als man das erkannte, als man sich
dessen bewußt wurde, daß diese Art des dokumentarischen Theaters
ebenso viele Illusionen produziert, wie die fiktive Fabel, und
genausowenig zu verbindlichen Einsichten führt, den Verdrängungsprozeß also auch nicht aufhalten kann, wendete man dieser Spiel-
form des Theaters den Rücken zu, nachdem man die grundsätzliche
Unlösbarkeit des Dilemmas des dokumentarischen Theaters festge-
stellt hatte. Ende der sechziger Jahre verschwand das dokumentarische
Theater ebenso schnell, wie es Anfang der sechziger Jahre erschienen
war.

Ich habe versucht nachzuweisen, daß dieses „grundsätzliche
Problem der dokumentarischen Literatur", wie Arnold und Reinhardt
es nennen, keineswegs so unlösbar ist, wie es auch ihnen erscheint.
Sowie man nämlich erkennt, daß das Dokument auch „nur" eine
subjektive Ansicht der objektiven Wirklichkeit spiegelt, braucht
man sich nicht mehr krampfhaft, aber trotzdem vergeblich, darum zu
bemühen, die Fiktion von der Bühne zu vertreiben. Scharang sagt
dazu: „Über die Fiktion darf man nicht blindlings herfallen. Wie
Brecht zwischen einem metaphysischen und einem gesellschaftlichen
Begriff der Kunst unterscheidet, so muß man auch zwischen einem

---

1o. Ebd., S.38

metaphysischen und einem gesellschaftlichen Begriff der Fiktion unterscheiden."[11] Der gesellschaftliche Begriff der Fiktion häng ab vom gesellschaftlichen Gebrauchswert des Kunstprodukts. Auf da dokumentarische Theater bezogen, hieße das: wenn auf der Bühne das Dokumentierte so dargestellt wird, daß dem Zuschauer die Veränderbarkeit des Dargestellten, womöglich gar die notwendige Veränderung des Dargestellten bewußt wird, dann könnte man diesem bestimmten dokumentarischen Theaterstück durchaus einen gesellschaftlichen Gebrauchswert zuschreiben. Das ließe sich zum Beispi dadurch erreichen, daß der Autor seine Arbeitsweise und seine Absichten ebenfalls dokumentiert und diese Dokumentation in den aufzuführenden Text mit einbezieht. Falls jedoch auf der Bühne nu dargestellt wird, was ist, wird dem Zuschauer lediglich bestätigt das sei halt so, daran könne er sowieso nichts ändern. Damit wird das dokumentarische Theaterstück zu einer Ware, deren Tauschwert ihren Gebrauchswert neutralisiert, die vom Verbraucher konsumiert wird, wie alle anderen Konsumartikel auch.

Dokumentarisches Theater braucht also keineswegs als uneffek tiv, als Illusionsproduktion mit anderen Mitteln abgelehnt zu werden. Daß die Dokumentation auf dem Theater eine durchaus brauc bare Methode ist, dem Zuschauer verbindliche Aussagen zu vermitte und ihn damit zu neuen Einsichten zu führen, haben Ansätze bei Pe Weiss und vor allem bei Hans Magnus Enzensberger gezeigt. Das deu lich gemacht zu haben, ist das Anliegen dieser Arbeit.

---

11. Ebd., S.37

B I B L I O G R A P H I E

PRIMÄRLITERATUR

DORST, Tankred: Toller.

In: Spectaculum XI. Frankfurt: Suhrkamp 1968,
S.187-243

ENZENSBERGER, Hans Magnus: Das Verhör von Habana.

Frankfurt: Suhrkamp 1972

GRASS, Günter: Die Plebejer proben den Aufstand.

Neuwied/Berlin: Luchterhand 1966

HOCHHUTH, Rolf: Der Stellvertreter.

Reinbek: Rowohlt 1964

HOCHHUTH, Rolf: Soldaten.

Reinbek: Rowohlt 1967

KIPPHARDT, Heinar: In der Sache J. Robert Oppenheimer.

In: Theater heute 11 (1964), S.64-84

KIPPHARDT, Heinar: Joel Brand.

Frankfurt: Suhrkamp 1965

WEISS, Peter: Dramen 2.

Frankfurt: Suhrkamp 1968

WEISS, Peter: Die Verfolgung und Ermordung Jean Paul Marats
dargestellt durch die Schauspielgruppe des Hospizes
zu Charenton unter Anleitung des Herrn de Sade.
Frankfurt: Suhrkamp [15]1973

WEISS, Peter: Die Ermittlung.
In: Theater 1965, S.57-87

WEISS, Peter: Gesang vom lusitanischen Popanz.
In: Theater heute 6 (1967), S.49-6o

WEISS, Peter: Trotzki im Exil.
Frankfurt: Suhrkamp 197o

SEKUNDÄRLITERATUR

ADORNO, Theodor W.: Minima Moralia. Frankfurt: Suhrkamp 1969

ARNOLD, H.L./GÖRTZ, F.J. (Hrsg.): Günter Grass - Dokumente zur
politischen Wirkung. München: Boorberg Verlag 1971

ARNOLD, H.L./REINHARDT, S. (Hrsg.): Dokumentarliteratur.
München: Boorberg Verlag 1973

BENJAMIN, Walter: Ursprung des deutschen Trauerspiels.
Frankfurt: Suhrkamp 1969

BEST, Otto F.: Peter Weiss. Bern: Francke Verlag 1971

BLOCH, Ernst: Das Prinzip Hoffnung. Frankfurt: Suhrkamp 1969

BRECHT, Bertolt: Gesammelte Werke (Werkausgabe).
Frankfurt: Suhrkamp 1967

BRECHT, Bertolt: Arbeitsjournal. Frankfurt: Suhrkamp 1973

DEMETZ, Peter: Die süße Anarchie. Frankfurt: Ullstein 197o

DEUERLEIN, Ernst: Deutschland 1963 - 197o. Hannover: Verlag
für Literatur und Zeitgeschehen 1972

DE VRIES, M.F.: Das historische Drama in Deutschland 1918 - 1933.
Unveröffentlichte Doktor-Dissertation, Kapstadt 1969

DORST, Tankred: Arbeit an einem Stück. In: Spectaculum XI.
Frankfurt: Suhrkamp 1968, S.328-333

DORST, Tankred (Hrsg.): Die Münchner Räterepublik. Zeugnisse
und Kommentar. Frankfurt: Suhrkamp [4]1969

DÜRRENMATT, Friedrich: Theaterschriften und Reden.
Zürich: Arche Verlag 1966

DURZAK, Manfred: Die deutsche Literatur der Gegenwart.
Stuttgart: Reclam Verlag 1971

ENZENSBERGER, Hans Magnus: Einzelheiten II. Poesie und Politik.
Frankfurt: Suhrkamp 1963

ENZENSBERGER, Hans Magnus: Deutschland. Deutschland unter anderm.
Frankfurt: Suhrkamp 1968

ESSLIN, Martin: Jenseits des Absurden. Wien: Europaverlag 1972

FRISCH, Max: Öffentlichkeit als Partner. Frankfurt: Suhrkamp 1967

GRASS, Günter: Vor- und Nachgeschichte der Tragödie des
Coriolanus von Livius und Plutarch über Shakespeare bis zu
Brecht und mir. In: Die Plebejer proben den Aufstand.
Frankfurt: Fischer Verlag 1968, S.1o1-124

GRETSCHEL, Hans-Volker: Die Stellung des Intellektuellen, der
Gegensatz Kunst und Wirklichkeit in Günter Grass' „Die
Plebejer proben den Aufstand". Unveröffentlichte Magister-
Dissertation, Universität Pretoria 1973

HABERMAS, Jürgen: Kultur und Kritik. Frankfurt: Suhrkamp 1973

HAHN, Peter: Kunst als Ideologie und Utopie. Über die
theoretischen Möglichkeiten eines gesellschaftsbezogenen
Kunstbegriffs.   In: Literaturwissenschaft und Sozialwissenschaften 1. Grundlagen und Modellanalysen. Stuttgart:
Metzler Verlag ^{2}1972, S.151-234

HANDKE, Peter: Prosa Gedichte Theaterstücke Hörspiele Aufsätze.
Frankfurt: Suhrkamp 1969

HILTON, Ian: Peter Weiss. London: Oswald Wolff Publishers 197o

HORN, Peter: Rhythmus und Struktur in der Lyrik Paul Celans.
Unveröffentlichte Doktor-Dissertation, Universität
Witwatersrand, Johannesburg 197o

INTER NATIONES (Hrsg.): Karl Marx 1818/1968. Bad Godesberg 1968

KESTING, Marianne: Panorama des zeitgenössischen Theaters.
München: Piper Verlag 1969

KLOTZ, Volker: Geschlossene und offene Form im Drama. München:
Hanser Verlag ^{4}1969

KLUNKER, Heinz: Zeitstücke, Zeitgenossen. Hannover: Fackel-
träger Verlag 1972

KUTTENKEULER, Wolfgang (Hrsg.): Poesie und Politik. Zur
Situation der Literatur in Deutschland. Stuttgart:
W. Kohlhammer Verlag 1973

LUKACS, Georg: Schriften zur Literatursoziologie. Neuwied/
Berlin: Luchterhand Verlag ^{4}197o

LUKACS, Georg: Es geht um den Realismus. In: F.J.Raddatz (Hrsg.):
    Marxismus und Literatur, Band II. Reinbek: Rowohlt 1972,
    S.6o-86

MELCHINGER, Siegfried: Hochhuth. Friedrichs Dramatiker des
    Welttheaters, Band 44. Velber: Friedrich Verlag 1967

MELCHINGER, Siegfried: Das Politische Theater. Velber:
    Friedrich Verlag 1971

NETHERSOLE, Reingard: Reden und Schweigen im Gedicht der Moderne.
    Unveröffentlichte Doktor-Dissertation, Universität
    Witwatersrand, Johannesburg 1974

NEUMANN, G./ SCHRÖDER, J./ KARNICK, M.: Dürrenmatt, Frisch, Weiss.
    München: Fink Verlag 1969

PALLOWSKI, Katrin: Die dokumentarische Mode. In: Literatur-
    wissenschaft und Sozialwissenschaften 1. Grundlagen und
    Modellanalysen. Stuttgart: Metzler Verlag [2]1972, S.235-314

PAULSEN, W. (Hrsg.): Revolte und Experiment. Heidelberg:
    L. Stiehm Verlag 1972

PISCATOR, Erwin: Das Politische Theater. Reinbek: Rowohlt 1963

RASSINIER, Paul: Operation Stellvertreter. München:
    Damm Verlag 1966

RIESS, Curt: Theaterdämmerung oder Das Klo auf der Bühne.
    Hamburg: Hoffmann und Campe 197o

RÜHLE, Jürgen: Theater und Revolution. München: Deutscher
    Taschenbuch Verlag 1963

SALLOCH, Erika: Peter Weiss' Die Ermittlung. Zur Struktur des
Dokumentar-Theaters. Frankfurt: Athenäum Verlag 1972

SCHILLER, Friedrich: Über naive und sentimentalische Dichtung.
In: Werke in 3 Bänden, hrsgg. v. G. Fricke u. H.G. Göpfert,
Bd. II. München: Hanser Verlag 1966, S.540-606

SENGLE, F.: Das deutsche Geschichtsdrama. Geschichte eines
literarischen Mythos. Stuttgart: Metzler Verlag 1952

SZONDI, Peter: Theorie des modernen Dramas. Frankfurt:
Suhrkamp 1967

TAËNI, Rainer: Drama nach Brecht. Basel: Basilius Presse 1968

WEISS, Peter: Rapporte. Frankfurt: Suhrkamp 1968

WINCKLER, Lutz: Studie zur gesellschaftlichen Funktion
faschistischer Sprache. Frankfurt: Suhrkamp 1970

Aufsätze und Besprechungen in Zeitschriften und Zeitungen

ANONYM: Gesang von der Schaukel. In: Der Spiegel Nr. 43
(20.10.1965), S.152-165

ANONYM: J. Robert Oppenheimer 12.4.1904-18.2.1967. In:
Der Spiegel Nr. 10 (27.2.1967)

ADORNO, Theodor W.: Offener Brief an Rolf Hochhuth. In:
Theater heute 7 (1967), S.1 f.

ARNOLD, Heinz Ludwig: Enzensbergers Lehrstück. In: Deutsches
Allgemeines Sonntagsblatt Nr. 36 (6.9.1970), S.23

BACHMANN, Claus-Henning: Theater als Gegenbild. In:
    Literatur und Kritik 39 (1969), S.530-551

BAUMGART, Reinhard: In die Moral entwischt? In: Text und Kritik
    37 (1973), S.8-18

BOHRER, Karl-Heinz: Die Revolution als Metapher. In:
    Merkur 239 (1968), S.283-288

BONDY, Francois: Die Engagierten und die Enragierten.
    In: Der Monat 237 (1968), S.5-15

BRINITZER, Carl: „Soldaten" im Vorgeplänkel. In: Christ
    und Welt (12.5.1967)

CASTEIN, Hanne: Grass verärgert London. In: Die Zeit (14.8.1970)

DAS VIETNAM-KOLLEKTIV DES ENSEMBLES DER STAATSBÜHNE AM
HALLESCHEN UFER: Rückblick auf die Arbeit am „Viet Nam Diskurs"
    der Schaubühne am Halleschen Ufer, Berlin. In: Theater
    heute 4 (1969), S.24 f.

DELLING, Manfred: Neutralist Zadek. In: Deutsches Allgemeines
    Sonntagsblatt Nr. 18 (4.5.1969)

DISKUSSION: Politisches Theater in Ost und West. In:
    Theater 1965, S.52-55

DOLPH, Werner: Die Szene - kein Tribunal. In: Die Zeit
    Nr. 24 (12.6.1970), S.20

DORST, Tankred/MEYER-LEVINÉ, Rosa: Wie war Leviné? Ein
    Briefwechsel zwischen Tankred Dorst und der Witwe des
    Münchner Räterevolutionärs. In: Die Zeit Nr. 17 (25.4.1969),
    S. 16

DREWS, Wolfgang: Prozeßbericht in Gesängen. In: Münchner
     Merkur (21.1o.1965)

ESSLIN, Martin: Schauspielertheater? In: Theater heute 9 (1967),
     S.18-21

FORD, Evelyn: Theatrefacts. In: Theatre Quarterly 5 (1972),
     S.1o8

GRATHOFF, Dirk: Schnittpunkte von Literatur und Politik; Günter
     Grass und die neuere deutsche Grass-Rezeption. In:
     Basis I (197o), S.134-152

GRIMM, Reinhold: Spiel und Wirklichkeit in einigen Revolutions-
     dramen. In: Basis I (197o), S.49-93

GRIMM, Reinhold: Bildnis Hans Magnus Enzensberger. In:
     Basis IV (1973), S.131-174

HANDKE, Peter: Natur ist Dramaturgie. In: Die Zeit Nr. 22
     (3o.5.1969), S.16 f.

HENRICHS, Benjamin: Rekonstruktion oder Denunziation?
     In: Theater heute 12 (197o), S.12

HENRICHS, Benjamin: Spießbürgers Satyrspiel. In: Die Zeit
     Nr. 1o (1.3.1974), S.24

HERMAND, Jost: Wirklichkeit als Kunst. Pop, Dokumentation
     und Reportage. In: Basis II (1971), S.33-52

HINCK, Walter: Von Brecht zu Handke. In: Universitas 7 (1969),
     S.689-7o1

HITZ, B./POSTEL, H.: Studenten fordern Toller heraus.
     In: Theater 1969, S.38

HOCHHUTH, Rolf: Das Absurde ist die Geschichte. In:
     Theater 1963, S.73 f.

HOCHHUTH, Rolf: Für eine Luftkriegskonvention. In:
     Theater heute 2 (1967), S.9-11

IDEN, Peter: Vietnam auf der Bühne. In: Die Zeit Nr. 12
     (22.3.1968), S.17

IGNÉE, Wolfgang: Ist das „Weltdrama" da? In: Christ und
     Welt (15.9.1967), S.19

IGNÉE, Wolfgang: Nichts zu holen. In: Christ und Welt
     (29.3.1968)

JACOBI, Johannes: Berlin fand sich selbst. In: Die Zeit
     (2o.1o.1967)

JÄGER, Manfred: Eine Entdeckung der Gesellschaft. In:
     Text und Kritik 37 (1973), S.26-4o

JANSSEN, Karl-Heinz: Hochhuth als Historiker. In: Die Zeit
     Nr. 43 (27.1o.1967), S.16

JANSSEN, Karl-Heinz: Die „Soldaten" im Sperrfeuer. In:
     Die Zeit Nr. 2 (1o.1.1969), S.7

JENNY, Urs: In der Sache Oppenheimer. In: Theater heute 11
     (1964), S.22-25

JENNY, Urs: Mißglücktes Stück über ein mißglücktes Geschäft.
     In: Theater heute 11 (1965), S.41-43

JENNY, Urs: Fern von Weiss. In: Die Zeit (12.7.1968)

JENNY, Urs: Fern von Weiss. In: Theater heute 8 (1968), S.37

JENS, Walter: Fünf Minuten großes politisches Theater.
In: Die Zeit Nr. 13 (29.3.1968), S.18 f.

KAISER, Joachim: Plädoyer gegen das Theater-Auschwitz.
In: Süddeutsche Zeitung (4.9.1965)

KAISER, Joachim: Theater-Tagebuch. In: Der Monat 2o6 (1965),
S.5o-57

KAISER, Joachim: Bewährungsproben. In: Der Monat 232 (1968),
S.52-57

KAISER, Joachim: Solange gespielt wird, wird nicht geschossen.
In: Theater heute 12 (1968), S.26-28

KARASEK, Hellmuth: „Toller" spiegelt ein Stück deutsche Geschicht
In: Theater 1969, S.4o-42

KARASEK, Hellmuth: Revolutionstheater - Theaterrevolution.
In: Die Zeit Nr. 46 (15.11.1968), S.16

KAUFFMANN, Stanley: Rolf Hochhuths Soldaten. In: Die Zeit
Nr. 21 (24.5.1968), S.17

KERSTEN, Hans Ulrich: Protokoll des Grauens. In: Bremer
Nachrichten Nr. 246 (21.1o.1965), S.14

KESTING, Marianne: Völkermord und Ästhetik. In: Neue deutsche
Hefte 113 (1967), S.88-97

KRÜGER, Horst: Im Labyrinth der Schuld. In: Der Monat 188
(1964), S.19-29

LOETSCHER, Hugo: Die Invasoren der Schweinebucht. In:
Die Zeit Nr. 24 (12.6.197o), S.2o f.

MAYER, Hans: Berlinische Dramaturgie von Gerhart Hauptmann
bis Peter Weiss. In: Theater heute 12 (1965), S.1-7

MAYER, Hans: Komödie, Trauerspiel, deutsche Misere. In:
Theater heute 3 (1966), S.23-26

MAYER, Hans: Jedermann und Churchill. In: Die Zeit Nr. 41
(13.1o.1967), S.16

MAYER, Hans: Peter Weiss und die zweifache Praxis der Veränderung.
In: Theater heute 5 (1972), S.18-2o

MELCHINGER, Siegfried: Von Sophokles bis Brecht. In:
Theater 1965, S.42-46

MELCHINGER, Siegfried: Auschwitz auf dem Theater. In:
Stuttgarter Zeitung (11.9.1965)

MELCHINGER, Siegfried: Erfundene oder beglaubigte Fabel.
In: Theater 1966, S.8o-82

MELCHINGER, Siegfried: Hochhuths neue Provokation: Luftkrieg
ist Verbrechen. In: Theater heute 2 (1967), S.6-9

MELCHINGER, Siegfried: Aspekte der Hochhuth-Affäre. In:
Theater heute 6 (1967), S.3o

MELCHINGER, Siegfried: Theater und Revolte: Antithesen.
In: Theater 1968, S.34-37

MELCHINGER, Siegfried: Revision oder: Ansätze zu einer Theorie
   des revolutionären Theaters. In: Theater 1969, S.83-89

MENZ, Egon: Probenbericht vom Diskurs über Viet Nam. In:
   Theater heute 4 (1968), S.12-15

V.O.: Angola-Revue. In: Christ und Welt Nr. 6 (1o.2.1967), S.18

PISCATOR, Erwin: Politisches Theater heute. In: Die Zeit Nr. 48
   (26.11.1965), S.17 f.

REDMOND, James: Günter Grass and "Der Fall Brecht". In:
   Modern Language Quarterly 32 (1971), S.387-4oo

REICH-RANICKI, Marcel: Trauerspiel von einem deutschen Trauerspie
   In: Die Zeit Nr. 4 (21.1.1966), S.9 f.

REICH-RANICKI, Marcel: Trotzki im Theater-Exil. In: Die Zeit
   Nr. 5 (3o.1.197o), S.12

RISCHBIETER, Henning: In der Sache Vilar. In: Theater heute 3
   (1965), S.41

RISCHBIETER, Henning: Theater und Politik. In: Theater 1965,
   S.47-49

RISCHBIETER, Henning: Grass probt den Aufstand. In: Theater
   heute 2 (1966), S.13-16

RISCHBIETER, Henning: Piscator und seine Zeit. In: Theater
   heute 5 (1966), S.8-12

RISCHBIETER, Henning: Peter Weiss dramatisiert Vietnam. In:
   Theater heute 3 (1967), S.6 f.

RISCHBIETER, Henning: Gesang vom lusitanischen Popanz. In:
Theater heute 3 (1967), S.9-13

RISCHBIETER, Henning: Realität, Poesie, Politik. In:
Theater heute 11 (1967), S.8-17

RISCHBIETER, Henning: Spielformen des politischen Theaters.
In: Theater heute 4 (1968), S.8-12

RISCHBIETER, Henning: Fragmente einer Revolution. In:
Theater heute 12 (1968), S.9 f.

RISCHBIETER, Henning: Wege und Irrwege des politischen Theaters.
In: Theater heute 2 (1969), S.14-17

RISCHBIETER, Henning: Neue Stücke - für welches Theater?
In: Theater heute 3 (197o), S.36-4o

RISCHBIETER, Henning: Theater zwischen Sozial-Enquete, Agitation
und Ideologie. In: Theater heute 7 (197o), S.28-3o

RÜHLE, Günther: Versuche über eine geschlossene Gesellschaft.
In: Theater heute 1o (1966), S.8-12

RÜHLE, Günther: Revision für Hochhuth. In: Theater heute 11
(1967), S.3

RÜHLE, Günther: Beginn der Zusammenfassung. In: Theater heute
12 (1971), S.1o-12

SCHÄBLE, Gunter: Kein Stück für Rezensenten. In: Theater
heute 1 (1968), S.38 f.

SCHULZ, Gudrun: Klassikerbearbeitungen Bertolt Brechts. In:
Bertolt Brecht II, Text und Kritik (Sonderband) 1972,
S.138-151

SCHWAB-FELISCH, H.: Banale Dokumentation. In: Theater heute
12 (1965), S.46

SCHWAB-FELISCH, H.: Günter Grass und der 17. Juni. In:
Merkur 216 (1966), S.291-294

SCHWAB-FELISCH, H.: Ohne Zustand keine Veränderung. In:
Theater heute 12 (1968), S.24 f.

SPERBER, Manès: Churban oder Die unfaßbare Gewißheit. In:
Der Monat 188 (1964), S.7-18

STRAUß, Botho: Vietnam und die Bühne. In: Theater 1968, S.4o

STRAUß, Botho: Geschichte ist nicht, was geschah. In:
Theater 1969, S.42-44

STRAUß, Botho: Versuch, ästhetische und politische Ereignisse
zusammenzudenken. In: Theater heute 1o (197o), S.61-68

TAËNI, Rainer: Die Rolle des„Dichters" in der revolutionären
Politik. Über „Toller" von Tankred Dorst. In:
Akzente 6 (1968), S.493-51o

TANK, Kurt Lothar: Ein deutsches Trauerspiel - durchgerechnet
von Günter Grass. In: Deutsches Allgemeines Sonntagsblatt
Nr. 4 (23.1.1966), S.2o

TANK, Kurt Lothar: Viet Nam-Diskurs oder Diktat? In: Deutsches
Allgemeines Sonntagsblatt Nr. 13 (31.3.1968), S.24

TANK, Kurt Lothar: Politisches Theater heute. In: Deutsches
Allgemeines Sonntagsblatt (24.5.197o), S.24

TRIESCH, Manfred: Günter Grass: „Die Plebejer proben den Aufstand".
    In: Books Abroad 4o (1966), S.285-287

VÖLKER, Klaus: Brecht-Chronik. In: Bertolt Brecht I, Text und
    Kritik (Sonderband) 1972, S.119-138

WALBERG, Ernst: Das Dokumantartheater: Vom Ende eines
    Zwischenspiels. In: Kulturbrief 1o (1971), S.4

WALSER, Martin: Tagtraum vom Theater. In: Theater heute 11
    (1967), S.2o-26

WEISS, Peter: Das Material und die Modelle. In: Theater heute
    3 (1968), S.32-34

WENDT, Ernst: Tendenzen im Drama - ein Überblick. In:
    Theater 1963, S.75-78

WENDT, Ernst: Was wird ermittelt? In: Theater heute 12 (1965),
    S.14-18

WENDT, Ernst: Sein großes Ja bildet Sätze mit kleinem nein.
    In: Theater heute 4 (1967), S.6-11

WENDT, Ernst: Die Ohnmacht der Experimente. In: Theater heute
    7 (1967), S.8-12

WENDT, Ernst: Ist der Mensch noch zu retten? In: Theater 1967,
    S.142-144

WENDT, Ernst: Theater heute - als Medium. In: Theater heute
    12 (1968), S.25 f.

WOCKER, Karl-Heinz: Szenischer Angriff auf einen Mythos.
    In: Die Zeit (5.5.1967)

ZIPES, Jack: Documentary Drama in Germany: Mending the Circuit.
In: Germanic Review 42 (1966),   S.45-52

ZWERENZ, G.:   Brecht, Grass und der 17. Juni. Elf Anmerkungen.
In: Theater heute 3 (1966),   S.24

§§§§§§§§§§§§§§§§§§§§